政务信息资源管理与应用丛书

政务地理空间信息资源管理与共享服务应用

李军　彭凯
毛东军　陈桂红
付哲　张宁
刘志荣　戴连君
田鹏　刘彦
朱向明　李娜
陈梅　◎著

北京大学出版社
PEKING UNIVERSITY PRESS

图书在版编目(CIP)数据

政务地理空间信息资源管理与共享服务应用/李军,彭凯等著. —北京:北京大学出版社,2009.6

(政务信息资源管理与应用丛书)

ISBN 978-7-301-15336-9

Ⅰ.政… Ⅱ.①李…②彭… Ⅲ.电子政务—信息管理:资源管理—中国 Ⅳ.D630.1-39

中国版本图书馆 CIP 数据核字(2009)第 095075 号

书　　　名:政务地理空间信息资源管理与共享服务应用
著作责任者:李　军　彭　凯　等著
丛 书 主 持:刘　维
责 任 编 辑:李淑方
标 准 书 号:ISBN 978-7-301-15336-9/G·2616
地　　　址:北京市海淀区成府路 205 号　100871
网　　　站:http://www.jycb.org　http://www.pup.cn
电 子 信 箱:zyl@pup.pku.edu.cn
电　　　话:邮购部 62752015　发行部 62750672　编辑部 62767346　出版部 62754962
印　刷　者:北京宏伟双华印刷有限公司
经　销　者:新华书店
　　　　　　787 毫米×1092 毫米　16 开本　25.75 印张　520 千字
　　　　　　2009 年 6 月第 1 版　2009 年 6 月第 1 次印刷
定　　　价:88.00 元

未经许可,不得以任何方式复制或抄袭本书之部分或全部内容。
版权所有,侵权必究
举报电话:(010)62752024　电子信箱:fd@pup.pku.edu.cn

丛书编委会

顾　　　问：（按姓氏笔画排序）

王　丹　　王安耕　　刘先林　　刘家真　　曲成义
李　琦　　汪玉凯　　陈玉龙　　陈拂晓　　俞全宏
赵国俊　　高新民　　崔俊芝　　董宝青　　曾　澜
赖茂生

名誉主编： 朱　炎　　白　新　　俞慈声　　姜毅群

主　　编： 彭　凯

副 主 编： 毛东军　　林绍福　　黄晓斌　　李　军　　穆　勇
戴连君

编委会委员：（按姓氏笔画排序）

于　佳　　于立英　　王玉芬　　王进孝　　王树全
王　薇　　水海峰　　田　鹏　　付　哲　　冯启民
朱向明　　朱　芳　　朱蓉华　　朱浩东　　任世强
刘志荣　　刘　彦　　许登超　　孙志谊　　苏京丽
李文生　　李　娜　　沈　泮　　张　宁　　张宇航
张　晰　　陈　迅　　陈桂红　　陈　梅　　周志刚
单　武　　单青生　　赵玉梅　　赵琰昉　　徐海琛
聂志峰　　贾　力　　顾颖华　　高文飞　　高顺尉
郭子亮　　郭家义　　唐　玮　　陶一瑾　　崔建新
程　军　　童腾飞　　管延晖　　潘　峰　　籍志兵

丛书序	(1)
序	(3)
前言	(5)

上篇 理论与技术

第1章 概述

1.1 政务地理空间信息资源和数字城市 …………………………………………… (4)
1.2 政务地理空间信息资源管理和共享服务应用的内涵 …………………………… (29)
1.3 政务地理空间信息资源管理与共享服务应用体系的建设阶段 ……………… (33)

第2章 政务地理空间信息资源

2.1 政务地理空间信息资源基本概念 ………………………………………………… (39)
2.2 政务地理空间信息的构成 ………………………………………………………… (47)
2.3 政务地理空间信息资源的分级分类 ……………………………………………… (53)

第3章 政务地理空间信息资源建设、管理与共享服务现状

3.1 现状 ·· (66)
3.2 研究思路 ··· (73)

第4章 政务地理空间信息资源管理与共享服务应用体系总体框架

4.1 指导思想 ··· (79)
4.2 总体定位 ··· (80)
4.3 技术总体框架 ·· (85)
4.4 政务地理空间信息资源管理和共享服务应用体系的多级架构 ·············· (100)

第5章 关键技术

5.1 地理空间信息技术简介 ··· (102)
5.2 地理空间信息技术研究热点 ··· (115)

第6章 政务地理空间信息资源的管理与共享服务

6.1 政务地理空间信息资源的管理 ··· (129)
6.2 政务地理空间信息资源共享、交换和服务 ······································· (170)
6.3 政务地理空间信息资源公共服务模式 ·· (176)

第7章 政务地理空间信息资源的应用和未来发展

7.1 政务地理空间信息资源的应用阶段 ·· (184)
7.2 部门日常管理应用 ·· (186)
7.3 跨部门综合专题应用 ·· (194)
7.4 公众服务应用 ··· (198)
7.5 政务地理空间信息资源应用的未来发展趋势 ··································· (200)

下篇 应用与实践

第 8 章 北京市政务地理空间信息资源建设背景

- 8.1 "数字北京"建设历程和现状 ……………………………………………… (207)
- 8.2 北京市政务地理空间信息资源开发利用的政策背景 …………………… (219)
- 8.3 北京市政务地理空间信息资源的应用需求分析 ………………………… (220)
- 8.4 北京市政务地理空间信息资源管理与共享服务应用体系建设的现实需求及意义 ……………………………………………………………… (221)

第 9 章 北京市政务地理空间信息资源管理与共享服务应用体系框架

- 9.1 北京市电子政务总体框架 ………………………………………………… (223)
- 9.2 北京市政务地理空间信息资源管理与共享服务应用体系总体框架 …… (233)

第 10 章 北京市政务地理空间信息资源管理和共享服务

- 10.1 政务地理空间信息资源数据库的建设思路 …………………………… (244)
- 10.2 北京市政务地理空间信息资源获取更新以及管理实践 ……………… (248)
- 10.3 北京市政务地理空间信息资源的共享服务 …………………………… (259)
- 10.4 市、区(县)两级政务地理空间信息资源共享服务平台建设 ……… (267)
- 10.5 安全保障机制 …………………………………………………………… (270)

第 11 章 北京市政务地理空间信息资源共享服务成果

- 11.1 资源建设和管理成果 …………………………………………………… (272)
- 11.2 资源共享服务成果 ……………………………………………………… (277)
- 11.3 资源实际应用成效 ……………………………………………………… (305)
- 11.4 标准规范、规则建设成果 ……………………………………………… (317)
- 11.5 地理信息公众服务 ……………………………………………………… (318)

第 12 章　社会经济效益分析

12.1　经济效益 …………………………………………………………（321）
12.2　社会效益 …………………………………………………………（323）

第 13 章　总结与思考

13.1　总结与体会 ………………………………………………………（325）
13.2　创新 ………………………………………………………………（335）
13.3　结束语 ……………………………………………………………（342）

附录

附录一：北京市信息资源管理中心大事记 ……………………………（344）
附录二：北京市地方标准《政务信息图层建设技术规范》 …………（346）
附录三：北京市地方标准《地址数据库建设技术规范》 ……………（365）

参考文献 …………………………………………………………………（391）

后记 ………………………………………………………………………（395）

丛　书　序

信息化是当今年世界发展的大趋势，大力发展信息化，是覆盖我国现代化建设全局的战略举措。电子政务是信息化的重要组成部分，推行电子政务是国家信息化工作的重点。党中央和国务院领导高度重视电子政务，印发了《国家信息化领导小组关于我国电子政务建设指导意见》（中办发〔2002〕17号）、《国家电子政务总体框架》（国信〔2006〕2号）等政策文件。各地区、各部门按照国家统一要求，积极推进电子政务，取得了显著成绩，有效地促进了政府管理创新和公共服务水平的提高，对贯彻落实科学发展观、构建社会主义和谐社会发挥了积极的作用。

围绕"数字北京"建设，在国务院有关部门的指导下，在市委、市政府的高度重视下，结合"国家首都、世界城市、文化名城和宜居城市"的城市发展定位，北京市按照国家电子政务总体规划和部署，求真务实，开拓创新，以信息资源共享为核心，以深化应用为着眼点，积极推进电子政务建设，取得了一定成效，公共服务水平和信息资源共享水平显著提高，特别是为有特色、高水平奥运会和残奥会的成功举办提供了保障。目前，北京市电子政务已经全面进入深化应用的发展阶段，基础设施基本建立，基础信息资源初步形成，部分重点应用系统已经建成，并开始发挥作用，基本实现了信息化对城市管理、公共服务、市场监管、经济运行等政府核心职能领域的全覆盖，创造了"网格化管理"和"全程办事代理"等全国领先的经验。

北京市一直把政务信息资源的开发利用当做电子政务建设的核心工作来抓，在政务信息资源采集、组织、管理、交换、共享、服务等方面进行理论与技术的积极探索，取得了突破性进展。以《国家电子政务总体框架》为指导，北京市进一步加强电子政务总体设计工作，开展了电子政务总体框架系列研究，并发布了《电子政务总体技术框架》地方标准，这些工作对北京市电子政务全面、协调、可持续发展将会起到重要的促进作用。2006

年，北京市在全国率先建成全市统一的政务信息资源交换共享平台，提供目录、交换、统一安全认证等服务，近期部分区（县）也建成了共享交换平台，形成了市区两级共享交换体系，该体系在跨部门、跨层级的信息资源共享中逐步显现出了强大的生命力，探索出了通过技术力量，而不是改变政府体制与机制的推动部门信息资源共享的道路。自2005年以来，陆续在全市范围内组织开展了政务信息资源梳理与编目工作，形成了一批内容翔实的政务信息资源目录成果，并且以政务信息资源目录体系建设为切入点，在政务信息资源管理相关法律、法规、政策以及技术标准体系方面进行研究与探索，初步形成了一套政务信息资源目录体系建设的理论、方法和工具。2006年，北京市政务地理空间信息资源共享服务也进入实际应用阶段，在初步建成的全市统一的政务基础共享地理空间信息资源数据库的基础上，实现对遥感影像、政务信息图层等基础性、共享性、需求性较强的政务地理空间信息资源的在线共享和网络互操作，支撑了全市政务部门的业务系统建设，形成了"适度物理集中、基础数据共建共享"的统一规划、统一采购、统一建设、统一服务的政务地理空间信息资源的建设模式。同时，北京市在人口库、法人库等基础数据库的建设方面也进行了探索与发展，一大批政务信息资源在为政府工作提供支持的同时，也通过政府集中提供服务、公益性开发服务和市场化开发服务等多种形式进行开发利用，在支撑奥运会的举办、服务市民和企业，推动首都经济社会发展中初见成效。

为总结北京市电子政务建设特别是政务信息资源开发利用方面所开展的理论研究与实践经验，更好地推进北京市电子政务科学发展，北京市信息化工作办公室组织编写了政务信息资源管理与应用丛书，包括《电子政务总体框架研究与实践》、《政务信息资源共享交换平台研究与实践》、《政务信息资源目录体系建设理论与实践》和《政务地理空间信息资源管理与共享服务应用》四册。希望本丛书能够对未来北京市电子政务发展起到积极的推动作用，同时也能对其他省市有参考和借鉴意义。

朱 炎

2009年1月

序

我国"数字城市"建设经过多年研究和实践，取得了一系列可喜成绩，积累了大量经验。随着建设进程的不断推进，越来越多的城市开始逐渐认识到，"数字城市"不仅仅是地理空间信息资源的开发利用，更是城市全面信息化的一种体现，从信息化角度，组织、规划和建设"数字城市"，统筹城市的信息资源建设、管理、共享、服务以及应用工作，具有深刻的现实意义。本书结合"数字北京"多年以来的建设经验、成果和体会，研究探讨了电子政务应用领域一类特殊的信息资源——政务地理空间信息资源的相关理论和应用实践，可为其他城市开展类似工作提供很好的参考和借鉴。

本书图文并茂，深入浅出，以大量生动、翔实的应用案例充分展现了政务地理空间信息资源在电子政务领域所蕴含的巨大生命力和潜在价值，从系统论和方法论的高度，创新性地提出政务地理空间信息资源管理和共享服务应用体系理论，对总体思路、体系框架、关键技术、管理共享服务以及应用模式等进行了详细阐述，在技术手段、共享服务思路以及机制体制等方面，尤其在社会经济信息与地理空间信息整合、基础地理空间信息集约化建设和共享应用上有创新性突破，为全国从事信息化工作的政府工作人员，相关专业公司的工程技术人员，科研院所及高校的研究人员、教师和学生等提供了一个很好的学习读本。

中国工程院院士　刘先林
2009 年 2 月 25 日于北京

前　言

政务地理空间信息资源作为一类特殊的政务信息资源，它不仅承担着所有政务信息资源空间位置框架的重要职能，而且作为电子政务建设的重要数据源，其战略意义非常重大。尤其，在"数字城市"建设中，政务地理空间信息资源作为一种重要的战略资源，与不断发展的地球空间信息技术一起在政府管理中得到广泛应用，其管理、共享服务以及深层次开发利用已成为信息化建设的重要内容。

自 1999 年"数字北京"概念提出以来，北京市政府部门对政务地理空间信息资源共享、服务以及应用的需求日益强烈。为此，北京市组织了政务地理空间信息资源管理、共享、服务以及应用等相关理论和技术的研究，并着手开展一系列实践工作。经过多年建设，北京市在政务地理空间信息资源管理与共享服务应用方面，初步取得了一些建设成果，经过提炼、总结和思考，形成一套较为完整的政务地理空间信息资源管理与共享服务应用体系理论，并重点从管理模式、共享服务模式等方面进行阐述，从北京市的发展历程、建设实践以及应用效果等角度进行可行性分析和理论验证，希望能为进一步提升我国的政务地理空间信息资源管理与共享服务水平起到借鉴和参考作用。

本书分上、下两篇，共 13 章。上篇"理论与技术"，从相关理论和关键技术角度，提出政务地理空间信息资源相关概念、分级分类方法等理论，详细阐述政务地理空间信息资源管理、共享服务和应用模式，并探讨了政务地理空间信息资源的应用领域和发展趋势。下篇"应用与实践"，从理论应用和实践角度，以北京市政务地理空间信息资源管理与共享服务应用体系建设为例，论证上篇相关理论的可行性和实用性，通过详细的成果展示，体现这一理论蕴含的实际应用价值，最后，通过系统总结和提炼，创新性地提出了一系列理念和建议。

上篇　理论与技术

在"数字城市"建设过程中,政务地理空间信息资源作为一种重要的基础性战略资源,需要一套完整的理论体系来提升其组织建设、管理以及共享服务水平,也需要相应的关键技术手段来支撑其深入应用和发展创新……

第 1 章　概述

21 世纪，人类正沿"信息高速公路"迈向信息社会，信息已成为最重要的社会战略资源，不仅是生产力，而且是第一生产力。信息社会，人类在地球上生存、工作、学习和生活的时代特征就是"数字地球"（Digital Earth）。它是通过对我们真实地球的一种数字化重现，构造一个与之相对应的动态、虚拟地球，将整个地球的环境资源和人文信息在计算机中进行真实浓缩和重建，使之最大限度地利用各类信息资源在三维或多维虚拟空间中为人类的生存、可持续发展以及日常工作、学习、生活、娱乐等提供全方位服务。"数字地球"概念是 1998 年 1 月 31 日由美国副总统戈尔（Al Gore）在加利福尼亚科学中心所作的演讲《数字地球：认识 21 世纪我们这颗星球》中提出的，它勾绘了人类在未来信息社会实现"运筹于帷幄之中，决胜于千里之外"的美好画面，使这一概念一经推出，就立即在全世界引起强烈反响，迅速引发全球对地球科学和信息科学发展前沿技术的关注，这一浪潮也波及我们东方这个历史悠久的文明古国，"数字中国"、"数字城市"（Digital City）等概念相继提出，并迅速在北京、上海等城市开始建设实施。

在信息时代的"地球村"中，政府是社会最大的"信息资源中心"，它是全社会中最大的信息资源拥有者，同时又是信息技术的最大使用者。[1] 从某种意义上讲，政府行使其职能进行国家管理的过程就是信息搜集、加工处理并进行决策的过程，在这个过程中信息流动贯穿其中，而政府作为信息流的"中心节点"，其自身的信息化则成为经济和社会信息化的先决条件之一，由此，电子政务（E-Governance）应运而生。电子政务是政府在国民经济和社会信息化的背景下，以提高政府办公效率、改善决策和投资环境为目标，将政府的信息发布、管理、服务、沟通功能向互联网上迁移的系统解决方案；同时，也为结合政府管理流程再造，构建和优化政府内部管理系统、决策支持系统、办公自动化系统，提高政府信息管理、服务水平提供了强大的技术和咨询支持。在我国信息化发展的现阶段，电子政务是整个国民经济和社会信息化的龙头，是推动社会信息化进程的主导因素，以电子政务带动信息化是当前国民经济与社会信息化的一项基本策略。

当今世界，许多国家都正在为构建电子政府、实施电子政务而争分夺秒。电子政务作为信息时代政府管理革命、实现政府再造的同义词，已成为国民经济信息化建设的重要组成部分，对世界各国传统的政府运作模式产生了革命性影响。"电子政府"将运用现代信息技术，以电子政务方式，利用网络和电子政务应用信息系统，在对信息资源进行获取、加工、整合、分析、传输的基础上，通过信息流的控制，打破时间、空间以及条块分割的制约，进而达到对社会、公众普遍行使公共行政管理职能，这一虚拟的政府形态，也是"虚拟地球"中重要的城市新角色。

电子政务建设的核心是政务信息资源开发利用，它是电子政务得以顺利运行的根本，是电子政务建设能否取得实效的关键。政务信息资源的丰富与畅流有利于降低政府成本、提高政府效率，从而促进政府组织的改革、公共管理的重组，最后达到以信息化促进经济化发展。如果缺少政务信息资源，那么电子政务将成为无源之水、无本之木，必将在未来的信息社会中迷失方向。随着国家电子政务发展水平的不断提高，政府对电子政务的依赖性不断加强，因此，对政务信息资源的"质"和"量"及其管理、共享、服务、应用状况的要求也日趋强烈。

政务地理空间信息资源是一类特殊的政务信息资源，它不仅包含着重要的空间位置信息，而且作为在政府各类业务流程中产生的重要信息，其合理开发设计的战略意义非常重大。尤其，在"数字城市"建设中，政务地理空间信息资源作为一种重要的战略资源，与不断发展的地理空间信息技术一起在政府管理中得到广泛应用，其管理、共享服务以及深层次利用已成为信息化建设的重要环节。

1.1 政务地理空间信息资源和数字城市

1.1.1 数字城市和信息资源

20世纪80年代以来，随着信息化水平的提高和网络化程度的日益深入，人们的生活方式和社会活动方式发生了巨大的变化，"数字"和"信息"在很大程度上已经成为支撑我们工作和生活的最活跃因素，"数字城市"的概念也在社会信息化浪潮中得到越来越广泛的应用和实现。"数字城市"是"数字地球"在逻辑上的基础空间元素，是"数字地球"的重要组成部分。随着我国城市化进程的不断推进、国际交流的日益频繁，"数字城市"建设已成为我国信息化建设的重要内容之一，并极大地促进了相关城市电子政务、电子商务以及社区信息化的发展，对我国经济和社会全面可持续发展具有重要的现实意义。

信息资源作为支撑"数字城市"的关键性基础因素，处于整个"数字城市"的核心位置。信息资源开发利用是"数字城市"建设的重要内容，不仅能够有效推动城市信息化水平的不断提高，带动城市相关产业的发展，而且能够为公众带来巨大的社会财富，使其享受到"数字城市"建设的丰硕成果。

1.1.1.1 "数字城市"概念

"数字城市"的概念是随着信息技术水平的提高而不断变化和发展的。近20年来，"数字城市"概念有多种定义和描述方式。通常情况下，人们对"数字城市"的理解主要有广义和狭义两种方式，分别从不同角度解释了"数字城市"建设的范畴、技术手段和实现目标，为我们勾画了一个信息社会的美好蓝图。

广义"数字城市"概念，即指全面的城市信息化，是指通过通信网络、宽带IP网络和数字电视网络等手段，应用现代的通信、信号处理、智能仿真、网络、计算机和多媒体等技术，整合城市各领域的信息资源，建立城市电子政府、电子商务、电子社区，实现城市经济和社会活动的全面信息化和智能化。广义"数字城市"的实现，重点在于将城市生活和城市管理实现全面、高度的自动化和信息化，其最终目标是利用所有必需的先进科学技术来实现城市职能的现代化。在这里，"数字城市"不仅是一个纯技术的概念，它也意味着城市社会生活、经济建设和管理体制的一次重大变革。

狭义"数字城市"往往是基于地理信息系统（Geographic Information System，GIS）、遥感（Remote Sensing，RS）、全球导航卫星系统（Global Navigation Satellite System，GNSS）、宽带网络、多媒体及虚拟仿真等技术，开发利用来自于城市各领域、各单位生产与生活活动的信息资源，对城市的基础设施、生态环境、市政管理、人文经济状态、各类城市功能的运行状态进行信息自动采集、动态监测管理，并辅助决策服务的综合信息系统。狭义"数字城市"的实现，以地理空间信息资源为基础，将城市规划和建设信息、自然资源信息、社会人文信息、各行业应用系统的业务数据等进行组织和整理，并根据需要在空间和时间维度进行展示、分析，进而支持城市管理和决策。

"数字城市"广义和狭义概念的区别,反映了从不同行业、不同应用领域、不同视角看待"数字城市"这一事物时,存在着不同理解和认识。其中,狭义"数字城市"是从地理空间信息资源的应用角度出发,综合 GIS、计算机和通信等领域的相关技术,以地理空间信息资源的整合为基础,开发、利用全社会的信息资源,使城市规划者、建设者和管理者在有准确空间坐标、时间坐标的多维虚拟城市环境中"阅读"信息对象的综合属性,并进而进行规划、建设、管理和决策,使社会公众能够以直观的方式获取社会资源、生活环境、基础设施等方面的信息。

广义"数字城市"的概念,则从整个社会信息化的角度出发,从更丰富的内涵、更深入的应用领域出发,将信息资源开发利用作为一个整体目标,以城市各个领域的信息化应用为方向,通盘考虑全市的资源建设、管理、共享、服务,具有更广阔的应用空间和更深刻的现实意义。这一概念是对城市发展方向的一种描述,城市利用信息化这一载体和途径实现和达到发展的目标。发达国家的经验表明,虽然开展信息化将增加30%的投资,但可以提高产品档次和质量、改善生产环境、降低能源和原材料消耗,从而增加85%的收益。需要特别指出的是,广义"数字城市"并非是一个纯技术的概念,它也包含整个城市规划、建设和管理体制的重大变革和突破,它的建设是一个长期的过程,将伴随着城市发展的整个过程。

本书采用广义"数字城市"的概念,从城市信息化角度来探讨数字城市建设过程中的政务地理空间信息资源管理与共享服务应用情况。

1.1.1.2 国内外数字城市发展现状及存在问题

1. 国外数字城市的发展

1998 年 1 月 31 日,时任美国副总统戈尔较为系统地阐述了"数字地球"的概念,他将"数字地球"理解为"一个能嵌入海量地理信息的、多分辨率的、真实地球的三维描述"。此概念一经提出,即迅速引起全世界政治界、学术界和高新技术产业界的强烈反响和关注。在某种意义上讲,"数字地球"这一战略思想是由政治家首先提出,而不是由科学家提出,绝非偶然,而是存在着极其深远的全球战略考虑,具有特殊的政治、军事等含义。它用几乎近于科学幻想的语言来表述,不是用一套系统、严密的科学语言,带有十分明显的国家综合战略色彩,从而使这一概念更具有政治性、战略性、综合性、全球性等特点。"数字地球"作为虚拟的现实世界,对整个人类发展的积极推动作用难以估量。

在"数字地球"概念基础上,世界各国都普遍认识到这一概念背后孕育的深刻含义和潜在内涵,并开始以"城市"为数字化和智能化的基本单元,进行了大量的探索和实践。

例如，美国为建设"数字城市"，成立了"数字城市"公司，在因特网上发布美国最有影响的60个城市的信息；日本通过电信部门与京都大学、斯坦福大学合作致力开发网上"虚拟京都"；新加坡早在1992年就提出"IT2000报告：智慧岛前景"规划，涉及计算机网络、电子社区、公众服务、电信产业等方方面面的内容。

回顾国际上"数字城市"发展的道路，人们普遍认为其存在下列四个阶段：第一阶段是网络等建设的"基础设施建设阶段"；第二阶段是政府和企业的"内部信息化建设阶段"；第三阶段是政府、企业上下游以及其相互间的"互通、互联阶段"；第四阶段是网络社会、网络社区、数字城市的"形成阶段"。目前，美国、加拿大、欧洲、澳大利亚等一些发达国家和地区，已经完成第一到第三阶段的基本任务，走过了城市信息化建设的中级阶段，进入到以电子政务、电子商务和社区信息化建设为中心的高级阶段，并取得了较大的社会效益和经济效益。在不断提高各阶段成果应用水平的同时，这些发达国家将电子政务、电子商务和社区信息化建设作为"数字城市"的三大引擎，推动着经济社会的全面信息化。

2. 国内数字城市的发展

数字地球、数字城市建设在我国得到了社会的高度重视和政府的大力支持。早在1998年6月，时任中共中央总书记的江泽民同志，在中国科学院和中国工程院院士大会上提出了关于中国发展"数字地球"的思路，指明了发展信息技术，加快建设国家信息基础设施，早日实现中国的"数字地球"，是我国争先抢占世界科技、产业和经济制高点，走向21世纪的知识经济发展战略。"十五"期间，我国在数字城市和城市信息化建设方面做了大量的工作，各个城市纷纷启动了"数字城市"工程，有力地推动了城市信息化的发展。

早在1999年首届"数字地球"国际会议上，时任北京市市长的刘淇同志就正式宣布启动"数字北京"工程建设。2000年初，北京市信息化工作办公室制定了"'数字北京'工程总体框架及发展规划"，对数字北京的概念、内容、目标、重点项目等作了详细的阐述。按照这一规划，"数字北京"的建设正在积极推进之中，并已初步取得一系列可喜的成绩。

上海市早在1996年就提出建设"信息港"，在此基础上，上海进一步提出了打造"数字上海"的目标，并提出发展"智能港"建设的战略产品和服务功能、信息产业基础战略产品这两大应用方向，智能社区、智能交通与物流、智能城市安全等7项战略产品和功能，以及11项关键技术。"数字上海"将引领和支撑先进制造业和现代服务业的发展，构建上下游的垂直产业链，带动与信息相关的第二、第三产业的发展，实现经济、社会、文化、管理的数字化，使上海从"信息港"走向"智能港"。

深圳市以战略发展的思路谋划"数字深圳"的建设。2005年11月，深圳市首次公布了"数字深圳"发展战略与总体框架研究，并确定依照总体规划、分步实施的原则，实施三步走的战略，预计目标到2050年左右达到世界发达国家主要城市水平。这三步走战略是：第一步，"十一五"期间，以空间信息服务平台建设为核心，以应用为重点，加强保障体系建设，初步建立"数字深圳"总体框架；第二步，到2020年左右，建立完善的"数字深圳"体系，达到中等发达国家主要城市的水平；第三步，到2050年左右，达到世界发达国家主要城市水平。

"数字广州"战略是广州市有史以来规模最大的一次信息化建设，涉及各行各业，与百姓生活密切相关。目前，广州市信息基础设施达到国际先进水平，电子政务、企业信息化和电子商务发展居全国前列，居民信息化程度达到发达国家中心城市水平。2007年年底广州城市信息化综合指数达87.1%，"数字广州"框架基本形成。[2]

我国其他省市也制定了数字省区和覆盖本领域的数字工程项目发展规划，例如"数字海南"、"数字山西"、"数字湖南"、"数字福建"、"数字浙江"、"数字陕西"、"数字吉林"、"数字昆明"等。由于各地区的科技基础和经济状况特点不同，因此其数字城市建设的切入点及具体内容与形式也不同。据相关部门2007年统计，中国有120多个城市建设了城市规划管理信息系统，400多个城市建设了房产管理信息系统，100多个城市建设了综合或专业管网管理系统，100多个城市正在建设空间基础信息系统，这些系统的建设和使用，有力地推动了我国数字城市建设和信息化发展的进程。[3]

3. 我国数字城市建设中存在的问题

纵观我国数字城市发展的现状，虽然取得了一系列可喜的成绩，积累了大量实践经验，但与一些发达国家相比，我国是在城市化的过程中进行信息化建设，"基础"和"应用"并举，"政府信息化"、"企业信息化"以及"社区信息化"同步，势必存在很多隐患、缺陷和不足，且由于国内区域经济发展的不平衡、主管部门职能之间的差异性，以及随之带来的建设理念、关注焦点和实现策略之间的不同在一定程度上制约或影响了这一新生事物的发展进程。

（1）"数字城市" 基本理论研究薄弱

自提出"数字城市"概念以来，虽然国内外专家、学者都在这一领域给予了极大关注，但对"什么是数字城市？"、"建设什么样的数字城市？"、"怎样建设数字城市？"这些基本理论问题，目前国内还缺乏理论上的系统研究，导致认识上的不统一和具体工作上的盲目性。[4]一些城市将狭义"数字城市"和广义"数字城市"概念混淆，忽视数字城市建设的长期性和战略性。在市域范围内铺好了网络，建好了门户网站，建立了几个数据库，开发了几个应用系统，组织实施了空间信息基础设施的建设，并不意味着"数字城市"就建好了，因此，常常出现的那种"若干年内建成数字城市"的说法严格来看是不科学的。虽然在全球范围内至今依旧缺乏对"数字地球"、"数字城市"的统一、严格定义，但对于建设"数字城市"的长期性、战略性与艰巨性却已经初步形成普遍共识。

实际上，对于数字城市的内涵、外延以及实现途径，我们还需要进一步深层次探索和积累实践经验，才能形成具有中国特色的"数字城市"发展战略。这需要在对全国的数字城市建设情况调查、科学分析的基础上进行总结提炼，针对不同城市的地方特色、经济实力以及政策制度，制定不同的发展策略，充分满足实际应用需要，使数字城市能够可持续健康发展，在实际生产、生活应用中不断完善和提高。

（2）"数字城市"建设缺乏整体规划和通盘考虑

虽然全国很多省市先后提出一系列建设"数字城市"的规划和策略，但目前从国家层面上看，我国尚未制定一个"数字城市"建设的中长期发展整体规划和推进战略，其他各个省、市也很少按照一个统一的整体规划集中设计，结果导致部门之间、省市之间、市区（县）之间存在大量的重复建设、盲目建设，致使系统"互联互通"困难，"信息孤岛"凸显。还有一些地方把"数字城市"建设看成是"形象工程"、"面子工程"，甚至"花瓶工程"，为了赶时髦、出"政绩"，不顾本地实际经济情况，在未经详细论证、缺乏整体规划、建设思路和目标的情况下便草率立项，盲目启动，造成项目失败和资金浪费。

"数字城市"对整个城市发展来说不仅仅是一项工程或项目，而更类似一种理想目标或者努力方向，它是一种以信息技术为城市化提供支撑的新兴发展模式，只有在具备一定技术和经济积累的城市中，根据当地政府、企业以及公众的实际应用需求，充分论证、分析后才能进行整体规划、设计和实施。"数字城市"这一长期性、战略性的任务也只有在政府的统一组织下，按照一个切合实际的总体规划和建设方案，指导全市各行各业共同完成"数字城市"工程的实施，才能有效地避免条块分割、各自为战、盲目行动等问题，确保"数字城市"建设的积极、稳妥、有序推进。

（3）"数字城市"建设尚未形成一个完整的标准体系

标准化问题已成为当前制约我国"数字城市"建设的又一"瓶颈"。在资源建设上，由于缺乏统一的数据标准，数据格式各异，分类、编码不统一，不仅给数据获取、更新和维护带来很多困难，而且给信息资源共享、交换带来许多不便，严重制约了信息资源的开发利用。此外，在系统开发上，由于缺乏统一的系统建设标准，软件系统存在低水平重复开发、总体效率低下、应用软件平台不能互联互通等一系列问题，导致新的"信息孤岛"出现，从而带来更多的隐患和风险。因此，在进行"数字城市"规划、建设时，务必注意"标准先行"，尽快建立起一套科学、合理的标准体系以减少后期资源整合、系统对接所带来的巨大困难。

（4）缺乏信息资源共享、整合的机制、体制

目前，在我国"数字城市"建设过程中，迫切需要解决普遍存在的"信息孤岛"、"数字鸿沟"等一系列问题。造成这些问题的根本原因，就是缺乏信息资源共享、整合的机制、体制，对现有基础数据的共享、交换、管理以及系统整合、应用缺乏有效的机制保障和体制约束，严重制约了城市信息化的发展进程，系统建设的"高门槛"和基础数据获取的"高消费"使很多政府部门在信息化建设过程中"望而却步"，不得不为信息化付出大量资金和成本，从而导致系统应用、推广困难。

另外，缺少负责信息资源共享、整合的机构设置，部门间职能交叉重叠，信息资源透明度相对较低等，也都是影响"数字城市"建设的重要因素。经过多年的建设，很多政府部门都认识到"数字城市"不单单是一个纯技术的概念，其发展水平的提高很大程度上依赖于管理水平和制度水平的提高。相对于系统建设和应用的发展，"数字城市"建设中的各种机制、体制、跨部门数据整合、有组织的信息资源共享等环节的发展则较为落后，若仅依靠某一个政府部门的组织协调，在当前体制中显然缺乏足够的公信力和执行力。

保障信息资源共享、整合的关键是需要从政府的机制、体制上进行创新，充分认识到信息资源共享、整合的重要意义，切实从资源建设"源头"和共享交换"平台"抓起，制定一系列措施和管理办法，同时采用必要的技术手段保证其可行性，从根本上杜绝资源重复建设和资金浪费，使共享服务的实际应用效果得以充分发挥。

（5）市场机制发挥不够

目前，"数字城市"的建设更多依靠国家和当地政府的投资和推动。这种建设模式，一方面保证"数字城市"建设可以进行统一规划、集中实施、共享使用；另一方面，靠政府"包办一切"来建设"数字城市"，既使得政府承担了沉重的经济负担，又很容易影响企业参与"数字城市"建设的热情，难以调动和发挥整个社会的资源能力，并且有可能产生建设成果的市场定位不准、长期社会效益无法充分体现等情况。

另外，"数字城市"建设的工程量十分浩大，不仅需要投入大量的人力、物力和财力，而且需要开展大规模的基础设施建设，多种关键技术的攻关、实现以及应用推广等工作，这些繁重的工作如果全部依靠政府部门去完成，显然是不现实的，尤其我们所指的"数字城市"不仅仅是空间信息基础设施或者电子政务，而是内涵更为广阔的城市信息化，电子商务、电子社区等都需要企业、公众的共同参与。数字城市孕育着巨大的产业空间，在其中只有引入市场竞争机制，组织和鼓励企业积极地参与，调动社会上各方面的积极性、主动性和参与性，充分协调政府与企业之间的利益关系，使其各司其职、各尽其用，充分发挥市场化运作机制，才能推动数字城市建设的顺利进行。

1.1.1.3　信息资源开发利用对数字城市建设的重要意义

信息资源（Information Resources）的概念在不同学科、不同领域有多种不同的解释。[5]通常概括起来主要分为广义和狭义两种理解。狭义的"信息资源"概念主要是从信息内容本身角度出发进行描述，即信息资源是指经过人类选取、组织、序化的有用信息集合。《国家信息资源开发利用规划》（草案，1997）中即采用狭义的概念："信息资源是指在经济、政治、科技教育、国防、社会生活等各个领域、各个层次产生和使用的信息内容。"广义的"信息资源"概念不仅包括信息内容本身，而且包括与其紧密相连的信息设备、信息人员、信息系统、信息网络等，甚至机构、资金和运行机制等内容，即认为信息资源是信息活动中各种要素的总称。本书的研究重点在信息的内容本身，因此采用狭义的定义方式，即信息资源是人类活动各个领域所产生和有使用价值的信息集合。

信息资源作为生产要素、无形资产和社会财富，与能源、材料资源同等重要，在经济社会资源结果中具有不可代替的地位，已成为经济全球化背景下国际竞争的一个重点。信息资源的开发利用与其他自然资源的开发利用相比具有更大的复杂性，不仅涉及政治、经济、社会、文化、科技等诸多领域，还涉及政府部门、企业单位、公益机构、社会公众等多方面的主体。

信息资源构成了数字城市的"骨架"。在数字城市的发展过程中，数字城市所呈现出来的数字化功能和服务均依托"流动于"数字城市底层的信息资源而运转。据统计，人类生活和生产的信息有80%与空间位置有关，"数字地球"的基本概念也是定义在地球空间框架上集成和展示各种数据，数字地图和数字影像是"数字城市"的基础框架，衡量"数字城市"的一个重要指标就是数据量的丰富程度，特别是各类基础空间数据的数据量。信息资源是支撑数字城市的关键性基础因素，处于数字城市系统的核心位置，信息资源开发利用对数字城市建设具有重要意义。

1. 信息资源开发利用能够推动城市信息化水平的提高

信息资源、材料资源和能源资源共同构成了国民经济和社会发展的三大战略资源。信息资源在所有信息化建设工作和信息化应用系统中都处于最核心的位置。小到应用信息系统，大到整个数字城市体系，其服务能力的提高都源自完整的、高质量的信息资源。

城市信息化水平、信息系统的应用水平和实际效果，很大程度上取决于其所依托的基础数据，也就是信息资源的质量。对繁多的信息资源进行组织管理和开发利用，能够有效提高信息资源的可用性和质量。

2. 信息资源开发利用能够增加社会公益

信息资源的开发和利用，能够丰富信息资源的访问手段、增强信息资源的访问能力，进而从总体上大大降低信息系统建设的成本、提升信息系统的业务能力；同时，社会民众也能够通过各种信息化手段，更方便地访问信息资源。通过对信息资源的统一规划、开发和利用，能够从总体上提高和扩大社会效益。

在 2005 年 7 月，科技部、国家发改委、财政部与教育部联合发布了《"十一五"国家科技基础条件平台建设实施意见》，提出到 2010 年，搭建由研究实验基地和大型科学仪器设备共享平台、自然科技资源共享平台、科学数据共享平台、科技文献共享平台、成果转化公共服务平台和网络科技环境平台六大平台为主体框架的国家科技基础条件平台，为各类科技创新活动提供良好环境，使全社会都能享受到科技进步的成果。

3. 信息资源开发利用能够带动相关产业发展

经过多年的信息化建设，信息化的基础设施建设已经初具规模，网络和互联已经成了各个社会单元基本的工作条件，并将逐步形成数据通信网络、有线电视网络、电话通信网络"三网合一"的"信息高速公路"体系。在坚实的通信网络设施基础之上，包括城管、交通、水电煤气热、消费、气象、旅游、应急联动等各个方面对信息资源的开发利用已经显现出迫切的需求。由此也引发了专门从事信息资源开发的产业，如专门从事商业信息整理和分析的商业咨询公司、专门从事地理空间信息采集和编制的 GIS 数据公司等。

1.1.2 电子政务与政务信息资源

1.1.2.1 电子政务概念及建设现状

1. 电子政务相关概念

电子政务（E-Governance）通常被认为是由电子政府（E-Government）衍生而来的一个概念。目前，对于电子政务这一概念，社会各个行业对它的理解不尽相同，有些人将电子政务与其他概念相混淆，如和电子政府、数字政府、办公自动化、政府上网、政府信息化等类似概念混为一谈，一定程度上影响了我国电子政务工作的开展。实际上，电子政府是一个实体概念，即一种以信息和技术为依托，以实现完善的政府服务为目标的虚拟政府；电子政务是一个过程概念，是实体政府利用信息和技术以提高政府效率的一种方式，着重点在政务。办公自动化的业务范围涵盖几乎所有的党政机关和企事业单位，应用重点一般是在部门内部并且集中于办公人员的个人层面，而电子政务的应用主体主要是各级政府部门，是政务的电子化，侧重于政府部门内部以及跨部门、系统和地区的应用。政府上网的重点是通过开通政府网站来推动政府部门与民众之间的电子政务活动，是电子政务建设的重要内容之一，电子政务则是一个更为广泛的概念，它还包括政府部门内部以及政府部门之间所有的政务往来。[6]

目前，对电子政务尚缺乏权威的定义，而且相关理论还处于不断发展变化之中。总体来说，电子政务是借助电子信息技术而进行的政务活动，它的内涵和外延在很大程度上取决于我们对电子信息技术和政务活动所下的定义。政务有广义和狭义之分，广义的政务泛指各类行政管理活动，而狭义的政务则专指政府部门的管理和服务活动，通常我们在探讨电子政务建设的时候，更多地指政府部门的信息化建设，即狭义的电子政务概念，而党委、人大、政协、军队系统和企事业单位等借助于电子信息技术来进行的行政管理活动，我们可以将其并入广义电子政务的范畴；电子信息技术这个概念同样需要进行界定，并非所有的电子信息技术与政务活动相结合，都能够称之为电子政务，只有计算机网络技术的广泛应用，才使大量政务信息的实时共享和双向交流在技术上成为可能，因此，这里电子信息技术的概念也是相对狭义的。根据这些定义分析，可以对电子政务的内涵和外延形成一个基本共识，即采用狭义概念，电子政务主要包括三个组成部分：一是政府部门内部的电子化和网络化办公；二是政府部门之间通过计算机网络而进行的信息共享和实时通信；三是政府部门通过网络与民众之间进行的双向信息交流。[7]更进一步理解，电子政务是政府在国民经济发展和社会信息化的背景下，以提高政府办公效率，改善决策和投资环境为目标，将政府的信息发布、管理、服务、沟通等功能，通过综合运用现代信息技术，实现政府服务职能和管理职能的重组与优化。它的出现，打破了时间、空间和部门分割的制约，提高了政府运作效率，使政府部门更加精简、高效、廉洁和公正。

电子政务的概念，至少应包括以下三重内涵：首先，电子政务必须借助现代信息技术、数字网络技术和办公自动化技术，同时也离不开信息基础设施和相关软件技术的支撑；其次，电子政务处理的是与公共权力行使相关的政府公共事务，或者为了提供高效的公共服务而快速处理公共部门内部的事物，这决定电子政务有着广泛的内容；第三，电子政务并不是将传统的政府管理和运作简单地搬上互联网，而是要对现有的政府组织机构、运行方式、行政流程进行重组和再造，使其更有利于信息技术、网络技术的应用。

2. 国外电子政务的发展现状

电子政务是现代政府管理观念与信息技术融合的产物，其建设水平已经成为衡量国家竞争力水平的显著标志之一。面对全球范围内的国际竞争和知识经济的挑战，世界各国政府都把电子政务作为优先发展的国家级战略，它已经成为世界各国政府行政管理改革的主要方向之一，各国政府都将建立政府网站、提供网络服务作为提高行政管理效率、密切政府与企业、政府与公民关系的有效手段。目前，全球的电子政务建设正开展得如火如荼，围绕电子政务的各种创新不断涌现，为未来的数字化政府打下了坚实的基础，尤其是一些发达国家，电子政务建设已经走向成熟，有很多值得我们参考、借鉴的地方。

（1）美国

美国政府既是电子政务的积极推动者，也是坚定的实践者，其电子政务发展在国际上处于领先水平。电子政务的发展推动了美国政府改革向纵深方向发展。通过使用信息技术，重塑了政府对民众的服务流程，加强了政府与客户间的互动，建立了以顾客为导向的电子政府以提供更有效率、更易于使用的服务，为民众提供更多获得政府服务的机会与途径，受到了公民普遍的支持。目前，美国联邦政府一级机构已经全部上网，所有的州一级政府也全部上网，而且几乎所有的县市已经建立了自己的站点，政府网站的内容十分丰富有效，能够提供包括办公室电话、办公地址、在线报刊、在线数据库以及外部网站链接、外语翻译、个人隐私政策、广告、安全特性、免费电话、技术服务等在内的27种功能。在"第一政府网站"首页上，除了在"联系你的政府"栏目下有编辑好的政府各部门及参议员、众议员的各种联系方式目录外，还有一行字，声明"任何关于联邦政府的问题"，都可以拨打一个特定的800免费电话。马萨诸塞大学智能信息检索中心建立的GovBot Database搜索引擎迄今已搜集了美国联邦政府和军事站点的1594012个网页，美国已有超过60%的互联网用户通过政府网站进行事务处理。[8]

（2）英国

英国从1994年开始电子政务建设。20世纪90年代末，英国政府先后制定了《政府现代化白皮书》、《信息时代公共服务战略框架》和《21世纪政府电子服务》等，希望通过信息通信技术的使用而促进公民更多地参与政府决策以及民主化过程。

2000年12月开通的"英国在线"网站，不仅将上千个政府网站链接起来，而且把政府业务按照公众需求进行了组合，使公众能够全天候地获得所有政府部门的在线信息与服务。该网站的内容分为五个部分：生活频道、快速搜索、在线交易、市民空间、简易通道，其中生活频道能够让用户只须点击相关主题即可找到11个主题的服务，而不必考虑各政府部门的职责和分工，其他各大块也都包括众多主题的服务内容。在新颁布的电子政务战略规划中，英国强调"变革型政府"，目标是到2011年，公众和企业不必再区分政府不同部门间的界限而获得整合的服务。

（3）新加坡

新加坡是全世界最早推行"政府信息化"的国家之一，也是全球公认的电子政府发展最为领先的国家之一。根据埃森哲公司2002年的调查结果，新加坡与加拿大、美国一起被评为全球电子政府的"创新领先型国家"。新加坡在服务广度上仅次于美国，在服务深度上位居全球第一。

新加坡从1981年起就开始发展电子政务。长期以来，新加坡政府都在不遗余力地推行各部门集成化、一体化的电子服务，并建立了一个高级的管理委员会，全速推动电子政务的发展进程。1986年新加坡政府推行"国家IT计划"，力争向公众提供一站式、快速便捷的集成式服务；1992年，新加坡政府发布"IT 2000计划"，目标是将新加坡变为一个智能岛，成为全球性IT中心；1997年，新加坡总理提出：在5年内应该可以满足公众通过电话、电视、计算机等电子方式处理1/4以上的政府事务；1999年4月，"电子公民中心"开始建成使用，它将政府机构所有能以电子方式提供的服务进行整合，并以轻松便捷的方式提供给全体新加坡公民，当年曾被美国的公共服务管理部门认为"'电子公民中心'是世界上最完善的提供综合性服务的例子"；2000年6月，新加坡启动了首个电子政务行动计划（eGAP），该计划有效地改造了公共服务的提供方式以及政府、公民和企业之间的互动交流方式，通过此计划，100%的公共服务（超过1600项）可通过互联网进行；2000年12月新加坡政府正式开通了"政府电子商务中心"，它把新加坡政府各部门和机构的财务系统和采购软件进行整合，使政府部门的贸易伙伴可以在网上得到政府招标的邀请并购买招标文件，供应商可以在网上索要发票、检查付款情况、提交产品目录和竞标，通过来自世界各地的众多供应商的激烈竞争而获得价廉物美的产品，通过网上下单而节约更多的时间，通过更低的库存而减低成本。2003年7月，公布了电子政务行动计划之二（eGAP Ⅱ），该计划放眼于建设一个领先的电子政务系统，以期在数字化经济中更好地为国家服务。

（4）加拿大

加拿大是拥有世界最先进广播系统的国家之一，拥有良好的国家信息基础设施。加拿大政府建设电子政务的目标非常明确，就是为了使每一个加拿大公民都有公平享受就业、教育、投资、娱乐、医疗保健及社会福利信息的机会，并使加拿大成为"全球信息高速公路"的主要使用者及服务提供者，以促进加拿大经济、社会及文化建设方面的发展，促使加拿大转变为世界上主要的、具有竞争力的知识社会。

1999 年，加拿大政府正式颁布了电子政务战略计划"政府在线"（Government Online），提出政府要做使用信息技术和互联网的模范，计划到 2004 年实现政府所有的信息和服务全部上网。为保持电子政务在全球的领先地位，加拿大政府发挥了强大的领导力作用，推行了"统一的政府"（A Whole of Government）实施策略，以加强各级政府和各部门的电子政务协同发展，力争满足公众的需求，向他们提供一体化的电子服务。2001 年 1 月，加拿大对政府门户网站进行了意义重大的改进和重新设计，构建了综合性的、一站式的"服务加拿大"（Service Canada）公共服务网络，并及时对用户满意度进行追踪调查，真正体现了以公众为中心的电子政务核心理念。"服务加拿大"构建的一站式服务提供网络可以以世界一流的专业化服务水准向公众提供 50 多项政府服务项目，超过 90% 的常用服务项目都能在其服务网站上获得。最新的客户满意度调查显示，84% 的加拿大人对"服务加拿大"的服务质量表示满意。

（5）日本

日本政府有计划、有重点地推进电子政务始于 1993 年起草《推进行政信息化基本计划》。该计划于 1994 年 12 月（1997 年 12 月修订）发布，这是日本政府推出的第一个政府信息化建设五年计划，主要目标是在国家行政机关建设信息基础环境，重点建设项目包括建立使用计算机的工作环境、推进数据编码等基本项目的标准化、建立电子文件交换系统等信息系统、完善并扩大数据库建设、强化政府对新技术的评估机制、建设高技术通信网络等。

从 2001 年开始，日本政府先后推出了"e-Japan"系列信息化战略计划，明确将电子政务建设确定为日本信息化建设的五大重点领域之一。"e-Japan"系列信息化战略计划指出了电子政务建设的基本思路、战略目标和具体的实施措施。2003 年 7 月，首席信息官联络会议根据《e-Japan 战略Ⅱ》的有关规定，推出了专门的《电子政府构筑计划》。《电子政府构筑计划》明确了 2003—2005 年间日本电子政务建设的方向、重点以及两个战略目标：一是实现以公众为中心的行政服务，即公众可以利用多种手段随时获取所需信息（信息提供无缝化），并通过互联网上的一个窗口办理各种行政手续（一站式服务）；二是实现内部业务和系统的最优化、高效化和合理化，消除业务流程中的重复操作。2004 年 12 月，在总务省提出的政策建议《u-Japan 政策》中进一步提出，提高电子政务服务的便利程度是下一步优先解决的 21 个问题之一。[9] 2006 年 1 月 18 日，日本政府 IT 战略本部正式向公众发布了日本最新的信息化国家战略《IT 新改革战略》，这一战略是日本政府在完成了《e-Japan 战略Ⅱ》建设目标后提出的最新信息化建设计划，是日本政府 2006—2010 年间信息化建设的基本纲领，它提出日本电子政务建设的总体目标是通过在行政领域灵活应用信息通信技术，提高国民生活的便利程度，简化行政环节，提高行政效率以及行政行为的透明度，建成世界上最便利、效率最高的电子化政府。《IT 新改革战略》的颁布，标志着日本电子政务建设由基础环境建设全面转向服务型政府的建设，今后日本电子政务的相关政策也将更加强调政府业务的精简优化与服务质量的提高。

（6）韩国

近年来，韩国电子政务建设取得了较大的发展，不仅在战略思路上有所突破，而且在具体推进方面也涌现了一批创新举措。目前，韩国的电子政务建设已处于世界领先水平，2007 年 8 月，美国布朗（Brown）大学在其最新发布的《全球电子政府》年度研究报告中指出，在全球各国电子政府绩效评估中，韩国电子政府服务水平位列全球第一（美国和英国电子政府分别位列第四名和第五名）。

韩国政府的电子政府建设起步于 20 世纪 90 年代，通过实施"信息化促进及 21 世纪电子韩国发展计划"，奠定了政府信息化发展的基础，不仅促进了电子政务的实现，而且为克服亚洲经济危机和国家经济的重新崛起作出了贡献。韩国电子政务的发展基本属于政府主导模式，中央政府在韩国电子政务发展中的地位极为重要。自金大中总统上任后，一直将电子政府作为国家的优先发展战略。由金大中总统亲自主持的韩国信息化战略会议，是国家信息化的最高决策、指挥和监督机构；由国务总理亲自主持的信息化促进委员会则具体指导国家信息化政策、信息化计划的制订以及监督计划的执行。这两个机构在指导、组织和协调韩国电子政务的发展中起着极大的作用。在 2001 年 1 月，政府又与民间企业和团体联合成立了电子政府特别委员会，共同制订和推进有关电子政府建设的计划。2002 年 4 月，韩国提出了"e-KOREA Vision 2006"建设目标，即通过信息化建设，显著提高政府工作效率；通过迅速准确的公民服务、在线定制型服务和行政公开，在为公民创造参政议政的前提下，制定和执行政府决策。这一目标为建设智能型政府指出了政策方向。2006 年 3 月，韩国又推出《u-Korea 总体规划》（2006—2010 年），旨在为在全球最优的泛在基础设施之上，将韩国建成全球第一个泛在社会［"泛在"（Ubiquitous），也称"无处不在"，最早出现在美国，用以描述泛在计算技术，随后作为一种 IT 模式，在日本被重新定义，打造无所不在的网络，建设"泛在信息社会"正成为越来越多国家信息化建设的方

17

向],清楚地表明了韩国政府欲在未来继续保持全球 IT 领导者的强烈意图。韩国下一步的电子政务建设战略目标是将韩国政府建设成为全球最好的为公众服务的数字化政府。韩国政府的未来国家战略——《展望 2030——携手共进,充满希望的韩国》,则正是以韩国先进的电子政务建设为核心支撑。[10]

3. 国内电子政务发展现状与问题

(1) 发展现状

我国电子政务建设的历史可以追溯到 20 世纪 80 年代中期,至今大体上经历了四个重要的发展阶段:起步阶段,推进阶段,发展阶段和高速发展阶段。这些过程无论是从技术发展的角度,还是人们认识的角度来看,都是一个"螺旋式上升"的渐进性过程(如图 1-1 所示)。

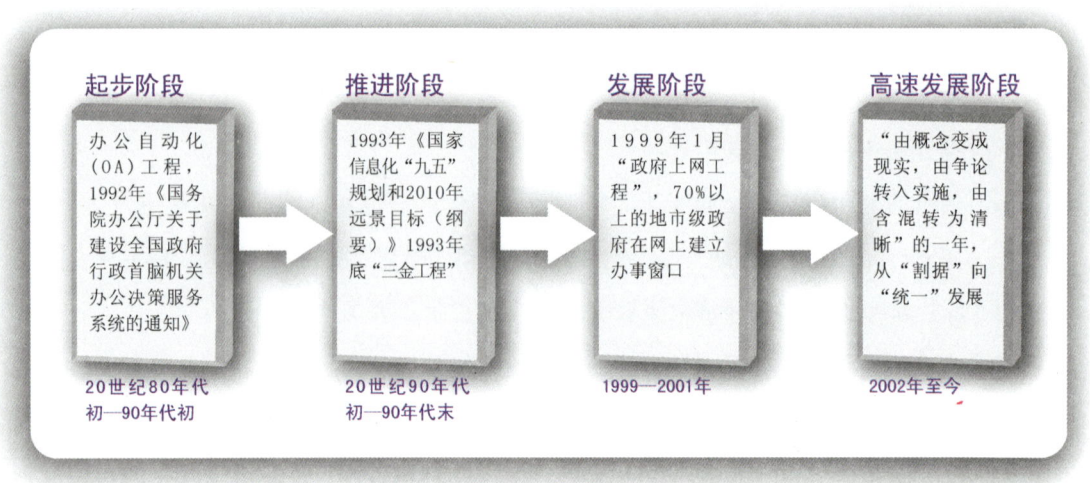

图 1-1 我国电子政务的发展历程

① 起步阶段(20 世纪 80 年代初—90 年代初)

在此阶段,我国电子政务建设重点是网络基础设施建设。中央和地方党政机关纷纷开展了"办公自动化"工程建设,建立了各种纵向和横向的内部信息办公网络。1992 年,为了推进政府机关的自动化程度,在政府机关普及推广计算机的使用,国务院办公厅下发文件《国务院办公厅关于建设全国政府行政首脑机关办公决策服务系统的通知》(国办发[1992] 25 号),经过各地区、各部门的积极努力,全国政府的电子政务基础设施建设取得了长足的进步,具备了发展电子政务的基础性前提。

② 推进阶段（20世纪90年代初—90年代末）

1993年，国务院信息化领导小组拟定了《国家信息化"九五"规划和2010年远景目标（纲要）》，国务院要求当时的电子工业部与有关部委大力协调，抓好几项重大的信息工程。1993年底，为适应全球建设信息高速度公路的潮流，中国正式启动了国民经济信息化的起步工程——"三金工程"，即"金桥工程"、"金关工程"和"金卡工程"。"三金工程"是我国中央政府主导的、以政府信息化为特征的系统工程，是我国政府信息化的雏形，也是电子政务发展的初级阶段。在"金"字工程推动下，一些相关政府部门的网络建设、信息化的程度都得到了一定的发展，并积累了一定的实际建设经验。

③ 发展阶段（1999—2001年）

1999年1月，40多个部委的信息主管部门共同倡议发起了"政府上网工程"，从此，我国电子政务建设开始进入发展阶段。通过启动"政府上网工程"及相关的一系列工程，我国开始迈入"网络社会"。通过政府信息资源共享和应用项目的建设，政府站点与政府的办公自动化进行连通，与政府各部门职能的结合日趋紧密，专业化的政府服务网站日益增多，服务内容更加丰富，功能不断增强，互动性得到很大提高，使得政府站点开始逐渐演变为便民服务的窗口，实现人们足不出户即可完成很多政府部门的办事程序。同时，通过利用政府职能启动行业用户上网工程，基于网络实现信息共享，逐渐形成"网络社会"。在"政府上网工程"的推动下，网络建设获得了长足的进展，政府信息化的必要条件已经具备。

④ 高速发展阶段（2002年至今）

我国电子政务的高速发展阶段起始于2001年12月26日，国家信息化领导小组第一次会议做出了"中国建设信息化要政府先行"的重要决策，自此，我国电子政务的建设开始进入全新的高速发展阶段。2002年8月17日，中共中央办公厅、国务院办公厅联合发布了《国家信息化领导小组关于我国电子政务建设指导意见》，明确了"十五"期间我国电子政务的目标以及发展战略框架（即"政府先行，带动国民经济和社会发展信息化"），将政府信息化建设纳入一个全新的整体规划、整体发展阶段。2002年11月8日，江泽民在"十六"大报告中，明确提出："深化行政管理体制改革，进一步转变政府职能，改进管理方式，推行电子政务，提高行政效率，降低行政成本，形成行为规范、运转协调、公正透明、廉洁高效的行政管理体制。"2003年，国家信息化领导小组第三次会议讨论通过了《国家信息化领导小组关于加强信息安全保障工作的意见》，进一步提出要抓紧推行电子政务，按照统一规划、突出重点、整合资源、统一标准、保障安全的原则，逐步建成电子政务体系的基本框架。《2005中国信息化发展报告》明确提出，2005年中国电子政务建设的重点任务是构建国家电子政务总体框架，明确现阶段中国电子政务的战略定位和在未来国家行政体制改革中的作用及两者之间的关系，明确中央与地方在电子政务建设中的关系原则，理顺电子政务运行管理体制。

2006 年，"十一五"规划的开局之年，我国的电子政务工作取得了突出进展。在这一年，"以信息化带动工业化"战略思路得以确立，信息化作为国家意志进一步得到贯彻，并向各领域、各行业全面渗透；中央人民政府门户网站正式开通，并成为中国各级政府在互联网上发布政务信息和提供在线服务的综合平台；《国家电子政务总体框架》得以发布，成为我国电子政务发展中的一个里程碑事件，它不仅清晰地描绘了我国电子政务总体结构形态，而且指明了我国电子政务未来一个阶段的价值取向和发展方向；《国家信息化发展战略（2006—2020 年）》正式发布，明确提出了我国信息化发展的九大战略重点（即推进国民经济信息化、推行电子政务、建设先进网络文化、推进社会信息化、完善综合信息基础设施、加强信息资源的开发利用、提高信息产业竞争力、建设国家信息安全保障体系、提高国民信息技术应用能力造就信息化人才队伍）；中办、国办转发了《国家信息化领导小组关于推进国家电子政务网络建设的意见》的通知，提出要用三年左右的时间，形成中央到地方统一的国家电子政务传输骨干网，建成基本满足各级政务部门业务应用需要的政务内网和政务外网；并在全国第一次电子政务工作座谈会中，对"十一五"期间如何更好地推进电子政务的建设作了明确的部署。

2007 年 4 月 5 日，翘首以待的《中华人民共和国政府信息公开条例》（以下简称《条例》）终于通过国务院令的形式予以公布（国务院令第 492 号），并决定自 2008 年 5 月 1 日起施行。该《条例》的颁布是中国政府进行民主政治改革的重大历史事件，蕴含着深远的历史意义。它不仅使我国电子政务在推进政府信息公开服务方面有了法定依据，有力规范了各级政府的信息公开行为，保障了政府改革的进度，从而有效地提升政府公信力、促进政府与公众合作，而且政府信息公开真正体现了对人的尊重，让公众参政、议政，听取公众的意见，更有利于政府改进工作和构建和谐社会。2007 年 9 月 30 日，国家电子政务网络中央级传输骨干网正式开通，标志着统一的国家电子政务网络框架基本形成，为各部门各地区开展业务应用提供了一个安全可靠、资源丰富、管理规范、服务专业的公共平台。[11]

（2）存在问题

回顾我国电子政务的发展史，可以清楚地看到，我国电子政务建设初步取得了令人瞩目的成就，取得了很多突破性进展，但同时也还存在着许多亟待解决的问题，这些问题是我们下一步发展电子政务所面临的巨大障碍和挑战，值得引起我们高度重视。

第一，缺乏理性认识，存在观念误区。国内一些省市对电子政务的规划、建设和实施缺乏理性认识，盲目乐观，对困难估计不足，偏离了电子政务这一新生事物的长期发展规律，期望以"短"、"平"、"快"的建设方式建设，忽略实际可操作性等一系列问题，结果事与愿违，造成政府人力、物力的巨大浪费。一些地方的电子政务总体规划非常宏观，建设内容十分全面，具体功能、效益设计非常庞大，然而由于没有考虑现行政府行政体制中的可操作性，实际建设结果往往不尽如人意，陷入问题"泥潭"，甚至会出现巨大的电子政务投资和与之不相适应的、相对比较薄弱的电子政务应用之间的矛盾，严重损害电子政务的良性运行和健康发展。

另外，很多部门在观念上对电子政务还存在不少认识误区。一种错误观念是把电子政务当成是办公自动化（即OA），仅仅把电子政务视为是安装几台电脑，连接打印机、扫描仪，用于处理政府公文和打印报表，收发电子邮件，实现无纸化办公等，结果使很多政府部门的计算机设备成为高级打字工具，或者成为一种摆设，没有发挥信息技术对政府业务流程改造所起到的应有作用；另一种典型的错误认识是把电子政务等同于"政府上网"工程，以为建立政府门户网站，把政府一些政策、法规、条例搬上网络就万事大吉，没有把传统的政务工具同网络服务进行有机结合，提供全方位的信息服务，而是简单地按照上级要求，完成网站开发等任务，忽视对海量政务信息资源的深度挖掘、共享和应用。这些观念上的错误认识，往往会在根本上限制电子政务的顺利发展，务必要加以重视和纠正。

第二，区域发展不均衡，存在数字鸿沟。我国不仅与发达国家之间存在着严重的数字鸿沟问题，而且国内各地区之间由于经济发展不平衡也导致数字鸿沟问题非常严峻。与发达国家相比，我国的电子政务发展远落后于世界主要经济大国（如美国、英国）和部分发展中国家，在这些国家政府管理和服务已经初步实现了电子化，电子政务和电子商务、家庭上网密切融合，开始逐步迈进信息社会的大门，而我国电子政务才刚刚起步，相关理论和政策研究尚属空白，应用还处于"摸着石头过河"探索阶段，不同地区、不同部门的电子政务发展还很不平衡，在经济发达的东部沿海地区，"数字乡镇"都已经开展得如火如荼，如浙江省的"数字金乡"、广东省佛山市南庄镇等地的电子政务建设都是颇具特色，而在一些经济欠发达的中西部地区，还在致力于基础信息设施的建设，如计算机、网络的普及和使用等，几乎无任何应用，发展区域电子政务的任务十分紧迫。

第三，重建设，轻应用。在国内电子政务建设中，"重建设，轻应用；重硬件，轻软件；重管理，轻服务"的现象比较普遍，尤其是注重网络建设、轻视信息资源应用的问题比较突出。一些省市在开展电子政务建设时，没有进行认真思考和详细规划就投入大笔资金购置大批硬件，铺设网络，甚至没有考虑建设的最终目的就立刻实施。待到建成后，再开始逐步着手建设应用系统，逐渐摸索用户的实际需求，结果造成很多价格不菲的硬件设备被闲置，甚至有些从购置到报废时包装还没拆过就成为一堆垃圾，盲目追求技术先进，如网络要求百兆到桌面、千兆光纤主干，实际上，在网络建成后的很长时间内，可能连一个业务应用系统也没有上线运行过。这种重视硬件投入、轻视业务应用的错误认识较为普遍，在我国硬件投入往往超过系统投入好几倍，这与国际发达国家的实际建设经验完全是相反的。

如果把政务网络比喻为"高速公路"，业务系统则是"路"上的"车"，信息资源则是"车"里的"货"，那么"重建设、轻应用"可以被形象为"有路无车、有车无货"的社会现象，也就是说在我国这条"信息高速公路"上，存在的问题主要是路宽、车少、货更少。许多部门虽然已经建有相对完善的网络系统和配置齐全的硬件设备，但却严重缺乏在网络上运行的政务信息资源，更缺少可以支撑部门业务的应用系统，即使是政府网站，其无论在信息的完整性和实用性方面，还是在沟通的及时性和公开性方面都离公众的期望有着较大差距，普遍存在资料缺少价值、不能及时更新、网页质量不高等缺陷，这也从某个侧面充分体现了当前电子政务建设的一些不足。

第四，信息共享困难，业务协同能力不强。在当前我国电子政务的高速发展阶段，政府掌握了80%的社会信息资源，如何提高这些政务信息资源的价值，促进政府业务流程改造，是众多政府部门面临的最大难题，而信息资源的整合和共享是解决这一难题的关键。从目前我国信息资源开发利用现状来看，存在"五多五少"现象，即原始的信息多，经加工整理的信息少；孤立分散的信息多，可交流共享的信息少；传统载体方式的信息多，电子载体方式的信息少；行政性开发的信息多，可市场化开发的信息少；静态的信息多，动态的信息少。在国内数以千计的信息库中，能保持不断更新和有效利用的只有很少一部分，而更多的信息库均处于"瘫痪"或"半瘫痪"状态，成为"死库"。如何激活这部分"死库"，充分利用好这部分巨大的信息资源，实现信息的流通和共享，是我国当前信息资源开发利用的必由之路。然而，在我国传统的行政体制模式下，各种信息源分散掌握在不同部门手中，信息被看成是一种部门权力的象征，而信息垄断在很大程度上意味着特权和利益，因此，不同单位之间为了保护自己的部门利益，往往限制信息交流，各自为政，致使"信息孤岛"林立，难实现信息的有效共享。这种普遍现象给部门之间的业务协同带来了巨大障碍，也造成了国家巨大的投资浪费。

要实现信息共享,就必须打破各级政府和部门对信息的垄断和封闭,从信息的广泛共享和深层次挖掘入手,整合信息资源,在原来离散、孤立的信息技术平台上构造一个开放的、统一的信息技术平台,以突破传统政务模式下信息分割的不利局面,实现信息广泛的共享、交换和应用,使之发挥最大的经济效益和社会效益。

第五,机制、体制不完善,服务水平和效率不高。目前,我国电子政务建设中体制、机制的建设还存在诸多不完善之处。例如,只简单地将政务活动计算机化,回避政务流程重组、优化、规范等方面的矛盾;缺少统一的管理机制和服务体制,缺乏统一的技术规范,很难为用户提供统一的"端到端"的全程服务;政务信息资源共享、交换缺乏相应的机制保障,对由于政务信息资源共享、交换带来的风险缺乏相应的防范、分担及绩效评估机制;公众服务水平和效率不高,政务信息公开程度低、内容少等。这些机制、体制的缺失,导致电子政务难以健康持续发展。

1.1.2.2 政务信息资源概念及其开发利用的重要意义

信息资源是人类活动各个领域所产生和有使用价值的信息集合。信息资源按其信息来源分类,可以划分为政务信息资源、组织机构信息资源(非政府机构拥有的,包括由非政府机构收集和生产的信息);其中约80%的信息资源是政务信息资源,它不仅为公众提供政府和社会发展的相关信息,也为保证政府开展日常管理提供重要的支撑手段和技术工具。

政务信息资源是政府部门在履行管理国家行政事务职责的业务过程中和政务信息化过程中产生的、有利用价值的、数字化、网络化的信息内容。[12]政务信息资源产生于政务活动,是政务部门采集、加工、使用的信息资源,以光盘、纸质、数据库等多种介质存储,包括城市部件数据库、人口数据库、法人单位数据库等以数据库方式存在的信息;法律、法规、政府各类发文、部门工作规划等以文本方式存在的资源;事故现场录像、报警电话录音、资源污染图片等多媒体方式存在的信息;还有网页方式存在的交互资源;以及电子地图、遥感影像等地理空间信息资源等。政务信息资源是一个国家战略性信息资源的重要组成部分,在一个国家政治、经济、科技、军事、文化领域中具有重要的战略意义。

政务信息资源之于电子政务,恰如信息资源之于信息系统,是应用系统建设的基础。政务信息资源是电子政务建设的基础,也是政府部门、企业单位、公众个人社会经济活动以及信息内容产业发展普遍需要、不可或缺的重要资源。因此,有效管理、合理开发和利用政务信息资源对促进政府职能转变、提高行政效率、增强监管和服务能力、推动全社会信息化持续健康发展具有重要意义。《国家电子政务总体框架》中指出:"政务信息资源开发利用是推进电子政务建设的主线，是深化电子政务应用取得实效的关键。"[13]《2006—2020年国家信息化发展战略》明确将政务信息资源开发利用作为我国信息化发展的战略重点之一，《中共中央办公厅、国务院办公厅关于加强信息资源开发利用工作的若干意见》中也提出"加强信息资源的开发利用，建立和完善信息资源开发利用体系，加快人口、法人单位、地理空间等国家基础信息库的建设"。由此可见，在电子政务建设过程中，开发和利用政务信息资源对于获得高质量数据基础、消除信息孤岛、降低数据成本、推动信息化建设水平具有很大的作用。

1. 推动信息的高效获取和使用

电子政务的应用系统建设需要有政务信息资源支撑。但是随着数字化信息占信息总量的比例越来越高，数字化信息的生产速度不断加快，信息资源的总量急剧膨胀，政务信息资源涵盖的种类和格式众多，如果不进行归类和整理，就无法进行有效检索，更无法高效地被应用系统所使用。

面对这个问题，需要对政务信息资源进行一体化组织与管理，其中，包括通过相关的技术手段（如以目录体系等技术对政务信息资源进行编目和管理），合理组织庞大的政务信息资源库，保证相应的应用系统在合理的权限管理条件下，实现对资源的访问和使用；还能保证资源的利用者在任何时间、任何地点，通过特定的服务接口查询资源目录，使其能快速发现、定位和获取所需的信息。

针对政务信息资源的组织和管理要求，国家也在组织力量，专门进行政务信息资源建设的专项规划，设计电子政务信息资源目录体系与交换体系。

另一方面，从资金投入角度来看，统一规划的信息资源开发利用能够使社会信息化总体投入更低、系统建设效率更高。

2. 促进电子政务服务能力的提高

在新的历史阶段，我国电子政务建设更加重视服务目标的实现。电子政务的服务包括面向公众、企事业单位和政府的各种服务，政务信息资源的开发利用是这些服务能力（包括服务手段的实现程度、服务效率、服务质量等）提高的关键。

政府通过信息资源的整合和共享，可以优化各单位服务职能的实现。例如，对人口登记和管理、法人登记和管理、产品登记和管理、市场准入和从业资格许可审批等方面实现信息共享，可使政府为公众和企事业单位提供更高效、优质的服务；通过信息整合提供市场与经济运行、农业与农村、资源与环境等方面的信息监测与分析服务，可满足政府经济管理和社会管理的需要；通过信息汇总、信息分析等服务，可为各级领导科学决策提供支撑；通过人力资源管理、财政事务管理、物资管理等信息的整合和共享服务，可满足政府提高管理效能的需要；等等。

3. 推动电子政务的标准化建设

政务信息资源涉及地理空间、社会经济、人口、法人等自然资源和社会资源，并且能够对外提供访问和使用的手段。为了科学管理的需要和获得标准的访问手段，政务信息资源的开发和利用，需要一系列的标准和规范进行约束。

政务信息资源的标准建设不仅是电子政务标准的一部分，其水平的提高直接提高了电子政务标准的水平，同时也对外部系统和外部访问者提出了标准化要求，从而推动了相关单位和系统的标准化水平。

4. 有助于提高社会总体信息化发展水平

在我国，信息化建设虽然取得了重要进展，但信息资源开发利用滞后于网络基础设施和应用系统的建设，制约了信息化的综合效益。从信息资源建设工作来看，信息总量不断增加，质量不断提高，工作进展较快，但急需引导和规范；同时也面临着诸多问题，如开发不足、利用不够、效益不高等。现阶段，需要通过统一规划的信息资源开发和利用，使信息资源得到适度、合理的共享，保证需求单位能够有效的获取，进而保证社会总体信息化的均衡发展。

1.1.2.3 电子政务推进数字城市的建设

在世界各国积极倡导的"信息高速公路"的五个应用领域中，电子政务被列为首位（其他四个领域分别是电子商务、远程教育、远程医疗、电子娱乐）。电子政务本身就是数字城市建设的最重要组成部分，一个规划良好的电子政务体系建设，将极大地推动数字城市的建设。

1. 电子政务建设是数字城市建设的重要步骤

从全球的数字城市和电子政务发展趋势来看，各国政府都把电子政务建设作为数字城市建设的重要步骤。一些发达国家通过大力发展电子政务建设，有效地推动了整个社会的全面信息化，尤其是面向市民的数字城市在线公共服务，普遍受到各国政府的高度重视。例如，新加坡的数字城市应用就允许普通公民在家里通过政府的"电子公民中心"网站完成各种日常事务，例如查询自己的社会保险账号余额、申请报税、为新买的摩托车上牌照、登记义务兵役等；美国政府网站的成熟性在全球是最高的，联邦政府一级机构已经全部上网，所有的州一级政府也全部上网，而且几乎所有的县市已经建立有自己的站点，政府网站的内容十分丰富有效，加拿大有540个州、直辖市、地区、县、市、镇的政府机构上网，实现网上办公涉及所有业务的部门，政府普及网上服务，即使城市规划项目也都在网上征求市民意见，充分体现出了程序规范、法制健全、过程透明、尊重民意的特点，使整个数字城市的服务效益大大加强。

毫无疑问，作为各种信息资源高度聚合体的"数字城市"，将是竞争比拼的前沿阵地，而在我国"数字城市"千头万绪的应用建设中，电子政务应该成为主力先行，成为带动企业信息化和社会经济信息化的龙头，实现"以信息化带动工业化，实现生产力跨越式发展"的战略构想。

2. 电子政务实施为数字城市建设提供良好的社会环境和管理方式

电子政务是随着政府重塑理论和新公共管理理论的发展而出现的，是数字城市应用系统的神经中枢，是支撑工业化大政府向新型管理体系转变的主要技术支撑；电子政务的核心是实现行政和日常事务的网上管理，是建立政府、社会和公众之间的有机服务机制，与计算机支持的协同工作或决策支持密切相关；电子政务建设和应用将打破现行行政机构的人为组织界限，构成一个电子化的虚拟政府机关，突破时空限制、流程限制。因此，电子政务是数字城市建设最好的切入点。

电子政务的实施将打破时间、空间和部门的诸多限制，为城市在新形势下的发展提供良好的社会环境，创新城市的管理方式，从而促进"数字城市"建设。

3. 通过电子政务建设，实现信息资源的整合

通过整合政府行政和政务信息资源，使政务信息率先成为"数字城市"的"信息仓库"之一，而且依托政府的权威职能能够提供一个基于不同权限和数据使用方式的信息资源整合平台，以保证整个社会的信息资源在一个规范合理的条件下得到共享和使用。电子政务信息资源处于"数字城市"的核心节点位置，通过控制、管理与其他资源节点的信息交换，可有效地管理城市内部人、财、物等各关键要素的流动。此外，通过连接城市内部的各信息节点，形成一个整体，为各种信息资源的共享、交换以及应用提供支撑平台，使得"数字城市"才有可能拥有整个社会的数据资源，才能够真正发挥有效的作用。

支撑"数字城市"的最关键基础因素是数据，也就是跨行业、跨部门的信息资源。这些资源涉及基础信息数据、地理空间数据、智能分析后产生的数据等，并且分属公安、交通、税务、水利、矿产等各管理单位，由于我国原有的条块分割的行政管理体制，使得各行各业的信息资源管理无序，共享困难。这种状况与信息资源的"只有使信息资源充分有效地融合，才能发挥其最大效益"的基本特点相矛盾，并在一定程度上限制了信息资源充分开发与广泛利用的水平。通过电子政务建设，可改变信息资源跨行业、跨部门利用所存

在的根本问题，改变对城市信息流的限制与约束，促进其横向融合。

4. 通过电子政务建设推动数字城市其他应用的发展

电子政务能够大大推进数字城市的其他应用建设。作为"信息高速公路"的五大应用领域之首，电子政务建设对于其他领域的信息化应用有直接的促进作用。政府通过实现交互式电子政务，使公民和企业接受政府网上交互办公的管理和服务，这就为企业提供网络化的服务开辟了市场，使得企业也必然会通过完善自己的业务流程、网络环境来适应电子政务的服务，从而带动企业应用高新技术，提升企业劳动生产率和核心竞争力，直接推动企业、行业乃至城市信息化建设步伐。

1.1.3 政务地理空间信息资源与"数字城市"

1.1.3.1 政务地理空间信息资源概念的提出

1. 信息资源分类

资源，是一切可被人类开发和利用的物质、能量和信息的总称，它广泛存在于自然界和人类社会中，如土地资源、矿产资源、森林资源、海洋资源、石油资源、人力资源、信息资源等。信息资源不仅广泛存在于自然界和人类社会之中，同时还普遍存在于人类的认识思维中，是反映客观事物的各种信息和知识的总称。它为人类提供的是非物质形态的社会财富，这是物质和能量资源所无法比拟的，对信息资源的开发利用已成为社会经济发展的首要推动力，是决定生产力、竞争力和经济成就的关键。

信息资源分类是对信息资源进行开发利用的基础性工作之一。所谓信息资源分类是根据信息资源自身内容的属性或特征，将其按一定的原则和方法进行区分和归类，并建立起一定的分类体系和排列顺序。由于分类对象的属性或特征本身千差万别，分类的原则和方法可以按照需求自行选择，因此，信息资源的分类可以说非常灵活。根据不同群体对信息资源观察角度的不同，可以从不同的维度对同一个信息资源进行多重分类。例如，按信息资源组成与内在关系可分为元信息资源、本信息资源、表信息资源；按信息资源有形与无形可分为有形信息资源与无形信息资源；按其地域（所处空间范围）可分为国际（世界）信息资源、国家信息资源、地区（部门）信息资源、单位信息资源；按其加工程度可分为一次信息资源、二次信息资源、三次信息资源；从其管理和开发的角度，可分为记录型信息资源、实物型信息资源、智力型信息资源与零次信息资源；按人的感官对信息的接收方式或信息对人感官的作用，可将信息资源分为视觉信息资源、听觉信息资源、视听信息资源与触觉信息资源；按信息传递的范围可分为公开信息资源、半公开信息资源、非公开信息资源，等等。总之，划分信息资源的标准多种多样，采用哪种分类方式主要取决于人们分析问题、解决问题的不同需要。[14]

通常来说，按照运营机制和政策机制，将信息资源划分为政府信息资源、商业信息资源、公益信息资源三类。政府信息资源，是指政府拥有的，包括政府收集、生产的信息和由第三方为政府收集、生产的信息；商业信息资源，是指由（为）商业机构或者其他机构以市场化方式收集和生产的，以盈利为目的的各种信息资源；公益信息资源，是指进入公共流通领域的，由公益性机构管理和提供的教育、科研、文化、娱乐、生活等领域的信息资源。

2. 政务地理空间信息资源概念的提出

实践证明，信息资源本身就是一个发展着的有机体。因此，信息资源的分类也不是一成不变的，而是动态发展的。随着科学技术的发展，新的信息资源分类将不断涌现。信息资源分类体系需要及时吸纳、涵盖这些新兴分类方法。另外，随着信息资源内涵与外延的深化、拓展，信息资源的分类标准与分类方法也可能发生变化，信息资源分类体系亦应及时地予以调整，以保持信息资源分类与其定义的一致性。

在电子政务应用中，按照信息的来源渠道，约有80%的信息资源是来源于政府机构的政务信息资源，政府不仅是国家信息资源的最大拥有者，也是最大的信息生产者、消费者和发布者。政务信息资源不仅为公众提供政府和社会发展的相关信息，也是保证政府进行工作的重要手段和政府进行日常管理的基本工具。

根据信息自身的空间特性，还可以将信息资源划分为地理空间信息资源以及非地理空间信息资源。其中，地理空间信息资源指直接或间接与地球上的空间位置有关的信息资源，又常称为空间信息资源。一般来说，信息资源中至少有80%的信息资源与空间位置有关。

在"数字城市"的电子政务建设中，存在着一类特殊的、具有空间属性特征的政务信息资源，这类特殊的信息资源不仅广泛存在于政府部门的实际业务应用中，而且它在数据获取、管理、共享、交换、服务以及应用等方面都存在很大的特殊性，它的开发利用将可能在一定程度上影响业务处理的流程和事务决策。为进一步能对这类信息资源进行系统研究和探讨，使其更好地服务于业务的强烈需求，从信息的来源角度出发，结合信息本身的空间属性特征，本书将这类特殊的信息资源称为政务地理空间信息资源。政务地理空间信息资源是地理空间信息行业和电子政务应用行业紧密结合的体现，也是面向政府实际应用的一种较为合理、可行的信息资源分类方法。

1.1.3.2 政务地理空间信息资源在"数字城市"建设中的重要地位

在狭义的"数字城市"中，地理空间信息资源是整个"数字城市"的基础，而在广义"数字城市"中，信息化是"数字城市"的核心内涵，电子政务是"数字城市"建设的重要组成部分，政务信息资源是电子政务建设的基础。政务地理空间信息资源作为一种特殊的政务信息资源，作为一种广泛应用于实际业务的政务信息资源存在形式，在电子政务建设乃至"数字城市"建设中有着举足轻重的地位。

政务地理空间信息资源是"数字城市"建设的重要切入点。涵盖城市信息化所有内容的"数字城市"在全球兴起，西方国家基于"后城市化"时代背景提出的"数字城市"，在我国则像空中楼阁一样遥不可及，面临着很多中国式的难题。一些发达国家（如美国、日本、新加坡等国家）在开展"数字城市"建设时，注重统一管理、统一规划，强化数字城市的顶层设计，将资源共享和应用服务贯穿始终，这种在完整的城市化后提出"数字城市"框架，是信息化对城市化的升华。我国"数字城市"的整体框架也是着眼于"大一统"，强调在统一的基础平台上实现各部门的应用，但条块林立的行政体制始终是"大一统"设计难以逾越的深沟，我国当前城市化的发展进程决定了城市信息化不宜从顶层设计入手，无法按照预先设计的"大而全"的框架去发展，[15]而必须采用"亮点先行"的策略，以遥感（RS）、地理信息系统（GIS）和全球导航卫星系统（GNSS）为代表的"3S"技术为突破亮点，由政府自身的信息化入手，开展"数字城市"建设。由此可见，政务地理空间信息资源可成为"数字城市"建设的重要切入点，这在我国目前已有 30 多个城市开展"数字城市"的地理空间框架试点建设中得到了佐证。

政务地理空间信息资源是"数字城市"空间基础设施的重要组成部分。空间基础设施是支撑整个"数字城市"应用的基础性、公益性资源，需要由政府牵头组织建设、实施。政务地理空间信息资源为空间基础设施提供了大量基础性、共享性、权威性信息资源。

总之，政务地理空间信息资源对推动整个"数字城市"的应用将起到至关重要的作用，对这类资源的管理、共享、服务以及应用模式的研究，可以为建设具有中国特色的"数字城市"起到推波助澜的作用。

1.2 政务地理空间信息资源管理和共享服务应用的内涵

政务地理空间信息资源是一类特殊的信息资源，在一个国家的资源体系中具有重要的战略意义，并已经成为一种重要社会财富，具有不可替代的地位。在政务信息资源中，

80%以上的信息资源都与空间位置有直接或间接相关的关系,即这些信息都可以通过某种关联关系,直接或间接地定位到某一个具体的空间位置,简单地说,就是可以定位到二维或三维的地图上去,可以转化为政务地理空间信息资源。这种内在的空间信息关联,为政务信息资源的处理和利用提供了新的方式和途径,为政府管理和服务机制的创新提供了新的手段。

1.2.1 信息资源管理的概念

1.2.1.1 基本概念

信息资源管理(Information Resources Management,IRM)的概念自1979年美国学者迪博尔德(J. Diebold)第一次提出以来,国内外许多专家学者都对这一术语非常关注。关于信息资源管理含义的研究、探讨和争论十分广泛,对其理论的研究也在不断发展和进步,因此,学术界目前仍然没有形成一个较为成熟的共识。目前,比较有代表性的两个观点是:一是"方法说",持有这种观点的学者认为"信息资源管理=信息+资源管理"。例如,里克斯(B. R. Ricks)和高(K. F. Gow)认为"信息资源管理是为了有效地利用信息资源这一重要的组织资源而实施规划、组织、用人、指挥、控制的系统方法"。二是"对象说",持有这种观点的专家则认为"信息资源管理=信息资源+管理"[16]。例如,莱维坦(K. B. Levitan)主张从管理对象来探讨信息资源管理,即认为"信息资源"是组织机构管理活动的重要因素,将其视为管理对象,将信息资源管理定义为"一种集成化的管理手段"。"方法说"和"对象说"反映了学者的不同视角,但它们都从本质上强调以下几点:其一,信息资源的管理对象——信息资源;其二,实施的领域——国际、国家和社会组织;其三,实施的方法和手段——综合使用各种管理方法和技术手段;其四,信息资源管理的实质——它是一种管理思想和管理模式。

综合国内外学者的意见,本书采用的定义是:信息资源管理是国家和组织机构为达到预定目的,运用各种手段,对信息活动中的各要素(信息、人员、设备、资金等)实施全面管理的一种思想和管理模式。[17]

信息是一种具有生命周期的资源,而信息资源管理就是基于信息生命周期的一种人类管理活动。信息资源管理是不同的信息技术与学科整合发展的产物,它既包括信息技术的管理也包括信息内容的管理。

1.2.1.2 信息资源管理与信息资源开发利用的区别和联系

信息资源开发利用是一个中国特色的概念。信息资源管理概念与其密切相关,但又存在很多重要区别。

信息资源开发利用是指根据社会需要,对信息资源进行采集、处理、存储、传播、服务、交换、共享和应用的过程,也就是利用现代科学技术对各种零散的、原始的、不便于管理和利用的信息资源进行鉴别、分析、转换、组织、整合等方面的增值处理,提高信息资源的可获得性、适用性、有效性和可管理性,提高其数字化、网络化和商品化水平,实现信息资源的自由流动和高度共享,以促进国民经济和社会的健康、协调发展和提高人民生活服务质量。它与信息资源管理在内涵、性质以及侧重点等方面都存在一定区别(见表1-1)。从内涵上看,信息资源管理是指为了完成机构的使命而管理信息资源的过程,既包括信息本身,也包括诸如人员、设备、资金和信息技术之类的相关资源;而信息资源开发利用主要是利用信息技术对信息本身的开发利用。从性质上看,信息资源管理是一种系统的管理方法,更多的是针对某一组织机构本身;而信息资源开发利用则更像是一种策略,更注重对整个国家的信息资源开发利用活动进行指导和规范。从侧重点上看,信息资源管理侧重于信息资源的合理配置和相关资源的合理投入和利用,强调其管理职能;而信息资源开发利用则侧重于信息内容的开发和利用,强调具体任务的确定和实施。

信息资源开发利用的有效实施和最终实现,需要选择与之相匹配的信息资源管理模式,从而确保信息资源建设的外部环境与未来变化相一致,而信息资源建设的深化将进一步促进信息资源管理水平的提高。从这个意义上讲,信息资源的有效管理与信息资源开发利用相互依存,彼此协调发展。[18]

表1-1 信息资源管理和信息资源开发利用的区别和联系

名称	信息资源管理	信息资源开发利用
定义	国家和组织机构为达到预定目的,运用各种手段,对信息活动中的各要素(信息、人员、设备、资金等)实施全面管理的一种思想和管理模式	根据社会需要,对信息资源进行采集、处理、存储、传播、服务、交换、共享和应用的过程。 信息资源开发利用是信息资源建设的本质,因此,两者为同义词,也是对等物
内涵	为了完成机构的使命而管理信息资源的过程,既包括信息本身,也包括诸如人员、设备、资金和信息技术之类的相关资源	它是利用信息技术对信息本身的开发利用
性质	信息资源管理是一种系统的管理方法,更多的是针对某一组织机构本身	信息资源开发利用是一种策略,更注重对整个国家的信息资源开发利用活动进行指导和规范
侧重点	侧重于信息资源的合理配置和相关资源的合理投入和利用,强调其管理职能	侧重于信息内容的开发和利用,强调具体任务的确定和实施
两者的关系	两者之间存在一种基础与应用的关系	

1.2.2 信息资源管理与共享服务应用概念的提出

随着信息资源的易共享性逐渐被学术界广泛认识、接受和实践、应用，人们开始认识到，信息资源管理的提法似乎不能满足对信息资源共享、服务和应用的要求，管理不等于开发利用。目前，在对信息资源的全生命周期进行管理过程中，信息资源的共享、服务等内容已经不仅仅是技术、概念上的问题，它也开始向机制、体制、模式等方面开始延伸，在这方面，我国相关的理论研究相对于实践应用来说，较为滞后。信息资源的共享、服务和应用作为一种理论思想，成为信息资源开发利用的重要组织部分，它体现了从管理信息资源到应用信息资源的变化过程。因此，我们将两者进行概念融合，使用"信息资源管理与共享服务应用"这一词汇来完整表达某一组织机构对信息资源从采集、组织、管理到公开、共享、服务的全方面、多手段应用过程。

信息资源管理与共享服务应用概念的提出，不仅弥补了单纯的信息资源管理概念缺乏对资源共享、应用内涵表达的不足，也从另一个角度加深了信息资源共享、服务或应用等概念对资源管理机制、体制的理解和重视，只有对信息资源实施有效管理、及时共享、多方服务、深化应用，才能保障信息化建设过程中外部环境（如政策、体制、机制等）与内部资源（信息内容）协调同步发展，从而推动社会信息化的进程。

1.2.3 政务地理空间信息资源管理与共享服务应用体系

政务地理空间信息资源管理与共享服务应用是指在对政务地理空间信息资源进行全面的技术管理和体制、机制管理的基础上，面向政府、企事业单位以及公众的服务需求，利用信息资源共享、交换等技术手段和机制、体制，提供政务地理空间信息资源全方位服务和应用的过程。通过对这类特殊信息资源的管理、共享、服务以及应用等内容的系统研究，可以为"数字城市"建设寻找"亮点"突破，深度挖掘这类资源的管理、共享、服务以及应用对整个"数字城市"的建设具有示范性意义，可充分发挥"催化剂"的作用，从而推动整个城市信息化发展的进程。

政务地理空间信息资源管理与共享服务应用体系的研究和建设，不仅从总体框架上对政务地理空间信息资源的管理、共享、服务以及应用提供理论性指导，而且从技术层面上将完整阐述对政务地理空间信息资源进行开发利用的实现过程、具体策略以及关键环节，以避免建设过程中出现"重管理、轻服务"或"重共享、轻服务"等问题出现，从而高效地推进政务地理空间信息资源的相关工作,为我国"数字城市"建设奠定基础。

政务地理空间信息资源管理与共享服务应用体系建设对电子政务建设也具有十分重要的战略意义。它的建设,不仅可以为电子政务中信息的可视化综合管理提供技术解决思路,即通过电子地图、多媒体、三维仿真和虚拟现实等技术实现对政府部门综合业务管理和辅助决策的空间可视化表达,从而提高工作效率,并在政府日常办公、部门协同办公、决策支持、公众服务等各领域激发更多的新需求和新应用,有效地督促政府改造自身业务流程;也能够在推动跨部门信息共享、服务以及应用过程中,为部门之间的业务协同打下基础,即通过政务地理空间信息资源共享服务平台的规划、建设和实施,在促进各政府部门管理水平不断提高的同时,调动各个单位、各个部门共同参与建设和使用,形成跨部门、跨层级的纵横相连、协同服务的良好应用局面。

1.3 政务地理空间信息资源管理与共享服务应用体系的建设阶段

政务地理空间信息资源的管理和共享服务应用体系是随着信息技术的不断发展、数字城市建设的不断推进以及电子政务应用的不断深化而逐步完备和深化的。早期,政务地理空间信息资源的应用雏形是测绘部门提供的纸质地图。随着计算机的发明和应用,以及数字化摄影测量技术的应用,人们开始使用电子计算机进行收集、存储、处理各种与空间和地理分布有关的图形及属性数据,并通过计算机对数据的分析直接为管理和决策服务,这才导致了现代意义上的地理空间信息应用的产生,随着地理空间信息在电子政务中的广泛应用,政务地理空间信息资源的管理、共享、服务以及应用才逐渐成为人们关注的重点。

对国内外地理空间信息资源开发利用发展情况进行总结,可以大致总结出政务地理空间信息资源管理和共享服务应用体系的发展阶段,即通常需要经历数据获取、资源整合管理、资源共享服务、资源深度应用这四个主要发展阶段,才能完成整个体系的建设(如图1-2所示)。从信息价值角度来看,每个阶段都为更高阶段的发展提供了

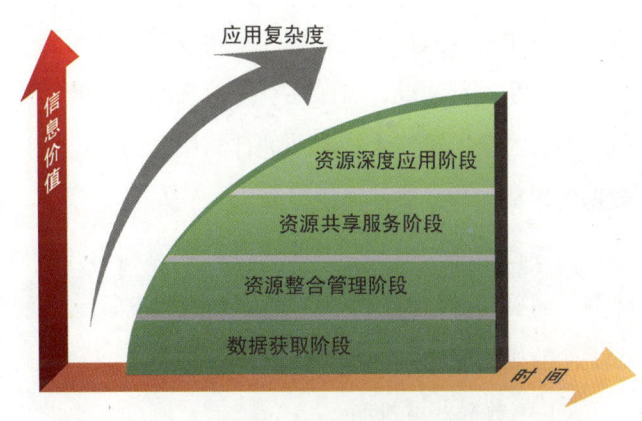

图1-2 政务地理空间信息资源管理和共享服务应用体系发展阶段示意图

技术基础和机制保障，随着层次的不断提升，每个阶段所面临问题的复杂度也越来越大，但其所提供的信息价值也越来越高；从实践发展顺序上来看，随着时间的推移，技术条件不断成熟，机制、体制不断完善，每个新的阶段出现，都预示着这一阶段对政务地理空间信息资源实际应用需求超越了前一阶段，对前一阶段的基础性工作也提出了更高的要求，这种良性循环驱动着整个政务地理空间信息资源应用的不断发展。

从整体发展的战略来看，在一个完整的政务地理空间信息资源管理与共享服务应用体系建设过程中，这四个阶段都是必不可少的重要环节，它们之间循序渐进、互为依存、密切相关，虽然有些时候会出现跨越某一阶段而直接进入另一阶段的少数情况，但一般在解决新一阶段所面临问题的时候，往往需要前一阶段提供必要的数据和技术支撑，如果缺少了某些关键环节，将会导致"拔苗助长"，使发展停滞不前和阻力重重，因此，了解每一发展阶段的关键问题是至关重要的。唯有如此，才有可能不断突破创新，顺利地跨越到新的发展阶段。

1.3.1 数据获取阶段

在政务信息资源的采集、获取工作中，应明确信息采集工作的分工，加强协作，避免重复，降低成本，减轻社会负担。各地区各部门要严格履行信息采集职责，遵循标准流程和要求，确保所采集信息真实、准确、完整和及时。要统筹协调基础数据库信息采集分工、持续更新和共享服务工作，增强地理空间等基础信息资源的自主保障能力。[19]

针对数据采集、更新手段相对较为特殊的政务地理空间数据来说，不仅应该关注数据建设中必不可少的数据采集、加工和质量控制标准体系，而且更应该在数据的更新和维护机制上给予充分重视。政务地理空间数据的空间属性获取，可以按照传统测绘行业中的数据生产体系进行建设，以保证空间信息的精确度；此外，政务地理空间数据的政务属性获取，不仅需要一定技术手段来进行制作，而且需要利用一定的生产流程和更新维护机制为数据的权威性和现势性提供保障。

政务地理空间数据获取涉及所有政府部门，如何建立数据获取、更新和维护的机制、体制，明确各部门的职责，不断优化数据获取、更新和维护的流程，是在这一阶段需要重点关注的核心问题。

（1）数据获取机制

由于政务地理空间数据来源于所有政府部门，没有任何一家政府部门能够负责所有数据的采集和加工，因此，政务地理空间数据的建设应遵循共建共享的基本原则，基础测绘数据由测绘部门组织生产，其他来自各政府部门的政务地理空间数据获取应当由各政府部门组织实施，基础共享数据应由第三方机构负责组织，提供统一的服务、应用。

（2）**数据质量控制机制**

政务地理空间数据的质量控制和信息获取一样至关重要。没有质量控制环节，数据的权威性和准确性就很难得到保证，如果在体系建设初级阶段缺少对这一关键环节的控制，后期在服务质量和用户满意度方面必然将遇到严重障碍，因此，在体系建设初期就要给予充分重视。值得一提的是，在数据质量的控制上，引入第三方监理机制不失为一种保证生产质量和效率的良策。第三方监理不仅对数据的生产制作环节进行抽查、核检，对数据的制作进程进行把控，而且也能在数据后期的更新、运维中发挥积极的作用，保证数据的高准确性和高可用性。

（3）**数据更新维护审核机制**

政务地理空间数据的现势性是其应用的根本和前提，数据的更新、维护以及审核机制的建立是政务地理空间信息资源共享、服务以及应用的基础。政务地理空间数据的建设是按照共建共享的基本原则组织实施的，数据如何进行更新、维护以及审核虽然需要因地制宜，但无论设计什么样的更新、维护流程，"权威数据来自权威部门，权威部门负责更新维护"的基本策略应保持不变，只有在实际业务流程中产生并不断更新的政务地理空间数据，才是具有应用价值的信息资源。

1.3.2　资源整合管理阶段

在获取大量的政务地理空间数据后，如何有效地利用数据，发挥数据的最大价值，解决不同政府部门之间的"信息孤岛"问题，则成为政务地理空间信息资源管理与共享服务应用体系建设的核心问题。为解决这一问题，必须要对政务地理空间信息资源进行有效的信息整合和管理，即政务地理空间信息资源管理与共享服务应用体系建设进入资源整合管理阶段。

政务地理空间信息资源整合是一个为了某种应用目的，对政务地理空间信息资源进行梳理、分类、组织、空间化、标准化，以满足政务业务协同对政务地理空间信息资源共享需求的过程。它不只是一个技术过程，更重要的是为实现政务地理空间信息资源的有效管理而开展机制、体制以及规则建立的过程。政务地理空间信息资源的整合充分体现了这类资源与政府职能、业务之间的关联性，体现了政府业务协同对政务地理空间信息资源共享的强烈需求。

在资源整合管理阶段，需要我们在资源的整合技术和手段、管理规划、标准以及规范等难点问题上进行攻关，摸清政务地理空间信息的"资源底数"，明确各部门资源建设的职责、共享能力以及需求情况，提出资源整合的依据、方法以及机制、流程，形成所有政府部门统一管理、维护的政务地理空间信息资源"清单"，解决对政务地理空间信息资源"仓库"内部的有效管理和外部的服务支撑问题。在这一阶段，解决资源整合的关键技术手段是政务信息资源的快速空间化技术；此外，还需要利用"目录"方法解决资源有效管理问题。

地址匹配是政务信息资源快速空间化的一种关键技术，是解决空间信息资源与非空间信息资源有效整合的关键技术手段。通过利用政务信息资源中的地址信息，在地址数据库的基础上，运用信息匹配技术，可以将地址文本信息高效、快捷地直接转换为空间坐标信息。这种信息整合技术可以有效地支撑海量政务地理空间信息资源的建设，对于梳理、整合政府部门潜在的大量政务地理空间信息资源具有十分重要的作用。实现这种技术手段的重要基础是地址数据库的建设，因此，为实现这一阶段资源整合的目标，数据获取阶段的地址数据库规划和建设十分重要。

对于政务地理空间信息资源的管理，目录是一种有效的管理手段。按照统一的标准规范，对分散在各级政务部门、各领域、各地区的政务地理空间信息资源进行整合和组织，形成逻辑上集中、物理上分散、并可统一管理和服务的政务地理空间信息资源目录，为使用者提供统一的政务地理空间信息资源查询和定位服务，以实现政府部门间政务地理空间信息资源共享、交换、服务和深入应用。通过政务地理空间信息资源目录体系建设，可以解决政务地理空间信息资源管理的基本问题，即"What——有什么政务地理空间信息资源？""Where——政务地理空间信息资源在哪些部门？""Who——谁提供、谁使用？""How——如何发布、如何查找、如何使用？"

1.3.3 资源共享服务阶段

政务地理空间信息资源具有较强的专业性、生产维护的高成本性以及广泛、强烈的应用需求性等特点，因此，在对政务地理空间信息资源进行整合、管理后，如何实现这类资源的共享、服务则成为政务地理空间信息资源管理与共享服务应用体系建设的首要问题。

在资源共享服务阶段，如何建立政务地理空间信息资源的共享、服务机制，根据用户不同需求提供不同的政务地理空间信息资源共享、服务模式是贯穿这一阶段发展过程中的核心问题。要解决政务地理空间信息资源的共享、服务机制，需要在上一阶段建设成果基础上，通过制定相应的公开、共享的法律、法规，按照统一的技术标准、规范，采用多种共享服务模式，实现政务地理空间信息资源在各种政务应用领域的共享。

政务地理空间信息资源的共享服务模式，可以根据不用政府用户的需求灵活选择。例如，对于需要利用基础性的政务地理空间信息资源进行自身业务系统开发的普通用户来说，可以提供统一的资源二次开发接口方式，实现网络实时的资源共享和服务；而对于那些需要在行政体系内部专网环境下运行的特殊用户来说，则可采用数据定期"硬拷贝"的方式提供资源共享；对于那些仅仅需要政务地理空间信息资源浏览、查询的一般用户来说，就可通过提供资源在线展示系统的共享方式享受服务。为实现多种共享服务需求，在这一阶段，需要组织建设一个统一的政务地理空间信息资源共享服务平台，利用这一平台，提供多种资源共享服务模式，减少资源重复建设，降低信息共享过程中的技术风险，使政务地理空间信息资源能够真正有效地服务于各种政务应用，为电子政务的深入开发提供有力的数据和应用支撑。

政务地理空间信息资源共享服务的内容也是根据用户的需求不断增加、逐步完善的。在政务地理空间信息资源应用的初级阶段，用户关注于遥感影像、电子地图的数据服务，关心"地理底图"的显示速度、美观程度，随着业务应用的逐步深入，政府用户不仅仅满足于"看图"等基本的浏览功能，业务的深入需要更多的功能服务支撑，如资源目录服务、统计分析功能、无线定位服务、路径导航功能等，甚至很多用户开始考虑和业务模型结合的深入应用。在这一阶段，政务地理空间信息资源管理与共享服务应用体系的建设可以按照用户的不同需求，分层次、分阶段逐步建设完善，但要认识到这一阶段的建设是贯穿整个体系建设的始终，需要不断地根据实际应用及时调整服务内容才能适应用户业务的需求变化。

1.3.4 资源深度应用阶段

我国电子政务正在进入一个以深化应用为显著特征的新阶段，这就需要电子政务建设必须从政府的整体职能出发，围绕经济调节、市场监管、社会管理、公共服务等方面建设跨部门的协同政务应用，这对政务地理空间信息资源的深度应用提出了迫切的需求，也是当前政务地理空间信息资源管理与共享服务应用体系建设面临的重大挑战。

经历过前期数据获取、资源整合管理以及共享服务等相关阶段的建设，政务地理空间信息资源管理与共享服务应用体系的基本框架已经建成，不仅实现了海量的多源、多时相、多分辨率政务地理空间信息资源的有效管理，而且通过一个统一的共享服务平台，可以为各政府部门提供多种形式的政务地理空间信息资源服务，并已经初步应用于相关政府部门的业务系统建设。在这一资源深度应用阶段，如何更好地利用这些海量信息资源，从现有的信息资源中，通过数据挖掘和业务分析获得有用信息，用于业务协同工作或辅助进行智能决策，成为本阶段关注的重点。

　　资源深度应用阶段的发展方向主要有两个：一个是结合政府业务流程改造，深入日常业务流程，将政务地理空间信息资源广泛应用于各业务处室的日常工作之中，实现管理的可视化和业务创新，不断提高工作效率和公众服务质量；另一个方向是结合业务应用模型，进行政务地理空间信息资源的深度知识挖掘，协助决策者高效、准确地发现事物之间的科学联系与规律，并据此优化解决方案，实现决策的科学化、智能化。针对特定的政府应用领域，一方面建立起面向行业应用的知识挖掘系统，通过已有的信息来产生新的知识，另一方面结合政府部门的业务应用，建立各种决策模型，并为模型提供各种政务地理空间信息数据，支持各种决策模型所产生结果的空间化展示。实际上，各个政府部门都有自己特定的决策模型，如统计模型、最优决策模型、智能决策模型、历史推演模型等，以前很多模型无法应用的根本原因在于缺少可用数据，但该阶段无论数据准备情况还是技术储备等条件已经成熟，智能决策应用将成为最新的发展方向。

第 2 章 政务地理空间信息资源

政务地理空间信息资源的概念是顺应"数字城市"发展的需要,从电子政务实际应用领域中衍生出的一个创新性提法。相对于理论研究较为成熟的政务信息资源等概念,政务地理空间信息资源的确切概念、基本构成、分级分类方法等问题均需要进行系统性的研究和阐述。

2.1 政务地理空间信息资源基本概念

政务地理空间信息资源是一类特殊的政务信息资源,它是将政务信息资源中能够以空间形态展示的那一类资源抽取出来进行系统研究,因此,它在具备很多政务信息资源特性的同时,还具备自身的一些空间特性。

2.1.1 政务信息资源

2.1.1.1 政务信息资源概念

政务信息资源是指政务部门为履行管理国家行政事务和社会公共事务的职责而采集、加工、使用的信息资源;由政务部门在业务过程中产生和生成的信息资源;由政务部门投资建设的信息资源以及由政务部门直接管理的信息资源。政务信息资源的内涵十分丰富,不仅囊括了图书、情报、档案、多媒体资料等内容,随着信息化的发展,所涉及的内容已从传统范畴拓展到目前电子政务活动中形成的各类信息资源。

2.1.1.2　政务信息资源特点

政务信息资源是在政府部门提供公共服务的政务活动中，或者在履行职能、办理业务和事项中需要或产生的，是一种与政务活动相关的、随着政务业务的开展不断产生和变化的动态信息资源。它作为一种重要的国家资源，具有全社会所有的公共属性，从经济学角度看，政务信息资源是一种国家公共财产。

政务信息资源来自不同的政府部门，种类繁多，从不同的角度出发具有不同的分类体系。政务信息资源分类，是指把具有某种共同属性或特征的信息归并在一起，通过其类别的属性或特征来对信息进行区别，建立政务信息资源目录分类体系，以支撑实现政务信息资源的管理、共享和服务等。政务信息资源分类是进行信息交换和实现信息资源共享的重要前提，是实现政府管理工作现代化的必要条件。

目前，我国的许多研究人员分别从来源、主题、行业、服务、资源形态等角度进行了政务信息资源的分类体系研究。从政务信息资源具有国家公共财产的战略属性角度出发，可以对其进行分级管理，即界定政府内部信息、保密信息、公共信息、公益信息、增值信息资源的范畴，根据信息的不同性质制定不同的公开与保密级别，在信息保障安全的情况下加强信息资源的公开工作，可让公众更好地利用政府大量的信息资源，发挥政府信息资源的效益。从政务公开、资源共享的角度，政务信息资源可分为社会公开类、依法专用类、部门共享类三类。社会公开类是指可向社会公开的政务信息；依法专用类是依据相关法律法规只能由某一个部门专用；部门共享类则是根据各单位工作需要只能在政府部门之间进行共享。例如，深圳市人民政府颁布的《深圳市政务信息资源共享管理暂行办法》中，相应地将政务信息资源分为强制共享类、条件共享类和不予共享类。面向公众服务的政务信息资源分类以政府实现公共服务需求为出发点，横向通过政府提供的服务内容、服务提供方式、服务的支持与监督等政务信息资源管理的环节来体现服务型政府的职能，既包括政府对公众、对企业的公共服务职能，也包含城市管理、经济调节等职能，纵向通过对政府核心业务解析，依次划分为职能层、业务层、事项层、信息层，以此来建立与之相应的信息类目，从而形成面向公共服务的政务信息资源分级分类体系。

2.1.2　政务地理空间信息资源

2.1.2.1　政务地理空间信息资源概念

政务地理空间信息资源是指与地球上空间位置直接或间接相关的政务信息资源。它是地理空间信息资源与政务信息资源的交集，兼有了两者的特性，这也是区别于其他信息资源的关键所在。

根据不同群体对信息资源观察角度的不同，可以从不同的维度对同一个信息资源进行多重分类。按照信息自身的空间特性进行划分，可划分为地理空间信息资源以及非地理空间信息资源两类，通常来说，信息资源中至少有80%的信息资源与空间位置有关；而按照信息的来源渠道进行划分，则可以划分为政务信息资源、非政务信息资源（非政府机构拥有的，包括由非政府机构收集和生产的信息）；其中约80%的信息资源是政务信息资源。因此，当从空间特性和信息来源两个维度同时考虑、分析、研究时，即可衍生出这类特殊的信息资源——政务地理空间信息资源（如图2-1所示）。

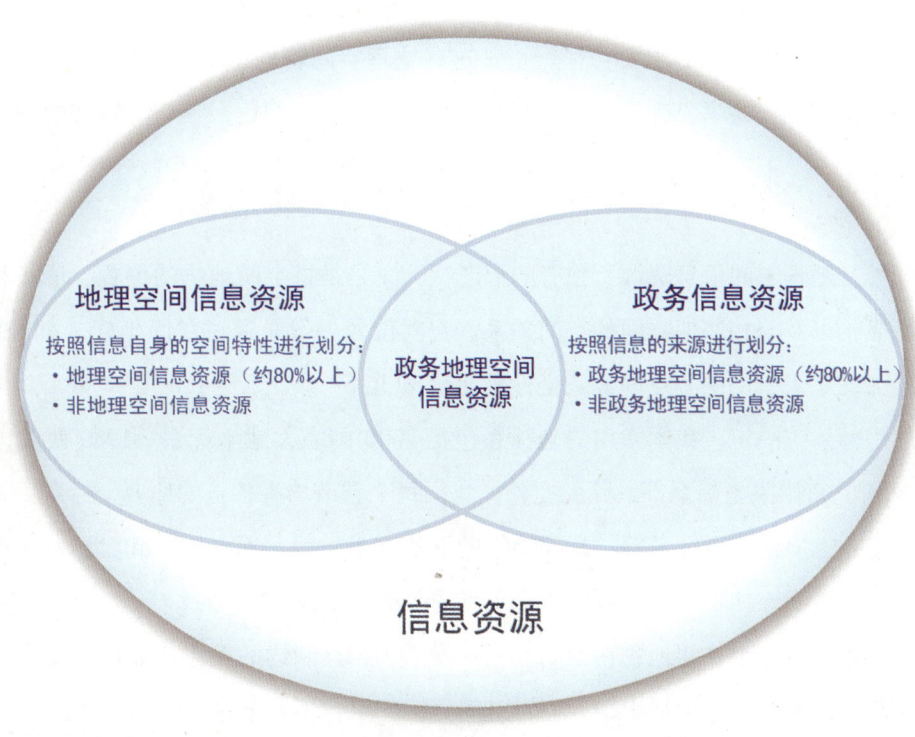

图2-1　政务地理空间信息资源在信息资源中的定位

"政务地理空间信息资源"概念与"地理信息"、"地理空间信息"或"空间信息"等概念之间存在着一定区别和联系。地理空间信息是指一些与地球表面（包括与地表非常接近的地区、亚地表、海洋与大气圈）空间位置数据相关联的信息，[20]是地球表面与地理分布有关的各种地理要素图形信息、属性信息及其相互间空间关系信息的总称。地理空间信息涉及以地球表面空间位置为参照而描述自然、社会和人文经济景观的各类信息，这些信息可以是图形、图像、文字、多媒体、表格和数字等，如遥感影像、数字线划图等均属于典型的地理空间信息。地理空间信息在政府、企业、公众应用中普遍存在，是一个非常广泛的信息范畴。政务地理空间信息资源是地理空间信息资源在电子政务应用领域的一种细化，在具有一定的地理空间特性（如直观可视性、多维性、海量丰富性、基础性、战略性等）的同时，由于其数据来源于政务工作，因此还具有一些独特的数据需求特征和应用特性（如权威性、共享性、现势性、标准性、集成性、安全性等）。正是由于政务地理空间信息资源的双重特性，因此，在其管理、共享、服务以及应用等多方面与传统意义上的地理空间信息资源有着较大区别。

2.1.2.2 政务地理空间信息资源的地理空间特性

政务地理空间信息资源是一种具有空间位置特征的政务信息资源，其地理空间属性是区别于一般政务信息资源的主要特征。正是这些地理空间特性，决定了这类资源的采集、加工、存储、管理、共享、应用等方面与其他政务信息资源相比，具有其独特的一些方法和技术。

1. 空间性

空间性是地理空间信息资源所独有的形态特征，它是指空间地物的位置、形状和大小等几何特征，以及与相邻地物间的空间关系。空间位置一般是通过空间坐标（如经纬度）来描述，如北京天安门中心点的大致坐标是北纬 39 度 54 分、东经 116 度 23 分。其坐标值由对应的坐标系统决定，我国常用的坐标系包括 2000 国家大地坐标系、1980 西安国家坐标系、1954 北京国家坐标系等。除此之外，我国每个省市均有各自的地方坐标系，如北京地方坐标系、上海地方坐标系等。空间地物的形状（点、线、面、体）和大小一般也是通过空间坐标来体现，如长方形可以由 4 个角点的坐标来描述。

空间关系是指各个空间地物在空间上相互联系和相互制约的关系，如位置关系、几何关系、拓扑关系等。日常生活中，人们对空间目标的定位不是通过记忆其空间坐标，而是确定某一目标与其他更为人熟悉的目标间的空间位置关系，如一个学校位于哪两条路之间或是靠近哪个道路叉口，一块农田离哪户农家或哪条路较近，等等。通过这种空间关系的描述，可在很大程度上确定某一目标的位置，而一串纯粹的地理坐标对人的认识来说几乎没有意义。大部分空间关系是可以通过运算空间坐标得到，如包含关系、相交关系、相邻关系等。

由于其空间特征，政务地理空间信息除了包含其他信息资源均有的传统属性（可称为非空间属性）之外，还必须包含空间属性，即描述各种空间地物的坐标信息。如果是以矢量方式存储的空间对象,不仅要有坐标信息,而且还应包括它的拓扑关系等信息内容;如果是以栅格方式存储的空间对象,则其空间属性可包括每个像素点的数值(如坐标值、高程值等)。因此,可以说空间属性是政务地理空间信息区别于其他信息的最显著标志,也正是如此,决定了政务地理空间信息资源数据存储和展示结构的独特性。

2. 时效性

时效性特征是指政务地理空间信息资源只反映或表征某一特定时间的地理空间现象,即政务地理空间信息资源具有时间特性(又可称为现势性或动态性)。由于地表现象受到自然和人为的影响,时时刻刻处在变化的常态之下,如海平面、雪盖、冰面积、降水等,区域人口与经济也在不断变化,尤其是城市面貌更是日新月异,随着时间的推移,这些信息的时效也在不断变化。时效性特征是目前制约着政务地理空间信息资源的有效应用,为了满足基于这些信息开展业务应用的强烈需求,必须保证这些信息的时效性,否则政务地理空间信息将失去生命力和应用空间。

政务地理空间信息资源的时效性和空间性是密切相关的。这一相关性与实体在空间上的距离成反比,即地理实体在空间上距离越近则其相关性越大,反之相反。这种相关性具有空间区域性特征,这通常意味着在不同空间区域,地理空间信息的变化趋势是不一致的,这为分析和获取地理实体的发展规律提供了理论指导。通过对多时相的区域地理空间信息进行挖掘、分析,可以获得地理实体发展的时空规律,从而为预测、预报等分析决策提供依据。

3. 直观、可视化的表达形式

地理空间信息在人类活动及生产实践过程中起着非常重要的作用,从近万年前人类狩猎的路线图到今天的智能交通导航、虚拟现实,以图形、图像方式呈现的地理空间信息有力地促进了人们对周围空间的认知和感知。[21]政务地理空间信息属于地理空间信息在电子政务应用领域的一种,它的可视化形式十分丰富,按照不同领域、不同行业、不同部门的应用需求而各有不同,其主要表现形式可以归纳为如下几种:

(1)二维可视化。遥感影像、电子地图等都提供了直观、形象的二维可视化信息,例如,地图是地理空间信息最早的二维可视化方式,通过各种具有代表性的图例表征各类地物,在古代交通、军事以及其他各种生产和社会实践中发挥着重要的作用。地理空间信息二维可视化技术已经相当成熟,并在许多行业和领域得到广泛的应用,它也是目前空间地理信息可视化的主流方法。

(2)三维可视化。现实世界是一个三维空间,使用计算机将现实世界表达成三维模型比抽象的二维模型更加直观、逼真。其主要原因是由于三维的表达不再以符号化为主，而是以对现实世界的仿真手段为主，显得更为简单、直观和方便。

目前，很多政府部门和行业领域都在对政务地理空间信息的三维可视化表达形式进行深入研究和实践，将政务地理空间信息在常见二维形式的基础上经过重新加工、处理和制作，如增加高程信息、通过三维几何形体表征建筑物、对几何形体粘贴纹理图像等手段，从而形成比二维更具直观性、逼真度的三维政务地理空间信息，这些信息在城市规划、管理、考古、地质、气象、城市应急等领域得到了广泛的应用，并逐渐成为一种不可抵挡的技术发展趋势。

（3）虚拟现实可视化。最理想的空间信息可视化是对现实世界真实的写景，随着网络、计算机、超媒体、虚拟现实、增强现实、科学可视化以及动画多媒体等技术的发展，地理空间信息可视化的技术手段日趋丰富，逐渐向真实仿真、虚拟现实甚至增强现实等方向发展。

虚拟现实作为一种崭新的人机交互方式，为用户不仅提供了身临其境的操作环境（三维视觉、听觉、触觉等多重感觉），还可以使用户真实地触摸感知相关信息，查询、浏览以及分析虚拟现实中的物体，如地形、地物、资源环境状况等，辅助用户进行分析、评价、规划或决策。目前，虽然虚拟现实技术在相关领域的应用还受技术等各方面因素的限制，但随着社会的进步和科学技术的发展，它必将是今后政务地理空间信息可视化研究的努力方向之一。

4. 多维性

政务地理空间信息根据其政务专题属性信息的不同，可以以"层"或"图层"的方式表达，如降水图层、人口密度图层、学校分布图层、医院分布图层等专题图层，每个专题都可以看做是数据展示、分析的一个维度。从广义上，栅格数据也可以被认为是其中的一层。

政务地理空间信息资源的多维性是指在一个坐标位置或同一区域上具有多个专题及其属性信息，即不同的政务地理空间信息通过空间地理位置而联系在一起。例如，在同一个地面点上，可同时获取和表征高程、污染（空气、噪声）、交通等多种专题信息；在同一区域范围内，可同时获取表征该区域的人口、雨量、绿化、税源、地籍、房屋等不同的专题信息。正是由于其多维性，使得人们可对同一区域内的不同政务地理空间信息资源进行空间叠加展示，并开展比较分析或综合分析。

5. 海量信息特征

政务地理空间信息来源多种多样，数据类型丰富，因此，其信息量十分巨大。单以北京市每年获取的遥感影像数据为例,全市行政辖区面积约为1.68万平方千米,则一次覆盖全市域的0.2米真彩色航空影像数据的大小就约为1.14TB(1TB=1024GB),此外,每年还需要采购多个时相的北京一号小卫星、SPOT、IKONOS等各种卫星影像数据。因此,仅遥感影像这一类政务地理空间信息资源,每年的数据存量就多达几个TB,如若再对多媒体、电子地图等其他各类政务地理空间信息加以考虑的话,数据量的统计结果则更是惊人;如果再从时间维考虑各类信息的历史数据,数据量将急剧增加,堪称"海量"。

6. 基础性、战略性资源

人类活动始终离不开其赖以生存的自然环境和人文环境,许多政治、经济、社会现象都与地理空间位置有关,在人类活动所涉及的信息总量中约有80%与地理空间位置有关,尤其是那些全局性、战略性的重大问题,其信息化的大部分内容均与地理空间位置相关联。可以说,政务地理空间信息资源是其他各类社会经济信息的载体和定位基础,具有不可替代的重要作用。同时,国内外电子政务实践也已证明,政务地理空间信息资源是电子政务的重要信息资源,是我们认知、开发、利用和保护人类有限生存空间所必需的基础性、战略性、公益性信息资源,是全社会的共同财富,是"数字城市"基础框架建设的核心内容。

2.1.2.3 政务地理空间信息资源的政务特性

政务地理空间信息资源来源于政务工作,它也是政务信息资源的一部分,在电子政务相关业务系统建设中所涉及的政务地理空间信息资源具有自身独特的业务需求和功能需求特点,正是这些特点决定了政务地理空间信息资源具有区别于电子商务等其他应用领域数据的明显特点。

1. 权威性

政府部门的日常工作,无论是宏观的规划,还是具体的实施,往往涉及繁多的人、财、物等资源,对社会相关活动会产生重要的影响,所以要力争决策的正确性和有效性,从而树立政府工作的权威性。政府工作中所使用和产生的数据,尤其是政务地理空间信息资源,其权威性来源于数据的可靠性和准确性。

政务地理空间信息资源具有数据来源的可靠性特点。例如,政府部门使用到的基础地理空间信息都是从权威测绘部门获得,经过了严格的测绘数据生产和审核流程;而各个政府部门提供的政务信息图层,产生于业务流程之中,经过各部门的审核,同样确保了其数据来源的权威性、可靠性。

政务地理空间信息资源遵循严格的标准进行生产,保证了数据的准确性。对于各种比例尺的电子地图,国家测绘部门都制定了详细的技术规范,对其分层分类标准、数据精度、地理参考系、图式图例等都提供了详细的标准；对于各个政府部门自身建设的政务信息图层，为满足业务部门的应用需求，均需按照相关的数据标准规范进行数据的采集、加工和管理，这些措施都确保了政务地理空间信息数据的质量。另外，为了加强和改善政府内部管理的需要，政务地理空间信息资源的内容和精度都是其他领域类型的空间信息应用（如电子商务等）难以企及的，如1∶500比例尺的电子地图、高精度的航空遥感影像等，这些数据都具有很高的准确性。

2. 可共享性

政务地理空间信息资源的服务对象十分广泛，既可以是政府部门的内部业务，也可以是跨部门的业务协同工作，以及领导决策。为满足不同服务对象的应用需求，政务地理空间信息资源只有在各个部门之间进行共享、交换，才能充分发挥其价值。

政务地理空间信息资源的共享性，是政府内部管理的必然要求。在业务系统建设中，政务地理空间信息资源的建设成本非常高昂，其前期建设与后期维护均需要较大的投入，如果每个政府部门都要自己购买或采集数据，单独建设系统并进行数据的加工和管理，则势必导致大量的重复建设，从而不可避免地造成人力、物力、财力的极大浪费。而通过共享，各个部门只需要建设自己的业务空间数据，而无需关注基础数据和其他部门提供的数据，这样则可以快速、有效地集成来自各方面的信息资源，减少大量重复投入，解除更新维护数据的后顾之忧，从而可以集中精力专注于增强自身业务数据及其系统的建设与完善等工作。

3. 标准性

政务地理空间信息资源在数据的采集、加工、分类分层、命名、数据格式、坐标系、元数据描述、图式图例、共享发布等方面，只有按照相关的标准开展工作，才能保证数据的权威性和共享性，否则，将难以实现信息资源的共享。因此，国际、国内的有关机构对地理空间信息方面的标准研究十分重视，积极地组织和开展了相关标准研究工作，以期能够实现跨部门、跨平台的数据共享。

4. 集成性

政务地理空间信息资源的一个主要特点是它的集成性。传统的GIS应用系统中，常常只是包含了有关城市的基础地理空间数据，然而对于政务地理空间信息资源来说，它不仅包含了基础空间属性信息，而且还包含了大量丰富的政务属性信息，具有较高程度的信息集成性。

首先，集成性表现在数据来源的多样性方面。政务地理空间信息资源来源于几乎政府内部的所有部门，除了测绘部门之外，还包括了各种管理和服务机构，这就决定了其数据内容涵盖了政府日常工作的方方面面，是一个集成的空间信息库。

其次，集成性表现在数据内容的完备性方面。一般基础地理空间数据只具有基本的测绘属性，对政务应用所需的各种业务属性比较缺乏。而在政务地理空间信息资源中包含的数据，除了包含空间信息之外，还集成了大量的面向政务应用的属性。如对于教育机构，除了包含其所在的空间位置信息外，还包含教师和学生人数、固定资产规模、法人代表、联系电话、保卫部门负责人等各类政务属性信息，正是这些政务属性信息，极大地丰富了数据内容，使得数据具有更大的应用价值。

5. 安全性

安全性是政务地理空间信息资源的一个重要特征。政务地理空间信息资源可能涉及大量的敏感信息，按照国家保密管理规定的相关要求，需要对其采取严格的安全管理措施，以保证信息的安全性。

政务地理空间信息资源的安全性需要通过相应的制度和技术手段予以保障。首先，在数据采集、加工、存储、审核和发布的过程中，为确保数据的安全性，需要对数据所采用的地理坐标、投影参数、加密和解密算法、各种转换程序进行严格的控制。其次，在数据的应用过程中，要控制不同用户对于数据的访问、使用权限。此外，需要制定相应的管理制度，如航摄影像分发制度、电子地图共享使用管理办法等，从制度上对政务地理空间信息资源的用户、应用领域、管理方式进行约束。

2.2 政务地理空间信息的构成

政务地理空间信息资源是一类特殊的信息资源，在一个国家的资源体系中具有重要的战略意义。为便于将这类信息与其他信息资源的内涵和外延进行区分，进一步服务、指导于其深度开发利用，有必要从信息本位构成角度对其进行深入剖析，明确与其他信息之间的关系，为下一步进行资源的分级分类奠定基础。

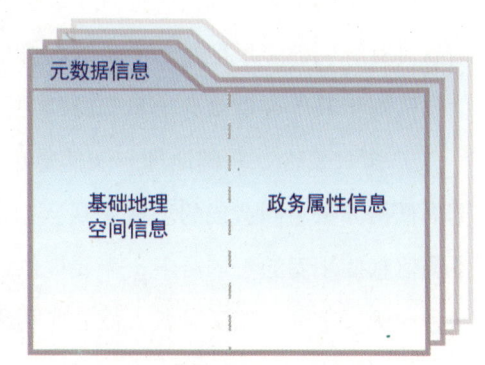

图 2-2　政务地理空间信息的构成

依据电子政务的应用需求，从信息本位角度，政务地理空间信息可由三部分构成：基础地理空间信息、政务属性信息以及元数据信息（如图 2-2 所示）。这三部分之间相互依存，相互关联，完整地表达了这类信息资源的共同特性。

2.2.1 基础地理空间信息

基础地理空间信息是指可在一定空间坐标系统中描述的基础性信息，对整个政务地理空间信息而言，起到了表达和描述空间框架的作用。

基础地理空间信息的内容包括：地理定位框架数据（行政区划、地址定位信息等）、基础地理要素信息（河流、道路、地形、地貌、居民地等），涉及社会经济活动的相关地理要素信息（学校、医院、宾馆、饭店等的空间位置信息）和不同时空分辨率、光谱分辨率的航天、航空对地观测信息和定位信息等。

基础地理空间信息对政务地理空间信息资源具有重要的意义，主要体现在下列几个方面：

（1）基础地理空间信息为政务地理空间信息资源提供统一的空间框架平台。基础地理空间信息可以为政府部门在应用社会经济、资源环境、公众服务等各类图形、图像、文本、视频以及音频信息等时提供统一的二维或三维空间载体，使政务信息资源能够按照地理坐标或空间位置进行浏览、检索、分析。在统一的空间框架下，将分散在各个政府部门内部的众多异构、封闭的"信息孤岛"进行有效链接，实现对各类政务信息资源的集成整合，提供共享服务。同时，以基础地理空间信息为载体，以政府社会、经济等政务信息资源集成为手段，研究和解决各类城市问题，有利于城市管理从传统方式向知识管理、扁平式管理方向发展。

（2）基础地理空间信息体现了政务地理空间信息的多维、可视性特征。基础地理空间信息具有鲜明的多尺度性、丰富的多样性和直观的空间多维可视性，这也是政务地理空间信息区别于其他类型政务信息资源的主要标志。

① 多尺度性。基础地理空间信息的多尺度性是由于用户关注角度不同而进行空间数据的概括方法不同造成的。从宏观、中观到微观不同层次的管理决策、不同的应用目的、不同信息使用者的不同需求，需要提供详尽程度不同的从全球小比例尺到城市大比例尺的多种比例尺信息，以满足各方面的应用需求。

② 多样性。基础地理空间信息的多样性是由于客观世界事物自身的复杂性和差异性造成的，其信息的多样性表现在其载体——数据上，这主要是由于空间特征表现的差异造成的。空间特征表现的差异，主要是指数据空间特征的形成体系、存储形式上的差异，主要包括坐标系、地图投影、数据度量单位、数据存储格式等差异。其中，数据存储格式包

括数据结构和数据格式两个方面，常见的数据结构有矢量、栅格和矢量栅格一体化类型这三种，而数据格式的多样性则取决于数据应用软件的多样性。正是如此，使其空间特征表现更加多样化。

③ 空间多维可视性。基础地理空间信息具有多维结构特征，即可在二维、三维空间的基础上实现多专题的第 N 维结构。当另一维度是时间轴 T 时，基础地理空间信息便显示出其时序特征，这种动态变化的特征，可以使我们从其自然变化过程中研究其随时间变化的规律，从而做出地理事物的预测与预报，为科学决策提供依据。基础地理空间信息的空间多维可视化特性可以将事物的特性在空间三维、时空四维乃至多维场景上加以展示，尤其对"数字城市"中的政府管理对象来说，这种空间可视化后使其显得非常简单和直观，从而激发和产生巨大的应用潜力。

（3）基础地理空间信息是政务地理空间信息资源共享服务的重要内容。基础地理空间信息的共享是政务地理空间信息资源共享的核心和重要前提。由于地理空间信息具有获取、加工处理、组织管理一体化，高获取处理费用、低共享成本，使用过程中不同尺度的衔接需求，信息分散加工处理、分散使用，高精度数据有明确的保密安全要求等特点，这些特点决定了地理空间信息加工生产与用户分离的现象十分普遍。在电子政务应用中，由于每个部门均需要大量的本部门无法获取或无力自行制作的地理信息，这种共享需求的日益扩大，使得政务地理空间信息资源共享中基础地理空间信息成为重要的资源组成。这地理空间信息获取、处理及组织管理的一体化模式，能尽可能降低信息获取、处理、共享使用成本，提高地理空间信息的效能。

2.2.2 政务属性信息

政务属性信息是政务地理空间信息区别于传统意义上地理空间信息的一个明显特征，它是指与基础地理空间信息相关联的、在政府行政过程（履行政府职能）中产生的各类信息，包含开展行政所依据的各类政务规定（如政策法规等）以及政务过程产生的政务结果信息（如行政许可等）。

政务属性信息是政务地理空间信息资源的核心价值体现。实现电子政务的关键不是"电子"而是"政务"，"电子"是手段，"政务"是内容。国家电子政务建设正在从过去"重电子，轻政务"的误区中逐步调整过来，以"业务应用"为中心的协同政务已经成为一种内在的迫切需求，并演化成一种未来电子政务发展的必然趋势，成为突破"信息孤岛"、有效整合各类政务信息资源提升其潜在应用价值的有效方法，因此，政务属性信息的重要价值在整个电子政务应用体系中得以不断巩固和加强，尤其当它与基础地理空间信息结合，共同成为政务地理空间信息资源的重要组成部分时，其空间优势和业务擅长相结合可以直接为电子政务主流应用提供标准化的综合信息服务，支持政务业务信息系统的运行，增强城市对市政建设综合管理、应急决策指挥、部门业务支撑等方面的信息支持能力。

政务信息图层是政务属性信息与基础地理空间信息结合，并广泛应用于政府部门主流业务的一类特殊政务地理空间信息资源。它是将政府管理部门规划、管理、决策和服务中所需要的、可共享的政务地理空间信息资源，按照矢量数据模型及相应的属性数据分层组织，形成与电子政务业务有密切联系、有明确空间定位的、多个部门均需使用且使用频率较高的政务地理空间信息数据集。例如，将城市所有的医疗服务机构在空间上的位置分布信息和每个机构点的名称、机构代码、病床数、医疗器械数等业务管理信息进行整合，形成医疗服务机构政务信息图层，可以为卫生、社保、城市应急等部门的日常办公或协同工作提供信息支撑服务。

2.2.3 元数据信息

1. 元数据的基本概念

所谓元数据（Metadata），也就是"关于数据的数据（Data About Data）"，它是一组独立的、关于信息资源的说明，它可以为各种形态的数字化信息单元和资源集合提供规范、普遍的描述方法和检索工具，为由分布式、海量信息资源有机构成的信息资源体系（如数字图书馆）提供整合的工具与纽带，因此，目前广泛应用于电子政务、图书馆、档案馆等信息资源管理活动中。

元数据信息用于描述信息载体数据的内容（What）、覆盖范围（Where）、质量、管理方式、数据的所有者（Who）、数据的提供方式（How）等相关信息，是数据与数据用户之间的桥梁。实际上，我们在日常生活中经常遇到元数据信息，如档案文件管理中的目录卡片信息、图书馆的分类卡片、期刊图书的版权说明页、各类产品的规格说明书等，这些都是元数据信息的一种具体表现。而对于政务地理空间信息来说，最典型的元数据就是常用纸质地图中的图例内容，包括名称、比例尺、精度、数据生产单位、生产制作时间、坐标系类型等，通过了解这些信息，人们才能准确地理解和掌握这些符号所代表的真正含义，才能实现信息的记录、承载、共享和交换。

2. 元数据的作用

元数据信息能够有效地描述各种信息资源，是建立信息资源目录（Catalog）体系进行资源管理的基础，能有助于实现信息资源共享。它在"数字城市"建设中具有重要作用。

（1）利用元数据信息可以实现资源的有效管理和维护

使用元数据能实现对信息资源进行有效管理维护。在进行海量信息资源管理和维护过程中，需要使用元数据信息，帮助数据生产和管理部门有效地管理和维护各类信息资源，建立相关文档备案，使得数据的生产、管理和维护不受人员变动的影响，不受存储管理时间的限制，实现资源的可持续性管理。政务地理空间信息资源利用符号化的图形、图像来传递信息，如果缺少元数据这类信息，纯粹的地理空间信息，一旦离开了它的语义环境，就很难被理解和识别，无法清晰地表达其表征的语义信息，从而造成数据生产者不能准确地获知数据集的内容、数据生产时间和数据质量等特点，使数据的管理者难以对其进行科学、合理、有效的管理和维护。

（2）元数据为信息资源的查询检索提供简单、快捷的手段

信息资源的查询检索功能是实现信息资源共享和开发利用的基本前提。从信息资源应用角度来看，无论是信息存取还是查询检索的过程，都是以元数据为基础而实现的，元数据信息构建了信息资源库的逻辑框架和基本模型，用户通过元数据能够更快速、更全面、更有效地发现、访问、获取和共享使用政务信息资源。通过这些元数据信息，用户可以以方便、快捷的方式从它所提供的分类、内容、质量、数据生产单位等信息了解这些资源是否满足其需求，指引着用户在浩瀚的"信息海洋"中快速找到所需的信息，而不至于淹没于"信息海洋"当中。

（3）元数据是信息资源共享和交换得以顺利实现的关键枢纽

元数据是建立信息资源目录体系的基础和核心。信息资源得以共享的基础条件之一是形成可共享的资源目录，通过这个目录可以方便地在整个资源共享交换体系中实现数据处理、管理和基于目录的查询检索等功能。元数据能够有效地描述各种政务信息资源，为数据采集者、管理者和使用者提供参考和说明，是政务信息资源目录的基础，目录服务中心通过元数据掌握各部门可共享信息资源的数量、质量、分布等情况，为用户发现、访问、获取和使用共享政务信息资源提供服务。

元数据信息为电子政务体系中的资源交换提供身份标识验证。尤其在政务地理空间信息资源中，与日常工作关系密切并受到人们重视的是大量的业务信息，也可称之为政务属性信息，相比之下，对业务信息本身及其运行环境刻画与定义的元数据，在城市信息化进程中往往被忽视,而实际上,如果缺少元数据信息,那么各类政务信息资源在整个资源交换体系中将混乱成一盘散沙,无法实现有效的检索和处理,资源的需求方和供给方因缺少这样一个统一的身份标识而无法进行通信、沟通和交流,势必造成政府部门间的"信息孤岛"现象。因此,元数据不仅能够有效地管理各类信息资源,而且也可以在电子政务体系中成为连接各种应用的纽带、衍生新应用的源泉,以应对"信息孤岛"的挑战,实现跨平台分布式的政务信息资源共享和交换。

3. 政务地理空间信息的元数据内容框架

政务地理空间信息的元数据作为电子政务建设的重要内容,应在统一规划的前提下进行建设,使用通用的数据格式,以避免低水平、重复性的建设,促进数据的广泛应用。

根据政务信息资源核心元数据的基本要求,综合考虑信息的空间属性特征,政务地理空间信息的元数据应至少包括8个组成部分,分别是元数据名及资源描述、时间范围、数据安全分级、数据内容说明、数据存储说明、数据来源及评价、数据所有权单位描述、元数据描述。

元数据名及资源描述包括元数据文件名、资源标识符、资源字符集、资源类型、资源语种等相关信息;时间范围主要描述数据的生产时间,数据生产依据的基础资料、参考资料的起始时间、截止时间、现势性起始时间、现势性结束时间等相关时间信息;数据安全分级包括数据用途限制、数据安全限制分级、共享范围等信息;数据内容说明包括对数据所包含空间信息的描述、数据志说明、分类标准、数据类目名称、数据类目编码、数据要素类型、图层要素记录数、关键字、属性结构等多个属性;数据存储说明包含了数据文件名称、数据文件格式、数据格式版本、数据存储介质、数据文件大小、比例尺/分辨率、坐标系类型、坐标单位、西南图廓角点横向和纵向坐标、东北图廓角点横向和纵向坐标、位置精度等方面的信息;数据来源及评价是指关于数据生产单位、数据生产负责人及联系方式、数据生产组织单位、数据权威来源部门、数据验收监理单位、数据验收时间、验收报告名称、数据质量总体评价等相关信息;数据所有权单位描述包含了数据分发介质、数据分发格式、在线资源链接地址、数据所有权单位的名称、地址、电子邮件、电话、传真、邮编、网址等信息;元数据描述包括元数据的联系单位、地址、电子邮件、元数据语言、元数据安全限制分级、元数据创建日期等信息。

2.3 政务地理空间信息资源的分级分类

政务地理空间信息资源的管理与共享服务应用体系是一个巨大而复杂的系统工程，为获得系统的最佳经济效益和社会效益，必须建立一个科学的分级、分类体系，才能实行有效的管理，进而才能对这些资源进行深入的开发利用。这个分级分类体系通常需要具备科学性、系统性、可延性和兼容性等基本特点。

2.3.1 政务地理空间信息资源分级

信息资源分级，是依据政府信息公开、共享与保密的相关政策、法规和制度，对信息资源进行总体规划，界定政府内部信息、保密信息、公共信息、公益信息、增值信息资源的范畴，根据信息的不同性质制定不同的公开与保密级别。在信息资源分级的具体实施中，应在保障信息安全的前提下，加强信息资源的公开、共享，让政府各个部门、社会公众都能更好地利用政府这个信息资源中心的优势，各取所需，最大限度地发挥信息资源的社会经济效益，消除和谐社会中不和谐的"数字鸿沟"、"信息孤岛"等因素，体现信息共享、政务公开、公平的原则。政务信息资源分级是从政务信息资源开发利用角度对政务信息进行区别，有社会公开、政务部门共享和依法专用三个级别。

政务地理空间信息资源和政务信息资源相比，在共享分级上存在一定的特殊性。造成这一特殊性的根本原因在于地理空间信息对国家安全来说至关重要，国家相关管理条例中对这类数据的政务公开存在严格的审核制度，使得目前在电子政务实际应用中对于政务地理空间信息资源的公开、共享还存在一些限制。为更好地在充分考虑安全性的前提下促进资源共享，本书将部门共享详细划分为基础共享类和主题共享类，再综合考虑信息资源的保密级别、共享服务的需求程度等因素，可将政务地理空间信息资源分为政务公开、基础共享、主题共享和政务专用四级（图2-3）。

2.3.1.1 政务公开地理空间信息资源

1. 概念和特点

政务公开地理空间信息资源是指以适当的方式向人民群众和社会公开的不涉及党和国家秘密的行政事务、社会公共事务类的政务地理空间信息资源。

政务公开地理空间信息资源主要有以下几种特征：

（1）广泛的社会公开性。政务公开地理空间信息资源是具有最低安全级别的一类政务地理空间信息资源，在确保国家秘密和信息安全的前提下向全社会公众提供公开服务，实现信息资源在全社会最大限度的共享。

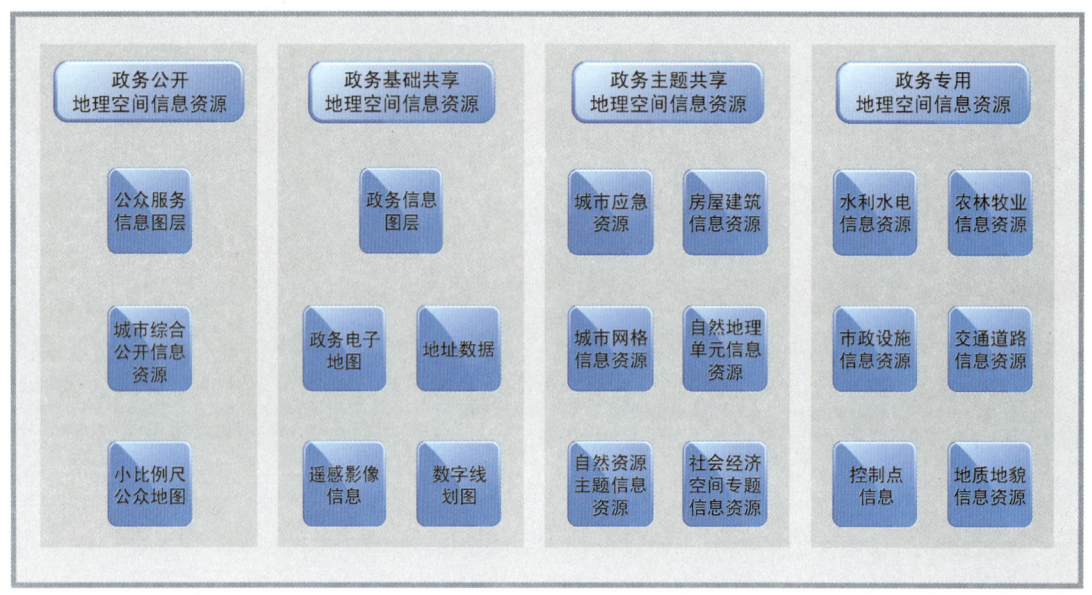

图 2-3　政务地理空间信息资源的分级

（2）较强的现势性。政府信息公开相关制度的不断完善，为政务公开地理空间信息资源的建设与服务创造了良好的环境，为数据更新提供了保障和监督机制。由权威数据来源部门及时、准确地发布数据，不仅保障了数据的现势性，也确保数据的权威性。

此外，还具有政务地理空间信息所特有的空间可视化、多维性等其他特征。

2. 政务公开地理空间信息资源的重要作用

政务公开地理空间信息是政府信息公开的重要内容之一，这类资源的公益性开发和实现全社会共享、应用对整个社会政治、经济和文化的发展也具有重要的意义。

在政务信息资源中，有相当多的资源与空间位置有关，这类政务地理空间信息资源作为其他政务信息的空间框架，能够将很多行政管理对象在空间上以直观、形象的形式进行管理。当通过政府信息公开的各种途径（如政府门户网站等）向社会公众提供使用时，这类政务公开地理空间信息资源一方面能够以其最低的信息安全等级在全社会得到最大限度的利用，另一方面，鉴于其明确的地理空间特性，可以为政府信息公开提供新的形式，使原本枯燥的文字表达以丰富的图形图像信息、直观形象的符号语言、甚至动态虚拟的多维空间等方式进行表现，不仅更有说服力，而且其本身就是"数字城市"中为城市公民提供服务的一个重要资源构成。例如，与地理空间位置相关的市政重大工程建设项目分布区域、进展情况、环境影响区域等内容，都需要向社会公开，通过这些政务公开地理空间信息，当地居民能够及时了解这些工程的建设情况、对自己生活造成的影响等信息。

政务公开地理空间信息资源对推动社会民主进程，促进公众参与国家管理、保障社会和谐稳定等方面起到了不可忽视的作用。通过政务公开地理空间信息资源的开发和共享，充分利用政府门户网站、重点新闻网站等方式，使公众能够方便、快捷、及时地获取这些信息，建立起政府和公众沟通的新渠道和新模式。在2003年春夏之交的防治SARS过程中，我国政府通过以地理空间位置表示的SARS源、感染者位置、影响程度等政务地理信息向全社会公开的方式，始终与公众保持随时有效的沟通，保障了公众的知情权、参与权、监督权等，同时这也对稳定人心、树立公众抗击病魔的信心起到了重要的作用。

随着我国政务信息公开力度的不断加大，《政务信息公开条例》的公布和执行，政务公开地理空间信息资源涵盖的范围也在不断调整和扩充，相信随着这些资源的开放共享，能够有效降低信息资源使用的成本和门槛，提高现有资源的使用频率，并扩大其使用范围，通过将一些真正对公众具有实用价值的政务地理空间信息向公众开放，建立起政府与公众之间相互信任、相互尊重的关系，这样才能最大限度地提升现有政务地理信息资源的价值，取得更多的社会经济效益。例如，政府通过门户网站等方式将星级宾馆、旅游景点、餐馆饭店等诸如此类的政务公开地理空间信息资源向社会发布，能给城市里的每个居民的日常生活带来很大的便利，体现了政府切实为人民群众"办实事、办好事"的亲民之心，特别是在一些重大的国际会议、国际大型赛事（如中非合作论坛、2008年北京奥运会）召开期间，这些信息资源的公开共享，还为外国友人提供了解中国、了解城市的窗口，不仅起到宣传城市特色、树立文明城市形象的作用，而且向全世界展示了中国人民亲和友善、热情好客、服务周到的大国风范。

2.3.1.2 政务基础共享地理空间信息资源

1. 概念和特点

政务基础共享地理空间信息资源是指政务部门可给所有政务部门履行行政职能和开展业务应用而提供共享使用的基础性政务地理空间信息资源。这类资源主要有以下几个特点：

（1）政府部门间的无偿共享。政务基础共享地理空间信息是在坚持政府部门间共建共享、互惠互利、按需共享、无偿提供等原则的基础上，整合、集成并提供共享服务的一类政务信息资源。部门间无偿共享是实现资源共享的重要前提和必要条件，缺少这一前提，就很难打破信息资源的部门垄断，无法充分调动起各个政府部门的积极性和主动性，使信息共享成为空谈。尤其对政务地理空间信息资源来说，其数据制作成本相当昂贵，除测绘、规划、国土、房产等少数传统部门对地理空间信息技术、地理空间信息熟悉和掌握外，其他部门对这些资源则显得概念模糊、需求不清，导致这些部门在搭建业务系统时，往往在未知应用效果的前提下就支付一大笔费用用来购买地理空间信息资源，使得投入产出绩效低下，很难体现政务地理空间信息资源作为一种公共财产的价值。政务基础共享地理空间信息资源的出现恰恰解决了这个难题，共建共享、按需共享、无偿使用的原则将催生出很多新的应用领域，以进一步深度挖掘资源的价值。

（2）政府部门统一的地理空间框架。政务基础共享地理空间信息资源是可为政府相关部门提供统一定位的、可共享的、基础性的地理空间信息，为其他政务信息资源提供空间定位基础和框架，如行政区划、城市管理网格单元、航空遥感和卫星遥感、地址地名数据等。这类资源需要由政府直接投资或组织生产，通过规范的管理和机制的保障，在信息分级分类体系下，在保证国家安全和社会稳定的前提下进行共享。

政务基础共享地理空间信息资源具有鲜明的多尺度时空特性。尺度是指对象在空间和时间方面的基准尺寸，即空间和时间的粒度。不同尺度下，观察对象的抽象、表达、分析和交换信息的详尽程度也有所不同。例如，我们可以分别从市域、城区、街区三种尺度观察城市的立交桥，分别对应点、线、面的三种图形抽象表达方式，从宏观到微观、从粗略到细节不同层次地表达信息，以满足各种应用需求。这种空间和时间的多尺度性可以为使用者从整体的规划、决策、管理到局部的测量、审批、核对，提供内容逐步丰富的信息和精度不断提高的定位基准框架。

（3）包含基础地理空间框架上的可共享政务属性特征。政务基础共享地理空间信息资源，是在基础地理空间框架上将那些各部门需求强烈、在政府部门间可共享的政务信息进行表达，是时空坐标系下的核心政务内容，可相应延伸出一系列的业务深层应用。其政务属性信息为政府部门共享类政务信息资源。

（4）"供求关系链"上的信息传递。政务基础共享地理空间信息资源的另一特征就在于它与其他政务信息资源一样，是政府部门之间"供求关系链"上信息传递的重要内容。在信息资源共享长效机制的保障下，通过政务部门内部全面的业务梳理和信息资源调查，编制形成部门政务信息资源目录，明确各部门共享的内容、方式、责任、权利和义务，建立起资源的"供求关系链"，由资源需求方依照其职能提出共享需求，以需求为导向，按照"权威数据来自权威部门，权威部门负责更新维护"的原则，由数据的供应方提供共享，形成一个供求关系的完整"闭环"，完成一次资源共享。

由于政务基础共享地理空间信息资源内容的复杂性和特殊性，其数据源主要集中在规划、建设、国土、测绘等部门，这些资源的共享可能会对数据提供部门的利益产生影响，这可能需要通过"供求关系链"中的"中枢节点"（可以是第三方中立机构）进行缓冲和中转，以妥善协调处理部门间的利益冲突，从而为跨部门的业务协同和综合辅助决策提供有效支撑。城市综合管理、应急指挥、公安消防等跨部门业务应用需要多个部门的业务协同才能得以完成，这些信息资源都需要通过"中枢节点"提供的共享、服务在"供求关系链"中流通、使用。因此，此类"中枢节点"需要政府从宏观大局角度出发给予重视和机制保障。

2. 政务基础共享地理空间信息资源的重要作用

政务基础共享地理空间信息资源的部门共享、公益性开发、应用不仅对信息社会中的"数字城市"建设起到推波助澜的作用，而且对整个社会政治、经济和文化的发展也具有重要的意义。目前，政务基础共享地理空间信息资源是最具有开发潜力的一类政务地理空间信息资源。在保障安全的前提条件下，可拓展部门政务信息资源的服务范围，增强服务能力，降低行政成本，支持业务协同，推动政务信息资源的优化配置，打破"信息孤岛"和"信息垄断"，充分发挥政务基础共享地理空间信息资源的"桥头堡"示范作用，起到"破冰"作用。

政务基础共享地理空间信息资源的开发利用是充分发挥电子政务最大效能的根本要求。从政务地理空间信息资源开发利用现在所处的阶段上看，其内容范畴从最初应用于测绘、规划、国土等行业的地图，已发展到了许多业务应用系统应用的政务信息图层，已经历了基础数据积累和业务应用数据建设、维护阶段，但目前严重困扰和阻碍政务地理空间信息资源深度开发利用的问题依然是政府各部门间的条块分割以及各自应用系统建设的独立性。这些问题导致了资源垄断、信息重复采集、资源共享困难、跨部门综合应用程度低等现象，因此，只有依托逐步建立的跨部门政务信息资源交换体系，围绕部门内信息的纵向汇聚和传递、部门间在线实时信息的横向交换等需求，充分整合现有资源，为各级政府的社会管理、公共服务和辅助决策等提供信息交换和共享服务，电子政务才会真正发挥出其最大效能，大大提高行政效率，并成为建设廉洁、高效、务实的新型政府的必要手段和根本要求。

2.3.1.3 政务主题共享地理空间信息资源

1. 概念和特点

政务主题共享地理空间信息资源是指针对部分政府部门的共享需求，需进行横向提取的，向其提供共享的一类跨部门、面向某一主题的地理空间信息资源。这类资源具有以下几个特点：

（1）跨部门业务综合。政务主题共享地理空间信息资源从整体上看，具有数据来源的跨部门分布特征，而其真正的价值则充分体现在其"综合性"特征方面。这类数据涉及数量庞大、类型复杂、结构多样的时空信息资源，其数据来源渠道各异，有些是从日常办公业务中累积的，有些可能需要通过仪器进行采集，这些由不同部门、不同时间生产的多源专题数据，彼此各成体系，且又复杂相关，需要经过一系列复杂的处理技术和整合集成过程才能将其纳入同一个空间框架下进行共享应用，因此，来源广泛、逻辑综合等特性成为此类数据的最典型特征之一。

（2）面向实际应用的增值效应。政务主题共享地理空间信息资源是由政府各部门可提供给其他部分政府部门共享的、具有地理空间属性的政务信息资源，它是在基础地理信息框架上，通过直接或间接手段附加上可共享的部门业务属性信息，形成可为各个政府部门的决策和应用提供支持的信息资源。例如，城市应急联动指挥需要将卫生、公安、消防、民政等相关政府部门的政务地理空间信息进行专题综合，使之成为可服务于应急指挥的应急主题政务地理空间信息资源数据库，这些政务地理空间信息来源于权威的政府职能部门，内容上附加了较多的业务属性信息，既可以用于自身管理对象的行政管理，又可以为城市应急等部门提供共享支撑。

（3）共享范围的有限性。政务主题共享地理空间信息资源采用的是适度共享的机制，即其共享范围不具备广泛性，只限定于特定的范围内。例如，城市应急指挥需要用到消防、医疗、市政、交通等各种专题数据库的信息，这类主题数据对应急指挥部门完全共享，而对于那些缺乏该方面业务需求的部门来说，则无法拥有共享这些数据的权利。

2. 内容分类

如图2-4所示，政务主题共享地理空间信息资源包括领域主题和应用主题两大类主题信息。领域主题与政务地理空间信息分类中的领域划分相一致，如测绘、交通、农业、环境等；应用主题是根据具体应用的需要，抽取领域主题中的相关信息形成的应用主题，如应急、城市管理、文化执法等。领域主题的内容和范畴是相对稳定的，而应用主题则是在领域主题的基础上根据应用需要进行提取和组合而建立的，并且随着应用的需要不断扩充和变化。

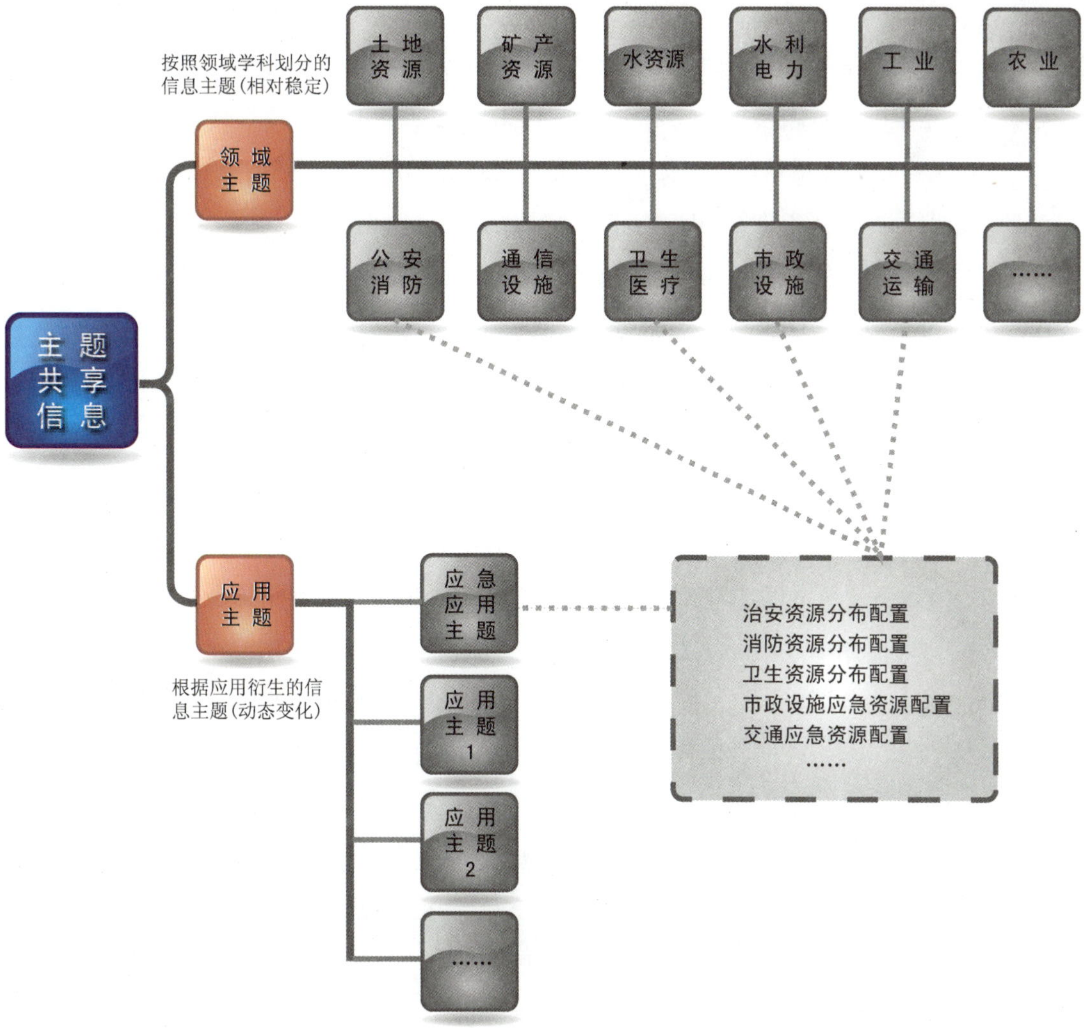

图 2-4　政务主题共享地理空间信息资源的主题分类

2.3.1.4　政务专用地理空间信息资源

1. 相关概念

政务专用地理空间信息资源是指各部门面向自身业务依法专用的地理空间信息资源，以及业务部门不需要共享、公开或者有特殊原因不能共享、公开的那部分信息。

由于行政管理的需要，政府部门遵照相关的法律、法规、规章、政策及其他依据，内部需要保留一些不能共享或公开的保密数据或业务流程数据，这类信息资源作为一种不公开的"例外"情况。目前，对于政务地理空间信息来说，这类不能共享、公开的专用数据大量存在。

2. 重要意义

政务专用地理空间信息资源无论对部门内部业务的梳理、资源的积累整合、部门间的主题共享，还是政务基础共享、政务公开地理空间信息资源的建设都具有重要的意义。

（1）整合政务专用地理空间信息资源是部门业务工作信息化的内在要求

要使政府部门内部各业务处室之间的信息流畅通、密切配合、协同合作完成职能工作，必须以整合内部信息资源为基础开展内部之间的信息交流、共享及相应管理机制的建设。尤其对政务地理空间信息资源来说，地理空间位置信息常常对一些业务处室非常重要，但苦于缺乏空间技术支撑手段以及获取途径，一定程度上对业务办理造成一些影响。组织部门内部地理空间信息资源的整合、集成乃至内部共享，是业务工作相互协作配合、整体对外服务的需要，也是有效解决部门内部信息共享、提升内部信息资源应用水平、从低层次办公信息采集向高层次信息资源综合应用转变的必然要求。

（2）对政务专用地理空间信息资源进行整合开发利用，有利于提升资源价值

在整合政务专用地理空间信息资源的基础上，需要对有价值的空间信息进行深度开发，充分挖掘过去传统意义上的业务过程数据，从中梳理出有意义的信息并进行积累，当积累到一定程度，利用数据挖掘技术，可以为部门乃至政府重大政策的制定提供辅助决策支持，从而进一步提升信息资源的价值。

（3）政务专用地理空间信息资源的建设是基础共享、主题共享的前提

从理论上讲，只有在建立各部门内部信息资源应用体系的基础上，才能组织整理出可供共享、公开的信息资源。本质上，政务专用地理空间信息资源内容范畴覆盖主题共享类、基础共享类和政务公开类政务地理空间信息资源。主题共享类、基础共享类和政务公开类是按照其他部门的共享需求或面向公众公开的需求从政务专用地理空间信息资源中进行提取。即部门专用信息在政策和技术条件成熟的情况下，可以实现向主题共享类、基础共享类和政务公开类信息资源的转变。

2.3.2 政务地理空间信息资源分类

2.3.2.1 政务信息资源的分类

科学、准确的分类体系对信息资源管理与共享服务应用体系获得最佳的经济效益和社会效益具有重要意义。本着科学性、系统性、可延性和兼容性等基本原则，可从不同角度，如信息来源、信息所表达的具体内容、信息的应用领域、信息传播的载体类型、信息的媒体形式、信息的重要性以及信息的开发程度等，对信息资源进行分类。

政务信息资源分类是指把具有某种共同属性或特征的信息归并在一起，通过其类别的属性或特征来对信息进行区别，建立政务信息资源目录分类体系，以实现政务信息资源管理、共享服务和开发利用等。政务信息资源分类是信息资源共享交换的重要前提，是实现政府管理工作现代化的必要条件。

2007年9月10日发布的国家标准《政务信息资源目录体系》（GB/T 21062.2-2007）第4部分《政务信息资源分类》中提出："在建立政务信息资源目录体系时，政务信息资源目录体系中的政务信息资源分类应采用主题分类，也可根据具体应用情况选择其他的分类方法与主题分类共同进行分类，如部门分类、服务分类、资源形态等。"另外，该标准还明确了政务信息资源主题分类的详细分类、编码方法，如政务信息资源主题分类包括21个一级类和133个二级类，用户可以根据类目的描述信息对第三级分类类目进行扩展。

部门分类是一种最常见的分类方法，也是最实用的分类方法之一。它是按照政府职能部门进行资源分类，各政府部门可以根据本部门的特点细分和增加相关类目，编制适合本部门的分类类目。很多政府部门在梳理政务信息资源目录过程中，都是根据自身职能、业务等情况，按照自己的业务需求进行资源分类，这种部门分类具有灵活方便、操作性强等特点，是一种非常客观、清晰的分类方法。

服务分类是在政府职能由管理型向服务型转变过程中发展起来的一种面向公共服务业务框架的政务信息分级分类体系。这种分类以政府实现公共服务需求为出发点，横向通过政府提供的服务内容、服务提供方式、服务的支持与监督、政府资源管理各环节来体现出一个服务型政府的整体职能，既包括政府对公众、对企业的公共服务职能，也包含城市管理、经济调节等职能。纵向通过对政府核心业务解析，逐次划分为职能层、业务层、事项层、信息层，来识别与之相应的信息类目，从而形成面向公共服务的政务信息资源分级分类体系。这种分类方法是以政府业务为切入点，通过对政府核心业务的解析来识别政务信息，强调政府部门间的信息沟通和业务关联，结构简单分明，使信息查询方便快捷，适宜于服务型电子政务体系框架的构建。目前，服务分类虽然尚未形成一个普遍适用、参考的类目表，但已经成为一种研究的发展趋势。

2.3.2.2 政务地理空间信息资源的分类

政务地理空间信息资源是一类特殊的政务信息资源，因此可以遵循与政务信息资源同样的分类方法，这使得它与传统的地理空间信息资源在分类角度上有着一定的不同。政务地理空间信息资源分类不仅需要将重点聚焦于政务应用角度，而且需要根据地理空间信息的特殊性进行部分调整。

同政务信息资源一样，政务地理空间信息资源也可以按照部门分类、主题分类、行业分类、服务分类和资源形态分类等多种方法进行分类，考虑到现阶段政府应用的深度和广度，部门分类、行业分类和主题分类是当前政务地理空间信息资源最常见的分类方法，也是基础性分类。部门分类充分体现了政务部门职能、业务管理的特点，这种划分相对直观、明确，在资源分类中普遍存在；主题分类体现了政务地理空间信息资源的内容属性或基本特征；行业分类体现了资源的应用领域特点，这种划分常应用于统计、质量监督等部门，具有行业领域应用特色；服务分类和资源形态分类为辅助性分类，服务分类体现了政务地理空间信息资源面向用户提供的功能服务特色，资源形态分类体现了政务信息客观存在的形式。

目前，我国政务地理空间信息资源的分类常采用部门分类方法进行，各部门按照职能、业务进行资源划分，数据的来源、更新维护职责十分清楚、明确。随着资源应用服务的不断深入，服务分类也将成为一种广泛应用的分类趋势，并可以从服务对象角度进行资源整合和管理。

1. 部门分类

部门分类是政府应用时一种非常实用、非常直观的资源分类方法。政务地理空间信息资源的部门分类是指根据政府职能部门的划分，将其各自业务按照管理的需要归并，通过一个可以抽象出来的空间对象来进行业务和资源的关联，并将空间对象按照业务或者管理要求进行划分，从而实现政务地理空间信息资源的规范化管理。

这种分类方法的优点在于和部门的业务紧密结合，具有良好的可操作性。各个业务部门均可以根据自己业务的需要自行设计内容分层，这种分类方法具有良好的可扩充性，充分体现了其灵活、实用的特点。政务地理空间信息资源和其他政务信息资源的一个最大区别是其具有空间位置属性信息，这就意味着必然存在一个可以空间化的对象或实体，其他政务属性信息都是用来描述这一空间对象的。通过梳理部门的职能、业务事项，可以提取出各类空间对象，并以此空间对象为核心开展其他政务属性的关联和整理。

2. 主题分类

政务地理空间信息资源的主题分类是一种按照资源自身内容特征进行分类的一种通用方法。这种分类方法打破了部门间条块的局限，从资源的含义出发，将资源按照习惯常识进行分类，在跨部门进行综合应用时，具有普遍的适用性。主题分类又可以包括领域主题和应用主题两种分类角度。领域主题分类常用在信息资源的跨行业共享、使用过程中，例如，可以将政务地理空间信息资源分为土地、矿藏、水资源、海洋、石油、燃料、燃气、电力、工业、企业、交通运输、通信、计算机、软件、网络、邮政、城乡规划、城乡建设、市政工程、房地产、环境保护、治理、农业、林业、畜牧业、副业、渔业、水利、财政、税务、保险等若干个主题类目进行管理，每一大类又可以根据国家相关行业标准进行细分。这种分类方法是一种跨部门的专题内容划分，数据与分类之间往往是一对多的关系，如在实际业务应用过程中常会出现一个政务信息图层数据对应多个主题的情况。

3. 行业分类

行业分类是一种按照信息资源所属的行业领域进行分类的方法。目前，我国已经颁布了行业分类的相关标准，如《国民经济行业分类与代码》（GB/T4754-2002），这种行业分类是按照企业、事业单位、机关团体和个体从业人员所从事的生产经营活动或其他社会经济活动的性质进行行业分类，而不是按其所属行政管理系统进行分类。这种分类方法通常在政府部门计划、统计、财务会计、税收、工商行政管理和国家宏观管理、部门管理等各项工作中使用，按照此分类有利于处理各类行业资料，进行有关行业的统计分析。

4. 服务分类

服务分类是指面向服务对象，按照政府整体职能而不是只从某个部门职能的角度来观察、识别信息资源的一种分类方法。政府业务按照服务对象可分为以下几种：

（1）政府对政府（G2G）：主要是政府和政府之间的互动，包括中央政府与各个地方政府之间、政府的各个部门之间、政府与公务员和其他政府工作人员之间的互动。

（2）政府对企业（G2B）：主要是政府面向企业的活动，主要包括政府向企事业单位发布的各种方针、政策、法规、行政规定；政府向企事业单位颁发的各种营业执照、许可证、合格证、质量认证等。

（3）政府对公民（G2C）：主要是政府面对公民的活动，即政府向公民提供的服务，如信息服务、学校、医院、图书馆、公园、结婚登记、车辆登记、户口管理等。

（4）企业对政府（B2G）：主要是企业面对政府的活动，如纳税、统计信息和报表、竞投标、采购项目的各种信息、建议等。

（5）公民对政府（C2G）：主要是公民对政府的活动，如个人纳税、公民参政、议政、报警服务等。

（6）政府部门内部业务（GI）：主要是办公业务自动化。主要业务有人事管理、财务管理、公文管理、资产管理、档案管理、政府采购以及库房和器材管理等。

目前，北京市通过对政府对公民（G2C）业务的整理、分类，已经形成了北京市地方标准《面向公众服务的政务信息分类规范》等相关研究成果。这种分类方法以政府的核心业务为主线开展信息分类，通过分类梳理，可逐步形成核心业务流。

　　针对当前政务地理空间信息资源在政府部门的应用水平，目前还难以提炼出一套完整的面向公众服务的资源分类体系。大多数涉及政务地理空间信息资源的业务主要是政府对政府（G2G）和政府部门内部业务（GI）两种，大量政府的政务活动对政务地理空间信息资源的应用需求十分强烈，例如，国家和地方基础地理空间信息，政府之间各种业务所需要采用和处理的政务地理空间信息（如市政设施管理、公安、消防、应急指挥、企业法人管理等），以及政府内部各种涉及地理空间的管理信息、空间决策支撑系统和信息查询系统等。综合考虑政务地理空间信息资源在政府之间和政府内部应用的程度，根据其可为政府用户所提供功能和服务的不同，可以将政务地理空间信息资源依次分为三大类型：基础数据服务类、政务支撑服务类以及政务应用服务类，如图2-5所示。

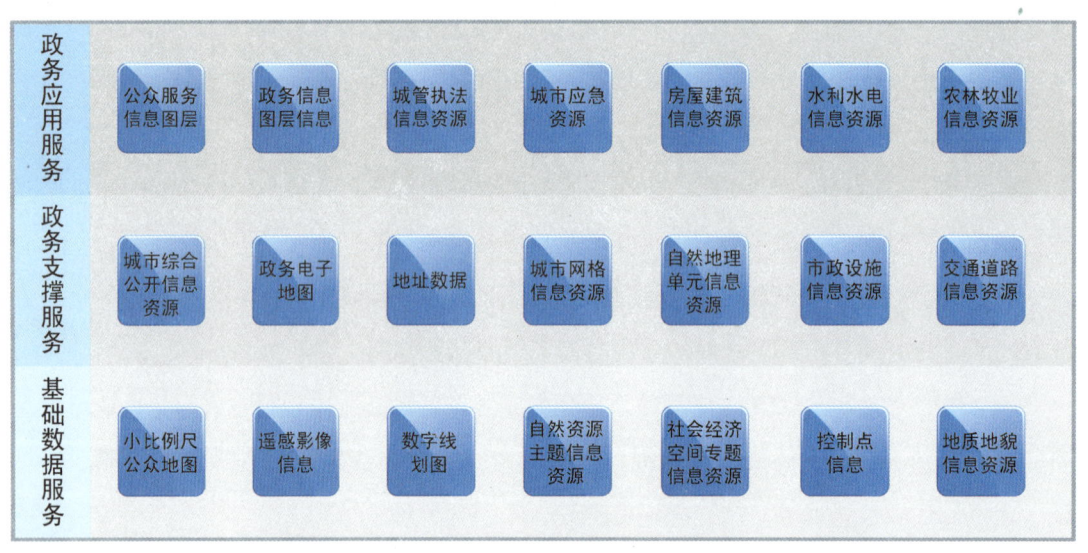

图2-5　面向政府服务的政务地理空间信息资源分类方法

　　① 基础数据服务类。基础数据服务类主要包括那些最基础的地理空间框架数据，它们和政务部门的业务基本无关，主要为政务部门提供多种基础地物的空间表达形式。例如，遥感影像数据为政务部门提供了最基础的"看图"服务；数字线划图提供了基本的地理空间"框架"服务；等等。在这类数据中，遥感影像数据和数字线划图数据作为"数字城市"的基础共享性资源，在政务信息资源服务工作中起到了重要的基础支撑作用。

　　② 政务支撑服务类。政务支撑服务类主要包括那些能够支撑政府相关业务，或者能辅助相关部门业务协同的一类政务地理空间信息资源，如政务电子地图、地址数据库等。它与政务部门的相关业务存在一定关系，但尚未达到涉及核心业务的程度，而是起到了一

定程度的业务支撑作用。例如，政务电子地图基本上是各政务部门在构建其空间信息系统时必须要使用的重要信息，这类信息能辅助相关部门完成道路、河流、学校、医院查询等工作，但和其核心业务的关联度较弱；同样，地址数据对消防指挥、卫生医疗调度、房屋管理与普查等业务都具有重要的支撑作用，但这类信息并不属于其核心的业务信息，因此无需每个部门都开展地址数据库建设，而应由相关部门组织建设，其他部门进行共享应用即可。在政务支撑服务类中，政务电子地图和地址数据库是各政务部门需要广泛共享的基础性资源。

③ 政务应用服务类。政务应用服务类是指那些在政务部门核心业务中广泛存在的一类政务地理空间信息资源，如地下管线数据、国土地籍数据、房屋建筑数据等，这些信息对相关政务部门而言，都属于其各自的核心业务，离开这些数据，部门的工作几乎无法开展，因此，这是政务应用最深入的一种类信息资源。其中，政务信息图层是一类特殊的政务地理空间信息资源，它是指政务应用服务类中能够向其他部门提供共享的公用地理空间信息资源。

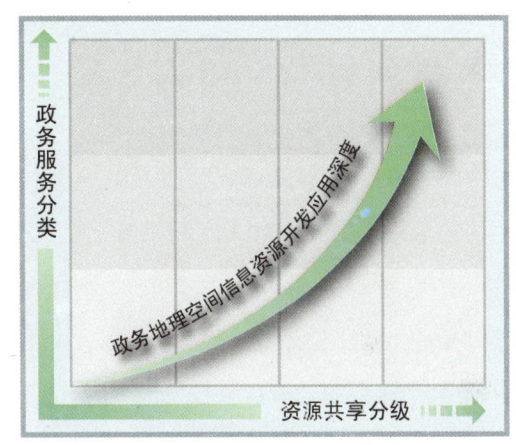

图 2-6　政务地理空间信息资源的共享分级和服务分类之间的关系

面向政府服务的政务地理空间信息资源分类是一种可以和共享分级相互结合的分类方法，共享分级体现了政务地理空间信息资源可公开、共享的程度，而服务分类体现了政务地理空间信息资源本身所能提供信息服务的深度，两者分别从两个不同的角度刻画了政务地理空间信息资源的组织方式（见图 2-6）。

5. 资源形态分类

资源形态分类体现了政务信息客观存在的形式，这种分类方法较为直观可视，但对应用的支撑程度相对较低，如纸质地图和电子地图、航摄胶片和遥感影像数据等。

第 3 章 政务地理空间信息资源建设、管理与共享服务现状

政务地理空间信息资源的建设、管理与共享服务是一个循序渐进的过程，它的发展水平与整个社会的经济、科技发展状况密切相关。随着社会经济的不断发展，越来越多的国家意识到了地理空间信息产业对国民经济发展和社会信息化水平的提高具有重要意义，开始投入大量的人力、物力、财力对这一产业进行大力开发和推动，一些发达国家已建立了较完善的、符合实际需求的数据建设、资源管理与共享服务的运作机制。我国地理空间信息产业由于起步较晚，目前正处于探索阶段，在发展过程中面临着许多问题，有待进一步完善。

3.1 现状

3.1.1 政务地理空间信息资源的数据建设现状

我国的政务地理空间信息建设及应用目前以城市规划、勘测、基础测绘等领域为主，其建设也处于起步阶段，存在数据种类、内容单一，数据更新、运维资金投入不足，重复建设现象严重，区域发展不平衡等问题，数据依然是 GIS 和其他相关系统建立与服务的瓶颈所在。[22]

1. 数据种类、内容与来源部门单一

长期以来,人们对政务地理空间信息资源普遍缺乏正确认识,从而导致了我国现阶段政务地理空间信息数据种类与内容单一、不够丰富。

从信息本位角度上看,政务地理空间信息由基础地理空间信息、政务属性信息以及元数据信息三部分构成。基础地理空间信息作为政务地理空间信息资源建设的核心,常被人们重点关注,并由相关专业部门组织建设、实施,而产生于业务流程之中的政务属性信息常常被忽略,结果造成政务地理空间信息资源分类方法和内容组织较为单一,不够丰富,无法满足业务部门的实际应用需求等问题。随着电子政务应用的不断深入开展,人们也开始逐渐意识到政务属性信息的重要作用。目前,部分省市已开始积极探索基础地理空间信息与政务属性信息融合应用方面的工作。例如,北京市结合政府各部门的应用需求,通过共建共享方式建设了来自财政、工商、质监、交通、教育、文化、园林、农业等部门的800多个政务信息图层,将来自各政府部门的业务管理对象数据空间化,为政府部门开展基于空间的政务管理提供了形象、直观的数据支持。

元数据作为说明数据来源、构成以及格式等信息的数据,其重要性很容易受到人们的忽视,但随着信息化工作的不断向前推进,其在数据管理、共享和应用方面不可或缺的重要性逐渐显现。在我国,政务地理空间信息资源元数据的建设处于起步阶段,虽然先后制定了相关的元数据标准,但各地、各类数据标准互不一致,有待进一步完善。另外,在实际建设中,许多省市和部门缺乏具体实践,尚处于概念阶段。

2. 数据更新、运维资金投入不足

现阶段政务地理空间信息数据的生产部门主要还是以传统的城市规划、市政建设管理及测绘等单位为主,其他部门往往由于受到技术手段、人才储备等方面的制约而难以承担和参与政务地理空间信息数据的建设。目前,为了进行数据的及时更新和运维,这些数据生产部门不仅需要投入大量的建设资金,而且需要有一批专业的技术队伍支撑,这样才能满足全市其他部门日益增长的应用需求。但在实际工作中,这些数据生产部门往往由于缺乏必要的资金支持,无法开展数据更新、维护所必需的一系列后期处理工作,从而使得数据产品的现势性不能很好地满足用户需求,造成政务地理空间信息资源现势性差等一系列问题,尤其在社会经济发展快速、应用需求旺盛的大中城市区域,这一问题更加凸显。

3. 数据重复建设严重

我国政务地理空间信息资源的重复建设现象比较严重,甚至在同一个单位内部,不同的部门、处室之间也存在着多头采购、重复建设等问题,造成了国家资金的大量浪费。

在我国现行的行政管理体制下，常由于体制运作不顺、协调困难等问题，导致政务地理空间信息资源的建设难以统筹，"信息孤岛"、"信息鸿沟"等现象较为突出。另外，由于政务地理空间信息资源涉及信息安全与保密等问题，许多部门无法妥善解决信息安全与共享应用两者之间的矛盾，这使得许多信息从刚生产完就被放置到保密室、档案馆，无人问津。

数据重复建设现象间接反映了数据共享水平低下等一系列相关问题。一些部门缺乏对信息共享的理解和认识，将部门信息严格控制在部门内部中使用，结果造成大量信息资源的闲置和浪费，也势必导致其他需求部门的重复建设和采集。此外，我国目前尚缺乏对数据共享的绩效考核机制和长效更新机制，难以激发各部门信息资源共享的热情，从而导致整个社会信息资源共享程度较低，资源开发利用水平不高。

4. 数据建设发展不均衡

区域经济发展的不平衡也导致了信息化发展水平的参差不齐，从而使政务地理空间信息资源建设同样存在发展不均衡的状况。目前，我国经济发达地区的信息资源建设与应用水平明显高于欠发达地区。要消除这种"信息鸿沟"，不仅需要在政策上倾斜、经济上进行扶持，而且要在技术和人才上给予充分的支持和照顾，在建设思路和应用理念上进行指导和贯彻，使欠发达地区少走弯路，尽快发展到全国其他地区的政务地理空间信息资源开发利用水平。

即使在同一区域内，各个部门的信息化水平也是参差不齐，这与各个部门的信息化技术储备、领导意识及重视程度、应用需求强烈程度、资金支持力度等因素密切相关。北京市各部门的政务地理空间信息资源建设水平差异就是其中的一个缩影，如北京市应急办、市规划委、市发展改革委、市工商局、市质量技术监督局、市园林绿化局、市安全生产监督局等部门因自身应用需求强烈，带动了相关的政务地理空间信息资源的建设工作，这不仅体现在数据的规范性管理方面，还体现在数据的完备性、权威性、现势性等质量因素方面。

3.1.2 政务地理空间信息资源管理现状

在我国电子政务建设过程中，政务信息资源的管理及应用水平明显滞后于信息化基础设施的建设水平。政府协调困难，资源管理手段落后，重复建设严重，数据共享有限，这些问题都充分暴露了目前我国信息资源的管理水平相对较低。同样，对于政务地理空间信息资源来说，它的管理贯穿于信息收集、整理、存储、安全、发布、服务等全过程，管理内容涉及数据传输网络的规划与建设，应用系统建设，数据的采集、发布与共享，项目管理，以及相关的管理体制、实施模式等各个方面。近年来，随着我国政府信息化建设速度的不断加快，政务地理空间信息资源管理工作的各个方面均取得了较大的进步，但是与社会和经济发展所提出的客观要求还有一定的距离。

1. 缺乏对资源生命周期的全过程管理

现阶段，我国政府正在从单纯的管理型政府向服务型政府转变。如何处理好管理与服务的关系，不仅涉及政府职能的调整、重组与优化问题，也是一个观念转变的问题。长期以来，我国政务地理空间信息资源的管理一直是以数据获取、处理、存储、安全等为重点，而对资源应用这个最重要的环节（即数据建设的最终目标）却没有给予足够的重视，结果造成数据获取与资源应用相脱节，从而导致用户需求难以满足，数据的利用率低下。缺乏对政务地理空间信息资源的生命周期管理，常导致"重建设轻运维"、"高投入低产出"、"开花易结果难"等现象发生，需要引起我们的足够重视和反思。

2. 理论研究滞后，技术手段匮乏

目前，在我国政务地理空间信息资源管理中，不仅缺乏理论研究和指导，而且相应的技术手段及支撑体系比较落后，这些问题的存在直接影响到了政务地理空间信息资源共享应用的进程，迫切需要加以解决。

首先，缺乏对政务地理空间信息资源管理框架体系的研究。从1998年美国副总统戈尔提出"数字地球"以来，我国已有数十个省市正在组织"数字城市"、"地理空间数据库"的建设，国家也明确提出将自然资源与地理空间数据库作为我国电子政务的四大基础数据库之一，重点组织建设，但截至目前，我国仍然缺乏一个相对权威的、完整的、成熟可行的政务地理空间信息资源管理框架体系来指导全国各省市相关工作的开展。由于缺乏科学的理论指导，所以不同省市对政务地理空间数据库的内容、建设模式、建设目标、应用方向等问题的理解差异很大，从而导致各地的建设水平参差不齐，功能实现千差万别。因此，我们迫切需要一个政务地理空间信息资源管理的理论框架，为我们解答什么是政务地理空间信息资源，政务地理空间信息资源包括哪些内容，如何分级分类，如何建设、更新和运维，如何提供共享、服务与应用，需要制定哪些标准规范、政策和制度等一系列问题。

其次，相应的技术支撑有待加强。在政务地理空间信息资源管理中，除了需要理论指导外，还必须配备相应的技术支撑环境才能不断推进。例如，在遥感影像数据生产和获取方面，卫星遥感影像的数据获取需要高分辨率的自主卫星，而飞机航摄影像的获取则需要

无人驾驶和数码摄影技术的支撑；在海量社会经济信息（非地理空间信息）与地理空间信息的整合方面，则需要提供将政务信息资源快速、准确进行空间化的工具，从而推动政务地理空间信息资源在社会经济领域中应用；在数据的管理和共享方面，许多地方缺乏统一的网络运行环境和统一的共享交换平台作支撑，政务信息资源的目录体系尚未就绪，导致管理与共享应用手段落后，无法适应信息化时代的要求。

再者，政务地理空间信息资源质量评价体系的研究有待加强和完善。目前，虽然政务地理空间信息资源的总量不断得到增加，但数据在质量方面的问题越来越成为制约数据应用的重要因素。数据质量主要体现在要素内容、属性信息、现势性、数据精度等各个方面，数据质量的最终评价需要以是否满足应用为宗旨和原则，高质量的数据是科学分析和决策的前提条件。在我国现行的很多数据质量标准大多是由数据制作部门制定的，缺乏应用部门的参与；质量评价指标体系尚未建立或者现有的人为主观评价因素过多，客观评价少；在标准实施中缺乏配套的政策与监督机制等措施；这些原因导致了所生产数据的低可用性。因此，只有将推动数据质量的相关政策与监督机制研究纳入到政务地理空间信息资源质量评价体系中，双管齐下，方可确保实现数据从量变到质变。

此外，大多数政府应用部门还缺乏对政务地理空间信息资源进行二次加工的能力，致使政务地理空间信息资源的应用还停留在查询、浏览、可视化等简单的初级应用阶段，缺乏深层次的资源整合，空间分析、空间数据挖掘等技术应用潜力尚未发挥出来，难以满足领导决策等应用。

3. 专业技术人才短缺

人是一切社会活动的主体，人才是最重要的战略资源。在信息资源管理领域中，信息技术人才及其素质是信息资源管理水平提升的关键所在。政务地理空间信息资源管理作为一类特殊的政务信息资源，相比较于其他信息资源，对其数据内容的理解、处理及应用均需要较强的专业技术背景。目前，在我国政务地理空间信息资源管理中还存在着人才分布不均衡，激励机制欠缺，综合素质有待提高、培训手段有待创新等一系列问题。

目前，在我国政府部门中，从事地理空间信息或者具有地理空间信息教育背景的技术人员大多数集中在传统的测绘、勘测、规划等数据生产加工部门，而在其他政府应用部门则普遍缺乏。这种人才分布不均衡的现象与我国地理空间信息产业的发展阶段相关。"3S"作为一种崭新的技术手段和管理思路，在国内刚刚兴起，很多高校设立这一专业的时间也较短，因此，这类人才总量较少，分布也不广泛。当前，大多数部门对地理空间信息的认识还处于初级阶段，对这一类专业技术人才的培养缺乏足够的重视，没有相应的激励机制和扶持政策，高水平的技术人才流失现象严重。人才的缺乏导致应用部门难以理解政务地理空间信息资源及其相关技术，进而无法提出和推动其在各自业务工作的应用，对基于地理空间的业务应用系统建设难以进行有效的项目管理，最终使政务地理空间信息资源的应用绩效难以显现。

另外，从事政务地理空间信息资源管理专业人才的综合素质有待进一步提升。现有的技术人员往往只偏重于某一方面的技术，而忽略了对其他方面知识的掌握。如有的只了解数据的加工，而缺乏对应用系统建设、如何促使政务地理空间信息资源与业务应用相结合、数据标准与政策制定、总体理论与架构设计等方面的技能；有的只了解业务信息化，而缺乏地理信息方面的技术；或者是在整个人才的组成架构中缺乏各种人才的合理配置。可以说，各种人才的匮乏尤其是具备顶层设计能力人才的稀缺，是导致我国现阶段政务地理空间信息资源的管理缺乏统筹规划、应用落后的一个重要因素。

在管理人才培训方面，还缺乏面向各个层次的、有针对性的培养思路和培训方式。目前，关于政务地理空间信息资源管理的培训，大多数都是面向技术人员，重点介绍新的技术手段和应用产品，而缺乏面向政府部门相关领导、业务人员的总体策略和应用思路的引导。事实上，能够使政务地理空间信息资源充分发挥应用绩效的首要前提，就是应用部门的相关领导、业务人员能够深入了解并认识到政务地理空间信息资源能够为其业务工作带来哪些成效，如何生产、获取、更新和使用各类政务地理空间信息资源等，继而才能使业务部门的应用推动工作从被动转向主动。现有针对政务地理空间信息资源管理的培训手段通常是会议、论坛、讲座等，形式与途径单一，缺乏交互性，使用户无法参与实际环境的体验，难以进行直观、感性的认识和理解，无法达到有效培训、充分交流的目的。电子政务是"一把手"工程，因此，针对政府部门高级决策层的领导培训十分重要，但现阶段在这方面的培训、引导还存在很多实际困难。在这方面，可以考虑开设成果展览馆等途径，通过影片播放、多媒体交互、系统体验、专家讲坛等一系列培训方式，定期组织包括高层领导在内的相关人员进行培训。从长远看，政务地理空间信息资源管理方面的培训，应逐步纳入到领导干部的信息化培训考核体系中去。

3.1.3 政务地理空间信息资源的共享服务现状

信息资源是继材料、能源后的又一重要现代战略资源，是宝贵的国家资源。政务信息资源资源共享是政府信息化的核心战略和必然选择，是一个国家和地区实现信息化的关键问题。在当前电子政务推进过程中，如何解决信息资源的交换与共享问题已经成为迫在眉睫的任务。

2002年国家信息化领导小组出台了《关于我国电子政务建设的指导意见》，将"十二金工程"，以及人口、法人单位、自然资源和空间地理、宏观经济四个国家基础数据库的建设作为"十五"期间电子政务的主要任务；并且提出电子政务外网平台的建设要求，以解决政府各部门网络的互联互通，实现跨部门的电子政务应用系统数据交换、资源共享的目标。但长期以来，由于传统观念、行政体制、管理模式、技术手段等因素制约，导致信息资源跨部门共享困难，"信息孤岛"现象严重。[23] 政务地理空间信息资源作为一种具有基础性、战略性特征的政务信息资源，它的共享交换工作同样存在诸多问题。

1. 相关标准有待进一步统一

标准化和规范化是资源共享交换的前提条件和根本保障，现阶段我国政务地理空间信息资源的相关标准尚未完善，有待进一步统一和规范。

首先，政务地理空间信息资源的分级、分类标准有待进一步完善。造成数据安全和数据应用矛盾的主要原因在于，缺乏适合信息化发展需求的分级、分类标准规范，这与我国当前电子政务的发展水平密切相关。现阶段，我国绝大多数政府部门尚未完成对自身内部业务流程和信息资源的梳理工作，对信息资源的使用也基本上处于一种随意、无序的状态，而政务地理空间信息资源恰恰都产生于各个政府部门的业务流程之中，这势必造成对政务地理空间信息资源的范畴、内容属性、更新周期等了解不清，分级、分类困难。

其次，GIS软件平台所遵循的国际标准有待规范和统一。在推进政务地理空间信息资源共享应用过程中，各政府部门按照自己的业务需求，选购适合自己的国内外GIS软件平台，但这无形中可能导致异构GIS软件平台间的互联互通出现问题。虽然，大多数软件平台基本上都能够遵循OGC（Open Geospatial Consortium，开放地理空间信息联盟）的WMS、WFS、WCS等国际通用标准，但缺乏平台间互联互通的可靠测试证明和实际应用案例。

此外，政务地理空间信息资源的共享交换、可视化与表达、数据分发与提供、系统设计和应用等相关标准都需要进一步的完善和修订。

2. 共享机制有待进一步完善

我国政务地理空间信息资源在共享责任主体、职责、共享内容、更新机制、知识产权保护等方面的法律法规均有待完善，只有有法可依，才能确保政务地理空间信息资源共享应用长效机制的建立。大量的政务地理空间信息资源，如交通、水利、市政设施等分布在不同的政府部门内部，这些信息如何共享、哪些属性字段可以共享、如何更新维护等一系列问题，均缺乏相应的机制进行约束和规范，缺乏对信息共享进行协调、管理和监督的责任主体，从而导致这些信息共享自由无序，具有很强的随意性。

3. 应用绩效考核与评价工作有待进一步提高

信息资源共享的应用绩效考核与评价工作是推动共享的有效手段。现阶段，我国尚未将信息资源共享交换工作纳入各政府部门的法定职能之中，而信息资源的共享需要花费一定的人力、物力、财力成本，如果没有一个科学、完善的信息资源共享应用绩效考核与评价体系，将很难推动信息资源的彻底共享和有效使用。在实际工作中，一些绩效考核通常是基于"为哪些部门提供了哪些数据"进行评价，而缺乏从数据应用绩效的角度进行深层次分析，使考核评价的结果常常停留在表象。

3.2 研究思路

综合上述，我国现阶段在政务地理空间信息资源的建设、管理和共享方面均存在诸多问题，亟待解决。通过对发达国家以及我国一些地区有关经验的总结和借鉴，我们可以在对政务地理空间信息资源建设、管理与共享服务应用的研究思路上获得一些启发，形成适合我国国情的发展路线。

1. 加强对政务地理空间信息资源的理解和认识

美国等发达国家能够在电子政务工作中取得良好的成效，是与其政府部门上下对信息资源有着深刻而系统的认识分不开的[24]，这些国家的政府部门及其工作人员充分认识到了信息资源在完成其使命过程中所发挥的重要作用。作为政务信息资源的生产者、收集者、消费者和传播者，政府的运作与管理活动牵涉社会的方方面面，信息活动的范围非常广泛，而且非常需要社会公众的积极参与和合作，因此，信息资源的管理与应用对所有的政府部门和公众来说，都是十分重要的，这主要体现在以下几个方面：

（1）政务信息资源是一种十分重要的国家资源和国家公共财产，它提供了政府、社会和经济方面的知识——过去的、现在的和未来的知识，政务地理空间信息资源是一类战略性、基础性的政务信息资源。

（2）政务信息资源是社会发展的需要，信息资源在政府内部、政府与公众之间的自由流动对服务型社会、民主型社会来说是必不可少的。同时，政府必须重视保护个人隐私与知识产权保护、信息安全等方面的工作，信息资源管理的安全性必须得到保障。

（3）政务信息资源类似于产品，具有成本和效益。因此，美国等政府主张政府应创造条件最大限度地降低政务信息资源的成本,鼓励社会最大限度地利用政务信息资源。在信息资源建设、管理、共享中始终强调了对绩效的关注和重视。

(4) 信息资源管理计划要与相关机构的战略计划、规划结合起来,这两者是相辅相成的。机构的战略计划、规划可以改善政府信息资源建设、管理与共享的运行情况,而信息资源的应用可以支持机构的战略计划、规划,帮助机构完成其使命,两者相结合可以促进政务信息资源管理工作的正确运行。

(5) 信息技术可以提高政府机构的工作效益和效率。现代信息技术的应用推动和促进了政府部门结构的调整与优化、工作流程与机制的改造、政府工作与公众接触方式的根本转变,这些将会提高政府机构工作的效益和效率。因此,应在政务信息资源管理中重视对信息技术的运用,提升政府的运作和管理能力。但是,信息技术本身只是手段而不是目的,在信息资源管理中应把重点放在信息上,而不是放在技术上,切忌本末倒置。

(6) 政务信息资源管理的制度化、法制化能够提升政府工作的绩效。美国等政府均设立了负责信息资源管理工作的专门机构,任命了负责该项工作的专职官员,并建立相关的法律法规和规章制度,从而大大提高了政府的管理能力和绩效。如美国专门成立了首席信息官委员会(Chief Information Officer Council)和信息技术资源委员会(Information Technology Resources Board),专门负责政府机构内信息资源的共享推进、开发利用等工作的运行管理与协调,以此来提高政府工作的绩效。

(7) 政务信息资源管理政策应具有开放性。随着我们的世界越来越成为一个"地球村",世界各国之间的政策、经济、科技、文化、教育等方面的联系也越来越紧密,因此,每个国家或地区的信息资源管理政策并不是孤立的,不同政府制定的信息资源管理政策及所开展的信息资源管理活动,彼此相互影响。

(8) 重视信息资源管理、开发利用方面的培训工作。政务信息资源的各类用户必须具备管理和利用信息资源所需的技能与知识,因此,必须要开展信息资源管理、开发利用方面的培训,从而使政务信息资源得到更好的开发利用,充分发挥其绩效价值。

上述这些都是美国等发达国家在政务信息资源管理与开发利用推进过程中总结出来的经验,有许多方面值得我国在推动政务地理空间信息资源甚至其他政务信息资源的管理与开发利用工作中加以借鉴和学习。

2. 需要加强政务地理空间信息资源管理与共享服务体系的理论研究

政务地理空间信息资源的管理与共享服务建设,作为一个复杂的社会工程,涉及社会的方方面面,因而迫切需要有一个严谨、科学的理论加以指导,才能为我们的实践指明正确的方向，避免少走弯路。关于政务地理空间信息资源管理与共享服务体系的理论内容，现阶段急需解决的重点问题主要包括：

（1）政务地理空间信息资源管理与共享服务应用体系总体框架。在贯彻执行国家电子政务总体框架要求的前提下，应从基础设施、信息资源、服务与应用、法律法规与标准化体系、管理体制等方面深入研究我国的政务地理空间信息资源管理与共享服务应用体系总体框架，使其框架纳入国家信息化工作的统一规划和管理，并满足具体部门的专业化需求以及各政府部门间的共享需求，其宗旨应立足于提升政府部门的监管、服务能力。

（2）政务地理空间信息资源管理与共享服务应用体系技术总体框架。从技术实现的角度上，对政务地理空间信息资管理与共享服务应用体系的技术实施进行研究，其研究的内容应包括建设政务地理空间信息资源库、政务地理空间信息资源目录体系、政务地理空间信息资源共享交换服务平台、各政府部门业务应用系统以及相互之间进行关联所涉及的关键技术；制定相关政策法规与建立标准规范体系、信息安全体系等软环境的技术实现方法。此外，还需要研究国家、省市、区（县）甚至乡镇等不同等级行政实体间的政务地理空间信息资源共享的技术解决方案。另外，需要解决政务地理空间信息资源共享交换平台中与其他各类政务信息资源进行共享交换的技术问题，如与人口、法人等非地理空间信息的整合与共享。

（3）政务地理空间信息资源共享、服务与应用的关键技术。主要研究包括政务地理空间信息资源目录体系、共享服务平台、"3S"技术、地理编码技术、三维技术、地理空间信息共享和互操作的标准与技术等方面。

（4）政务地理空间信息资源的管理模式。以政务地理空间信息资源共享和服务为目标，从政务地理空间信息资源的规划、组织、采集和更新机制、共享与应用、管理与监督等多方面进行研究，研究适合我国国情的管理机制，以确定政务地理空间信息资源管理模式，需要总结分析"物理大集中式"、"适度物理集中"、"物理分散、逻辑集中"等不同模式的实际适用环境。

（5）政务地理空间信息资源的共享服务模式。针对各部门对各种政务地理空间信息资源的共享需求、共享条件、应用服务模式以及对信息资源的质量要求，研究制定相应的共享交换服务模式，应满足离线拷贝、在线拷贝（应考虑同一网络环境、不同网络环境等情况）、在线人机交互、在线系统间交互（应考虑实时、非实时，文件方式还是数据库方式，服务个性化定制等不同情况）等不同的共享应用需求。

（6）政务地理空间信息资源的应用和发展趋势。政务地理空间信息资源在政府的日常办公、跨部门专题应用、智能决策分析以及公众服务等方面都有着广泛的应用空间，随着开发利用深度、广度的不断拓展，其应用将日益普遍。为了更好地推动政务地理空间信息资源的共享应用，需要相关政府部门、研究机构、企业，对政务地理空间信息资源管理与应用的发展趋势开展一些前瞻性研究，以便未雨绸缪。

3. 加强政务地理信息资源共享应用的管理体制创新

首先，需要明确各级管理部门在信息资源管理过程中的职责。确定各级政务地理空间信息资源管理部门的管理职能与职责，如哪些部门负责制定相关的数据政策，负责信息资源开发利用的宏观规划和配置，负责有关信息采集、处理、存储、发布、交换、服务、公开与保密等的管理法规与制度的制定；哪些部门负责信息资源开发利用总体规划与信息资源共享的协调工作；哪些部门负责信息资源共享交换技术体系的组织实施与管理；哪些部门负责信息采集、处理、存储、发布、交换、服务、公开与保密、更新、绩效评估等不同环节的工作，等等，使政府部门间的信息共享交换制度化，以推动政府部门之间的信息交换。只有确立了每个环节的责任主体，责任到部门，责任到岗，才能使政务地理空间信息资源共享应用所涉及的各项工作运作流畅，才能建立起信息资源更新、运维的长效机制。

其次，还应结合应用需求牵引、标准化、分工与合作相结合等原则，研究和改善现有政务信息资源共享机制，以避免高投入低绩效、重复建设、难以共享等问题的发生。

4. 加强政务地理信息资源共享服务应用法制建设，完善标准规范体系

如果要使政府部门的工作实现从无序到有序的转变，则必须建立完善的标准规范体系和法规制度作为保障。同样，对于推动政务地理空间信息资源的共享应用工作也不例外，需要完善相应的标准规范体系和加强法规制度建设。

（1）完善政务地理信息资源共享服务应用的标准规范体系[25]

我国政务地理空间信息资源所涉及的标准化正在经历着一个从单一标准到体系标准、从只涉及一个研究领域发展为涉及多个领域、从传统技术向高新技术领域开拓、从领域需求转向市场需求的过程，如何使标准产生最佳社会效果依旧是摆在人们面前的首要课题。因此，在进一步的研究中，需要开展下列研究工作：

① 需要与国际接轨。借鉴吸收国际标准的内容及处理方法，将研究的重点从一个个具体应用性标准转移到标准化基本规则与标准化手段方法等结构化标准方面，可以避免少走弯路，为今后的国际合作与共享奠定基础。

② 加强政务地理空间信息资源的标准体系研究。研究不同标准相互间的关系，整合和修订现有标准，从一个完整体系的角度研究政务地理空间信息资源的标准框架，以体系

框架为依据确定今后标准化工作的目标和制订相应的规划。这应成为标准研究工作的基础性工作。

③ 重点开展数据共享和互操作的研究工作。围绕数据共享的目的，从术语定义、系统设计与实施、信息分类编码、数据交换格式、图式图例、元数据、接口规范、数据质量、数据通信、系统安全与保密等方面研究相应的标准化、规范化要求，为实现数据及系统的互操作奠定基础。

④ 在标准化研究、实施方面需要进行机制创新。例如，引进用户参与机制，在标准制定过程中，由制定者与用户共同参与，使制定出的标准更符合应用实际；又如，建立标准的测试认证机制，对实现标准化的数据、软件等各类产品予以测试认证，一方面可以促进标准的贯彻实施，另一方面可以提高数据、软件等服务质量的可信度，从而提高其行业竞争力；等等。

⑤ 加强标准化的组织管理和宣传培训工作。积极地向政府部门、企事业单位、科研院校等单位宣传相关的政务地理空间信息资源标准，避免标准化研究和应用相脱节的问题。

（2）加强推动政务信息资源共享应用的法律规范与制度建设[26]

虽然国家和部分地方省市制定了一些政务信息资源管理方面的有关法律法规或制度，如《中华人民共和国政府信息公开条例》、《北京市信息化促进条例》、《广州市政府信息公开规定》等，标志着我国政务信息资源的管理开始向有法可依的时代迈进。但距离理想的法制环境这只是万里长征的第一步，我国的信息资源立法任务还十分艰巨，在政务信息资源管理、信息市场的规范化、隐私权的保护等方面，仍存在许多的空白点，需要加强相应的法律规范研究、制定和培训工作，以逐步建立起和完善我国的信息资源法律体系。

① 需要对政府信息资源开展立法工作，建立健全的政府信息公开、交换、共享、保密制度。其中，尤为重点的是需要研究制定政府信息资源管理方面的条例，以法律的形式明确各级政府信息资源管理部门的职责；建立建设国家级基础数据库以及共享该数据库相关各部门的职责分工制度；规范各部门提供共享信息的内容及其共享的范围、条件；规范信息资源采集更新、登记注册、加工、存储、共享交换与发布管理制度；规范信息资源共享交换与服务奖惩和监督制度；规范政府机构信息主管和组织机构设置制度。

② 需要对公益性信息资源开展立法工作，为公益性信息服务发展提供法制保障。

③ 需要对商业性信息资源开展立法工作，明确企业在生产、经营、管理等环节中对信息资源开发利用的权利和义务，以保障信息商品交易各方的合法权益。

④ 需要对信息资源知识产权研究制定有关法律法规，保护信息内容产品的知识产权，以建立和完善信息内容的市场监管体系。

⑤ 制定和完善信息技术与资源安全保护方面的有关法律。立足于满足信息资源安全与保密发展的现实和需求，对现行的保密法进行修订，对各类政务地理空间信息资源的国家秘密信息和公开信息做出明确的界定；在网络与信息系统的安全与保密方面，将行之有效的管理措施上升为国家的法律，充实保护用户信息、数字签名、认证、网络监控等方面的法律规范，防止非法入侵、攻击网络、窃取信息等行为逍遥法外，以创建安全健康的信息和网络环境。

⑥ 加强信息资源法律法规的普及宣传与培训。与标准化工作培训的必要性类似，在信息化社会，普及和培训信息法律常识，具有十分重要的意义，因此，各有关部门应积极以多种形式开展宣传、培训和辅导信息法律方面的有关知识，使大家学好法，用好法。

第 4 章 政务地理空间信息资源管理与共享服务应用体系总体框架

4.1 指导思想

建设政务地理空间信息资源管理与共享服务应用体系总体框架的指导思想就是为满足建设现代化服务型政府工作的需求，贯彻执行国家电子政务总体框架的要求，加强相关政策和技术标准规范的制定，统筹各种政务地理空间信息资源的建设工作，实现政务地理空间信息共享、交换等的服务功能，推动政务地理空间信息应用的深入发展，切实发挥政务地理空间信息资源对于各类电子政务应用系统的支撑作用。

服务于现代化服务型政府工作的需求，就是要求在构建政务地理空间信息资源管理与共享服务应用体系的过程中，所开展的各项工作都必须以满足实际应用为宗旨，各类地理空间信息和服务应有明确的应用需求和服务主体。各个职能部门要求的地理空间信息服务，应是按需所取、高效实用的。政务地理空间信息资源管理与共享服务应用体系的建设，不仅要满足具体部门的专业化需求，也要满足所有政府部门间的共享需求，最终提升政府部门的监管、服务能力。

贯彻执行国家电子政务总体框架的要求，就是要认真研究和领会总体框架的内涵和精神，在理论研究、体系设计、技术实现、运行管理等方面，与国家电子政务总体框架的具体要求保持一致，同时在此基础上，结合各个地方和部门的实际情况，因地制宜地进行创新。

加强相关政策和技术标准规范的制定,是实现政务地理空间信息资源管理与共享服务应用的关键所在。信息整合,标准先行,如若缺乏明确的标准规范指导,将会使信息资源共享、服务和应用陷入困境,政务地理空间信息资源的整合和共享应用固然也不能例外。目前,在政务地理空间信息的共享交换方面,无论是数据建设还是管理服务,相应的标准规范相对滞后,这阻碍了信息的有效共享和交换,迫切需要加强各类管理制度和相关技术标准规范的建设及宣传贯彻工作,为政务地理空间信息的管理与共享服务应用奠定基础。

统筹各种政务地理空间信息资源的建设工作,需要协调各类地理空间信息的采集、加工、管理和服务部门,明确各个部门的相关责任,理顺各个部门之间的流程关系,建立完善的信息获取、信息处理和信息服务机制,形成完整的政务地理空间信息资源数据库。同时,不断拓展政务地理空间信息内涵的广度和深度,通过采用新的技术和产品,不断改善信息服务的内容和形式。

实现政务地理空间信息管理与共享服务应用的功能,就是在标准规范的指导下,利用政务地理空间信息资源,对外提供不同层次的服务,实现政务地理空间信息在政府部门内部的顺畅流动,从而避免政务地理空间信息及相关系统的不必要的重复投资和建设,降低各类地理空间系统的建设成本,提升政务地理空间信息的价值,进一步提高政府投入产出的效能。

推动政务地理空间信息应用的深入发展,就是在政务地理空间信息资源管理与共享服务应用体系的建设过程中,要结合有关政府部门的业务要求,通过提供信息和服务等多种形式,积极促进政务信息资源共享服务平台的应用和推广,推动共享服务在各个部门业务系统中的应用。同时,各级地理空间信息管理和应用部门应加强相互协作,实现各级对应地理空间信息系统间的互联互通;对于数据的更新和维护,各职能部门要结合自身的职责和业务,通过相应的技术手段建立起数据生产、应用服务、更新维护的闭环模式,保证数据的鲜活性、现势性,从而增加各自业务系统的生命力。

4.2 总体定位

4.2.1 国家电子政务总体框架简介

全球信息化正在引发当今世界的深刻变革,重塑世界政治、经济、社会、文化和军事发展的新格局[27]。加快信息化发展是当今世界发展的大趋势，是推动经济社会变革的重要力量，已经成为世界各国的共同选择。因此，大力推进信息化已经成为覆盖我国现代化建设全局的战略举措，是贯彻落实科学发展观、全面建设小康社会、构建社会主义和谐社会和建设创新型国家的迫切需要和必然选择。党中央、国务院一直高度重视信息化工作，国家一直把信息化战略作为国民经济和社会发展整体战略的一个重要组成部分，始终把电子政务建设作为今后一个时期我国信息化工作的重点，以期政府先行，带动国民经济和社会发展信息化。自本世纪初以来，国家先后颁布了《国家信息化领导小组关于我国电子政务建设指导意见》、《国家电子政务总体框架》、《2006—2020年国家信息化发展战略》等一系列信息化建设纲领性指导文件，指明了信息化发展的战略方针、战略目标、战略重点。

在电子政务领域，《国家电子政务总体框架》（以下简称《框架》）于2006年颁发，这无疑是一件具有深远意义的重大事情[28]。曾培炎副总理指出："这是国家电子政务的骨架，有了这个骨架，全国电子政务体系就能竖起来。《框架》从战略高度明确了电子政务发展的思路、目标和重点，为加快我国电子政务建设打下了重要基础。"《框架》很好地把握了我国电子政务长期以来存在的信息资源共享困难及机制缺失、信息化建设与发展不平衡、标准规范工作滞后、电子政务管理运行机制创新能力不足等问题，有针对性地提出了建设性指导框架。《框架》主要由五个部分组成：服务与应用系统、信息资源、基础设施、法律法规与标准化体系、管理体制，可用一句话概括：服务是宗旨，应用是关键，信息资源开发利用是主线，基础设施是支撑，法律法规、标准化体系、管理体制是保障。

1. 服务与应用系统

服务作为电子政务的出发点和落脚点，其服务对象主要包括政府、企事业单位、社会公众，服务的实现程度、效率、质量是电子政务建设成败与否的关键。

应用系统则是服务具体实现的途径和载体，它是电子政务建设的主要内容。在建设应用系统时，各政府应通过整合和共享信息资源，紧紧围绕社会公众、企事业单位和政府需求，选择社会公众关注度高、社会经济效益明显、业务流程相对稳定、信息密集、实时性强的政务业务作为电子政务优先支持的业务，统筹规划应用系统建设工作，提高各级政府的综合服务能力。对已建系统应强化应用，推动跨部门、跨区域的互联互通，支持部门间业务协同。

2. 信息资源

政务信息资源的开发利用是推进电子政务建设的主线，也是电子政务应用取得实效的关键，可以说政务信息资源是整个电子政务体系的生命力所在，否则，电子政务将成为无源之水、无本之木。

政务信息资源管理涵盖了信息采集和更新、公开和共享、基础信息资源的界定和建设模式等内容，具体要求如下：

（1）在信息采集和更新方面，各级政府应按照依法行政的要求，确定各部门的信息采集和更新权责，理顺和规范信息采集流程，减轻社会公众和企业的负担，建立信息采集和更新的长效机制，保证信息的准确性、完整性和现势性。

（2）在信息公开和共享方面，各级政府应紧紧围绕社会公众和企事业单位最关心、最直接、最现实的利益问题，以公开为原则，以不公开为例外，及时、准确地公开行政决策的程序和结果，提高政府的透明度和办事效率；在共享上，应依托于政务信息资源目录体系和交换体系，通过各类应用系统，逐步实现跨部门、跨区域的信息资源共享，提升政府的综合服务能力。

（3）对人口、法人单位、地理空间等基础信息库，则应按照"权威数据来自权威部门，权威部门负责更新维护"的原则，进行分别建设、统一管理、共享共用，避免重复建设。

3. 基础设施

作为服务与应用系统、信息资源开发利用支撑环境的基础设施，其内涵随着信息化理解的深入也在不断地丰富着，在国家电子政务网络、信息安全这两项基础设施原有基础上，将政务信息资源目录体系与交换体系纳入基础设施的范畴，这是电子政务建设过程中的一大创新，它揭示了信息资源共享的范围是由管理的范围制约和决定的，政务信息资源目录体系与交换体系的建设、更新和维护决不是某个或某几个部门所能单独解决的，它离不开各部门的共同努力，由此也决定了电子政务是一项事关各部门、须统筹规划的复杂系统工程。

政务信息资源目录体系与交换体系是以政务信息资源为基础，依托国家统一的电子政务网络，采用不同的技术架构分别实现不同的服务功能，提供目录服务和信息交换服务，为部门间的信息共享和业务协同提供支撑。它们作为一个有机整体，主要满足了两大类的需求，即一是满足跨部门、跨地区普遍信息共享的需求；二是满足部门间特定信息横向交换与共享的需求。

对基础设施的建设、管理和使用，应遵循统一规划、统一标准、共享使用、提高整体使用效益的原则。对国家电子政务网络，应充分利用国家现有公共通信资源，统一标准规范；对政务信息资源目录体系与交换体系，应依托统一的国家电子政务网络，统筹规划，急用先行，分级建设，逐步覆盖全国；对信息安全基础设施，应规范电子政务网络信任体系建设，统筹规划电子政务应急响应与灾难备份建设，推动不同信息安全域的互联工作。

4. 法律法规与标准化体系

国内外大量的实践经验表明，标准化是电子政务建设的一项基础性工作，只有通过标准化，才能确保电子政务整体效能的实现和技术上的统一协调、互联互通。同样，只有通过法律法规，才能保障政务信息资源公开、共享和开发利用、信息与网络安全、电子政务项目管理规范化、制度化。

电子政务的法律法规与标准化体系建设应积极围绕服务与应用系统、信息资源、基础设施、管理体制这四方面的业务需求，以国家标准法规为主体，充分发挥地方、行业标准法规的作用，确保信息资源的共享应用和系统的互联互通。

5. 管理体制

电子政务肩负着提高政府工作效率、转变政府职能以及推动整个社会信息化的重要使命。但正如吴敬琏教授所说："电子政务的关键是政务而不是电子，电子只是一种手段，我们的政务存在的一些问题不仅在于手段，更在于体制。要解决这个问题，改革才是关键。"长期以来，我国政府信息化建设最薄弱的环节正是管理体制，这也正是电子政务长期以来诸多问题难以得到解决的根本原因。

因此，管理体制是电子政务总体框架中不可或缺的重要组成部分，只有把电子政务建设和转变政府职能与创新政府管理紧密结合起来，形成电子政务发展与深化行政管理体制改革相互促进、共同发展的机制，才能确保电子政务的健康、可持续发展。

4.2.2 政务地理空间信息资源管理与共享服务应用体系总体框架

政务地理空间信息资源管理与共享服务应用体系是在国家电子政务总体框架指导下，对具有空间特征的一类特殊的政务信息资源——政务地理空间信息资源进行开发利用提供指导的理论框架。政务地理空间信息资源鉴于自身的特殊性，其管理、共享、服务和应用自成体系，但政务地理空间信息资源作为一类重要的、基础性政务信息资源，是基础信息库的重要组成部分，具有各类政务信息资源所共有的基本特性。因此，离开国家电子政务总体框架来规划政务地理空间信息资源管理与共享服务应用体系是不现实的，政务地理空间信息资源管理和共享服务应用体系是国家电子政务总体框架在实际空间应用领域中的一个"缩影"，也是狭义"数字城市"概念在"电子政务"中的"映射"。贯彻国家电子政务总体框架的要求，政务地理空间信息资源管理与共享服务应用体系由服务、业务与应用系统、信息资源、基础设施、体制机制、法律法规与标准化体系等方面内容组成（如图4-1所示）。

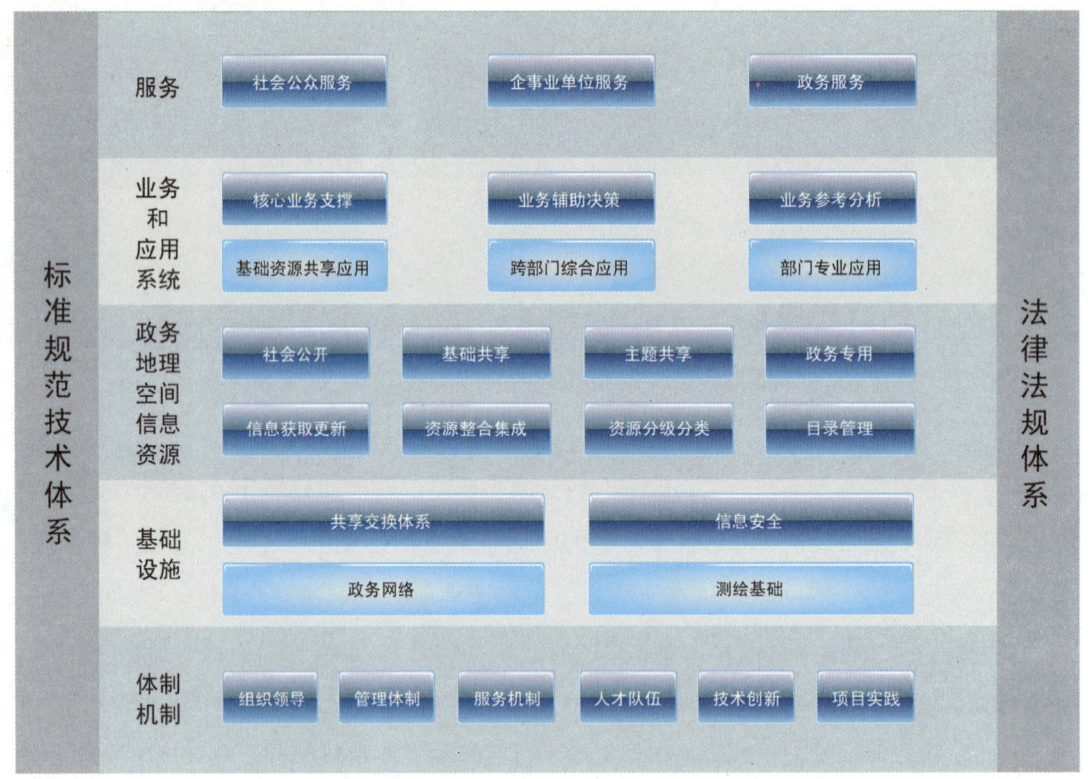

图 4-1　政务地理空间信息资源管理与共享服务应用体系总体框架

其中，服务是宗旨，是业务和应用的体现，整个体系建设目标是为社会公众、企事业单位以及党政机关等服务。应用是关键，是业务的信息化实现，因此要以政务业务为依托，以地理空间信息技术为手段，以电子政务空间业务应用系统为技术支撑，实现政务信息资源的空间可视化管理和辅助智能空间决策。政务地理空间信息资源开发利用是主线，是开展业务活动的核心，因此加强政务地理空间信息资源的管理，建立资源获取更新良性机制是这一环节的"重中之重"。基础设施是支撑，是应用系统运行的基本载体，对于政务地理空间信息资源来说，测绘基础设施的建设也对整个体系起到了重要支撑作用。法律法规、标准规范体系、体制机制是保障，贯穿于基础设施、信息资源、应用与服务的各个层面，尤其在体制机制中，需要明确组织领导、建立管理体制、理清服务机制、培养人才队伍、注重技术创新，方能在具体项目实践中发挥整个体系的巨大应用潜力和实际价值。

4.3 技术总体框架

政务地理空间信息资源管理与共享服务应用体系技术总体框架是从技术实现角度阐述了政务地理空间信息资源管理与共享服务应用体系总体构成以及各个组成内容之间的关系，它明确了政务地理空间信息资源管理与共享服务应用工作在技术上的总体发展方向和未来蓝图，为城市相关部门规划、设计和开展相关领域的政务地理空间信息应用提供了技术参考模型。

从技术实现角度，政务地理空间信息资源管理与共享服务应用体系技术总体框架可划分成基础设施、政务地理空间信息资源、政务地理空间信息资源目录、政务地理空间信息资源共享服务平台、业务应用系统和门户与渠道六大内容，以及政策法规与标准规范体系、信息安全体系两大支撑手段（如图4-2所示）。其中，六大内容依次构成体系建设的

图4-2　政务地理空间信息资源管理与共享服务应用体系技术总体框架

阶段性目标，两大支撑手段贯穿于整个体系建设、应用以及推广的各个阶段，是其重要的保障。

4.3.1 基础设施

基础设施是指支撑政务地理空间信息资源管理、共享、服务以及应用所需的网络、系统软件硬件设备及其运行环境。它主要包括网络基础设施和测绘基础设施两部分内容。

网络基础设施是政务信息以及其他运行管理信息的传输和交换平台，它是整个电子政务系统的承载者。整个网络基础设施可以根据电子政务应用的实际需要，划分为电子政务网络、部门局域网、互联网、公用电话网、公众无线数据通信网等支撑相关应用的网络。根据业务性质和安全要求的不同，可以选择不同的网络环境。例如，各级政务部门直接面向公众（企业及个人等）提供服务或行使职能的业务系统，应选择互联网；政务部门内或政务部门间的业务系统为便于信息安全或信息共享，应选择电子政务网络；城市管理、应急指挥、反恐处突和抢险救灾等部门及相关单位的指挥调度通信可以选择无线政务网；呼叫中心或热线电话则可选择公用电话网。

测绘基础设施是为政务地理空间信息提供基础测绘基准的相关基础设施，如 GNSS 连续运行基准站、卫星定位网、高程基准框架、重力基准框架、大地水准面精化以及测绘基准管理服务系统等。测绘基础设施是基础地理空间信息建设的基础，利用这些基础设施，可以为经济建设、城市管理、社会发展以及国防建设提供精确、可靠和动态的测绘基准服务平台，支撑政府部门的政务地理空间信息资源管理、共享、服务以及应用。现阶段，在我国，采用现代测绘新技术，将国家大地基准、高程基准、重力基准基础设施进行有机结合，构建具有空间位置、高程和重力等属性的统一、高精度、实用的现代测绘基准体系已经成为一项重要的基础设施建设工程。[29]

4.3.2 政务地理空间信息资源

在政务地理空间信息资源管理与共享服务应用体系技术总体框架中，政务地理空间信息资源层是最基础、最广泛的信息资源存储、整合概念层。政务地理空间信息资源的逻辑构成是通过对整个体系的资源服务内容规划、设计进行研究，从技术实施角度探讨了组织政务地理空间信息资源层建设的基本思路。

4.3.1.1 政务地理空间信息资源的逻辑构成

综合考虑政务地理空间信息资源在共享、交换、服务工作中的实际应用情况，政务地理空间信息资源宜从共享分级和服务分类两个角度着手，进行统筹规划、分步建设，一方面可以从数据来源角度说明资源应用的范畴，另一方面又可以从资源应用服务角度了解数据需求情况，从而解决了数据来源入口和数据使用出口相互之间无法了解、沟通的困难，进而可以清晰地规划出资源组织、建设的相关思路。政务地理空间信息资源的逻辑构成如图4-3所示。

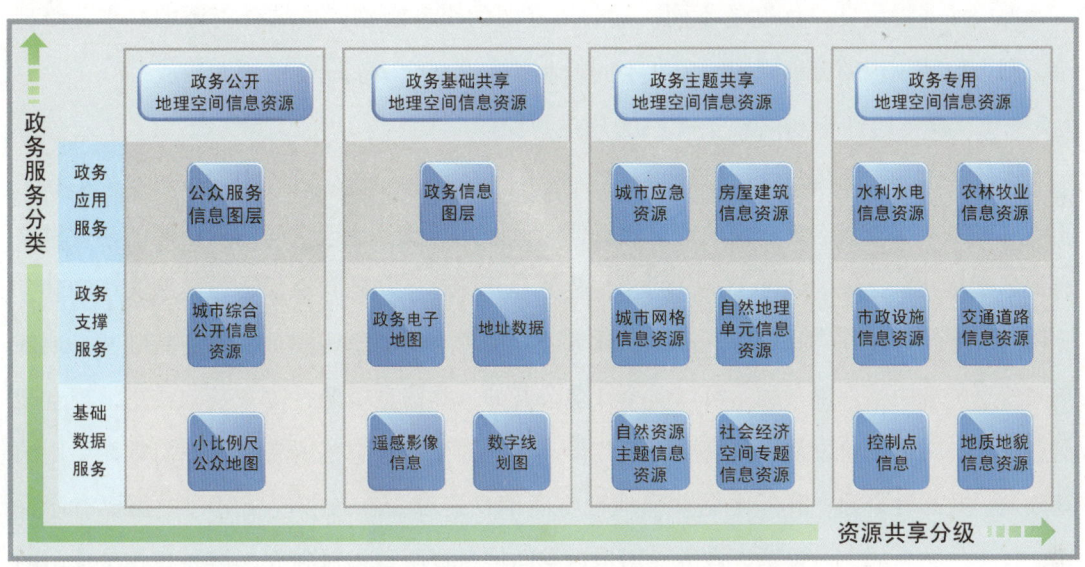

图4-3　政务地理空间信息资源的逻辑构成

按照政务地理空间信息资源的共享分级理论，政务地理空间信息资源可以分为政务公开地理空间信息资源、政务基础共享地理空间信息资源、政务主题共享地理空间信息资源和政务专用地理空间信息资源四种。显然，这四类资源具体划分上存在着内容相互嵌合的关系。政务公开地理空间信息资源是面向公众公开的信息资源，是在政务基础共享地理空间信息资源基础上提取出来的一类具有最广泛应用性的资源；政务基础共享地理空间信息资源是政务应用中最基础、最核心、最能支撑共享服务的城市地理空间信息设施，是实现数字城市"同一张地理底图"的基础前提；政务主题共享地理空间信息资源是按照政务某项业务主题的需要横向提取的、供若干部门共享的一类跨部门数据集合，这类资源需要由信息综合管理部门通过综合调研组织整合、集成；政务专用地理空间信息资源是从政务应用涉及的所有地理空间数据全集中，整理出的不需要给其他部门共享或者现阶段不能共享的实际业务数据或过程数据集合。

根据政务地理空间信息资源面向政府服务的分类理论，从基础数据服务、政务支撑服务以及政务应用服务三个层次，又可以将政务地理空间信息资源分为基础数据服务类、政务支撑服务类和政务应用服务类三种。基础数据服务类资源可为城市提供基础空间信息服务，如数字线划图、导航电子地图等。政务支撑服务类可以为政务部门提供一定业务支撑、但非核心业务应用的信息资源，如地址数据库等。政务应用服务类涉及那些政府核心业务应用的信息。这种分类方法从资源面向政府应用的角度，根据政务地理空间信息资源可为部门业务提供支撑程度的不同，划分出资源的服务级别，再结合资源的共享分级理论，则可以清晰地划分出服务对象在不同的业务支撑层面所能获得的资源构成。

4.3.1.2 政务地理空间信息资源层的建设思路

在政务地理空间信息资源管理与共享服务应用体系实际建设过程中，按照政务地理空间信息资源共享分级组织建设的情况比较普遍，因此，政务地理空间信息资源的建设思路通常都是从共享分级的维度上进行的。在政务公开、政务基础共享、政务主题共享和政务专用这四类政务地理空间信息资源中，政务公开地理空间信息资源是在政务基础共享地理空间信息资源中整理出来的，可以向全社会公开的一类信息资源；政务基础共享地理空间信息资源是在体系建设初期就需要组织建设、实施的重点，它是所有政府部门都需要用的基础性、共享性资源；政务主题共享地理空间信息资源是在政务应用过程中需要有序整合、有条件共享的一类资源；政务专用地理空间信息资源则相对独立，需要在相关部门的业务需求引导下由各政务部门自行建设。

政务基础共享地理空间信息资源是政务地理空间信息资源层中最重要的组成部分，其内容构成十分广泛。综合考虑目前电子政务的实际应用水平和应用现状，遥感影像、卫星定位、数字线划图、政务电子地图、地理编码信息以及政务信息图层等这些资源是开展政务地理空间信息资源共享交换、服务以及应用所必需的地理空间基础性设施，因此，需要首先进行规划、实施。在这一共享级别的信息资源中，按照面向政府服务的政务地理空间信息资源分类方法，划分出基础数据服务类、政务支撑服务类以及政务应用服务类，实现基础服务到应用服务的逐步建设和完善。例如，遥感影像信息既是所有政府部门可共享的基础资源，也是从服务角度分析可以提供全市基础"底图"数据服务的政务信息资源，因此，它是政务地理空间信息资源层中需要首先组织建设、实施的信息资源。政务支撑服务类资源是政务应用服务类资源建设的桥梁和纽带，因此，这是在基础数据落实后亟待建设的一类资源，例如地址数据库，通过这一支撑政务应用的资源建设，可有力地推动政务信息图层等资源的建设。政务应用服务类资源是在政府部门核心业务流程中产生的一类资源，它是在相关技术条件、资源准备成熟后组织建设的信息资源。

4.3.3 政务地理空间信息资源目录

为将海量、多源、多时相的政务地理空间信息资源进行统一的管理、更新和维护，需要对信息资源进行准确、完整、规范的有序组织，开展分级分类管理等问题的研究。从政务信息资源管理角度来看，就是要注重政务地理空间信息资源目录体系的建设。这与传统 GIS 中基于元数据进行空间信息组织管理的思路类似，但在编制内容、范围、颗粒度、可操作性等方面存在一定区别。

传统 GIS 行业，常用元数据来对数据本身进行描述，元数据通常包含了数据从空间特征到属性字段、从外部业务到数据内容等多种信息，同时也包含了数据集在数据库中使用、存储、获取等信息，是数据检索查询的依据和桥梁。但是，元数据这一概念过分强调数据本身或者技术本身的特性，往往忽视或者并没有明确指出形成这一重要信息的目的是为了进行对资源的管理、共享以及使用，而如何通过目录的体系化管理，使用这些元数据信息以推动部门应用、共享服务才是我们组织建设元数据库的根本关键所在。

政务地理空间信息资源目录体系是从地理空间信息资源的实际应用角度出发，用目录来刻画元数据，跳出了数据本身的细节技术层面，从资源管理和使用的角度着眼，通过目录实现资源的统一管理、发布、查询和定位服务。政务地理空间信息资源目录的编制和系统应用，对不同的政府部门具有不同的意义：对于业务部门来说，它有利于各部门在理清业务基础上，明确部门业务中地理空间信息的使用现状和特点；对于资源管理部门，它可以明确各种信息的第一数据源，通过明确信息采集、更新、维护的责任单位，为开展主题共享和基础共享工作提供基础；对于资源应用部门，它解决了信息资源使用过程环节的基本问题（3W1H），即 What——有什么政务信息资源？Where——需要的信息在哪里？Who——谁提供，谁使用？How——如何发布，如何查找，如何使用？

从应用角度出发，政务地理空间信息资源目录可划分为地理空间的数据目录、服务目录、应用目录以及用户目录，其中，数据目录的分类方法可根据实际应用情况，采用部门分类、主题分类、服务分类等多种方法。

4.3.4 政务地理空间信息资源共享服务平台

"数字城市"建设的实质就是构建多维地理时空框架下的城市信息共享与应用服务体系，将城市的自然资源、社会资源、基础设施、人文、经济等各个方面，以数字化的形式在时空维度上进行获取、存储、管理和再现，并通过政务管理信息系统的综合分析和有效利用，为提高城市管理效率、节约资源、保护环境和城市可持续发展提供决策支持和公众信息服务。因此，非常有必要建立数字城市中政务地理空间信息资源的管理、共享与服务平台，通过整合来自各权威部门的政务地理空间信息资源，形成统一、完备、集中管理维护的基础共享和主题共享数据库，基于目录体系理清资源底数，最终通过一体化的数据管理、信息服务平台实现数据共享应用。

目前，在数字城市建设过程中，群龙无首、多头重复建设、缺少集中管理的问题在很多地方普遍存在。一些部门对信息共享的全局性、整体性作用缺乏深刻理解和认识，把部门信息看做是部门私有财产，相互隔离，致使政务地理空间信息资源不能发挥其最佳的效用。因此，有必要在信息共享上提高各政府部门的认识，使其转变观念，树立开放、合作、共享、共赢的理念，共同推动信息资源的共享与应用。此外，迫切需要现实的技术支撑环境——统一的政务地理空间信息资源共享服务平台提供支撑。

政务地理空间信息资源共享服务平台的核心建设内容是：面向政府决策、面向各部门，通过政务地理空间信息共享交换服务平台提供信息交换、目录服务以及安全服务等一系列功能服务，使各政府部门能够高效、快捷地利用统一的基础共享数据与相关服务，一方面为电子政务的业务应用系统与跨部门的综合应用系统建设提供基础数据与技术支撑，另一方面，进一步促进城市信息资源的深度整合，增强数据可用性和共享性，实现信息跨领域、跨行业的综合分析应用，达到信息资源利用的最大化社会效应。

为支撑电子政务的业务应用系统建设，政务地理空间信息资源共享服务平台层至少应提供目录服务、安全认证授权服务、基础共享服务以及主题交换服务等内容，以满足安全性、权威性、现势性以及共享性等应用需求。其中，基础共享服务是指一些基础性的共享服务内容，特点是对基础性的工作进行统一服务，如基础共享资源的统一网络共享服务、各种信息服务的统一管理、服务平台的统一监控、共享绩效的统一考核和评估等内容。利用这些服务，各政府部门均可在安全可靠、权威保障、方便快捷的平台基础上，搭建各自常规应用的业务系统，实现信息资源的不断升值。这种资源的应用模式不仅可以有效地避免单独进行应用系统开发造成的重复建设、资金浪费等弊端，而且可以保障相关系统建设的标准化与规范化，为后期电子政务业务系统之间的互联互通、协同运行奠定基础。

4.3.5 业务应用系统

在政务地理空间信息资源共享服务平台层的基础上，政务部门利用该平台提供的各种服务搭建各自的业务应用系统，以满足业务需要，因此业务应用系统层的涵盖范围很广。从目前信息公开、共享的发展趋势来看，政务地理空间信息资源不仅在政府部门的纵向管理和横向管理等业务里存在广泛的应用空间，而且在综合信息服务、公众信息服务等领域均有较大的应用潜力。

政务地理空间信息资源在电子政务中的业务应用系统包括部门内应用、纵向应用、横向应用和综合应用等四类。

1. 部门内应用

部门内应用是支撑单个政务部门特定层级内部依职能开展业务活动的应用。在现阶段，业务应用系统层中最广泛的应用就是面向各部门内部需求，在服务平台基础之上，进行功能扩展形成的专业应用，如卫生部门的病例信息 GIS 分析系统、园林绿化部门的城市园林基础地理信息系统、农业部门的农业宏观决策支持系统等。根据政务地理空间信息资源在业务中的应用方式与应用深度，部门内应用又可分三种应用模式：

（1）核心业务支撑类：政务地理空间信息资源中作为核心业务的主要依据或工作成果的资源，如规划审批、地籍管理、房屋普查、地下管线日常管理与应急处置等。

（2）业务辅助类：政务地理空间信息资源为业务提供必要的支持，可进一步产生附加的信息资源或为业务工作提供支持，如传染病人的快速定位和传染病学空间分析，或人口、经济、税收的分区域统计等业务。

（3）业务参考类：政务地理空间信息资源中不具体应用于业务工作，不产生或派生其他地理空间信息，仅作为背景资料供业务人员参考的资源，如新闻出版行业管理等。

2. 纵向应用

纵向应用是支撑单个政务部门以及下属各级部门依职能开展业务活动的应用。纵向应用类的业务应用系统建设目的是为了满足上级政务部门、本部门以及下属各级政务部门依职能开展业务和提供服务的需要。电子政务业务应用系统是一个条块结合、纵横交错的网状立体交叉结构，既有横向的按职能不同划分的各职能部门，又有纵向的按行政管理不同划分的各级政府部门。按照业务层次序列构成纵向各级政府部门的业务应用系统，主要侧重于对同一种业务中的各级政府和业务系统之间的业务处理，例如，某省（市）工商局建设的市场主体网格监管系统既可以满足工商总局对业务的统计和监管，以及本部门对企业信用等各类监管业务的综合处理，也满足了下属区（县）工商部门对企业信息的汇集和上报等应用需求。

纵向应用类的业务应用系统建设，一方面应充分考虑并满足上级政务部门、本部门以及下属各级政务部门依职能开展业务和提供服务的需要；另一方面也应充分共享街道（乡镇）、社区（农村）基层采集与更新的数据，避免重复采集。

3. 横向应用

横向应用是指那些支撑某一部门与同一层级的其他多个政务部门依职能开展业务活动的应用。这种应用主要侧重于同一行政级别政府部门之间的业务管理和协作。例如，城市网格化管理信息平台、城市图像监控信息系统、城管执法信息系统等，这些系统都需要多个政府部门协作才能完成整个系统的建设。这类横向应用业务系统的构建首先应充分考虑并满足相关部门业务协同的需要，同时，还应充分利用本级的政务地理空间信息资源共享服务平台实现信息资源跨部门的共享交换。

4. 综合应用

综合应用是指支撑多个层级、多个政务部门依职能开展业务活动的应用。大多数电子政务业务应用系统呈现条块结合、纵横交错的复杂状态，它的每一个横向的块块和纵向的条条之间既相互独立又相互联系，条块之间的关系非常密切，因此，综合应用类的业务系统非常普遍而且常见。

综合应用方面主要是面向区域综合管理，组织协调部门或相关组织实施业务部门基于地理空间信息开展涉及多部门协同的业务应用，如城市应急决策指挥系统、领导决策支持系统、城市综合管理信息系统等。另外还有一类面向政务地理空间信息资源共享服务的综合应用系统。例如，可为所有政府部门开发提供一套通用的资源展示、查询以及简单分析服务的系统软件，实现基础共享类政务地理空间信息资源的共享、服务和综合应用。在此基础上，整理出各部门可供社会公众查询、浏览的公众服务类信息资源，由负责社会公众服务的部门进行统一发布，向全社会公开和共享。例如，北京市整合来自各委办局的基础共享类政务信息图层，通过国家测绘局的正式审批，在奥组委和"首都之窗"的官方网站上进行发布，为全国乃至全世界的公众提供权威、可靠的地理空间信息服务。

综合应用是推动信息共享的根本源动力，但目前政府部门之间的资源共享工作受到许多因素的制约，推进之路坎坷崎岖，需要相关的制度和手段予以保障。唯有如此，才能逐步走上信息资源共享的康庄大道。

4.3.6　门户与渠道层

门户与渠道层是用户获取政务地理空间信息资源服务的入口和技术手段。门户提供统一的用户界面，对信息和应用实现统一访问入口和集中展现，支持用户获取个性化服务，包括互联网门户、政务专网门户。访问渠道为用户提供访问电子政务门户的方式与途径，用户可以通过手机、电话、互联网、信息亭、电视等渠道进行访问，实现任何时间、任何地点的多渠道访问。

互联网门户包括国家、省（市）、区（县）等国家机关门户网站以及公用事业单位门户网站，在这些面向公众服务的门户网站上，应当提供面向公众日常衣食住行、旅游观光、位置查询等服务内容，并应按照服务反馈意见，提供个性化的定制服务。例如，"北京网"作为首都综合信息服务平台，向大众提供了"电子地图"服务，其中的大部分地理空间信息来自于北京市各政府部门提供的政务信息图层，即政务公开地理空间信息资源，为更好地服务于2008年北京奥运会，该网站还提供了奥运公交、游北京旅游行程DIY、打车助手等热点服务，这些个性化的功能服务为来自世界各地的参观旅游者、全市广大市民提供了方便、快捷的地图服务。

政务专网门户是由相关政务部门在政务专网环境下统一建设的门户网站，政务地理空间信息资源应当在这些门户网站中进行资源展示，并提供相应的业务支撑服务。例如，北京市统一建设了政务外网的门户网站——公务员门户，该门户提供了北京市政府机关部署在政务外网上的政务信息资源目录、政务信息资源和跨部门、跨层级应用系统的统一入口和集中展现，提供了各区（县）政务外网门户的入口，同时，该门户网站也是北京市政务地理空间信息资源统一展示、共享、交换乃至应用的入口点，在这一网站中，北京市政务地理空间信息资源共享服务展示系统、北京市三维地理信息系统、政务图典等系统都在该门户网站上以单点登录的方式为全市各政府部门提供共享使用。

政务地理空间信息资源的访问渠道不仅包括信息亭、办事服务大厅、服务网站等公众服务渠道，而且包括电脑、手机、掌上电脑、移动指挥车等终端设备的电子政务服务渠道。例如，数字北京信息亭就是一种典型的为公众提供资源服务的访问渠道。目前，政务地理空间信息资源常见的访问渠道是通过终端电脑基于网络的方式直接获取，随着技术的不断发展，通过手机获得政务地理空间信息资源的方式已经成为一种服务新趋势，GPS（Global Positioning System，全球定位系统）定位服务等功能在政府部门的应用领域也越来越多，政务地理空间信息资源的访问渠道也正在悄然发生着变化。

4.3.7 政策法律法规与标准规范体系

政策调控、法律法规保障以及标准规范的技术支持，是实现政务地理空间信息资源共享的基本保障与和重要前提。政策法律法规与标准规范体系建设是整个政务地理空间信息资源共享交换服务体系建设、规范化管理、运行以及后期推广应用的有力支撑和可靠保障，是城市信息化管理的保障手段，它有利于促进政府信息公开和共享，提高政务地理空间信息的社会公众服务水平，因此，健全完善政策法规与标准规范体系是数字城市建设顺利进行的客观需求。

目前，尽管我国政府在信息公开、共享等方面制定了一系列的扶持政策和法律法规，但是国内数字城市建设方面政策法律法规的研究与制定工作，仍然滞后于相关体系框架的建设，如政务地理空间数据的管理与增值利用、地理空间信息产业化发展、产品定价以及公众服务等政策性问题都亟待解决。在标准化方面，由于现阶段标准互不统一，导致地理空间信息资源整合问题突出。政务地理空间信息资源分散在各个政务部门，各政务部门采用的数据格式、坐标系甚至数据质量都不尽相同，因此简单的数据收集整理无法满足政务协同工作的需求。虽然传统的测绘、建设等部门已制定了相关的地理信息技术标准，但针对电子政务应用方面仍存在一些突出的问题，如这些纯技术标准无法满足政府管理、应用的需求，应用类的技术标准仍然存在缺失。因此，为规范和引导国内数字城市建设在电子政务领域的应用，加强政策法律法规和标准规范保障体系研究已成为当务之急。

在政务地理空间信息资源管理与共享服务应用体系建设过程中，需要遵循的政策法律法规和标准规范是一个完整的体系，主要包括两大门类，十个类别以及若干个项目（如图4-4所示）：第一门类是政策法律法规，具体可细分为政策、法律、行政法规、地

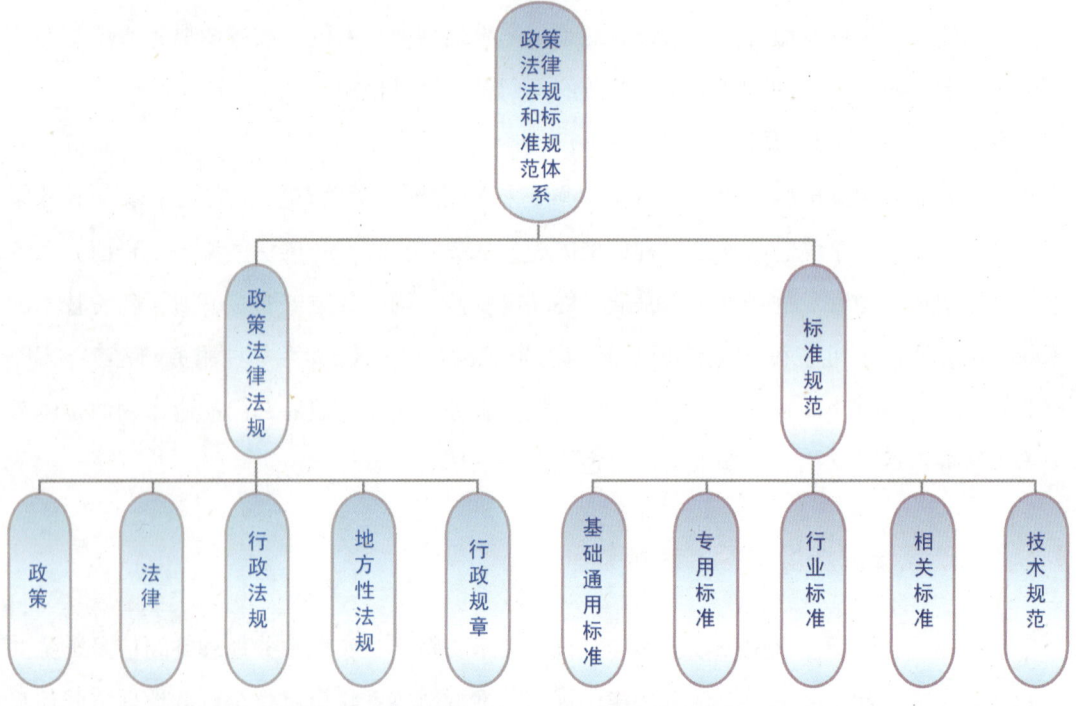

图 4-4　政策法律法规与标准规范体系构成

方性法规和行政规章五个类别；第二门类是标准规范，它可分为基础通用标准、专用标准、行业标准（或专业标准）、相关标准和技术规范五个类别。这些类别相互制约、相互依赖、相互补充，这在政务地理空间信息资源共享交换服务体系规划、实施过程中，要求每级政府、每个行业相关体系建设均需要在符合相关法律法规及国家、地方、上级业务指导部门要求的基础上，结合建设单位的实际情况，严格遵循相关标准规范和管理制度。

4.3.7.1 政策法律法规

建立、健全与政务地理空间信息资源相关的政策、法律法规是推动当前"数字城市"可持续发展的重要前提。政务地理空间信息资源在电子政务中的开发利用不仅仅涉及系统软硬件建设等技术因素，国家相关政策、法律法规的外部条件和环境也起到了重要的催化剂作用。当前，我国在电子政务方面的法律法规建设整体滞后，虽然《政府信息公开条例》作为中国第一部政府信息公开的法规，于2007年4月正式公布，使我国开始进入政府信息公开时代，但很多涉及操作细节的法律法规的缺失在一定程度上制约着资源的共享、使用。如何在电子政务中管理、共享使用政务地理空间信息资源，提高政府办事、服务群众的效率和质量，提高社会信息化服务的能力和水平，为政务地理空间信息资源的合法化政务应用提供一定的法律依据，是下一阶段我国信息化立法亟待解决的重要问题。

1. 政策

政策是党和国家为实现一定历史条件下的任务与目标而规定的活动原则与行动准则。政策的主体主要是政党或政府，因此政策通常分为政党政策和国家政策。由于共产党是我国的执政党，所以党和国家的基本政策和大政方针，往往也体现在宪法和基本法律之中，是宪法和法律的核心内容，并对法律的制定和实施具有指导作用，当出现法律空白时，相应的政策可以给予补充或补白。例如，《国家信息化领导小组关于我国电子政务建设指导意见》、《信息产业"十一五"规划》等，都是指导电子政务行业应用、信息产业发展的国家政策。

虽然政策和法律在阶级本质、经济基础、指导思想、基本原则、社会目标等根本方面是高度一致的，但二者在制定机关和程序、表现方式、实施方式、效力范围等方面存在着明显区别。例如，党的政策是全党意志的体现，表现为党的文件，这些文件可以是公开的，也可以是内部的；而法律则是国家意志的体现，表现为由立法机关依照法定职权和程序制定的规则，它们必须是公开的，面向社会公布的。另外，政策可以主要由或完全由原则性的规定组成，可以只规定行动的方向而不规定行为的具体规则；法律则是以规则为主，不能仅限于原则性规定，否则，权利和义务界限不明，难以对各种利益关系和社会关系加以有效调整。同时，政策主要靠宣传教育和党纪保证实施，但党纪只能适用于党内；而法律则是以国家强制力保证实施的，法律可以对任何违反者实施制裁，具有普遍的适用性。

2. 法律

法律的概念有广义和狭义之分。广义上讲，法律泛指一切规范性法律文件，如法律、行政法规、地方性法规、行政规章等，它是由国家制定或认可并由国家强制力保证实施的行为规则体系。从狭义上说，法律指拥有立法权的国家机关依照立法程序制定和颁布的规范性文件。在我国，法律是由全国人民代表大会和全国人民代表大会常务委员会制定、颁布的规范性文件，如《中华人民共和国刑法》、《中华人民共和国民法通则》等。这里所说的法律，采用狭义的概念。在政务地理空间信息资源管理与共享服务应用体系建设过程中，《中华人民共和国保守国家秘密法》和《中华人民共和国测绘法》是我们务必需要认真学习并遵守的法律条文。

3. 行政法规

行政法规由国务院根据宪法和法律、按照法定权限和程序制定，主要规定国务院行政管理事项和为执行法律规定所需要的事项。行政法规以总理签署国务院令的形式发布，其效力低于法律、高于地方性法规和部门规章，并根据有关法律的规定制定，不得与法律相抵触。

2009 年 5 月 12 日，国务院总理温家宝签署了第 556 号国务院令，正式公布《基础测绘条例》，该条例根据《中华人民共和国测绘法》制定，旨在加强基础测绘管理，规范基础测绘活动，保障基础测绘事业为国家经济建设、国防建设和社会发展服务。《基础测绘条例》明确了基础测绘工作遵循的原则，划分了各级人民政府的基础测绘管理职责，规定了基础测绘规划的编制程序，规范了基础测绘项目的组织实施活动，建立了基础测绘应急保障机制，细化了基础测绘成果更新制度，完善了基础测绘成果的利用制度，强化了基础测绘成果的质量监管，明确规定了政府有关部门的法律责任，并对违反本条例的行为设定了严格的法律责任。该条例的颁布，不仅能够有力地促进对全国基础测绘工作，而且对政务地理空间信息资源的建设、管理、共享和应用起到积极的推动作用。

4. 地方性法规

地方性法规是指地方国家权力机关依照法定权限和程序，制定、修改的在本行政区域内实施的规范性文件。在我国，地方性法规是由全国人民代表大会及其常务委员会，通过法律授权或特别权的形式赋予的地方国家权力机关，根据本行政区域的具体情况和实际需要，依法制定的在本行政区域内具有法律效力的规范性文件。它包括：省、自治区、直辖市的人民代表大会及其常务委员会，在不同宪法、法律、行政法规相抵触的前提下制定的规范性文件；省、自治区人民政府所在地的市和经国务院批准的较大城市的人民代表大会及其常务委员会，在不同宪法、法律、行政法规相抵触的前提下制定和颁布的规范性文件。例如，北京市为贯彻国家《政府信息公开条例》，于2007年9月由北京市人大常委会审批通过了《北京市信息化促进条例》，为首都信息化工程建设，信息资源开发利用，信息技术推广应用，信息安全保障、监督管理和法律责任等方面的工作提供了法律保障。

5. 规章

规章主要指国务院组成部门及直属机构，省、自治区、直辖市人民政府及省、自治区政府所在地的市和经国务院批准的较大的市和人民政府，在它们的职权范围内，为执行法律、法规，需要制定的事项或属于本行政区域的具体行政管理事项而制定的规范性文件。例如，《软件产品管理办法》、《地图审核管理规定》等都是部门规章文件。

4.3.7.2 标准规范

标准规范是政务地理空间信息资源开发利用顺利、健康开展的基本保证。标准规范门类大致可分为五个类别：基础通用标准、专用标准、行业标准（或专业标准）、相关标准、技术规范。遵循科学性、系统性、全面性、兼容性、可扩充性等基本原则，加强政务地理空间信息资源的标准规范，特别是信息资源管理办法、地理空间数据互操作技术规范等标准化体系的研究，是实现政务地理空间信息资源统一管理、交换和共享、应用的前提。

1. 基础通用标准

基础通用标准是在一定范围内，作为其他标准的基础并普遍使用的、具有广泛指导意义的标准，包括管理规定、方法标准、概念术语。它是制定其他各种标准时必须遵循的、全国统一的标准，是全国所有标准的技术基础和方法指南，具有较长时期的稳定性和指导性。

2. 专用标准

专用标准是针对电子政务领域标准化对象制定的共性标准，包括管理办法、信息分类和编码、数据标准、数据库标准、软件和系统设计标准、系统文本和标识规范等。专用标准是专门针对地理信息系统制定的，是所有与地理信息系统有关的行业必须遵循的综合性基础标准和规定，是系统标准化的技术基础和方法指南，适用于各政府部门的地理信息系统建设工作，具有普遍的指导意义。

3. 行业标准

行业标准是在全国某一行业范围内统一的标准，由国务院有关行政主管部门制定，如城市规划行业、测绘行业、房地产行业、交通行业等的标准。政务地理空间信息资源的应用涉及各行各业，因此，在这类信息资源开发利用过程中，应当遵循相关行业内部的统一标准和规范。

4. 相关标准

相关标准是在资源开发利用过程中可直接采用的其他标准体系中的标准，包括图形符号、制图标准、软件工程标准、设备和媒体标准、中文信息处理标准、系统安全和保密标准，等等。这类标准是一些辅助标准。

5. 技术规范

技术规范是规定产品、过程或服务应满足技术要求的文件。例如，政务地理空间信息共享服务系统建设技术规范、应用数据库建设技术规范、二次开发应用系统建设技术规范等。

4.3.8 信息安全体系

各类政务信息资源经系统整合、集成后，其实际价值将无法估量，是一种非常宝贵的国家财富，它们的安全将可能关系到国家的安全和稳定，尤其是政务地理空间信息资源。因此，类似电子政务建设，政务地理空间信息资源管理与共享服务应用体系的设计也必须从安全策略、安全技术保障、安全组织、安全管理等多方面进行系统考虑，通过信息安全保护和防御以确保信息与信息系统的保密性、完整性、可用性、可控性和不可否认性。

1. 安全策略

安全策略是指有关管理、保护和发布敏感信息的法律、规定和实施细则，它是对实现信息安全的方法的完整描述，一切安全技术和措施都应该围绕安全策略安排和实施。[30]安全策略主要从整体上提供全局性指导，为具体的安全措施和规定提供一个全局性的框架。根据电子政务系统业务特点和安全要求，政务地理空间信息资源管理与共享服务应用体系也是按照分域防护、分级保护的原则，划分不同的安全域和业务保护安全等级，制定与之适应的安全防护措施和安全机制，通过集成相关的安全产品和安全服务，以保障整个体系的信息安全。

2. 安全技术保障

信息安全技术的设计必须满足体系建设的安全需求与安全策略。从安全技术保障上，信息安全体系可以按照分层防护的原则来设计,从物理安全、网络安全、系统安全、数据安全、应用安全五个方面,构造多层防御的安全技术保障体系。

(1) 物理安全。物理安全是信息赖以存在的前提,是整个信息安全体系的基础。它用于保证计算机网络设备、设施以及其他媒体免遭地震、水灾、火灾等环境事故以及人为操作失误或错误及各种计算机犯罪行为导致的破坏。

(2) 系统安全。系统安全是指对操作系统和数据库系统等计算机系统软件进行信息安全保护,以有效抵抗黑客利用系统的安全缺陷对业务系统进行攻击,为业务系统建立一个安全的运行平台。主要的系统安全技术包括入侵检测、访问控制、系统漏洞扫描、病毒防护系统等。

(3) 网络安全。网络安全主要分为传输网络安全和业务网络安全两类。传输网络安全主要通过采用链路加密、专网技术和通信线路管制的手段提高通信线路的安全防护能力;业务网络安全主要采用控制拨号用户接入、设置防火墙、防范病毒、控制与公网互联、防范黑客入侵以及就网络安全进行严格监控和规范管理等手段,以保护业务网络资源和应用服务。通常,把物理安全、网络安全和系统安全等安全措施统称为安全基础设施。[31]

(4) 数据安全。数据安全是指防止信息在收集、处理、存储、检索、传输和交换等过程中被非法泄漏、篡改、窃取、仿冒或抵赖,确保信息的保密性、完整性、可用性、可控性和抗抵赖性。通常需要将采集、整理、处理、传输、统计、分析等所对应的数据进行分级,然后对于不同级别的数据采用不同的安全措施。数据安全可以分为数据内容安全、数据传输安全、数据存储安全、数据库安全等四个方面。

(5) 应用安全。应用安全的建设是信息安全体系的重点建设内容,是信息安全的目标。应用安全主要包括用户身份认证、访问控制、安全审计、数据及通信完整性及保密性、抗抵赖等部分。[32]

3. 安全组织保障体系

信息安全的运作需要强有力的组织体系保障,以使得有关信息安全管理和实施的政令通畅。通常,电子政务安全组织保障体系包括三个层次,即决策层、管理层和执行层。为了加强安全组织保障体系,必须进一步明确岗位安全职责,明确决策层、管理层和执行层三者的责任和权利,把安全措施落实到具体岗位。[31]决策层是决定信息系统安全重大事宜的领导机构,决策层主要包括安全领导小组和安全专家小组。管理层是日常管理机构,负责处理信息安全管理的日常工作,根据决策层的决定全面规划并协调各方面力量实施信息系统的安全方案,制定、修改安全策略,处理安全事故,设置安全相关的岗位。执行层是在管理层协调下具体负责某一个或特定几个安全事务的逻辑群体,这些群体形成单位日常安全工作小组,分布在信息系统的各个操作层岗位上。[33]

4. 安全管理流程控制

信息系统安全需要通过一系列科学规范的安全管理流程组织实施,安全管理流程明确了安全职责的划分,合理的人员角色定义,可以很大程度上降低安全隐患。因此,公众空间信息共享服务平台的建设、运行、维护、管理都要严格按制度执行,明确责任义务,规范操作,加强人员、系统的安全管理。

4.4 政务地理空间信息资源管理和共享服务应用体系的多级架构

政务地理空间信息资源管理与共享服务应用体系是一个应用于各个政府部门的横向体系,这一体系通常由一个服务应用中心、多个信息分中心构成。在国家、省(市)、区(县)以及乡镇(街道办)的多级纵向行政体制中,这一体系同样适用于每个应用层面,因此,整个体系构成了"三级中心、四级应用"的多级架构(如图4-5所示)。

政务地理空间信息资源管理与共享服务应用中心是整个体系的中转枢纽,负责为其他

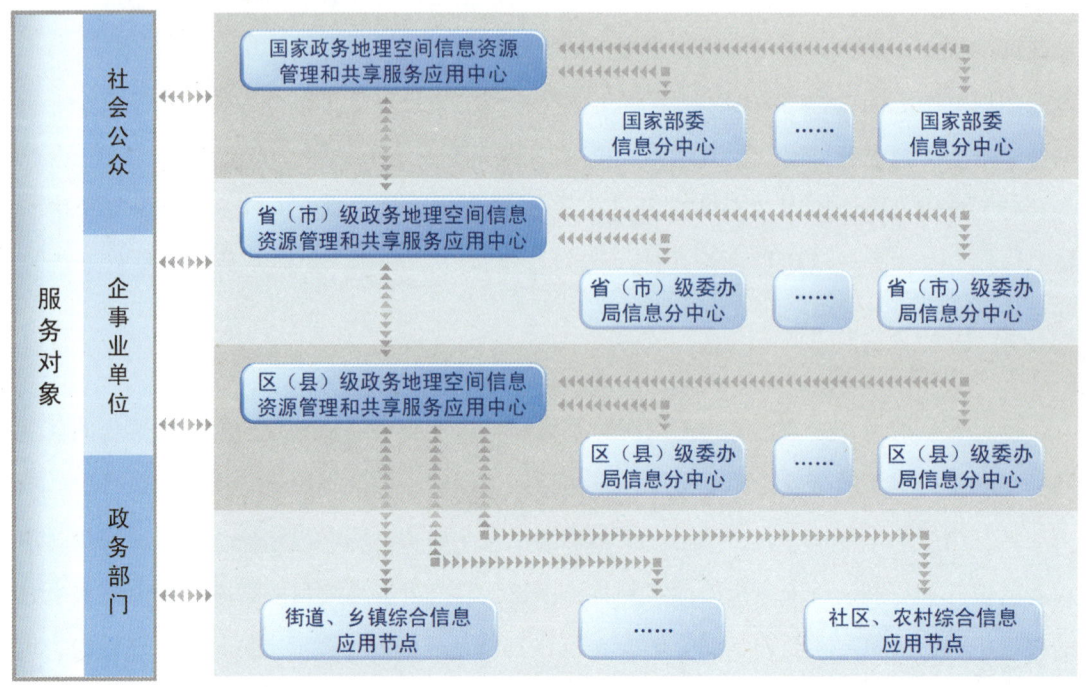

图 4-5 政务地理空间信息资源管理与共享服务应用体系的多级架构

信息分中心提供政务地理空间信息资源的应用服务，具备政务基础共享地理空间信息资源和政务主题共享地理空间信息资源的管理、共享、交换职能。

信息分中心是实现政务地理空间信息资源管理、共享、服务以及应用的基本单元，与应用中心互联互通，具体负责本部门政务地理空间信息资源的管理、共享，以及与其他部门的资源交换。

国家级政务地理空间信息资源管理与共享服务应用中心通常应采用"逻辑集中，物理分散"的资源建设模式：各国家部委信息分中心分别建设其子数据库，形成数据逻辑中心，国家级应用中心统一协调数据服务，形成多部门合作共同建设政务地理空间信息资源数据库的机制，通过数据逻辑中心提供资源服务，支撑各部委的业务应用。

省（市）级政务地理空间信息资源管理与共享服务应用中心建议采用"适度物理集中，基础资源共享"的资源建设模式：由省（市）级政府相关部门牵头设立的政务地理空间信息资源逻辑中心进行统筹规划，将同级各部门信息分中心提供的可共享信息资源统一纳入政务共享地理空间信息资源数据库，通过提供多种资源共享服务，支撑各政府部门利用共享信息资源开发其业务应用系统。这种适度集中模式着眼于目前政府实际应用现状，在技术上也存在一定基础，因此，具备较强的可行性。

区（县）级政务地理空间信息资源管理与共享服务应用中心较为特殊，它不仅支撑区（县）级政府部门信息分中心的业务应用，而且支撑乡镇、街道办综合信息应用节点的业务。考虑到镇、街道办综合信息应用节点的实际情况，该级的应用分中心宜采用"完全物理集中，提供共享服务"的资源建设模式，整合各信息分中心的业务需求，协调统一建设一个完整的政务地理空间信息资源数据库，在此基础上支撑所有区（县）级和乡镇、街道办级别的相关政府部门业务应用。这种模式不仅技术上易于实现，便于管理、维护，而且可以有效解决基层部门技术人才普遍缺失问题，避免重复建设，最大限度地节约资金，促进区（县）应用。

第 5 章 关键技术

政务地理空间信息资源的有效管理、充分共享交换以及合理开发利用的实现，必须要在对多领域、多学科的一系列关键理论和技术进行深入研究的基础上，开展一系列面向电子政务的应用实践，才能产生其无限的实际潜力和推广价值。因此，本章将重点介绍地理空间信息方面的技术手段、信息资源整合的关键途径以及地理空间信息共享的途径和方法等相关内容。

5.1 地理空间信息技术简介

人类社会80%以上的信息资源与地理空间位置相关，地理空间信息技术已成为21世纪国际竞争的制高点之一，其发展水平直接关系着国家综合国力和国防安全。随着政务地理空间信息资源开发利用的不断深入，地理空间信息技术作为关键核心技术也发挥着越来越大的作用。

地理空间信息技术，从技术层面上看，它是遥感（RS）、地理信息系统（GIS）、全球导航卫星系统（GNSS）与通信技术、网络技术的综合集成，将空间对地观测信息的获取、处理、分析、应用结合为一体的信息技术体系。就其目标而言，整个地理空间信息技术的主要目标是研究并支持社会可持续发展，为经济发展提供决策依据。"3S"技术各具特色，在实际工作中又各有优缺点,其中 RS 可及时准确地获取地物信息,并可提供多时相的地理空间信息,成为数字城市建设的重要信息源,但现阶段受到光谱分辨率、空间分辨率、时间分辨率的制约;GIS 技术具有强大的空间数据管理、分析、查询检索能力,特别是 WebGIS、三维 GIS 的发展更为政务地理空间信息资源的共享应用提供了强大的技术支持,但其数据的获取始终是其瓶颈问题;GNSS 技术可在瞬间产生目标的定位坐标却不能提供相关的地理属性。政务地理空间信息信息资源的开发利用既需要准确、高分辨率的数据源,又需要强大的空间分析能力,因此,了解和灵活运用"3S"技术对推动政务地理空间信息信息资源的开发利用是至关重要的。

5.1.1 遥感

20 世纪 60 年代以来,由于航天技术、计算机技术和空间探测技术及地面处理技术的发展,产生了一门新的学科——遥感技术。它是人类迈向太空、实现对地观测并获取地表空间信息的一种先进科学技术和生产力,具有宏观、准确、综合地进行动态观测与监测的能力。

5.1.1.1 遥感的定义

广义上讲,遥感技术是指从远处探测、感知物体或事物的技术,即不直接接触物体本身,在远处通过传感器探测和接受来自目标的信息(如电场、磁场、电磁波、地震波等),经过信息的传输和处理分析,识别目标的属性及其空间分布等特征的技术。

通常意义上的遥感,更多的是在对地观测的范畴内,从空中对地面进行遥感,即从远离地面的不同工作平台上,通过传感器,采集地球表面反射或发射的电磁波(辐射)信息,并进行传输、处理、分析,对地球的资源、环境、人类活动等进行探测和监测的综合性技术。其基本原理是利用不同物体具有不同电磁波谱特性,通过遥感平台和传感器来获取目标的信息。

遥感平台是传感器的载体,它的作用就是稳定地运载传感器,除了卫星,常用的遥感平台还有飞机、气球等,比如我们所熟悉的航空摄影测量,就是以飞机作为遥感平台,将专用的照相机安装在飞机上对地面进行摄影并获取地面影像。而传感器则是安装在遥感平台上探测物体电磁波的仪器,其主要任务是采集获取目标信息,它可以是照相机、多谱段扫描仪、微波辐射计或合成孔径雷达。针对不同的应用和波段范围,人类已研究出很多种传感器,可探测和接收物体在可见光、红外线和微波范围内的电磁辐射,并把这些电磁辐射按照一定的规律转换为原始图像。原始图像需要经过一系列复杂的处理,才能提供给不同的用户使用。

在地表资源环境监测、农作物估产、灾害监测、全球变化监测、摄影测量等许多行业应用领域，遥感对于地理空间信息的获取具有显而易见的优势，而相关的政府单位在电子政务应用中，也越来越需要利用这些地理空间信息解决业务工作中发现的问题，以使管理和决策更加科学。随着遥感平台、传感器和影像处理技术的不断发展，遥感技术在政务地理空间信息资源建设方面也发挥着越来越重要的作用。

5.1.1.2 遥感的分类

按遥感平台飞行高度分类，可分为航天遥感、航空遥感和地面遥感。其中，航天遥感（Space Remote Sensing），泛指利用各种航天飞行器（如卫星、航天飞机、宇宙飞船等）为平台的遥感技术系统。卫星遥感（Satellite Remote Sensing）是航天遥感的主要组成部分，主要以人造地球卫星作为遥感平台，搭载光学、红外、电磁波等各类传感器对地球表面和大气层进行光学和电磁观测。航空遥感泛指从飞机、飞艇、气球等空中平台对地观测的遥感技术系统。地面遥感主要指以高塔、车、船为平台的遥感技术系统，地物波谱仪或传感器安装在这些地面平台上，可进行各种地物波谱测量。

按所利用的电磁波波长频段分类，则可分为可见光/反射红外遥感、热红外遥感、微波遥感三种类型：

（1）可见光/反射红外遥感，主要指利用可见光（0.4~0.7微米）和近红外（0.7~2.5微米）波段的遥感技术统称，前者是人眼可见的波段，后者是反射红外波段，人眼虽不能直接看见，但其信息能被特殊传感器所接收。它们的共同特点在于其辐射源均是太阳，在这两个波段上只反映地物对太阳辐射的反射，根据地物反射率的差异，就可以获得有关目标物的信息，它们都可以用摄影方式和扫描方式成像。

（2）热红外遥感，指通过红外敏感元件，探测物体的热辐射能量，显示目标的辐射温度或热场图像的遥感技术统称，其波段范围为8~14微米。地物在常温（约300 K）下热辐射的绝大部分能量位于此波段，在此波段地物的热辐射能量大于太阳的反射能量，这使得热红外遥感具有昼夜工作的能力。

（3）微波遥感，指利用波长1~1000毫米电磁波的遥感技术统称。通过接收地面物体发射的微波辐射能量，或接收传感器本身发出的电磁波束的回波信号，对物体进行探测、识别和分析。微波遥感的特点是对云层、地表植被、松散沙层和干燥冰雪具有一定的穿透能力，具有全天时、全天候的工作能力。

按研究对象分类，可分为资源遥感与环境遥感两大类。资源遥感是以地球资源作为调查研究对象的遥感方法和实践，调查自然资源状况和监测再生资源的动态变化，是遥感技术应用的主要领域之一。利用遥感信息勘测地球资源，具有成本低、速度快的特点，有利于克服自然界恶劣环境的限制。环境遥感则是利用各种遥感技术，对自然与社会环境的动态变化进行监测或做出评价与预报的统称。由于人口的增长与资源的开发、利用，自然与社会环境随时都在发生变化，利用遥感多时相、重访周期短的特点，可以迅速为环境监测、评价和预报提供可靠的依据。

5.1.1.3 遥感技术应用特点

影像数据是政务地理空间信息资源的重要组成部分，以其直观、可视化等特点，可帮助业务单位在应用中及时、迅速地发现问题，从而可使管理和决策工作更加科学化。通过遥感技术获取到的影像数据及其处理成果，可极大地丰富政务地理空间信息资源的种类与内容。

目前，在电子政务中应用最多的遥感数据主要有两类：一类是卫星影像，另一类是航空影像。这两类数据除了数据采集的工具有所不同外，主要的区别在于影像分辨率。对于遥感影像而言，分辨率通常是指地面分辨率。地面分辨率是指在影像上能够分辨地面最小景物的大小，一般以一个像素代表地面的大小来表示，通常所讲的 2 米分辨率就是指 1 个像素表示地面大约 2 米×2 米的面积。

卫星遥感具有视野开阔、不受地理位置和疆界限制、可重复观测、能快速获取大面积甚至全球性地面动态信息等优点，但由于卫星运行高度通常超过几百千米，采用较长的摄影焦距，导致立体量测的交会条件不够理想，难以取得较好的立体效应，从而影响高程量测精度。因此，目前卫星摄影测量还多用于特殊困难地区或中小比例尺成图的地理空间数据采集获取上。

随着电子政务不断普及和深入，政府业务工作对更高分辨率的航空影像数据的需求日趋强烈。航空摄影是泛指运用各种飞行器特别是运用轻便型飞机对地面物进行拍摄。从拍摄高度来说，它可分为低空航拍（几十米至 800 米）、标准航拍（800 米至 2500 米）、高空航拍（2500 米以上）等。航空影像数据以其分辨率高、可读性强、信息量丰富等特点，使其不仅成为政务地理空间信息资源的重要组成部分，而且也是生产和合成其他地理空间数据的信息来源和基础，成为弥补卫星影像数据不足的有效方式。政务地理空间信息资源中的数字线划图（Digital Line Graphic，DLG）、数字高程模型（Digital Elevation Model，DEM）、数字正射影像图（Digital Orthophoto Map，DOM）、城市三维模型数据均可利用航空影像数据，通过数字摄影测量技术的处理加工来生成。

航空影像数据通常是通过在飞机上加载摄影平台（航摄仪），按一定的要求进行拍摄获取的。随着航摄仪器的不断发展和技术手段的不断更新，航空影像数据获取变得更加快捷、高效率和高质量。目前，航空影像数据的获取方式主要有以下三种：

（1）普通航摄仪。如 RC 系列、LMK 系列等，采用航摄胶片来记录所拍摄的地面影像数据，数字影像数据需要经过专用的航片扫描仪处理来获得。

（2）数字航摄仪。如德国卡尔·蔡司公司（Carl Zeiss）公司和美国鹰图公司（Intergraph）公司合作生产的用于地图量测的数字航空摄影仪，可同时得到黑白、彩红外、真彩色等数字影像。相对于普通航摄仪，数字航摄仪既节约了成本，又提高了工作效率，并在产品种类、质量和成果可靠性方面均有了较大的提高。

（3）机载激光雷达 LIDAR（Light Detection and Ranging）+ CCD（Charge Couple Device，电荷耦合器件）传感器。机载激光雷达 LIDAR 是一种安装在飞机上的机载激光探测和测距系统，是 GPS、INS（Inertial Navigation System，惯性导航系统）和激光测距三大技术的集成应用系统，能直接获取地表的高精度三维信息。CCD 传感器的最大优势在于不增加飞行成本的前提下，大重叠度地（例如 80% 以上）获取影像，能大幅度提高影像匹配及三维重建或立体测图的精度和可靠性，并制作正射影像。在集成 CCD 传感器后，利用飞机等低空飞行平台作为遥感器载体，分多条航带拍摄影像，再结合地面车载或手持数码相机拍摄的影像进行整体处理，可生成建筑物立面影像拼接图、精细三维模型等产品，以满足电子政务数字城市和三维场景可视化的需求。这种方式可以直接获取到一个地区的高精度数字高程模型（DEM）、数字正射影像（DOM）和数字地表模型（DSM）数据。对于数字正射影像而言，这种方法免去了以往手段所必需的影像扫描等处理环节。因此，该数据获取方式在政务地理空间信息资源的采集方面得到了越来越多的青睐，已在城市规划、地形图更新、地籍调查、公众服务等方面表现出了巨大的应用能力，并可以预见将在电子政务的业务应用中具有广阔的前景。

从 20 世纪 50 年代开始，我国就在测绘、地质以及资源调查、城市和大型工程建设中广泛使用航空摄影遥感，目前，已经具备年生产 100～150 万平方千米的航空摄影能力，据不完全统计，我国已经积累了的有效历史航片约 500 万景（全部数字化约 1750TB）。我国于 20 世纪 70 年代末开始引进国外卫星遥感数据和地面接收设施，为各个领域提供卫星遥感数据，目前能够接收和处理包括光学和雷达遥感数据在内的国内外 11 个系列遥感卫星数据。同时我国先后发射了 6 颗太阳和地球同步轨道气象卫星，2 颗以陆地资源和环境为主要观测目标的地球资源卫星，1 颗以海洋环境和资源监测为主要目标的海洋卫星。形成了按气象、海洋和陆地卫星3个遥感卫星系列进行地面接收、处理和分发的总格局。近年来,随着城市地理信息系统发展和新一代高分辨卫星系统相继投入应用,可获取的数据总量快速递增,每年约递增30~50TB。[34]

5.1.2 地理信息系统

在电子政务建设总体框架中,对信息资源的开发利用是主线,而在政务地理信息资源的开发利用中,如何对通过遥感、GPS等各种空间数据采集技术获取到的地理空间信息资源进行管理和开发利用,地理信息系统(GIS)技术则为其提供了必不可少的实现手段。

5.1.2.1 地理信息系统的相关概念

地理信息系统(GIS)是一门集计算机科学、地理学、环境科学、空间科学、信息科学和管理科学为一体的新兴边缘学科,它是在计算机硬件、软件系统的支持下,以地理空间数据为基础,采集、存储、管理、分析和描述整个或部分地球表面与空间和地理分布有关数据的空间信息系统。

GIS通常由五个主要部分构成,即硬件、软件、数据、人员和方法。

GIS的硬件系统一般由计算机和一些外围设备组成。计算机是硬件的核心,用于数据和信息的处理、加工与分析;外围设备包括数据的采集设备,如数字化仪、扫描仪、解析测图仪、测绘仪器等,根据硬件配置规模的不同可分为简单型、基本型和网络型。

软件系统是指使GIS运行所必需的各种程序,主要包括计算机系统软件和GIS软件。GIS软件是指提供存储、分析和显示地理信息功能的工具,包括输入和处理地理信息的工具、数据库管理系统工具、地理信息查询分析和可视化显示工具等。在政务地理空间信息资源开发利用中,GIS软件通常包括两部分内容:一部分是基础的GIS软件平台(或软件程序包),另一部分以基础的GIS平台为依托,在其基础上进行二次开发完成的特定的业务应用系统。

地理空间数据是一个GIS中最基础的组成部分,是GIS的操作对象。在政务地理空间信息资源开发利用中,地理空间数据同样是基础。GIS可管理的数据涉及了空间数据和属性数据,其中,空间数据的表达主要包括犹如前面所述的栅格和矢量两种形式。"巧妇难为无米之炊",正是有了RS、GPS等各类空间数据采集技术的不断更新发展,从而使得GIS技术在电子政务中的应用越来越广泛和深入。

人员是GIS中重要的构成要素。GIS是一个动态的地理模型,仅有系统软硬件和数据尚不能构成完整的GIS,还需要由人进行系统组织、管理、维护和开展数据更新、系统功能扩充完善、利用空间分析模型提取与分析信息等工作。因此，在电子政务应用中，就出现了两类 GIS 应用人员：一类是最终的业务用户，这些人员只需要懂得 GIS 应用系统的操作使用方法即可，无需对 GIS 软硬件系统有深入的了解；另一类是管理维护用户，必须了解和掌握 GIS 相关的各类知识，以便对系统的良好运行提供支撑保障。

方法主要是指地理空间信息的综合分析方法，也就是应用模型，它是在对专业领域的具体对象与过程进行大量研究的基础上总结出来的规律。在电子政务领域中，GIS 应用模型通常是由专业人员研究提出，然后经软件开发人员实现，以应用系统的方式为最终的各类用户使用。GIS 在电子政务应用中的一个重要目标就是为政务管理提供科学的分析结果，而"数据＋应用模型"则是此目标赖以实现的基础。

5.1.2.2 地理信息系统的主要功能

GIS 的软件系统应具备五项基本功能：数据输入、数据编辑、数据存储与管理、空间查询与空间分析、可视化表达与输出。

数据输入通常指将地图数据、遥感影像数据、统计数据和文字报告等进行输入，转换成 GIS 软件可处理的格式。

随着现实世界的变化，描述现实世界的地理空间信息也需要同步地进行描述更新，因此数据编辑功能必不可少。数据编辑主要包括图形编辑和属性编辑，属性编辑主要包括字段增、删、改及字段内容的修改编辑，而图形编辑主要包括矢量拓扑关系建立、图形编辑、图形整饰、图幅拼接、图形变换、投影转换、误差校正等。在电子政务应用系统建设中，数据的编辑维护工作通常是由经授权的专职人员负责，以保证数据的现势性、完整性、准确性和一致性。

地理空间数据相比其他数据类型而言，其数据结构更为复杂，且其应用严重依赖于数据的准确性、现势性和完备性，因此，数据的存储与管理则成为 GIS 成功与否的关键所在。GIS 提供了空间与非空间数据存储、查询检索、修改和更新的功能，存储管理主要支持文件和数据库两种方式。在政务地理空间信息资源应用中，出于数据共享和安全等多方面的需要，数据的存储管理以采用数据库方式为主。

空间查询与分析是 GIS 应用的核心，是 GIS 最重要的和最具有魅力的功能，也是 GIS 有别于其他信息系统的本质特征。在电子政务应用中，利用 GIS 技术进行空间查询及分析应用，为政务信息资源的开发利用提供了强有力的技术实现手段。

"一幅图胜过千言万语"，GIS 以其特有的直观、可视化特点对中间处理过程和最终结果进行表达与输出，受到了越来越多用户的青睐，在电子政务中获得了日益广泛的应用。

5.1.2.3 网络地理信息系统

网络技术正在深刻地改变着这个世界。随着电子政务对地理空间信息需求的增加，基于网络发布地理空间信息数据，提供用户查询、检索以及 GIS 分析等服务的网络地理信息系统（WebGIS）已成为 GIS 在电子政务中应用发展的重要方向之一。WebGIS 是网络技术应用于 GIS 开发的产物，GIS 通过 Web 服务使其功能得以在电子政务应用中得到延伸和扩展，为地理信息和 GIS 服务在更大范围内发挥作用提供了新的平台。从逻辑上看，WebGIS 由三部分组成：

（1）Web 浏览器：用户可以通过其获取分布在电子政务专网（政务用户）、互联网（主要面向社会公众）上的各种地理信息。

（2）WebGIS 的信息代理：设定地理信息代理机制和地理信息代理协议，并提供数据访问接口，是实现地理信息在网络上进行发布的关键，也就是本书重点介绍的政务地理空间信息资源共享服务平台。

（3）WebGIS 服务器：根据用户请求操作地理空间数据，为用户提供地理空间信息的 GIS 服务，以实现客户和服务器的动态交互。

在这三部分中，浏览器负责完成用户的请求，发出"要什么"，而共享服务平台用于接收用户请求，经过一定信息处理后传递给 WebGIS 服务器，由 WebGIS 服务器负责处理，并将相应的处理结果以相反的顺序传递回浏览器。与传统的桌面 GIS 应用系统相比，在电子政务中采用 WebGIS 具有更多的优点：

（1）以往的 GIS 由于成本高、技术难度大，往往成了少数专业人士拥有的专业工具，很难在电子政务中得到广泛应用，而 WebGIS 则给更多的各类用户提供了使用 GIS 的机会。基于 WebGIS，用户端通常只需使用通用浏览器即可进行浏览和查询（有时可能需要加载一些插件、ActiveX 控件等），显得简单易用，为更多非专业人员对 GIS 使用创造了条件。

（2）WebGIS 拥有良好的跨平台特性，这使得用户无需考虑 WebGIS 服务器端、自身客户端使用何种 GIS 软件，就可以轻松地访问 WebGIS 数据。此外，通过网络可以访问 WebGIS 服务器提供的各种 GIS 服务，包括 GIS 数据查询、统计、分析等。正因为如此，使分布式的多数据源的政务地理空间资源数据管理和合成变得更易于实现。

（3）WebGIS 具备良好的可扩展性，很容易跟电子政务应用的其他信息服务进行无缝集成，可以充分发挥地理空间信息在电子政务中的作用。

WebGIS 实现了 GIS 技术和网络技术的高度综合，是政务地理空间信息资源建设的关键技术之一。目前，各大 GIS 厂商均在积极地开发 WebGIS 产品，比较流行的有 ESRI 公司的 ARCIMS 和 ArcGISServer，MapInfo 公司的 MapXtreme 以及著名的 CAD 厂商 Autodesk 公司推出的 Mapguide，国产的 MapGIS IMS、SuperMap IS 等，每种产品都有各自的特点。

随着信息和网络技术的飞速发展，GIS 技术和应用正快速朝着网络化、三维化的方向发展，同时，地理空间信息数据采集与更新技术（主要包括航空摄影测量技术、高分辨率卫星遥感技术、地面测绘技术、GPS 测量技术以及激光扫描、近景摄影测量技术等）等的迅速发展，也为政务地理空间信息资源的广泛和深入应用提供了更广阔的平台。

5.1.3　全球导航卫星系统

5.1.3.1　全球导航卫星系统简介

全球导航卫星系统（GNSS）是所有在轨工作的卫星导航定位系统的总称，目前主要包括美国全球定位系统（GPS）、俄罗斯全球导航卫星系统（GLONASS）、中国北斗卫星导航系统以及欧洲正在建设的伽利略卫星导航定位系统（GALILEO）等，[35]它们都能提供全球、全天候、实时、连续的位置信息。

通常来说，一个卫星导航系统包括导航卫星、地面台站和用户定位设备三部分。导航卫星是卫星导航系统的空间部分，由多颗导航卫星构成空间导航网。地面台站通常包括跟踪站、遥测站、计算中心、注入站及时间统一系统等，用于跟踪、测量、计算、预报卫星轨道以及星上设备工作状态的控制管理等。用户定位设备通常由接收机、定时器、数据预处理机、计算机和显示器等组成，它接收卫星发来的微弱信号，从中调制解调出卫星轨道参数和定时信息等，同时测出导航参数，再由计算机算出用户的位置坐标和速度矢量分量。用户定位设备分为单人（如手持 GPS 接收机）、车载、舰载、机载、弹载和星载等多种类型。[36]

GNSS 作为一种先进的测量手段和新的生产力，已经融入了国民经济建设、国防建设和社会发展的各个应用领域，为人类带来了巨大的社会效益和经济效益。早期，GNSS 主要应用在航空、航海、环境监测、突发事件和灾害评估、安全保障、天体与建筑工程、精细农业、科学研究（野外生物学、气象学、地球科学）以及自然资源调查等相关领域。随着社会和科技的发展，卫星定位系统的应用从单一导航功能发展到动态定位监控，到与车载信息系统融合的方向发展；从以车辆应用为主转变为个人消费应用为主；从经销应用产品为主逐步转变为营运服务为主的服务产业。未来的卫星导航将与车辆、手机、计算机融合，成为集导航、通信、监控、管理、安防、上网、办公、娱乐、信息服务、远程诊断等于一身的数字化信息系统。[37]

5.1.3.2 美国全球定位系统

美国全球定位系统（GPS）是一种可以通过定时和测距进行空间交会定点的导航系统，它是美国政府继阿波罗登月计划、航天飞机计划之后开始研制的第三项重点空间计划，从 20 世纪 70 年代开始研制，历时 20 年，耗资 300 亿美元，于 1994 年全面建成。GPS 不仅可以向全球用户提供连续、实时、高精度的三维位置、三维速度和时间信息，为海、陆、空三军提供精密导航，而且通过向特殊用户授时，还可用于情报收集、核爆监测、应急通信和卫星定位等一些军事目的。

GPS 也是由导航卫星、地面监控设备和 GPS 接收机组成的。

导航卫星由分布在 6 个地球椭圆轨道平面上的 24 颗工作星（3 颗为在轨备用星）组成，卫星均匀分布于倾角为 55°的 6 个轨道面上，各个轨道平面之间夹角为 60°，轨道平均高度约为 20200 千米。地球上任何地方、任一时刻都能同时观测到 4 颗以上的 GPS 卫星，它可为全球范围内的地球表面和近地空间的广大用户提供全天候、全天时和高精度的三维位置、三维速度以及时间数据等导航信息。通过 GPS 终端，使用者在地球表面的任何地方，仅需几秒钟到十几秒钟就能够确定自己的位置和精确时间，获得相关的导航数据。GPS 系统所发射的信号编码也有精码和粗码之分。精码为军用，属保密；粗码为民用，属公开。

地面监控设备由 1 个主控站、3 个注入站和 5 个监测站组成，通过专用的通信数据链连接。1 个主控站设在美国科罗拉多州的彼得森空军基地，3 个注入站分别设在大西洋的阿森松岛、印度洋的迪戈加西亚岛和太平洋的卡瓦加兰岛，5 个监测站分别设在彼得森空军基地、阿森松岛、迪戈加西亚岛、卡瓦加兰岛和夏威夷。

GPS 接收机的任务是对发送的导航、定位指令进行计算，得到用户所在的位置、速度和时间，GPS 接收机只要选取 4 颗卫星的信号进行分析，就能够确定自己的位置。[38] GPS 接收机的基本类型主要分为大地型、导航型和授时型三种，其中，大地型接收机按接收载波信号的差异又可分为单频（L1）型和双频（L1，L2）型。

目前，GPS 已经成为当今世界上最实用，也是应用最广泛的全球精密导航、指挥和调度系统。在军用方面，GPS 主要为航天、航空和航海领域中的卫星、航天飞机、军用飞机、水面舰艇和潜艇以及地面上的指战员和车辆进行精确导航与定位，以确保完成各自的战斗使命。此外，GPS 还可用于战略导弹制导、靶场测量、电子侦察、反潜战、反水雷战和各种营救任务以及大地测量、空中加油、飞机进场、火炮定位与发射等。在民用方面，GPS 已被世界各国广泛采用，用于汽车导航、交通管制、地球物理探测、海道测量、钻井平台精确定位、海洋资源开发、极地考察等很多方面，变成了美国的"摇钱树"，赚取了大量外汇并继续获利，为进一步改善、提高 GPS 的性能和质量，提供了有力的财金支持。[39] GPS 技术已发展成多领域（陆地、海洋、航空航天）、多模式（GPS、DGPS、LADGPS、WADGPS 等）、多用途（在途导航、精密定位、精确定时、卫星定轨、灾害监测、资源调查、工程建设、市政规划、海洋开发、交通管制等）、多机型（测地型、定时型、手持型、集成型、车载式、船载式、机载式、星载式、弹载式等）的高新技术国际性产业。GPS 的应用领域，上至航空航天器，下至捕鱼、导游和农业生产，已经无所不在了，正如人们所说的"今后 GPS 的应用，将只受人类想象力的制约"。

5.1.3.3 俄罗斯全球导航卫星系统

俄罗斯全球导航卫星系统（GLONASS）是由俄军方负责研制并控制的军民两用全球导航卫星系统。GLONASS 可音译为"格洛纳斯"，是俄语中"全球导航卫星系统"的缩写。

GLONASS 的原理与 GPS 相似，但导航卫星布置上有所不同，GLONASS 主要用于守卫俄罗斯的军事秘密和保卫俄罗斯的国家利益。GLONASS 由 24 颗卫星组成，其中工作星 21 颗，备用星 3 颗，这些卫星分布在 3 个轨道平面上。此 3 个轨道平面两两相隔 120°，同平面内的卫星之间相隔 45°，每颗卫星都在 19100 千米高度、64.8°倾角的轨道上运行，轨道周期为 11 小时 15 分。地面控制部分全部都在俄罗斯领土境内。

GLONASS 与 GPS 的主要差异在于：它们采用了不同的参考时间系统、不同的参考坐标系统、不同的广播星历内容和不同的区分卫星方式。具体来讲，GPS 使用了世界大地坐标系，而 GLONASS 使用了苏联时期的地心坐标系，两者各有优势。GPS 系统时与世界协调时相关联，而 GLONASS 系统时则与莫斯科标准时相关联；GPS 的卫星信号采用码分多址体制，每颗卫星的信号频率和调制方式相同，不同卫星的信号靠不同的伪区分，而 GLONASS 采用频分多址体制，卫星靠频率不同来区分，每组频率的伪随机码相同。[38]

GLONASS 自 1982 年发射首枚卫星以来，目前已有 20 颗卫星处于工作状态。1995 年，该系统开始发挥作用，投入使用后一度成为 GPS 有力的潜在竞争对手。到 20 世纪 90 年代末，由于苏联解体后俄罗斯经济的不景气，航天经费严重不足，使得 GLONASS 的发展受到沉重的打击。近年来，俄罗斯经济逐步好转，为了重振军事、航天大国的雄风，俄罗斯加大了对航天开发的投入，GLONASS 卫星又开始一颗接一颗地从俄罗斯升空，包括替换大量已超过预定工作寿命的卫星。[39] 2008 年 12 月 25 日，俄罗斯航天部门用一枚运载火箭又发射了 3 颗 GLONASS 卫星，使得该系统的在轨卫星总数达到 20 颗。计划到 2009 年底，GLONASS 将达到在轨 24 颗卫星，满足全球无间隙覆盖，并且定位精度与美国的 GPS 相当。

5.1.3.4 中国北斗卫星导航系统

中国北斗卫星导航系统是由我国自行研制开发的区域性有源三维卫星定位与通信系

统。20世纪80年代中期，我国开始预先研究、筹划建设"北斗一号"卫星导航系统，1995年正式启动工程研制。2000年10月和12月，两颗工作卫星先后发射成功，地面应用系统设备全部安装到位，系统初步建成。2003年1月1日正式投入使用，2003年5月，第三颗"北斗一号"导航定位卫星（备份星）发射成功，为系统更加可靠的运行提供了保证。2004年4月，"北斗一号"卫星导航系统建成并投入使用。它的建成，标志着我国成为继美国（GPS）、俄罗斯（GLONASS）之后第三个拥有独立卫星导航系统的国家，该系统的建立将对我国国防和经济建设起到积极作用。

"北斗一号"卫星导航系统，采用卫星无线电定位业务（RDSS）原理工作，通过两颗地球静止轨道卫星，由用户以外的中心控制系统完成经卫星至用户的询问式距离测量，计算用户的三维坐标再告知用户，同时，完成了位置报告和用户位置信息共享。"北斗一号"卫星导航系统的基本功能包括：（1）快速定位，北斗系统可为服务区域内用户提供全天候、高精度、快速实时定位服务，定位精度为20～100米；（2）短报文通信：北斗系统用户终端具有双向报文通信功能，用户可以一次传送40～60个汉字的短报文信息；（3）精密授时：北斗系统具有精密授时功能，可向用户提供20～100纳秒时间同步精度。"北斗一号"卫星导航系统可全天候、全天时提供卫星导航信息，能覆盖整个中国及周边地区，初步满足当前我国导航定位需求。该系统在2008年四川汶川大地震抗震救灾和2008年北京奥运会安保工作中，发挥了重要的、积极的作用。

2006年，我国开始建设"北斗二号"导航卫星系统，2007年4月14日，在西昌卫星发射中心成功发射第一颗北斗导航卫星，进入高度为21500千米的中圆轨道。我国将在未来几年陆续发射北斗导航卫星系列，并进行星座组网和实验，计划于2010年建成区域卫星导航系统（二代系统），2015年建成全球卫星导航系统（三代系统）。"北斗二号"集成了RDSS（卫星无线电定位业务）和RNSS（卫星无线电导航业务）技术，不但具有GPS等流行系统的RNSS功能，并提供位置、速度和授时（PVT）服务，还具有通信及位置报告服务功能。

"北斗二号"区域导航卫星系统（二代系统）计划由5颗GEO卫星、4颗IGSO卫星和3颗MEO卫星共计12颗卫星组成，主要覆盖中国及周边区域，实现区域导航定位服务。"北斗二号"全球导航卫星系统（三代系统）计划由5颗GEO卫星和24～30颗MEO卫星组成，可以覆盖全球并提供导航定位和通信服务，定位精度优于10米。[40]

5.1.3.5 欧洲伽利略卫星导航定位系统

伽利略卫星导航定位系统（GALILEO）是欧洲自主、独立的全球多模式卫星导航定位系统，由欧洲空间局和欧盟发起并提供主要资金支持，它也是世界上第一个基于民用的全球卫星导航服务系统，能够提供高精度、高可靠性的定位服务，实现完全的非军方控制、管理，可以进行覆盖全球的导航和定位。

GALILEO 的建立，不仅能够使欧洲在交通管理和遥测设备建设方面摆脱对美国和俄罗斯的依赖，而且还将能向全球提供公开服务、生命安全服务、商业服务、公共特许服务以及其他服务。GALILEO 具有得天独厚的应用优势，它不仅可以分发实时的米级定位精度信息（这是现有其他卫星导航系统所没有的），而且还能够保证在许多特殊情况下提供服务，即使失败也能够在几秒钟内通知用户，尤其适用于对安全性有特殊要求的应用，如运行的火车、导航汽车、飞机着陆等。[41] 与美国的 GPS 全球定位系统相比，GALILEO 更先进，也更可靠。GPS 向其他国家提供的卫星信号，只能发现地面大约 10 米长的物体，而 GALILEO 的卫星则能发现 1 米长的目标。一位军事专家形象地比喻说，GPS 只能找到街道，而 GALILEO 则可找到家门。[42]

GALILEO 也是有由空间、地面、用户三部分组成。空间部分由分布在 3 个轨道上的 30 颗中等高度轨道卫星（MEO）构成，每个轨道面上有 10 颗卫星，9 颗正常工作，1 颗运行备用；轨道面倾角 56°。地面部分包括全球地面控制段、全球地面任务段、全球域网、导航管理中心、地面支持设施、地面管理机构。用户部分主要就是用户接收机及其等同产品，伽利略系统考虑将与 GPS、GLONASS 的导航信号一起组成复合型卫星导航系统，因此用户接收机将是多用途、兼容性接收机。

GALILEO 的实施最早计划分为 4 个阶段：论证阶段（2000—2001 年），论证计划的必要性、可行性以及落实具体的实施措施；系统研制和在轨验证阶段（2001—2005 年）；星座布设阶段（2006—2007 年）；运营阶段（从 2008 年开始），其任务是系统的保养和维护，提供运营服务，按计划更新卫星等。尽管"伽利略"计划的预想目标很好，但是目前在执行过程中却出现了许多问题。由于欧盟成员国对该项目规模和投资一直存在分歧，因此使项目启动就耽搁了好几个月的时间，后又因种种原因使该计划一延再延。欧洲有关官员称该计划的最后完成将延至 2014 年。[43]

GALILEO 作为欧洲欲与美国 GPS 抗衡的卫星导航系统，其技术先进性不言而喻，目前，已经有实验卫星上天进行在轨测试，同时还在大力吸收合作伙伴。2003 年 9 月 18 日，欧盟和中国草签了参与"伽利略"计划的协议。2004 年 10 月，中欧 GALILEO 计划技术合作协议在北京正式签署，中国投入 2 亿欧元参与了这项计划。2005 年 3 月 9 日，中国国家遥感中心与 GALILEO 卫星导航有限公司在北京签署了关于执行《中国国家遥感中心和

"伽利略"联合执行体关于"伽利略"计划合作协议》的总承包协议。截至 2006 年 3 月，中欧"伽利略"计划合作项目已经开展 11 个，总金额近 4 千万欧元，所有这些表明中欧"伽利略"计划在开发阶段的合作进展非常顺利。中欧"伽利略"计划将使中国拥有该系统 20% 的所有权和全部使用权。[44]中国是第一个参与"伽利略"计划的非欧盟国家，这标志着我国航天事业在国际合作领域迈出走向欧洲化的第一大步。

5.2 地理空间信息技术研究热点

5.2.1 海量地理空间信息管理

政务地理空间信息资源不仅具备典型的海量性特征，而且其递增速度十分惊人。以北京市为例，仅年度航空摄影一项工作，其成果（DOM）的数据存储量每年约增加 1TB；各政府部门每年需要更新的政务信息图层记录也高达数百万条。如何高效地组织和管理这些数据，为政府事务处理、业务协调、公共服务和综合决策等业务应用提供稳定、高效、准确的保障支撑，同时减少各部门在数据管理方面的硬软件、人员、场地、更新等重复投入，已经成为政务地理空间信息资源开发利用的基础性问题。

5.2.1.1 海量遥感影像数据的管理

遥感影像对城市管理与公共服务具有不可替代的作用，目前，各类航空、航天遥感影像在相关政府中均有广泛的应用。遥感影像数据管理的核心问题是如何实现多源、多时相、多分辨率遥感影像的统一管理和高效服务，其中，需要重点关注影像数据的压缩/解压缩等相关技术。

1. 遥感影像数据的压缩/解压缩技术

由于遥感影像数据的海量特性，许多应用部门面临的数据存储、在线服务快速或实时传输压力与日俱增，而这正是压缩/解压缩技术研究的方向之一。

影像的压缩是指根据人类的视觉特性，在保证一定图像质量的条件下，通过对图像数据中存在的各种冗余进行删减，减少原始图像数据量的处理过程，也称为图像编码压缩。而解压缩技术则是将压缩存储的影像进行逆向解算复原图像形态的技术方法。影像的压缩可分为无损压缩和有损压缩两大类。无损压缩方式不会改变图像像元的灰度值，即图像原有的信息不会丢失，不存在失真的现象，但压缩效率往往较低，无法大幅缩减影像数据所占据的存储空间，常见的无损压缩方式有行程长度编码、LZW、四叉树等。有损压缩方式则相反，允许编码过程中丢失部分像元信息，以获得较大的压缩比。有损压缩方法不能精确地重建原始图像，信息丢失（失真）会随着压缩率的提升而加大，有损压缩方式有色度抽样、离散余弦变换（DCT）、分形压缩编码等。目前，应用最为广泛的 JPEG 压缩方式就是一种采用离散余弦变换（DCT）算法的压缩技术。

近年来，随着小波变换方法被引入图像处理领域，小波压缩技术在图像压缩/解压缩领域也得到了广泛应用，其基本原理是对图像进行多级小波分解，然后对每级的小波系数进行量化和编码，以表征分解后每级图像的特征。小波压缩也可分为有损和无损压缩两种方式，采用浮点变换时由于存在小数点后数值的舍入问题，图像信息将有所损失，而采用离散整数变换时，则可实现无损压缩。由于小波压缩方式效率较 JPEG 效率高出近 10 倍左右，成为当前图像压缩技术的热点，很多遥感影像处理软件公司推出了各自的小波压缩格式，如 MrSID、ER-Mapper 等。近年来，小波压缩技术也已经形成了多个国际压缩标准，如 MPEG-4、JPEG2000 等标准。

随着存储设备和计算机能力的不断进步，未来将逐步减轻对压缩/解压缩技术的依赖性。

2. 影像金字塔技术

由于原始的遥感影像数据量往往十分巨大，虽然采用高效的压缩算法可以有效减少数据的存储容量，但在影像数据的快速检索、网络发布时，读取、解压原始影像数据时将引发频繁、大量的 I/O 访问，不仅容易导致过度占用系统资源，致使系统运行效率低下，同时，也容易降低系统硬件寿命。用户浏览和使用遥感影像时，通常只需要察看局部区域、某个尺度下的影像。针对该特点，对遥感影像进行矩形切割分块和重新采样，生成更大比例尺的影像快视图，如此迭代多次，构成多级影像的组合（也可称为"瓦片结构"），这种技术被称为影像金字塔技术。

采用影像金字塔技术为用户提供在线浏览访问服务时，能够根据用户浏览影像的范围、比例尺与事先生成的影像金字塔进行快速匹配，系统仅需检索和拼接包含与用户需求尺度最接近、范围最小的影像集合即可，能够大幅减少对系统的 I/O 访问操作，从而提升服务响应和反馈的效率。目前，该技术已为 Google、百度等众多在线地图服务商所采用。

5.2.1.2 海量矢量地理空间数据组织、管理

目前，地理空间数据通常采用关系型数据库管理系统（DBMS）进行管理，如 Oracle、SQL Server 等，这些当前主流的商业关系型数据库管理系统均有专门的组件支持地理空间信息的存储和访问，而一些主要的地理信息系统开发商也提供了相应的中间件，支持地理空间数据的入库、检索和访问。近年来，地理空间数据组织、管理领域研究的主要热点集

中在面向对象数据库管理、历史与现势性数据统一管理、海量信息快速检索等方面。

1. 面向对象的地理空间数据管理技术

利用传统的关系型数据库管理空间数据通常有两种方式：将空间与非空间信息分离，分别存储和管理（分离方式），或者将空间信息与非空间数据同时放入数据库中进行统一管理（一体化方式）。这两种方式都存在着各自的不足：采用分离管理的方式，需要额外的精力用于保持空间和非空间数据的关联，数据的同步、一致性维护成本较高；而采用一体化方式虽然能够维持数据的完整性、现势性和安全性，但数据访问效率较低，通过 SQL（Structured Query Language，结构化查询语言）语句进行空间查询的方法有待完善。此外，关系型数据技术虽然能够较好地管理和访问地理空间实体静态信息，但难以完美地体现地理空间实体随时间动态变化的特征。引入数据库管理技术后，"封装"的技术方法可以实现空间和非空间数据的一体化管理，通过地理空间对象内置的操作，可轻松地检索和访问地理空间数据的各类属性。利用面向对象的继承、构造等技术，能够更加灵活地描述和再现复杂地理空间实体的特征，也能够动态地模拟地理空间实体的变化过程。正因为面向对象的技术拥有这些优势，近年来面向对象的 GIS 技术也成为研究热点，一些具有面向对象特征的 GIS 软件陆续出现。

2. 历史与现势性数据统一管理

政府行政管理和公共服务中面对的地理空间实体或现象始终处在不断变化的过程中，业务数据必须如实反映各类管理对象的最新情况，因此，政务地理空间数据必须得到不断更新以满足业务应用需求，同时，也为了保证政府业务过程的可追溯性，数据更新过程中对历史数据的存档和管理也同样必要。但是，历史数据和现势性数据的统一管理是政务地理空间信息资源管理和应用的难点问题。目前，多数业务应用系统中采用的方式属于基于空间信息的时空数据表达方式，即完整存储更新前后的地理空间数据全集（"时间快照"），这种方式的缺点在于需要存储和管理更新前后并未发生变化的大量冗余信息，而且地理空间实体的时间变化是隐含存储的，只能通过对比两次更新的数据才能检索出变化信息，但并不能确定变化发生的准确时间，需要通过维护额外的地理空间实体关系表的方法才能在一定程度上弥补这些缺陷。

当前，关于地理空间数据的时间特征管理研究主要集中于基于空间实体的时空数据表达方面，即通过扩展面向对象的地理空间实体方法，引入时间描述特征。通过继承关系描述地理空间实体的变化，保持了地理空间实体的一致性标识，以记录空间实体随时间变化的过程和描述相关地理空间对象间的复杂关系。目前，尚未有成熟的 GIS 软件产品支持这种方式。

3. 海量地理空间信息的查询检索

随着政府行政管理和公共服务事业的发展，政府的业务数据库中存储的各类信息越来越多，如何快速检索、访问相关信息，是保证日常业务高效运转、实现科学决策的关键。由于地理空间数据具有空间和属性信息一体化管理的特征，海量地理空间信息查询检索也是当前 GIS 研究和发展的重点。

（1）空间和属性索引机制

海量地理空间信息的快速检索需要建立高效、准确的索引机制，目前空间信息索引技术业已比较成熟，主要的索引方式有 R 树、四叉树、KD 树等，常见的主流商业 DBMS 系统和商业 GIS 软件（通过中间件）都提供了相应的空间索引机制。在政务地理空间数据的业务应用过程中，业务人员将更多地关心属性查询方面的功能，即如何从庞大、复杂的业务数据集合中快速地查询到所需的信息。虽然传统的 SQL 查询语言提供了较为直观、准确的查询手段，但对于政府工作人员而言，受 SQL 查询语言的掌握使用、业务数据库访问权限方面的限制，使政府工作人员难以直接使用 SQL 查询语言。随着全文索引技术的逐渐成熟，很多业务应用系统中已经开始尝试利用全文索引技术满足模糊信息的快速检索要求。

（2）空间查询语言

目前，主流 DBMS 仍然无法提供有效的形式化查询语言以实现基于语义的空间信息查询，只能提供对简单数据类型（如整型、日期、字符等）的查询，而业务系统中对点、线、面等复杂数据类型的查询通常依赖于 GIS 软件的空间查询功能，这导致了应用部门必须花费较大的精力维护 GIS 应用系统与 DBMS 之间数据的一致性。近年来，虽然如 SDE 之类的中间件封装了很多常用的空间数据访问和操作功能，大大简化了业务应用系统的开发工作量，但多层架构系统的稳定性、健壮性依然是一个比较突出的问题。目前，开放地理空间信息联盟（OGC）已研究和公布了几个 SQL 扩展标准，以点、线、面、体几何模型为基础，提出了基本操作、拓扑/集合运算、空间分析三类查询功能，以规范空间数据查询功能，简化应用系统开发。

5.2.2 三维地理信息系统与虚拟现实

5.2.2.1 三维地理信息系统

根据美国遥感与测量协会给出的定义，地理信息系统是"一个对地球空间信息进行编码、存储、转换、分析和显示的信息系统"。由于地理信息系统是从传统的地形图演化而来，而且早期的地理信息系统技术缺乏必要的理论支持和硬软件技术支撑，只能以二维平面的方式（横纵坐标或经纬度）对地理空间信息进行记录和表现。由于地理空间信息具有明显的地域性、多维结构特性和动态变化特性，这种方式往往过于抽象，无法完整记录和表达出复杂地理现象和地理空间实体的真实形态，在应用中存在较大的局限性。近年来，随着计算机技术的发展，尤其是三维图形硬件加速技术的发展，计算机具备了精确再现复杂立体几何实体的能力，三维技术开始向地理信息系统领域渗透。

利用三维坐标精确记录地理空间实体的方式具有明显的优势。首先，由于不必把立体实体强行投射到平面上，能够有效避免由于投影造成的变形，对地理现象和地理实体的记录可以得到更高的准确性；其次，能够更加真实、准确地再现地理现象的空间形态，可视化表达能力更加突出；此外，能够展现出比二维更加复杂的三维空间关系，对各种地理现象、地理实体之间相互作用、相互影响的空间关系展示得更加真实和全面。近年来国内外研制了一系列的三维地理信息系统软件产品，如 ArcGlobe、Google Earth、Skyline、World Wind 以及国内的 VR Map、GeoGlobe 等。

三维地理信息系统技术虽然具有众多优势，但在应用中仍然面临着许多问题。首先，缺乏大量、准确的三维地理空间数据支持。各部门现有的地理空间数据仍然以二维数据为主，数据的获取和更新也同样以二维数据为中心，而建筑物等复杂地理空间实体的三维信息，也鲜有大规模采集的案例。其次，三维地理信息三维可视化展现需要复杂的硬软件环境支持，在现有的地理空间信息系统运行环境下仍然很难满足，海量三维地理空间实体数据的在线快速传输、实时综合和流畅显示所需的条件。此外，现有的三维地理空间信息分析技术仍然不够完善，大多数三维地理信息系统虽然也提供空间距离、表面积、体积、通视性、可视域、淹没分析等功能，但对复杂的地理空间分析支持能力仍有不足，三维地理空间分析的理论和技术有待进一步突破。因此，三维地理信息系统技术取代二维地理信息系统尚需时日，但由于三维地理空间信息系统所具有的巨大潜力，依旧使得国内外众多 GIS 研究学者和软件厂商对其倾注了巨大的精力。

5.2.2.2 虚拟地理信息系统

虚拟地理信息系统（Virtual Geographic Information System，VGIS）是对三维地理信息系统的又一次扩展，其主要进步体现于两个方面：一是表现形式，三维地理信息系统对地理空间环境的主要表现途径仍然是平面的显示器，而虚拟地理信息系统则引入了更为复杂、真实的表现手段，利用虚拟现实技术中的立体视觉、听觉模拟技术，更加真实地模拟和构造了地理环境,使用户产生身临其境的真实体验;二是交互形式,三维地理信息系统仍然延续菜单、窗口组成的图形用户界面(GUI)方式,而虚拟地理信息系统提供了更加自然的交互手段,用户特定的声音、行动被系统获取后,能够转换成对地理实体的操作指令,经过实时的精确分析和计算,操作结果能够直接展现在用户眼前,用户能更加直观地认识地理实体之间的空间关系。

虚拟地理信息系统的实现与应用,需要更加苛刻的条件:(1)数据获取范围进一步扩大,不但要精确采集地理实体的三维坐标,它的色彩、纹理乃至声音、硬度、弹性等物理特征也将纳入信息采集的范围,各类属性的一致性管理要求将更加突出;(2)空间关系描述更加精细复杂,虚拟地理信息系统需要真实地模拟出地理实体之间相互作用的关系,而现有的空间关系描述方式显然无法满足模拟和仿真的需要,研究和开发人员必须更加深入地了解地理实体及相互之间,如何因为位置、时间而发生的物理、化学特征的变化、影响和作用机制;(3)用户交互方式更加自然和灵活,用户处在虚拟环境中,必须脱离传统的键盘与鼠标操作模式,因用户行为与系统交互过程更加复杂,系统必须理解用户行为对数据的操作意图,并实时地以图形、图像、声音等综合的方式向用户展示操作结果。虚拟地理信息系统相关技术尚未成熟,已经实现的应用也很少。

5.2.3　地理空间数据目录与数据交换中心

地理空间数据在政府中的共享需求十分迫切,但数据拥有者与数据使用者之间存在明显的信息不对称,使用者往往不清楚所需要的数据可以从何处获得,数据的内容和质量状况是否可以满足自身需求。为实现政府间数据共享,应当首先实现数据所有者与数据使用者之间的有效沟通。数据拥有者应当按照规范化的方式,提供详细的数据说明或描述,使用者能够通过适当的途径了解相关信息,以确定数据来源、获取方式等。地理空间元数据提供了必要的数据描述方式,而地理空间信息共享的组织者,需要对各部门提供的元数据进行目录组织,向使用者发布。

1. 地理空间元数据

元数据提供了给定地理空间数据的一些描述性信息,如数据的创建人、内容、质量、状况和其他数据特征。元数据提供的数据描述主要提供四个方面的信息:可获得性、适用性、可访问性和数据转换要求。美国联邦地理数据委员会(Federal Geographic Data Consortium,FGDC)于1994年采用了首个数字地理元数据的内容标准,建立了220个数据元素及符合元素的名称,并于1998年进一步提出了元数据内容的"必填"、"可选"要求。国际标准化组织（International Standard Orgaziation，ISO）的地理信息/地学信息技术会员会（TC 211）于1999年制定完成了地理信息-元数据标准。几年后，我国也发布了相应的地理信息元数据标准（GB/T 19710-2005），定义描述了地理信息及其服务所需要的模式，明确了有关地理空间数据标识、覆盖范围、质量、空间和时间模式、空间参照系和分发等信息的要求。

2. 地理空间数据交换中心

地理空间数据交换中心并非是一个真实的组织实体，其作用就是沟通和协调潜在的数据用户与数据的所有者（或数据生产者）。地理空间数据交换中心不必直接提供数据，也不一定成为数据的集中存储中心，而是将用户请求引导至所需的信息源。地理空间数据交换中心的功能类似于地理空间数据搜索引擎，其职责是及时搜索和发现数据拥有者（生产者）地理空间数据的更新变化情况，编制和维护地理空间数据目录，并向数据使用者提供其所需地理空间数据相关信息的服务。如图 5-1 所示，美国 FGDC 向用户提供了地图数据搜索网页，用户可以通过文字和位置两类查询方式检索各自感兴趣的地图信息。

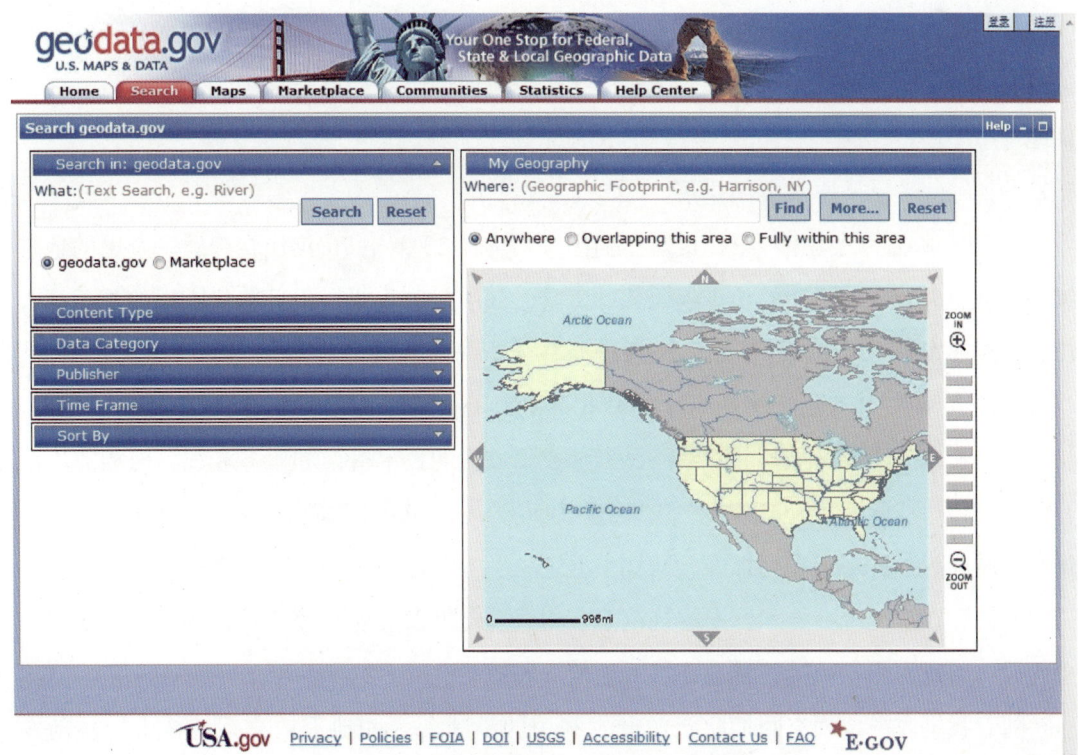

图 5-1　美国 FGDC 地图搜索引擎

5.2.4 地理编码技术

随着城市信息化进程和电子政务建设的不断推进，地理信息系统技术在各政府部门中的应用日益广泛，政务地理空间信息资源的开发与共享也不断深入。地理信息系统技术已经在城市规划、建设与管理、环境整治、农业、园林绿化等众多领域发挥了重要作用。根据国内外学者研究结果，现有80%的信息与空间位置相关，而目前已开发和共享的政务地理空间信息资源，只是其中的一小部分，因此，政务地理空间信息资源开发与利用的前景十分广阔。但由于现有经济、文化、社会类信息的空间地理特征并非直接以地理坐标的形式存在，而是通过地址文字描述的方式记录，因而非空间信息不能直接在地理信息系统中存储、管理和分析，也不能与地理空间数据进行融合与叠加，这限制了地理信息系统技术应用的范围。

5.2.4.1 地理编码的定义

地理编码技术是以地理编码数据库（或地址数据库）为基础的空间相对定位技术；地理编码（也称为地址匹配）就是建立给定地址与真实地理坐标一致性的过程，可分为正向匹配和逆向匹配两种方式，能够实现文字地址描述与空间地理坐标之间的双向转换。地理编码技术的实现依赖于两个方面：完备、准确的地理编码数据库与准确、高效、可靠的地址匹配引擎。

5.2.4.2 地理编码技术应用进展

美国是地理编码应用最早、最广泛的国家，早在20世纪70年代就建立了全国的地理编码标准，并开发了通用的地理编码软件工具，其中最为重要、最具有代表性的是美国人口调查局 MAF/TIGER 软件系统。该系统拥有全美国最具现势性、最完备的地址数据库，初步估计大约有1.15亿个住处地址、6000万个商用和其他场所地址。

经过长期的发展，国外地理编码已经形成了成熟的技术框架和服务模式，由相关厂商和研究机构组成的开放地理空间信息联盟（OGC）于2001年提出了地理编码服务标准，进而发展成为位置服务系列标准，从技术上统一了各类地理编码系统或服务的接口实现和调用形式，在遵循统一技术标准的规范下，相关系统可以实现有效的互联互通，其他应用系统也可通过调用相关接口整合或扩展地理编码功能，具有良好的可扩展性。

随着我国政务地理空间信息资源开发利用的不断深入和地理信息系统技术的不断发展，我国各地政府部门已经开始逐步规范地名、地址的管理和使用，国内不少企业和研究机构也逐步开展了地理编码相关技术的研究，推出了相关的软件产品和服务。但由于我国地理编码技术的研究和应用起步较晚，在技术标准、服务模式、数据采集、管理和更新等方面尚未形成全面的解决方案。从政府管理和应用的角度来看，地名地址的审批、管理业务在全国范围内仍未统一，地名数据的采集、管理与匹配服务水平落后，不能满足精确查询定位的要求，海量非空间信息仍然无法实现与遥感影像、电子地图等地理空间信息资源的整合；从社会地理空间信息服务行业现状来看，服务提供商往往缺少完善的地址数据，难以支撑非空间信息的快速空间化，致使地理空间信息服务内容匮乏或者更新不及时，使产业链上下游脱节，严重制约了行业的发展。

5.2.5 地理空间信息共享与互操作技术

信息共享已经成为现代信息社会发展的一个重要标志，很多政府部门、大中型企业甚至个人用户都对地理空间信息共享提出了强烈的应用需求，地理空间信息共享与互操作技术成为解决这一问题的关键技术之一。

地理空间信息共享的实现方法主要有数据格式转换、互操作两种。早期地理空间信息共享一般都是通过数据格式转换的方式进行的，随着数据库技术、网络技术的发展，互操作方式成为地理空间信息共享的主要发展方向。

5.2.5.1 数据格式转换技术

在对来自不同部门的大量地理空间数据进行管理、共享过程中，可能经常会遇到数据格式多种多样、无法统一管理等问题，数据格式转换是解决这类问题的一种既简单又通用的技术方法。

1. 基于外部交换文件的数据转换

在地理信息系统发展初期，国内外 GIS 软件支持的数据格式被当做一种商业秘密，不同 GIS 软件平台通常是通过定义一种外部交换文件来实现数据转换，如 ArcGIS 的 E00 与 shapefile、AutoCAD 的 DXF、MapInfo 的 Mif、MGE 的 ASC Ⅱ Loader 等格式，都是一些用于外部数据交换的中间格式。这些外部交换文件格式一般是 ASC Ⅱ 码文件，用户通过阅读说明书可以直接读写这种外部数据文件，为己所用。

基于外部交换文件的数据转换流程如图 5-2 所示，从系统 A 的内部数据转换到系统 B，可能经过 2~3 次转换。先从 A 的内部文件转到 A 的交换文件，如果 B 系统能够直接读 A 系统的交换文件，即转换两次即可。否则要从 A 的外部交换文件到 B 的外部交换文件，再从 B 的外部交换文件到 B 的内部文件，此时经过三次转换。[45] 例如，A 部门地理空间信息数据使用的是 ESRI 公司的 Shapefile 文件格式，B 部门地理空间信息数据使用的是 MapInfo

公司的 TAB 格式,如果 A 部门需要共享应用 B 部门的地理空间数据,可先由 Shapefile 文件格式转为 ESRI 公司的 E00 交换格式,再将 E00 格式转换成 TAB 格式,经过两次转换才能实现数据共享。

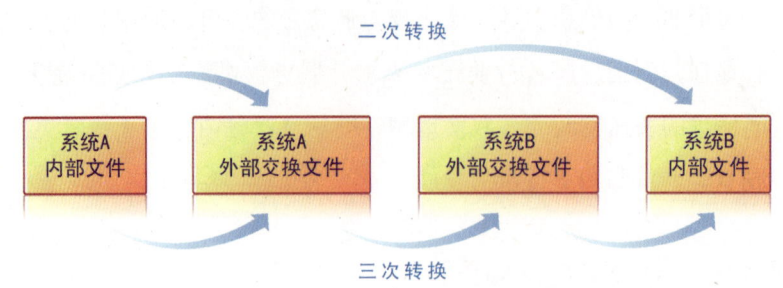

图 5-2 外部交换文件的数据转换

基于外部交换文件的数据转换方式对地理空间信息资源的交换、共享起到了一个桥梁作用,在单机、离线环境下采用这种数据转换方法可以快速地满足用户的需求,甚至还可以通过开发相关转换工具实现数据的批量转换。但是,数据格式不同意味着采用的数据模型不同,对地理世界中实体的抽象表达方法也不同,经过多种数据格式的转换后,容易造成地理空间数据的信息丢失或精度损失,给数据的集成、共享带来影响。

2. 基于标准格式的数据转换

基于标准格式的数据转换,就是采用统一的标准格式规范来实现不同格式地理空间数据间的转换。通过组织制定地理空间数据交换的相关标准,将不同系统中不同格式的数据转换成统一的标准格式,保证了地理空间信息表达的准确性和规范性(如图 5-3 所示)。

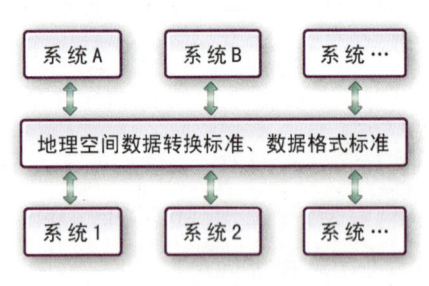

图 5-3 基于标准格式的数据转换

许多国家和国际组织研究制定了空间数据交换方面的有关标准,如美国的空间数据交换格式标准(STDS)、中国的地球空间数据交换格式标准(CNSDTF)等。有了空间数据交换的标准格式以后,如每个系统都可以提供读写这一标准格式空间数据的功能,则数据转换仅需要两次即可。[46]

5.2.5.2 互操作技术

互操作是指异构环境下两个或两个以上的实体,尽管它们实现的语言、执行的环境和基于的模型不同,但它们可以相互通信和协作,以完成某一特定任务。这些实体包括应用程序、对象、系统运行环境等。GIS 互操作是在异构数据库和分布计算环境下，GIS 用户在相互理解的基础上，能透明地获取所需的信息。对系统而言，系统能彼此更安全地获取和处理对方的消息；对用户而言，用户能方便地查询到所需的信息，并能方便地使用各种不同类型和格式的数据；对信息管理者来说，他们能很好地管理信息，为用户服务，并将资源充分地提供给用户。[47] 利用 GIS 互操作技术，可以在各部门现有系统基本保持不变的情况下，通过在现有系统中增加一个信息共享与互操作的插件，就可以使其他部门调用和操作本部门的信息，实现异构系统的互操作，这样既可以保护已有投资，又可以实现信息共享。

目前，地理空间数据互操作方法主要有两种：一种是基于直接访问模式的互操作方法，另一种是基于公共接口访问模式的互操作方法。[45]

1. 基于直接访问模式的互操作方法

基于直接访问模式的互操作方法是指用户可以使用单个 GIS 软件存取多种数据格式，实现对其他软件数据格式的直接访问。与数据转换相比，直接数据访问提供了一种更为经济实用的多源数据共享模式，它不仅避免了繁琐的数据转换，而且在一个 GIS 软件中访问某种软件的数据格式，不再要求用户必须安装该数据格式的宿主软件，更不需要运行。

但是，这种互操作方法需要建立在对所访问数据格式充分了解的基础上，如果宿主软件数据格式发生变化，则各数据集成软件必须重新升级或改造。另外，如果要实现每个 GIS 软件与其他 GIS 软件中的空间数据库进行互操作的目的，需要为每个 GIS 软件开发读写不同 GIS 空间数据库的接口函数，其工作量很大。因此，这种互操作方法通常需要 GIS 软件开发商的相互合作才能得以实现。[46]

2. 基于公共接口访问的互操作方法

基于公共接口访问的互操作方法，是通过公共接口来实现不同地理空间数据之间的互操作（图 5-4）。在接口中不仅需要考虑数据格式、数据处理等问题，还需要考虑数据处理应采用的协议，各个系统通过公共的接口相互联系，而且允许各自系统内部数据结构和数据处理方式可互为不同。

目前，一些国际标准化组织（如 ISO/TC211）或技术联盟（如 OGC）制定了一系列空间数据互操作的接口规范，GIS 软件商遵循这些接口规范开发了空间数据的读写函

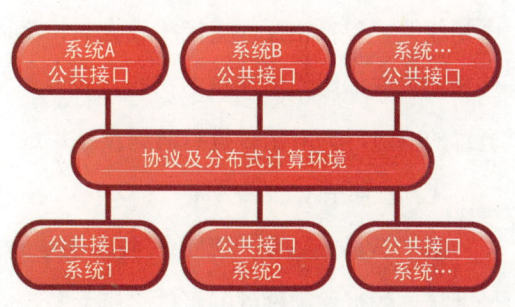

图 5-4　基于公共接口访问的互操作方法

数,实现了异构空间数据库的互操作。对于分布式环境下异构空间数据库的互操作而言,空间数据互操作规范可以分为两个层次[45]:一种是基于 COM(Component Object Model,组件对象模型)或 COBRA(Common Object Request Broker Architecture,公共对象请求代理体系结构)的 API(Application Programming Interface,应用编程接口)函数或 SQL 的接口规范;另一种是基于 Web Service(XML)技术的空间数据互操作实现规范。

(1)基于 COM 或 COBRA 的 API 函数或 SQL 的接口规范

为使用当前流行的商业关系型数据库存储地理空间数据,GIS 厂商和数据库厂商相互合作,在数据库之上增加中间件或在数据库内核增加空间数据模型扩展,保证在空间位置信息和属性信息存储一致性的基础上,可以很好地利用关系型数据库成熟的存储和索引查询机制。

如同数据库中的 ODBC(Open DataBase Connectivity,开放式数据库互联)和 OLE DB(Object Linking and Embedding DataBase,对象链接和嵌入数据库)技术用来实现异构数据库间数据共享一样,美国 FGDC 和 OGC 等众多研究机构希望通过空间数据库设计来解决 GIS 的共享和不同 GIS 应用间的互操作问题。关于异构空间数据库的互操作方面,OGC 研究制定的规范主要包括:基于简单要素的 OLE/COM 规范、CORBA 规范和 SQL 规范。这些规范通过制定统一的接口函数形式及参数,不同的 GIS 软件之间可以直接读取对方的数据。异构空间数据库的互操作有两种实现方式:一种是 GIS 软件的数据操作接口直接采用标准化的接口函数(如 OGC 定义的 GetMap 函数);另一种是 GIS 软件自行定义自己的数据操作函数接口(如 ESRI 公司的 ArcSDE 和 Oracle Spatial 等软件都提供了数据访问和操作的 API 函数和 SQL 函数),可在自己内部数据操作函数的基础上,通过包装成为标准化的接口函数,以实现异构数据库的互操作。

这种利用 COM 或 COBRA 的 API 函数或 SQL 接口规范实现互操作的技术,存在一些公认的、固有的不足。首先,这些应用程序接口需要严格匹配,并与目标系统的专用技术密切相关,导致相互间链接比较脆弱,难以实现真正的跨平台的系统集成。其次,由于这些相互关联的组件可能各不相同,使得开发和维护的费用高昂。再者,在等待远端所访问资源的响应时,对组件进行的同步调用经常出现阻塞,所以在可扩展性方面存在不足。[48]

(2)基于 Web Service(XML)技术的空间数据互操作实现规范

基于 Web Service(XML)技术的空间数据互操作实现规范是关于数据流的规范,与函数接口的形式和软件的组件接口无关。它遵循地理空间数据共享模型和空间对象的定义规范(例如,可用 XML 语言描述空间对象的定义及具体表达形式),不同 GIS 软件进行数据共享与操作时，将系统内部的空间数据转换为公共接口描述规范的数据流（数据流的格式为 ASCⅡ码，如 GML），另一系统读取这一数据流并进行显示。

目前，基于 Web Service（XML）技术的空间数据互操作是一个很热门的研究方向。OGC 和 ISO/TC211 共同推出了基于 Web Service（XML）的空间数据互操作实现规范：网络地图服务（Web Map Service，WMS）、网络要素服务（Web Feature Service，WFS）、网络覆盖服务（Web Coverage Service，WCS）以及用于空间数据传输与转换的地理标识语言（Geography Markup Language，GML），实现对空间数据库的访问。

① WMS。WMS 利用具有地理空间位置信息的数据制作地图，其中将地图定义为地理数据可视的表现，返回图层级的地图影像。这个规范定义了三个操作：GetCapabilities（获取服务能力）返回服务级元数据，它是对服务信息内容和要求参数的一种描述；GetMap（获取地图）返回一个地图影像数据，其地理空间参考和大小参数是具有明确定义的；GetFeatureInfo（获取对象信息）（可选）返回显示在地图上的某些特殊要素的信息。

② WFS。WMS 返回的是图层级的地图影像，WFS 返回的是要素级的 GML 编码，并提供对要素的增加、修改、删除等事务操作，是对网络地图服务的进一步深入。WFS 允许客户端从多个网络要素服务中取得 GML 编码的地理空间数据，这个规范定义了五个操作：GetCapabilities（获取服务能力）返回网络要素服务性能描述文档（用 XML 描述）；DescribeFeatureType（要素类型特征描述）返回描述可以提供服务的任何要素结构的 XML 文档；GetFeature（获取对象）为一个获取要素实例的请求提供服务；Transaction（事务处理包括增、删、修改要素）为事务请求提供服务；LockFeature（锁要素）处理在一个事务期间对一个或多个要素类型实例上锁的请求。

③ WCS。WCS 面向空间影像数据，它将包含地理位置值的地理空间数据作为"覆盖（Coverage）"在网上相互交换。WCS 由三种操作组成：GetCapabilities、GetCoverage 和 DescribeCoverageType。GetCapabilities（获取服务能力）返回描述服务和数据集的 XML 文档；GetCoverage（获取覆盖层）操作是在 GetCapabilities 确定什么样的查询可以执行、什么样的数据能够获取之后执行的，它使用通用的覆盖格式返回地理位置的值或属性；DescribeCoverageType（覆盖层特征描述）操作允许客户端请求由具体的 WCS 服务器提供的任一覆盖层的完全描述。[45]

④ GML。GML 由 OGC 于 1999 年提出，能够表示地理空间对象的空间数据和非空间属性数据，为地理空间信息在 Web 领域的应用提供了一种开放式的标准，得到了许多公司的大力支持，如 Oracle、MapInfo、CubeWerx 等。2000 年 5 月，OGC 推出了基于 XML

DTD（Document Type Definitions，文档类型定义）和 RDF（Resource Description Frameworks，资源描述框架）的 GML 1.0 版。2001 年 2 月，OGC 又推出了完全基于 XML Schema 的 GML 2.0 版。2003 年 2 月，GML 3.0 版正式发布。[49]

目前，OGC 关于地理空间信息互操作的标准规范还不很完备，尤其在数据安全、显示效率等方面还存在不足，在访问接口功能定义上还需要不断补充。OGC 在全球地理数据和空间处理互操作标准方面已形成了很大影响，我国在地理信息系统的互操作标准、规范制定方面与国外存在一定差距，需要加快引进、制定基于互操作的相关地理信息标准。

第 6 章 政务地理空间信息资源的管理与共享服务

政务地理空间信息资源的管理与共享服务应用，不仅仅与政府本身有关，而且涉及整个社会的方方面面，大到经济、文化等宏观整体现象，小到衣食住行等群众生活的细枝末节。政府在提供公共服务、履行法定职能的过程中也都离不开企业、公民的参与，因此政务地理空间信息资源的获取、管理、共享服务和应用，应该顺应国家和谐社会发展战略的要求，营造政府与社会相互协作、广泛参与的良好氛围，形成政务地理空间信息的管理、共享、服务以及应用的有效机制。

6.1 政务地理空间信息资源的管理

信息资源管理是国家和组织机构为达到预定目的，运用各种手段，对信息活动中的各要素（信息、人员、设备、资金等）实施全面管理的一种思想和管理模式。政务地理空间信息资源管理是政务信息资源管理的重要组成部分，是政府在规划、获取、组织以及管理使用政务地理空间信息资源过程中的一系列建设理念和管理思路。

6.1.1 政务地理空间信息资源规划

政务地理空间信息资源的规划是根据各部门的应用需求，对政务地理空间信息资源的内容及其采集、整理、组织存储、传输和使用过程进行的全面规划。根据政府部门的职能和级别，政务地理空间信息资源的规划可分为区域总体规划和行业（部门）专业规划两个类型。区域规划是对本区域（国家、省、市、县等）政务地理空间信息资源的总体规划，而行业（部门）专业规划是业务部门对自己内部和下属部门使用的政务地理空间信息资源的专业规划，总体规划和专业规划相辅相成、互相支撑。对一个区域的地理空间信息资源规划部门而言，总体规划必须统筹考虑本地区各行业管理部门的业务范围与业务性质，组织各相关部门开展行业内部的专业规划，并以各部门专业规划为基础，梳理和确定本区域内各类地理空间信息资源的分类、获取与更新、组织与管理、共享与应用的机制等。

政务地理空间信息资源的规划可分为业务层、数据层和应用层三个层次，通过规划，可明确政务地理空间信息资源的"左右"、"上下"、"内外"关系。三个层次的规划中，以业务规划为基础，通过业务规划以明确机构在业务过程中产生、使用和提供政务地理空间信息资源的业务环节，以及各业务环节中使用政务地理空间信息资源的方式、来源和流向；数据规划是核心，通过数据规划，可明确机构业务过程中所涉及的政务地理空间信息资源的具体内容，包括数据分类、质量要求等多个方面；而应用规划是对数据管理、业务应用方式和过程的规划，包括数据的获取和更新、组织与存储、访问和使用控制、数据的转换和分发等方面，贯穿整个数据的产生、传输和使用过程，规划各个业务应用环节的应用模式，以及各环节之间的传递与衔接。

6.1.1.1　业务规划

政府的行政管理和公共服务职能随着社会和经济的发展而进行不断的调整，业务模式、业务人员、工作方式和流程也会随之不断变化。随着电子政务建设的推进，借助业务信息系统的支撑，政府各部门可通过业务流程再造，迅速满足外界和自身业务调整的需要。政务地理空间信息资源规划中的业务规划必须随着政府管理和服务的重点进行调整，针对相关业务的应用特点和需求开展。

政务地理空间信息资源的业务规划应当从宏观到微观，从政府的职能与分工入手，逐步细化，按照"职能域—业务过程—业务活动"的层次建立政府业务模型，明确政府各项管理与服务业务的内容、机制与资源，支撑各政府部门内部以及相互之间相关业务的无缝集成和整合。具体包括以下几个方面：

（1）业务范围和业务内容。业务规划是对本地区或本部门各组成部门及其下属部门的职能以及管理和服务业务进行梳理，明确各部门管理和服务业务的范围，区分内、外业务边界，明晰各项业务的具体内容，理清业务主线，勾画业务流程，进而划分出各项业务中可分离的最小业务单元，并对业务单元的内容进行界定。

（2）业务机制。明确各部门之间以及部门内部各组成部分之间的业务驱动机制，对各项业务及各业务单元的触发、分配、传递以及终结等运转、驱动条件进行分析和界定。例如，工商局可对企业注册业务进行重新规划，如果在企业登记注册时就要求对企业地址进行空间化定位和核实确认，即在业务产生阶段就进行了资源采集的规划，那么在后期进行企业空间可视化管理、查询、统计、分析等业务环节，均可利用到这一资源，但这一切是建立在部门内部业务机制、流程环节统筹规划的基础上的。

（3）业务资源。通过对各项业务及其业务单元所产生或涉及的政务地理空间信息资源进行梳理，可明确各项业务产生、使用和传递的政务地理空间信息资源目录清单，包括资源名称、产生部门、资源属性、共享级别、服务对象、主题内容等。

（4）业务规则。业务规则是对业务内容、业务机制和业务资源的定义和具体描述。由于政府业务会随着管理和服务目标的变化而不断调整，相应的业务机制和业务资源也并非一成不变。因此，必须通过详尽、准确的指标和规则体系，对业务内容、业务机制和业务资源本身进行描述，并对业务内容及业务流程中各业务单元职责的增加、减少和调整，业务流转方向的变化，以及相关驱动机制、资源等的变更规则进行规定。

6.1.1.2 数据规划

数据规划对政务地理空间信息资源开发和利用具有重要的意义，是信息资源规划的核心，数据规划可以通过两种方式开展：一种是从区域或部门发展战略重点出发，剖析关键的支撑性信息资源，自上而下地分析部门管理和服务业务所需地理空间数据的范围和类别；另一种是通过业务规划进行业务流程梳理，自下而上地提取从业务规划中发现的业务资源中地理空间数据的范围和类别，进而构建政务地理空间信息资源的概念数据库、逻辑数据库、数据类、数据元素，建立数据模型，确保数据的完备性和规范性。

数据规划包括数据内容规划、数据组织规划和数据标准规划三个方面。数据内容规划通过确定政府各部门管理和服务中使用的政务地理空间信息资源，按照政务地理空间信息资源的分级分类标准，明确各类数据分别在哪个部门、哪项业务中产生，在哪些部门和业务中使用，以及在哪些业务中进行修改和衍生，从而理顺各类数据在各部门管理和服务业务流程中产生、使用、传递的各个环节，建立数据与业务之间的关联，最终建立完备、准确、现势性高的政务地理空间信息资源数据库，为资源的管理、共享以及服务奠定数据基础。数据组织规划是根据政务地理空间数据与政府相关业务之间的关系，明确数据的组织管理原则和建设模式，构建政务地理空间信息资源的目录体系。数据标准规划是对数据的完备性、准确性和现势性进行规范，以保证数据在获取与更新、使用和共享、传输转换过程中的一致性，需要对政务地理空间数据的分类编码标准、数据元素标准、数据质量标准、数据安全等级标准、数据交换标准等进行统一规划。

在这三种规划中，数据内容规划是最核心、最重要的一项规划，它的统筹性、科学性、合理性、适用性将关系到整个政务地理空间信息资源管理与共享服务应用体系的健康性和生命力，因此，需要对政务地理空间信息资源数据库开展系统研究和统一规划，以便更好地支撑上层的资源管理、共享、服务和应用。

根据政务地理空间信息资源的共享分级理论，政务地理空间信息资源数据库由政务基础共享地理空间信息资源数据库、政务公开地理空间信息资源数据库、政务主题共享地理空间信息资源数据库和政务专用地理空间信息资源数据库四部分构成。其中，政务基础共享地理空间信息资源数据库处于核心、基础地位，它的内容规划是一项十分重要的工作。政务公开地理空间信息资源数据库和政务主题共享地理空间信息资源数据库是在政务基础共享地理空间信息资源数据库基础上随着用户范围的不断扩大和用户需求的不断增多而衍生出来的两类数据库，在整个政务地理空间信息资源管理与共享服务应用体系建设的资源共享、深度应用等中后期阶段具有十分重要的现实意义。政务专用地理空间信息资源数据库的规划贯穿体系发展的整个环节，相对于不同政府部门这些资源数据库的规划和实施都相对独立。下面按照"政务地理空间信息资源层"的资源建设思路对其进行系统介绍。

1. 政务基础共享地理空间信息资源数据库

按照政务地理空间信息资源管理与共享服务应用体系中"政务地理空间信息资源层"中资源的逻辑构成和建设思路，从整个"数字城市"建设角度审视，政务基础共享地理空间信息资源数据库是区域开展政务地理空间信息资源共享、服务以及应用所必需的地理空间基础性设施，应由政府相关部门统一组织建设。

（1）数据库的基本构成

在政务基础共享地理空间信息资源数据库中，遥感影像数据库、数字线划图数据库、政务电子地图数据库、地理编码数据库以及政务信息图层数据库是最基本、最核心的基础数据库，共同构成了政务基础共享地理空间信息资源的基础框架，利用这五大类数据库基本上可满足大多数政务部门业务共享的需求（如图6-1所示）。

遥感影像等五大基础数据库相辅相成、互为补充，存在着一定的逻辑关系。数字线划图数据库是其他四个子库数据的地理空间基准，遥感影像数据库是数字线划图数据库和政务电子地图数据库的更新手段，地理编码数据库是政务信息图层数据库的生产与更新工

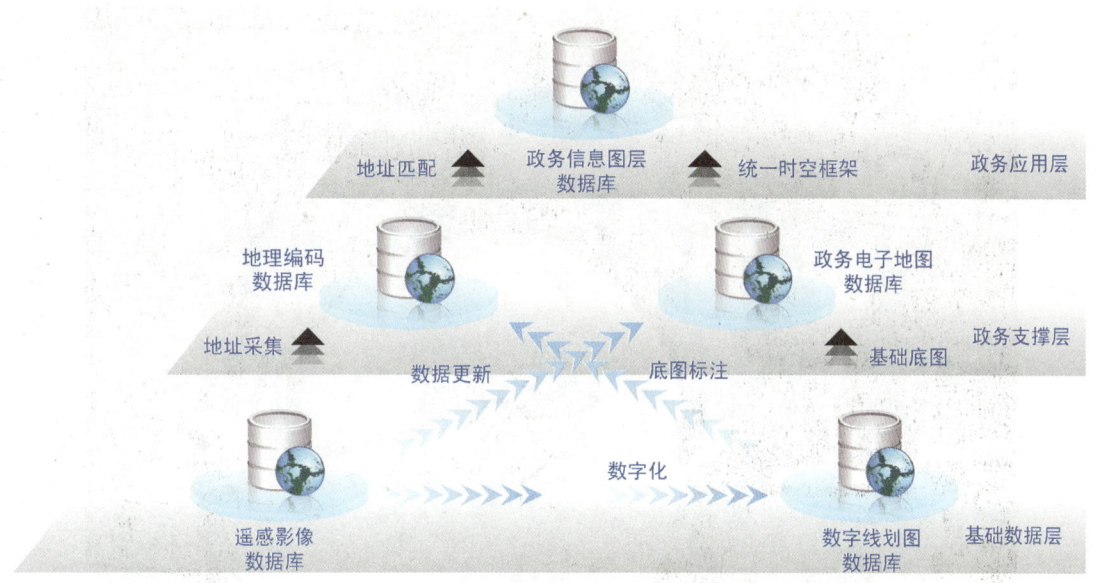

图 6-1　政务基础共享地理空间信息资源数据库的基本构成

具，五个子库缺一不可。

① 遥感影像数据库

遥感影像主要是指利用飞机或卫星传感器获得的航空影像和卫星影像，它真实地再现了地表环境，使人类超越了自身感官的限制，以不同的空间尺度、感知方式快速、及时地监测地球环境的动态变化（如图6-2所示）。遥感影像数据的一个最基本参数就是分辨率，通常可以分为空间分辨率、光谱分辨率、辐射分辨率以及时间分辨率四种类型，通常在实际电子政务中应用最多的是空间分辨率。

在传统的 GIS 技术体系中，遥感影像往往用于专题地图制作、土地利用、环境监测、地矿调查、林业调查等方面的政务应用。但随着电子政务中空间信息应用深度和广度的不断拓展，遥感影像的应用逐渐渗透到应急指挥、奥运安保、市政管理、卫生社区医疗、疾病监控，甚至在财政管理，农村社会经济调查，人口、经济普查等非传统领域。虽然现阶段的应用水平普遍较低，许多部门只是把遥感影像作为"城市底图"来使用，更多的是处于"看图说话"阶段，但有理由相信，随着社会对地理空间信息概念的理解深度不断加强，地理空间信息技术势必将以其无可比拟的优势加速渗透到众多行业中去，进而激发出更多的应用领域和新的应用方向，应用水平得到不断提升。因此，在电子政务应用中，遥感影像数据的集成化管理、共享和使用具有非常重要的现实意义，遥感影像数据库的建设对推动政务地理空间信息资源的基础性、权威性信息的共

图 6-2　北京市海洋馆水族馆的航空遥感影像图

享也具有举足轻重的作用。

在现阶段"数字城市"建设过程中,通过对遥感影像数据进行统一采购,组织数据库建设、管理以及免费分发、共享应用等技术服务,能够有效降低各政府部门使用遥感影像的门槛,推动地理空间信息技术在政府部门业务中的广泛应用,在实际应用的社会和经济效益中体现地理空间信息的真正价值和意义。

② 数字线划图数据库

数字线划图(DLG)是现有地形图上核心要素的矢量格式数据集,保存各要素间的空间关系和相关的属性信息,全面描述地表目标。其内容主要包括行政区划边界、地名、水系、地形、路网、控制点信息和地图数学基础(投影坐标系和地理坐标系)等。数字线划图采用了一种能够满足地理信息分析、浏览、叠加的分层结构进行数据存储,其数据量相对较小,能满足地理信息系统进行常用空间分析的要求,可以与其他空间信息产品进行叠加,便于分析、决策。数字线划图作为城市地理空间基本信息的抽象表现形式之一,是进行相关空间应用的基础,通常由测绘部门负责生产(如图 6-3 所示)。

数字线划图数据库作为城市地理空间信息化的基础性设施,其主要作用是为所有与地理位置有关的信息提供一个统一的地理空间基准和框架。如果把建设数字城市比做是建设

图 6-3　数字线划图中的地形等高线图

一栋大厦,那么数字线划图就是这个建筑物的钢架。地理空间基准是由平面坐标系统、高程基准、重力基准、参考椭球模型和地图投影系统等组成,它是遥感影像、政务电子地图、政务信息图层、地理编码数据这四个子库数据的共同的地理空间基准,是五个子库数据进行空间叠加和整合的基础。此外,数字线划图广泛应用于能源、交通、农林、水利、土地、矿产、城建和旅游等部门的规划设计,为国民经济建设和社会发展提供及时、适用、可靠的测绘保障。

③ 政务电子地图数据库

对一些非传统的部门来说,数字线划图虽然提供了一些基础的地理空间信息和属性信息,但是,这些信息对于它们的实际政务应用来说,远远不能满足其需求,常常需要进行二次加工处理才能获得政务应用中所需要的电子地图;此外,数字线划图的更新和维护必须由具有测绘资质的主管部门按照固定的更新周期组织生产,对于那些对数据现势性要求比较高的政务应用需求来说,很难发挥实际的应用价值,因此,政务电子地图应运而生。

政务电子地图指在基础测绘地形图的基础上,删除一些测绘专业要素,增加一些具有普遍共享性社会经济类信息的政务标准地理底图。它是各政府部门在政务工作中普遍需要共享的一类城市地理空间框架专题数据,可为各政府部门提供一张统一的地理底图(如图6-4所示)。

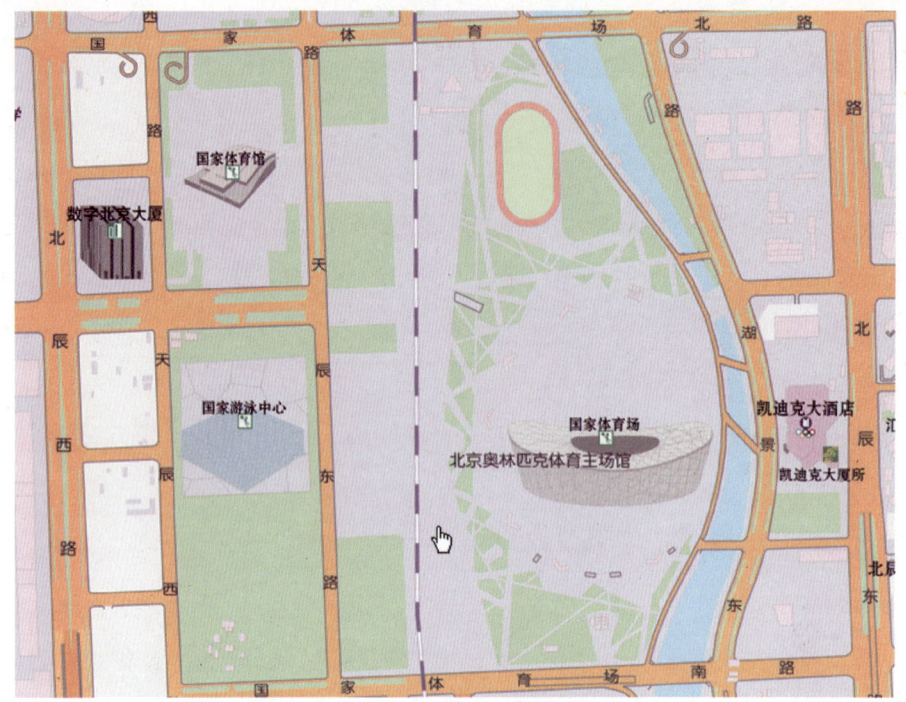

图6-4 政务电子地图示意图

政务电子地图的数据内容主要包括交通及辅助设施、水系、植被、行政区划、建筑物、地名点、公共服务设施、名胜古迹、宗教设施、科学观测站等，这些数据均属于多部门关注和使用频率较高的通用类地理空间信息资源。另外，政务电子地图在吸纳框架性的数字线划图内容基础上，添加了很多共享需求强烈的人文、经济类信息，这些信息具有丰富的属性信息，可以满足大多数政府部门查询、统计分析的应用需求。政务电子地图的更新周期相对较短，每年更新一次，基本能够满足大多数部门业务对数据现势性的需求。

综上所述，政务电子地图紧紧围绕多个政府部门的实际应用需求，可以为政府各部门的电子政务应用提供统一标准的地理底图，从而为众多业务应用共享"同一张底图"管理模式的形成奠定基础。

④ 地理编码数据库

据统计，在政府各职能部门的大量业务信息中，约80%的信息都与地理空间位置密切相关，这些非空间数据资源都有具体发生地的描述信息或标识信息，例如行政区划、自然地理区域、坐标系、地名、地址或数字编码（如邮政编码、电话号码）等，这类信息是非空间数据资源与空间数据发生联系的关键所在。通过在确定的参考系中按一定的规则对这类信息赋予唯一的可识别代码，并利用匹配算法进行空间位置标识，从而能够确定非空间信息资源的空间位置,这一过程被称为是广义的地理编码(Geocoding)。其中,用于匹配计算的、关于标识信息的完备参考系统即构成了地理编码数据库。利用地理编码数据库,可以在地理空间参考范围中确定非空间信息资源的位置,从而建立空间信息与非空间信息之间的联系,在各种地址空间范围(如行政区划、人口普查区、街道、社区等)内可对各种社会经济、资源环境、规划管理信息进行整合,从而为实现各个部门基础数据的交换和共享打下基础。

在实际应用中,人们通常使用地址作为非空间信息资源具体发生地的描述信息,因此在狭义概念上,地理编码又可称为地址匹配(Address Matching),它主要指建立给定地址与真实地理坐标一致性的过程,简单地说,就是给某一地址指定地图坐标,从而使得该地址所代表的地理实体在电子地图上得以空间化显示。地址匹配可分为正向匹配和逆向匹配两种方式,分别表示地址文字描述与空间地理坐标之间的双向转换过程。

地理编码技术是以地理编码数据库为基础的空间相对定位技术,因此,地理编码数据库的建设是关系到政府部门内部各类社会经济的信息与空间信息进行资源整合、共享及应用的关键(如图6-5所示)。在建设地理编码数据库实现空间信息融合的过程中,需要重点解决三方面的问题:一是明确编码的对象,对象不同则编码的方法也可能不同;二是必

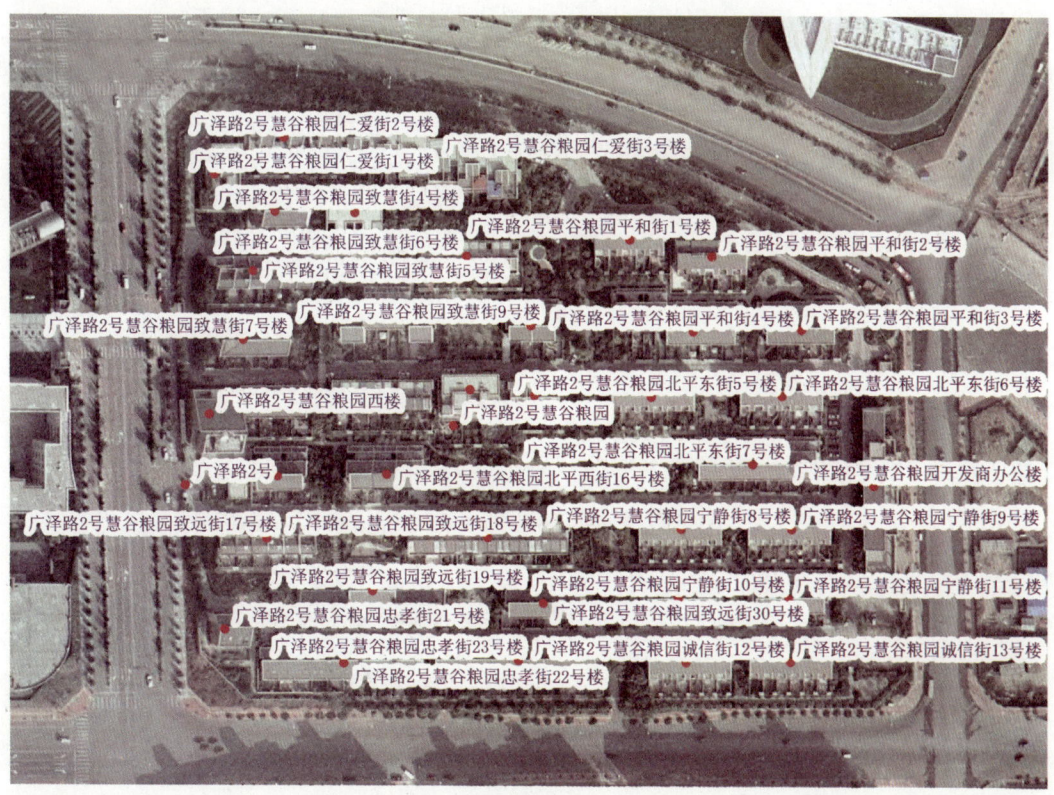

图6-5 北京市某小区的地址空间分布图

须有标准的参照系统，例如，地址数据库建设之前必须要研究地址文字描述的标准模型；三是确定唯一的编码规则。这三大问题中，首先需要解决的问题就是确定编码对象，它决定着参考系统的采用和编码规则的确定，也决定着地理编码采用的方法。例如，以城市管理的每一个部件（如电线杆、路灯、井盖等）作为编码对象和以街道、城市管理网格、行政区划为编码对象的地理编码数据库将会存在很大的不同。鉴于地名、地址在各政府部门的普遍共享需求，通常是选择地址作为编码对象，研究建立标准地址模型，确定编码规则，以建设地址数据库。

⑤ 政务信息图层数据库

政务信息图层是政务公用地理信息图层的简称，是指政府部门在规划、管理、决策和服务中所需要的、可共享的政务地理空间信息资源，按照矢量数据模型及相应的属性数据分层组织，形成与电子政务业务有密切联系、有明确空间定位的、多个部门均需共享使用且使用频率较高的政务地理空间数据集。它也是政府管理信息和地理空间属性信息的融合，并广泛应用于政府部门业务的一类特殊的政务地理空间信息资源，如加油站、餐饮住宿、交通和风景名胜等空间分布图（如图6-6所示）。政务信息图层概念的产生，是地理空间信息在电子政务中深入应用的标志，也是政务信息资源管理和应用不断拓展、深化的

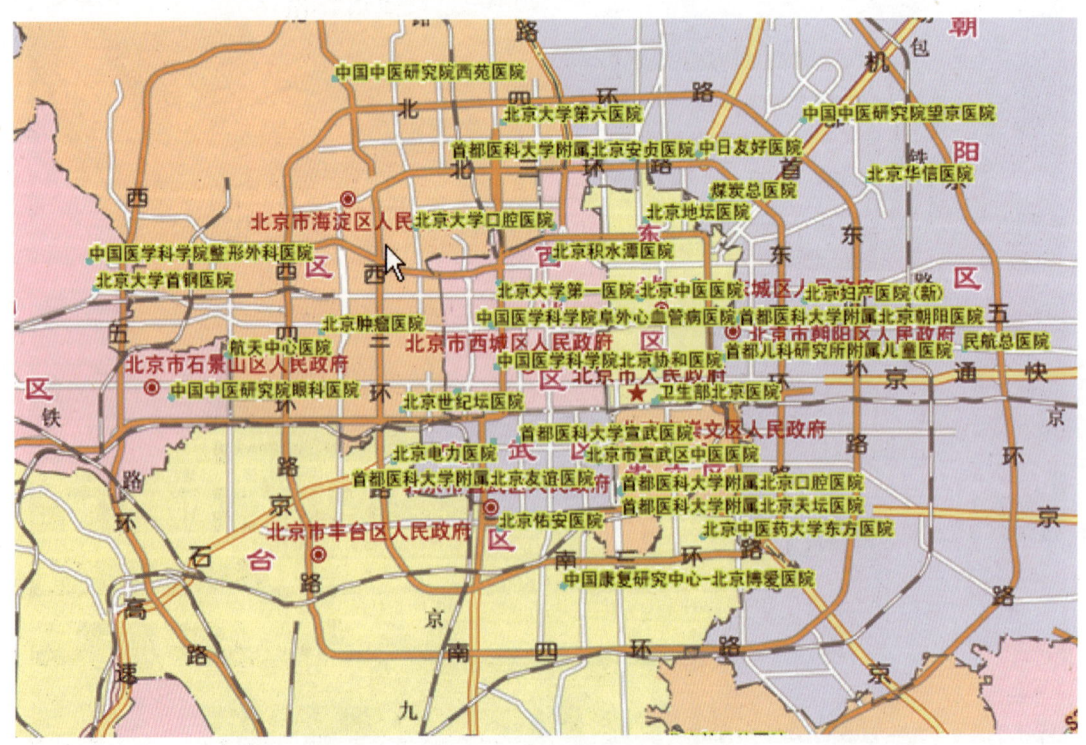

图6-6　政务信息图层——三级医院图层

表现，是当前政府行业应用的一种必然趋势。

政务信息图层建设是各部门信息共享、实现政府信息资源统一开发利用和服务的重要举措。通过各类政务信息图层的整合和共享，可以支撑交通规划、医疗基础设施规划、学校分布规划、税源税收分布统计、区域文化产业规划、人口统计分析、传染病监控以及城市管理和城市应急综合指挥等众多应用，为政府部门的规划、管理和决策提供支持，同时也将提升政府部门的公众服务能力。因此，政务信息图层数据是数字城市建设中一类十分重要的基础性资源。

在政务信息图层建设方面，虽然各个省市的实际情况不尽相同，但应按照"权威数据来自权威部门，权威部门负责更新维护，资源共建共享"的基本原则开展建设，因为，政务信息图层来自各个业务部门，不是仅凭某一个单位就可以开展和完成的。另外，鉴于地理空间信息技术的专业性，很多政府部门缺少必要的技术支撑手段来进行各自政务信息图层的建设，因此，如何组织政务信息图层数据库建设成为主抓地理空间信息共享部门是首先需要面临和解决的问题，为此，牵头部门宜以共建共享为切入点，研究并提供高效、快速的政务信息图层制作技术（如利用地址匹配技术），组织各部门分步骤、分阶段地建设政务信息图层数据库建设。

（2）政务基础共享地理空间信息资源数据库与自然资源和地理空间基础信息库之间的关系

① 自然资源和地理空间基础信息库

自然资源和地理空间基础信息库是《国家信息化领导小组关于我国电子政务建设指导意见》通知明确要求开展建设的电子政务四大基础库之一，旨在为电子政务和社会公众提供基础性自然资源和地理空间信息服务，通过有效的整合改造资源，加大国家地理空间信息资源开发和利用力度，逐步满足国民经济和社会发展对地理空间信息的迫切需求。

自然资源和地理空间基础信息库中核心信息资源包括三个方面：基础性地理空间专题信息库、基础性自然资源专题信息库、自然资源与地理空间综合信息库。

基础性地理空间专题信息库信息内容为覆盖全球、全国或大区域的多尺度的基础地理信息，包括全国基础地理空间信息分库及其标准化系列产品、全球基础地理空间信息分库及其标准化系列产品、全国航天与航空遥感数据目录和标准化系列产品等内容。

基础性自然资源专题信息库内容涉及各专题性资源信息，例如，土地资源基础信息分库、矿产资源基础信息分库、水资源基础信息分库、森林资源基础信息分库、海洋资源基础信息分库、全国资源环境动态遥感监测基础信息分库、气象气候资源基础信息分库等。

自然资源和地理空间综合信息库是为满足国家和地区宏观管理决策中对跨部门、跨地区、多源、多行业地理空间综合信息的需求而形成的综合信息库，主要包括：基础地理和区划综合信息子库、遥感影像综合信息子库、全国自然资源综合信息子库、全国遥感资源环境动态监测综合信息子库、自然灾害监测预警综合信息子库、资源安全动态评估预警综合信息子库、全国生态环境评估综合信息子库、可持续发展评价综合信息子库、重大基础设施和生态工程监测综合信息子库等。[50]

② 政务基础共享地理空间信息资源数据库与自然资源和地理空间基础信息库的关系

根据内容理解，自然资源和地理空间基础信息库是从为电子政务提供基础性信息服务角度出发整合建设的，因此可以认为，这一信息库中的信息资源是按照服务分类方式进行组织，且隶属于基础数据库的范畴。特别需要指出的是，这里所说的服务分类是从政务地理空间信息资源整体服务应用角度来阐述的，而不是单指传统国土、测绘等部门的基础地理空间框架数据服务，因此，参与基础数据服务的政务部门不仅仅是国土、测绘等部门，而且包括提供自然资源基础数据服务的水利、林业、海洋、气象、农业等部门，国家自然资源和地理空间信息库的管理组织体系中就包含国家发展和改革委员会、国土资源部、水利部、农业部、民政部、国家减灾委、交通运输部、国家质检总局、环保部、中国科学院、国家海洋局、国家测绘局、国家林业局、中国气象局、地震局、中国航天科技集团总公司、总参谋部测绘局、总装备部电子信息基础部等数十家单位。

政务基础共享地理空间信息资源数据库存储的是从共享分级的角度出发，按照共享程度划分出的一类基础性、共享性信息资源，与自然资源和地理空间基础信息库分别从两个不同角度进行内容的组织，两者之间有交集，也有差别（如图6-7）。

2. 政务公开地理空间信息资源数据库

政务公开地理空间信息资源数据库是按照《政府公开信息条例》等相关法律法规的要求，经国家、地方行业主管部门的审核通过后可以向社会公众提供数据服务的一类数据库。由于政务地理空间信息数据采集的特殊性，这类数据库通常是在政务基础共享地理空间信息资源数据库的基础上，按照国家测绘局最新发布的《地图审核管理规定》中的送审、受理、审批等流程，经相关主管部门审核通过后方可提供给公众使用。

目前，政务公开地理空间信息资源数据库的构成尚未形成一个统一的共识，原则上可以按照面向公众服务的特点进行内容划分。例如，可以按照交通出行、旅游住宿、餐饮消费、医疗健康、文体娱乐、公共安全、社会保障、劳动就业、教育培训等进行资源分类。

3. 政务主题共享地理空间信息资源数据库

政务主题共享地理空间信息资源数据库管理的是为满足跨部门政务协同需要进行横向

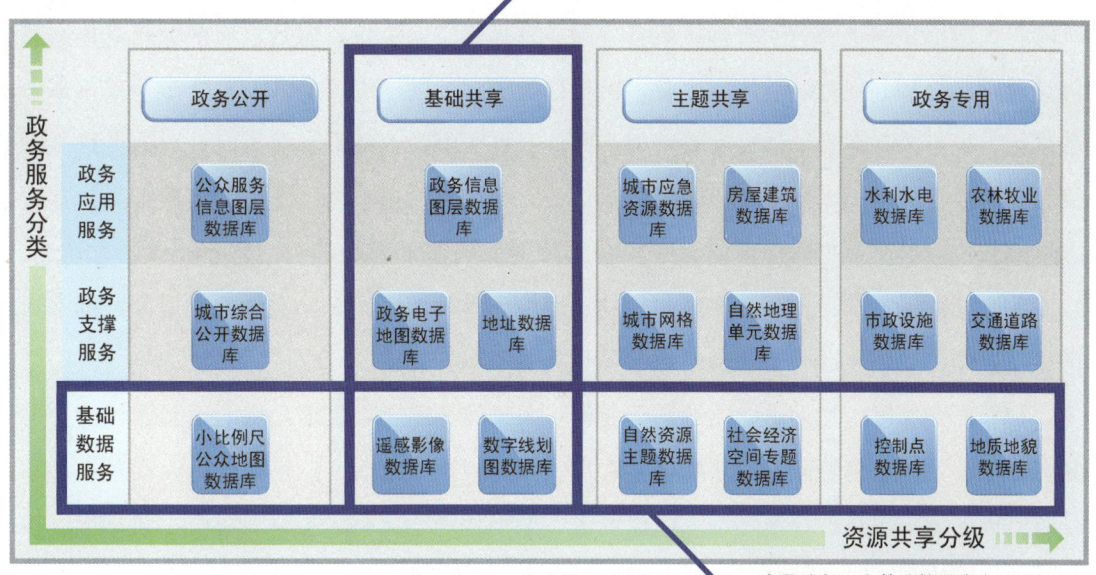

图 6-7 政务基础共享地理空间信息资源数据库与自然资源和地理空间基础信息库中核心信息资源的关系

提取并按照应用主题进行组织的一类信息资源,它是由信息综合管理部门通过调研,对跨部门的信息进行整合、集成而来的,通常具备下列几个特点:

(1) 面向业务主题(而不是面向某个部门)。这类数据库是按照面向业务主题的数据组织方式进行存储的。例如,城市管理中需要建立市政管理设施主题数据库,该主题数据库需要包括水、电、气、热、通信等基础设施信息,其中,水资源管理由水利水务部门负责,电力资源由电力公司负责,天然气和供热也由相应的部门负责。而实际上,在进行市政设施管理时,通常是按照政府部门职能由各责任部门分别管理,这必然导致业务上的扯皮或脱节问题,给业务协同管理带来困难,而面向业务的主题数据库显然可以克服此类人为管理上的一些难题。

(2) 多部门共享(信息不可以私有或部门占有)。政务主题共享地理空间信息资源数据库不再局限于各政府部门数据库自建自用的状态,它强调建立供若干个部门使用的共建共享的业务应用数据库,并且提供多种共享服务方式。例如,资源管理部门可根据涉及市政管理的各个责任单位的需求,进行空间信息资源整合,形成市政设施主题数据库,并通过开发政务地理空间信息资源共享交换服务平台,提供数据的在线服务,水务、电力、通信等各个责任主管部门的业务系统都可以利用在线服务从主题数据库中各取所需，这既保证了资源的统一性和完备性，又方便了业务协同，并可节约大量的数据建设资金。

（3）数据逻辑结构科学合理。政务主题共享地理空间信息资源数据库的逻辑结构必须保证科学、合理、规范、通用、完备。由于这类数据库的建设可能涉及多个政府单位或业务部门，也可能存在多学科交叉等特征，因此，在组织数据建设、分类时，可能会因知识储备不足或行业理解不同而造成数据的匮乏或冗余，从而影响协同业务使用的效果。这要求在组织主题共享数据库建设时，必须在了解各部门需求的基础上，充分征求各方意见，启发和引导业务需求，保证数据库内容的正确性和准确性。同时，应做好数据库数据字典的维护工作，以使主题共享各部门对共享数据的了解和使用。

（4）面向实际应用需求的主题划分原则。关于政务主题共享地理空间信息资源的主题划分原则，主要是围绕政务应用和科学管理的实际应用需求而定。例如，可以在基础共享信息基础上划分出自然、地理、人口、经济、城市管理五个一级主题，每个主题又可以按照行业的需求再次进行划分，比如，市政设施主题共享类可以再细分为水、电、气、热等各子主题。这些子主题的划分不仅需要考虑业务需求，而且还需要考虑其业务属性信息在地理空间上的表现形式。

4. 政务专用地理空间信息资源数据库

政务专用地理空间信息资源数据库是各政府部门按照自身业务需求组织建设的专用数据库。这些数据资源在短时间内，可能不需要提供给其他部门共享，但由于需要在自身政务管理中使用、归档和资料查询，因此，这部分数据更多的是由各单位内部自行建设，自建自用。但随着应用的深入，信息资源的归类也会随之发生变化，即发展到一定阶段，政务专用地理空间信息资源数据库可以向政务主题共享、政务基础共享、政务公开等类型进行转换。因此，建立政务专用地理空间信息资源数据库无论对部门内部业务的梳理、资源的积累整合、部门间的主题共享乃至基础共享信息资源的公开都具有重要的意义。

6.1.1.3 应用规划

应用规划的目标是实现业务系统、业务数据和业务内容之间的集成，满足各项业务管理和服务工作的应用需求，同时实现各业务单元之间、各业务流程之间乃至跨部门业务之间的无缝衔接。因此，应用规划应根据政府各部门业务流程与业务模式，对政务地理空间信息资源的获取与更新、共享与传输、应用绩效评估与反馈等业务应用模式进行统一规划，确保各部门内部系统、部门之间业务系统之间能够有效互联互通，以保障所支撑相关业务的顺畅衔接。应用规划的内容包括：

（1）数据获取与更新机制。根据各部门在政务地理空间信息应用过程中的责任分工，明确各类地理空间信息获取和更新的责任部门，确定各类数据的更新周期，同时设计必要的质量检验机制，保证获取和更新的数据符合相应的数据质量标准。

（2）数据访问与共享模式。当政务地理空间信息需要支撑跨部门管理与协同业务时，相关信息资源需要在不同业务系统间传递和使用，应用规划必须设计相应的数据访问和共享模式，在保障数据安全的前提下，实现不同业务系统对数据的顺畅访问或不同业务部门之间数据的合理共享，其中异构系统和不同安全等级系统之间的数据交换应予以重点关注。

（3）应用服务与系统接口。为满足跨部门业务应用的需求，同时避免不同部门业务系统的重复建设，减少系统建设的复杂程度，节约人力、时间和经费投入，应当对各业务系统可对外提供的应用服务与系统接口进行统筹规划，通过数据共享、功能互用以支撑跨部门业务的协同。

6.1.2 政务地理空间信息的获取与更新

6.1.2.1 获取与更新原则

为使政务地理空间信息资源能够支撑跨部门管理与服务业务，必须具备真实性、权威性、准确性、现势性等要求，这些要求的实现应从数据获取的源头开始着手规划。政务地理空间信息的获取是各部门开发与共享应用的基础，因此必须建立有效的数据获取与更新机制，以保障各部门相关业务的有序开展。在建设数据获取与更新机制的过程中，需要遵循一定的原则才能减少重复投资，及时获取，有效更新。

1. 从源头获取，权威数据来自权威部门

政府各部门业务彼此密切相关、错综复杂，同一类型数据可在不同部门中使用，如果各部门均自行采集所需数据，不但会因为重复采集造成巨大的资源浪费，也会由于管理、技术和人为的因素导致编码、属性等描述存在差异，即使是同一管理对象，不同部门之间的数据描述也大多存在差异，相互之间难以建立对应关系，信息无法共享，导致业务协同难以开展。因此，政务地理空间信息资源必须从政府管理业务流程中的源头部门产生，该部门应当对数据的空间特征和基本属性的准确性、现势性负责，按照"权威数据来自权威部门，权威部门负责更新维护"的原则组织采集、更新，并按照相关的数据采集、传输、汇总和存储管理办法，确保同一数据项由统一的入口入库，保证其权威性、准确性、及时性和完整性，供多个部门多次、多处共享使用。

2. 合理分工，责任明确

在政务地理空间信息资源的产生、使用、传递和评价反馈过程中，数据获取的源头部门与业务应用的下游部门应当严格区分各自的业务边界和数据维护责任，下游部门在业务应用过程中可增加与自己业务相关的专业属性，但不得对于自身业务无关的属性进行修改，以保证数据在跨部门应用中的一致性。

3. 按需采集，控制规模

由于各部门业务内容和业务需求不同，各部门对政务地理空间信息资源的尺度、精度和现势性的要求也各不相同，政务地理空间信息资源的采集应当按照按需采集的方式，根据部门业务需求，制订合理的计划，按照适当的周期、适当的粒度分类采集相关数据，合理投入人力、资金和时间，以保证数据获取和更新过程与业务应用需求之间的协调性。

4. 市场运作，良性互动

政务地理空间信息资源专业性强、复杂度大，各部门应结合自身业务特点和人员技术能力情况，可将数据获取和更新任务适当外包，通过招标等市场机制选择技术能力强、服务水平高的企业承担数据制作任务，以保证数据的准确性、完备性和现势性。

6.1.2.2 获取与更新责任

政务地理空间信息资源产生于政府业务流程之中，不同政府部门可能使用相同或类似的地理空间信息，在以往信息无法共享的条件下，容易产生多头采集和重复采集的现象，因此，在实施电子政务建设和应用过程中，应根据各自职能，确定各类数据甚至各属性项的责任部门，按照统筹规划、统一组织的原则，相互协调，开展政务地理空间信息资源的采集、建库和更新、维护工作，避免重复采集、多头采集。

不同共享级别、应用范围的政务地理空间信息资源由不同职责的部门进行更新、维护。按照政务地理空间信息资源产生、管理、共享等一系列的流程，从资源的整个生命周期中可以清楚地明确不同共享级别资源的获取与更新职责。

1. 政务专用地理空间信息资源

政务专用地理空间信息资源是政务地理空间信息资源中相对"私有"的一部分资源，其他共享级别的资源通常都是从这些资源中逐步衍生出来的，这部分资源的获取更新应当由各政府部门自行承担，按照自身职能梳理出各自业务流程产生的政务地理空间信息资源，并负责本部门政务地理空间信息资源目录的编制和维护，同时按照统一的政务地理空间数据备案、注册、运行、更新、注销等管理制度，实现对自身政务地理空间信息资源的获取、更新和维护。

2. 政务主题共享地理空间信息资源

政务主题共享地理空间信息资源是按照政府重大应用主题，将若干个部门的资源按照该主题进行组合，支撑该主题应用的一类有限共享范围的资源。这类资源的获取、更新应遵循"部门采集、内部共享"的原则，由所涉及的相关部门分别采集、获取和更新。由于不同时期不同阶段，政府部门的主题应用时常发生变化，这需要政务主题共享地理空间信息资源随着应用需求的变化而变化。

3. 政务基础共享地理空间信息资源

政务基础共享地理空间信息资源是在政府部门内部可以普遍共享的一类资源。这类资源的建设通常遵循"权威数据来源于权威部门、权威部门负责更新维护、共建共享"的原则，由各业务主管部门依托自身业务，在统一的政务地理空间信息资源开发利用总体规划指导下，按照"业务产生数据"、"建设与维护同步考虑"的思路，在本单位组织建设的政务地理空间信息资源基础上，抽取出可供其他政务部门共享使用的或者政务部门需求较为强烈的信息资源，作为本部门的政务基础共享地理空间信息资源，纳入统一的政务基础共享地理空间信息资源数据库中，采用一定共享模式提供其他政务部门免费使用。这类资源的获取更新工作应纳入各政府部门的绩效考核范围，使数据随各部门业务实现动态更新，如无法满足动态更新的条件，则更新周期最长不宜超过一年。

按照政务基础共享地理空间信息资源的统一规划，其基本组成部分由遥感影像数据库、数字线划图数据库、政务电子地图数据库、地理编码数据库以及政务信息图层数据库五部分构成，这类数据的获取、更新涉及整个政务基础共享地理空间信息资源数据库的共享服务程度，必须明确责任，合理分工。

（1）遥感影像数据库

遥感影像数据是一种海量、昂贵且时效性强的信息资源，它的获取、更新具有较强的技术性和专业性。它的获取和更新应由指定的职能部门具体负责，根据政府部门的实际需求，制订影像采购计划，进行统一获取、处理，并建立相关机制确保为各部门提供共享使用。例如，北京市在遥感影像数据库建设上打破常规，引入市场机制，采用政府统一采购、招标的方式开展建设，并通过相关部门免费给全市提供分发和共享使用，这种建设方式有力地推动了全市政务基础共享地理空间信息资源的共享和使用。

（2）数字线划图数据库

数字线划图，更多的是指传统的基本比例尺地形图。根据测绘行业相关规定，应由各地的测绘主管部门负责各种基本比例尺地形图的生产和更新，并负责本地区数字线划图数据库的建设、维护和共享，这类数据的获取、更新责任相对明确。

（3）政务电子地图数据库

政务电子地图是在基础地形图的基础上，删除一些测绘专业要素，增加一些具有普遍共享性社会经济类信息的政务标准地理底图，是各政府部门在政务工作中普遍需要共享的一类城市地理空间框架专题数据。它的获取、更新应由指定部门承担或通过统一招标的形式进行制作，为所有政府部门的电子政务应用提供实用的、现势性强的"统一地理底图"。政务电子地图更新周期可根据各地的实际情况自行制定，原则上宜每年更新一次。

（4）地理编码数据库

地理编码数据库是关系到政府部门内部信息资源整合、共享及应用的关键。在政府行业管理和应用中，地址信息广泛存在，因此，可以通过地址数据库的建设来进行政务信息资源的整合。对政府部门来说，地址数据库的建设还是一项全新的任务和工作，应由具备一定技术积累的相关部门牵头，具体负责地址数据库的建设和更新维护，地名、地址的业务管理部门协同配合相关工作。

（5）政务信息图层数据库

政务信息图层是从各个政府部门中"拿"出来可供其他部门普遍共享的一类业务图层数据。这类图层的建设原则上应由各政务部门分别组织建设，并负责各自共享资源的更新和维护，但在具体实施方面，一些带有地址信息的图层可以通过地理编码技术进行图层制作、更新和维护。

4. 政务公开地理空间信息资源

政务公开地理空间信息资源的获取与更新，应当按照国家政务信息公开条例的有关规定，由各部门负责从业务数据中整理和提取面向公众服务的信息，由相关部门集中处理，并通过行业主管部门审核后向大众发布。一般是通过政府官方网站的方式为大众提供信息浏览、查询服务。

6.1.2.3 政务地理空间信息资源获取的技术途径

政务地理空间信息资源是政府各部门管理和服务业务的重要资源，采用不同方式获取的地理空间数据，在地理空间位置精度上存在较大差异，因此各部门对数据获取技术途径的选择，应当根据自身业务特点和需求，视管理和服务目标而定。政务地理空间信息资源获取的技术途径，根据地理空间位置信息获取的方式，总体可划分为直接定位技术和间接定位技术两大类型。直接定位技术是以特定坐标系统为参考，通过测量、观测或者调绘确定目标或地理空间中任意一点坐标的方式；而间接定位技术则是通过行政单元、地址或者邮政编码等具体属性描述而间接推定地理空间位置的方法。

1. 直接定位技术途径

应用最为普遍、精度最高的直接定位技术途径是测绘，可分为基础测绘和专业测绘。在基础测绘方面，我国经过数十年的发展，已经形成了完善的基础测绘体系，建立了各种测绘基准和测绘系统，测绘制作了从 1∶500 到 1∶400 万的各种比例尺地形图。专业测绘则是由各部门根据自身业务需求和相关技术标准开展。由于基础测绘的目标是满足综合或宏观管理和服务要求，不针对特定的管理和服务目标，因此基础测绘成果不能满足某些专业部门管理和服务的需求，这些领域的需求需要通过专业测绘进行完善和细化。

遥感影像获取与识别也是一种常见的地理空间信息获取方法，通过航空、航天遥感平台获取的多源、多尺度、多分辨率海量遥感影像数据。通过对遥感影像的解译，能够获得高程、植被、水体、建筑、道路等地物信息，在规划、国土、应急、气象、农业、林业等众多领域得到广泛应用。尤其是近年来随着高分辨率卫星技术和数字航空遥感等应用的不断深入，通过遥感手段获取政务地理空间信息资源的方式也越来越普遍，进一步推动了城市管理和服务不断向精细化发展。

随着技术发展和政府管理服务业务的发展，一些新兴的直接定位技术也不断被引入政务地理空间信息资源获取过程。差分 GPS 是具有良好发展前景的高精度直接定位技术手段，可以获得实时厘米级的定位数据，完全可以满足需要精确定位的业务应用需求。部分省、市已经或正在建设覆盖本区域的差分 GPS 网络，并且已经在测绘、地质灾害等众多领域得到应用。此外，城管通、GPS 手机、PDA 掌上电脑等集 GPS、无线定位和数据传输、简易数据编辑与管理功能于一身的新型数据获取工具也不断涌现，极大地丰富了政务地理空间信息资源获取的技术手段，在城市管理、综合执法、国民经济统计等领域得到了有效的应用。

直接定位技术是获取高精度、高现势性地理空间信息的有效手段，但由于直接定位技术只能实现对当前地形、地物的测量、识别和定位，对历史地物或其他非可见目标的定位却无能为力，因此，直接定位技术并不能解决所有政务地理空间信息资源获取和更新的问题。

2. 间接定位技术途径

信息化和电子政务建设的历史远远短于政府履行行政管理和公共服务职能的时间，目前在各政府部门中已经积存了难以计数的资料和文档，保存了海量、有价值的政务地理空间信息资源。通过对这些文档、资料的数字化、整理和建库，能够还原管理和服务业务历史过程，建立城市管理和服务的时空四维数据模型，这不但可以有效补充现有政务地理空间数据不足，对行政管理和公共服务业务的持续开展也具有重要作用。间接定位是对纸质图、表、文档中的地理空间信息进行还原、定位的技术，包括两个类型：地图矢量化和文字地理位置描述的匹配定位。

地图矢量化过程是对地图中记录的各种地形、地物的识别和还原。政府各部门中存档和使用的地图一般为正式出版或专题测制，原始信息的位置准确度较高，但由于保存时间、保存环境中的湿度、温度变化，以及使用频繁可能会导致地图变形，影响图像的识别和信息的复原。地图矢量化是获取和还原历史地理空间信息的重要手段，随着时间的变迁，很多珍贵历史地理空间信息将会随图纸、资料的老化、遗失而消失。因此，通过地图矢量化对历史存档地图进行抢救性复原以获取相关地理空间信息，同样也是一项重要的信息化工作。

政府信息资源中的地理空间位置特征并非都直接以地理坐标的方式记录，而是通过文字描述的方式存在，无法直接在地理空间信息系统中应用。利用地理编码技术，可对文字地理位置描述信息进行匹配定位，迅速获取相关描述的位置坐标，从而快速、准确地转换生成为地理空间数据。间接定位的准确度取决于文字描述自身的准确程度，通常的文字描述包括分类编码（如邮政编码、行政区划代码等）、对象名称（如山脉、水体或者单位等）或地址等几种形式，其中最为准确的位置描述方式为门牌、楼名等地址。通过建设完备的地址数据库，开发高效、准确的地址匹配引擎，能够有效支撑政务地理空间信息资源的获取工作。因此，地址匹配技术是当前一种重要的相对定位技术途径。

6.1.2.4　数据质量保障

由于政务地理空间数据产生于政府业务流程，支撑政府日常管理和服务业务，数据质量将直接关系到政府工作效率，乃至管理业务的成败，因此，政务地理空间数据的获取必须建立可靠的数据质量保障机制，以确保地理空间信息的顺利获取与更新成果的质量。

1. 政务地理空间数据质量参数

（1）位置准确度

地理空间数据在地理空间位置上的准确程度，通常通过"误差"这一指标进行度量。对纸质地图而言，位置准确度往往取决于地图比例尺，不同比例尺地图所具有的位置精度不同。而对电子地图数据而言，位置准确度与制图综合的详细程度有关，细节的丢失将导致位置准确度降低。此外，政务地理空间信息资源的位置准确度通常取决于所支撑业务的需求。根据业务应用需求的不同，不同部门对同一对象的位置准确度要求可能会存在差异，以写字楼、商厦为例，在社会经济管理部门中，对其位置准确度的要求仅限于与其附近的街道、桥梁和建筑物之间的相对位置正确即可，并不关心该建筑物位置坐标误差是5米还是10米；而城市的规划、建设部门对同一大楼位置准确度的要求则要严格得多，往往需要精确到厘米级甚至毫米级，以避免不必要的权属纠纷。

对位置准确度要求的差异同样将反映在数据获取的成本上，位置准确度要求越高，数据采集与更新的人力、物力和时间投入则越大。因此，各部门在获取地理空间数据时，必须根据自身业务应用要求制定适当的地理空间位置准确度标准。

（2）属性准确度

属性准确度是指地理空间数据的属性特征对真实地物或现象描述的准确程度。属性准确度关系到政府业务的正确性，基于错误数据采取的措施和做出的决策将可能是灾难性的。对于数值型字段，其属性准确度的度量与位置准确度类似，也可以通过"误差"这一指标进行度量。对于其他类型的字段，属性准确度较难度量，但可通过正、误判断和详细程度来加以评价。

（3）时间准确度

地理空间实体和现象总是不断演化的，在特定时间段内，地物或现象具有特定的表现形式，时间的准确度与位置准确度、属性准确度密切相关，甚至是决定地理空间数据可用性的关键性因素。根据地理实体和现象的时间特性，可分为历史数据和当前数据。对政府管理和服务业务而言，最主要的时间准确度指标是"现势性"。随着我国城市化进程的加速，城乡面貌发生巨大变化，政务地理空间数据的获取往往滞后于真实世界的现状，对政府管理和服务业务的开展带来了新的挑战。政务地理空间数据的获取必须在人力、物力和时间的投入上取得一个平衡，以保证所获取的数据能够及时地为相关业务提供有效的支撑。

（4）一致性

同真实世界中各类实体和现象存在密切关联一样，政务地理空间数据之间也存在复杂的关系，政务地理空间数据的一致性体现在两个方面：一是空间特征的一致性，即空间数据必须真实体现地理实体或现象的地理位置关系，具体表现为拓扑关系的一致性，如道路必须按照逻辑网络连接，多边形必须闭合，点、线、面各类要素的邻接关系应正确；二是属性特征的一致性，即不同数据库中的数据对同一地物及其相关联的特征属性描述不能存在矛盾。

（5）完整性

完整性是指数据对真实地物和现象描述程度的详尽程度，对于数据的空间特征而言，数据完整性通常表现为数据分辨率和数据综合程度。对属性数据而言，完整性包括两个方面：一是属性的覆盖度，由于地理空间要素或实体往往具有复杂的特点，关注角度的不同，将会得到不同的属性描述；此外是属性的详细度或颗粒度，随着认识的加深，属性描述的详细程度会发生改变，在通常情况下数个字段即可概括的特征，在某些特定应用场合，甚至需要扩展到十几个甚至几十个字段才能描述清楚。同其他质量参数一样，数据完整性的选择也取决于业务应用的需求。

2. 质量保障机制

（1）制定明确的数据标准

政务地理空间数据的质量取决于业务应用需求、获取技术手段、采集处理过程和成果评价指标，为保证政务地理空间数据能够满足业务应用要求，需要建设完善的标准规范体系，对数据的内容、获取过程、技术手段、质量评估指标以及数据转换精度等方面进行全面的规定，规范数据获取和应用过程，保障数据质量稳定、可靠。其中数据质量的评价指标是对获取的成果数据进行评价的依据，也是质量保障机制实施的关键。

（2）建立严格的数据检验制度

数据质量保障机制是以政务地理空间数据标准为依据，在数据获取、更新和应用过程中，对影响数据质量的环节进行规范、约束和评价的措施。随着信息化和电子政务建设的推进，政府各部门之间将越来越多地通过业务信息系统实现业务协同与联动，有效的数据质量保障措施将成为业务协同和联动的基础。而数据检验机制应该成为各政府部门业务流程中的重要环节，数据在业务流程各环节传递过程中，应该形成有效的检验、反馈机制，对上一环节传递过来的信息进行准确性和完备性检验，并把检验结果反馈给上一环节，确保数据在获取、更新和传递过程中的一致性，从而保障其在业务使用过程中的准确性。

6.1.3 政务地理空间信息资源的组织

6.1.3.1 地理空间信息的组织

地理空间信息是对地球表面自然现象与发生过程、人地相互作用过程、社会人口及经济现象和发生过程中的空间及空间变化特征的描述及预测。由于涉及人与自然、社会经济的方方面面，使得地理空间信息的内容种类和形式十分丰富，但数据本身如果缺乏应用目的，本身并无结构化组织的需求，只有数据被使用和提供信息服务时，才有了结构化组织的必要性。所谓的地理空间信息的结构化组织是指描述地理实体、现象及过程的信息按照其表达含义、信息产生过程及特点、信息使用特点等进行有机组织管理的过程及结果。[51]

只有对获取到的地理空间信息按照使用需求进行结构化组织,才能有效形成地理空间信息的获取、加工、处理以及更新体系,满足信息资源管理的需要,从服务的角度上看,可以使用户能够更方便、快捷地了解和使用信息资源状况,增加地理空间信息的利用率,减少重复建设,促进资源共享。缺乏合理的数据组织,烦乱复杂的数据只能作为无意义的独立资料存在,根本无法产生实际效益,从该意义上讲,地理空间信息的组织要比数据生产本身更为重要。

广义上讲,地理空间信息组织是指将各种类型、多种内容、持续生成、不断更新的地理空间信息按照一定的规则进行组织,以便于服务于实际应用。对应于地理空间信息组织所应用的不同层次,地理空间信息的组织包含多个层次的含义:第一,信息组织是指同种类型地理要素的分类组织,适用于单个地理要素的展示和表达,如道路、河流、学校、医院分布图层等;第二,是指不同类型地理要素数据集在数据库中的集成、融合,即通过对数据集的转换、合成以及分解、整理,形成符合数据库应用需求的、充分兼容、易于管理的数据库(集),如综合遥感影像数据库、政务电子地图数据库等;第三,是指多数据库的统一目录管理和组织,适用于大型综合类应用数据仓库的信息组织,如政务地理空间信息资源数据库目录管理等。

1. 分类组织

地理空间信息的分类组织是应用过程中最常见的情况,通过按照地理空间实体的时间、空间以及属性特征进行分类,这在地理空间信息的采集、有效组织、数据库整合、共享使用等各个过程中都可以发挥十分重要的基础性作用。

近年来,我国先后开展了几次比较大规模的地理空间信息分类体系有关的标准规范研究,例如,原国家计委国土综合开发规划司于1986年起草了国土资源信息分类指标体系,1987—1989年经过征求各方面意见后,形成了国土资源信息分类指标体系试行稿,该体系将国土资源信息分为一级、二级、三级和基本指标项。其中,一级分类包括国土资源信息、土地资源信息、气候资源信息、水资源信息、生物资源信息、矿产资源信息、海洋资源信息、旅游资源信息、劳动力资源信息、基础设施信息、经济条件信息、灾害和治理信息12类,二级分类包含57类信息,并在此基础上形成国土基础信息数据分类与代码(GB/T 13923-92)。另外,中国可持续发展信息共享系统数据库的研究开发项目对信息的分类与编码进行了一定的研究和实践;"九五"期间,国土资源部信息中心、国家发展改革委宏观经济研究院信息研究咨询中心、中国科学院地理科学与资源研究所、国家基础地理信息中心等单位结合研究课题共同完成了《国土资源环境信息编码方案》,该方案基于我国当前主要的资源环境数据库，提出了信息分类及其编码的原则和可操作的方案，也提供了具有一定代表性的应用案例。

目前，我国已形成了一些与地理空间信息分类、编码有关的标准（如表 6-1 所示），在国土资源、环境等专业领域对地理空间信息的分类进行了一定的探讨和研究，但由于地理空间信息分类是涉及多学科交叉、融合的艺术逻辑创作，需要综合考虑资源应用特点、获取渠道以及更新维护机制等问题，因此，我国目前尚未能够针对综合性地理空间应用方面提出较为完整、实用的指标体系和分类编码，现有的分类、编码体系还存在一些有待完善的问题：一是面向综合性地理空间信息的分类标准尚未形成，目前形成的地理空间信息标准均为专题性的，或面向特定应用的，而以地理空间信息分类为目标的通用分类标准尚未建立起来；二是专业性的信息标准主要立足于各类资源的专业属性分类，设计思路偏重于资源本身属性分类的全面性、系统性，而没有充分考虑结合其他领域的实际应用情况；三是对于运用地理空间信息系统进行空间分析的需求考虑不足，未将具有空间特性的地理单元与属性信息分开，不能满足多源、多专业信息在 GIS 中进行空间分析和综合处理的要求；四是在网络技术广泛应用的新形势下，不能满足各行各业对资源环境动态信息的网络集成之共享需要，难以适应当前国家和地区"数字城市"建设和发展的需要。

表 6-1 我国已经发布实施的地理空间信息分类、编码相关标准规范

标准名称	编号
中华人民共和国行政区划代码	2260-1999
国、省道主要控制点编码规则	17730-1999
水路信息分类与代码	17735-1999
中国土壤分类与代码	GB/T 17734-1999
经济类型分类与代码	GB/T 12402-2000
世界各国和地区名称代码	GB/T 2659-2000
专题地图信息分类与代码	GB/T 18317-2001
中国河流名称代码	SL 249-1999
基础地理信息要素分类与代码	GB/T 13923-2006

2. 数据集成

集成（Integration）是指通过一定的方法、按照一定的规则整合各分散的部分，形成一个整体的过程，如系统集成、数据集成、"3S"技术集成等。地理空间信息集成的概念隶属于数据集成的范畴，严格意义上讲，地理空间信息集成的概念因侧重点的不同而有所

差别，有些侧重于 GIS 功能，有些侧重于简单数据转化，还有的是侧重于过程、属性数据和空间数据的关联等。本书综合考虑了各方面的因素，对地理空间信息集成的定义进行了完善，即地理空间信息集成是对数据形式特征（如格式、单位、投影等）和内部特征（如特征、属性、内容、综合度等）的全部或部分进行调整、转化、合成分解等，以形成充分兼容的数据集（数据库）。地理空间信息集成的过程是按照用户需求、地学知识规则、元数据等特定要求进行加工、重新组织和整理的过程，集成的目的是为了建立空间无缝、时间无缝以及属性无缝的数据库，从而达到时空统一、连续、表达和认知一致的数据内容体系。

地理空间信息集成是信息实现真正共享的前提，而目前，多源、多时相、多类型、多数据库集成等问题阻碍了数据的有效管理、共享以及应用，迫切需要研究加以解决。根据数据集成的类型和实际应用的需求，可以将地理空间信息集成分为 4 大类，即区域集成、专题集成、时间集成和数据综合集成。

（1）区域集成。区域集成是指根据一定的区域范围进行各种类型数据的集成。这类集成是电子政务中最为常用的方式之一，如行政区划内的数据集成等，体现了空间域中地理空间信息的连续性。地理空间信息的区域集成具体又可分为若干种类型，如同类数据的区域要素集成、同一区域的不同要素集成等。

（2）专题集成。专题集成是将适用领域或具体应用需求作为数据集成的主要指标，体现了内容体系的完整性和一致性。例如，按照数字城市管理的需要建立网格化城市管理专题数据库，按照城市应急指挥的实际工作需求建立应急风险源专题数据库等，这些数据库中地理空间信息的组织都是按照专题方式进行集成的。

（3）时间集成。时间集成是从时间角度进行的数据组织，体现了地理空间信息的时间特性。以时间作为集成的主线，进行多时相地理要素的集成管理，是一种具有良好应用前景的集成方式。例如，不同时相的遥感影像数据集成、不同年份的土地利用数据集成等。

（4）数据综合集成。数据综合集成是综合考虑多时空尺度的复杂集成方式，这类集成方式在实际中得到了广泛应用。例如，由高精度的矢量电子地图获取低精度大尺度地图时属于数据综合，而由大尺度地图获取小尺度高精度地图数据时则属于数据细化，这些都是数据综合集成的具体表现。

3. 元数据管理

元数据（Metadata）最常见的定义是"关于数据的数据"。最典型的例子就是图书馆的书目列表清单，它就是一种元数据。书目包含作者、题名、出版日期、主题、存放架号等属性,对于每本指定的书,都会在书目中有上述属性值,这些数据值就是该书的"元数据"。从这种角度来说,元数据定义了数据是如何进行组织、表达以及使用的。从语义的角度来说,元数据提供了数据的含义,如数据字典、注释或本体论(Ontology)等。从技术角度出发,元数据的作用是以一种统一和稳定的方式描述和组织存储在不同介质上的信息,不仅有助于查找和描述信息资源,改进对资源的检索、管理和利用,还可以帮助组织信息资源,促进共享,验证其标识,确保对它们进行长期保存和利用。在数据仓库中,元数据居于整个系统的核心地位,不仅可以管理数据仓库中的数据,而且还可以管理数据转换规则和数据挖掘算法,便于数据的一致性维护和操作。另外,元数据及其管理技术在分散数据资源管理中具有很好的优势,使其成为网络数据资源共享的关键,利用元数据和目录服务,可实现分布式地理空间数据的综合管理,充分利用网络优势发挥地理空间数据在"数字城市"建设中的应用潜力。

广义的地理空间元数据库管理涉及元数据的获取、存储、集成、更新、使用和面向应用的绩效考核、优化等几个方面,其主要目标是为了提升共享、更新以及资源开发利用的水平。良好的元数据管理可以避免信息丢失或隐藏,方便数据集成,从而更好地支持业务。在元数据库管理中,元数据集成是在元数据被创建、存储之后,为了保证元数据的一致性而建立"中央知识库",对组织内部的元数据进行集中管理。通过这种集中管理,将各种各样的数据进行有条理的识别、归类和存放,再经过定义更新机制和流程(何时开始更新、如何更新),实现数据的共享使用。

基于元数据的分布式异构地理空间数据管理,是充分利用空间数据库、元数据库、网络 GIS 以及数据目录等技术,而构建出的一种由数据目录、元数据库、空间数据集和一整套标准规范组成的管理模型(图 6-8)。其中,数据目录是根据区域、专题等特征对空间数据库中的元数据进行整理分类而构成的,通过分布式的目录服务可以实现数据的互联互通;元数据库是关于分布在各个站点上的空间数据的描述

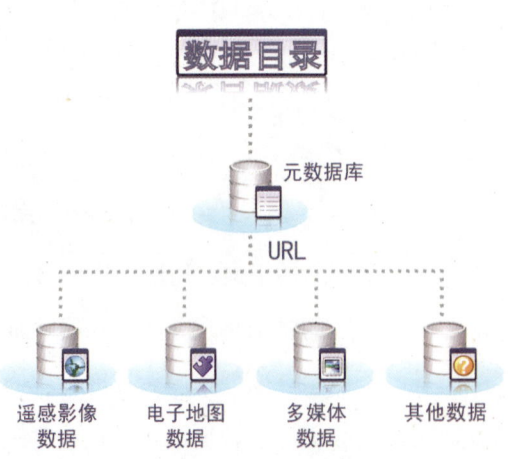

图 6-8 基于元数据的分布式地理空间数据管理模型

性信息的集合,目录服务通过元数据的统一标识码与元数据库中与之对应的记录进行关联;空间数据集可以分布在网络中的不同服务器上,通过统一资源定位符 URL(Universal

Resource Locate）与元数据库中的 URL 元数据项建立关联，这样用户可以按照一定的条件从目录服务中查询到所需要的空间数据文件或空间数据库等。

基于元数据的分布式异构地理空间数据管理的概念模型可以通过符合一定规则的动态网络运行机制得以实现，这套完整的运行机制构成了整个信息服务系统的总体框架，其总体框架由客户端（Web Client）、Web 服务器、元数据服务器（Metadata Server）和地理空间数据服务器（Geo-spatial Data Server）组成（图6-9）。其中，客户端通过向 Web 服务器提出服务请求，获取信息服务，这些信息服务主要包括目录服务、地图服务和搜索服务；Web 服务器根据请求向客户发送静态或动态的数据信息；元数据服务器负责空间元数据的浏览、目录服务、编辑、备份、恢复、安全控制和运行日志记录等；而地理空间数据服务器则实现对元数据中记录的空间数据进行在线的调用、显示、处理和应用。

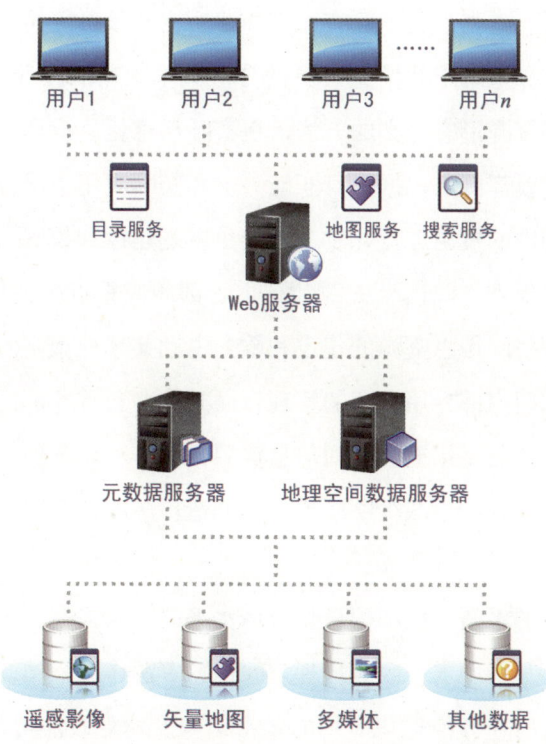

图 6-9　基于元数据的分布式异构地理空间数据管理
模型的信息服务系统框架

基于元数据的空间数据管理和服务模式，最大限度地发挥了元数据的优势，同时利用 Web 服务（目录服务）的设计思想，有效地解决了传统数据共享管理方式中的异构、异地数据库访问问题。基于元数据的管理，可以为用户提供有效的搜索引擎，方便使用者查询所需要的数据。

6.1.3.2 政务地理空间信息资源的组织

政务地理空间信息资源的组织,主要是对地理空间信息按照电子政务的业务需求,按照一定的特征和内容性质进行加工、整理与存储。

1. 政务地理空间信息资源的分级、分类

政务地理空间信息资源的分级、分类,是面向政务地理空间信息的整体应用,通过分析地理空间信息的属性特点,划分出政务地理空间信息的应用深度和层次。根据资源共享分级策略,政务地理空间信息资源可分为政务公开地理空间信息资源、政务基础共享地理空间信息资源、政务主题共享地理空间信息资源、政务专用地理空间信息资源四类;按照面向政府服务分类的三个层面,政务地理空间信息资源也可分基础数据服务、政务支撑服务和政务应用服务三类。本书上文中已有详细描述,在此不再赘述。

需要指出的是,政务地理空间信息资源的分级共享策略和按照部门分类、主题分类、行业分类、服务分类和资源形态分类的方法,在实际信息化建设和应用中常常共同交叉存在,因此,电子政务建设部门应根据自身职能分工和实际应用情况,选择分级或分类方法中隶属于自己职责范围内的资源进行开发,以避免重复建设和投资。例如,按照资源共享分级策略,省市的政务地理空间信息资源共享主管部门应重点关注信息资源的共享情况,强调政务基础共享地理空间信息资源的建设和政务主题共享地理空间信息资源的集成、融合,而不是一些业务部门内部专用资源的整理;而其他普通政务部门则应从自身业务角度出发,重点开发、建设政务专用地理空间信息资源,充分利用其他部门的共享资源,只有这样明确分工,才能最大限度地减少财政投入,创造更多的社会财富。

2. 政务应用集成

随着数字城市建设的不断深化和信息化应用水平的不断提升,电子政务对地理空间信息资源的集成提出了更高的要求,政务地理空间信息资源作为我国政府电子政务建设的重要内容,必须加强与政府业务信息化应用的紧密结合,建立政府信息化业务的集成平台,满足电子政务应用对政务地理空间信息资源集成的强烈需求,为政府部门行政管理和科学决策提供更多的地理空间信息支持。政务集成涉及如下几个方面:

① 数据集成。政务地理空间信息资源数据集成要求对电子政务中所涉及的多源地理空间基础数据、专题数据和业务应用数据,按照统一的空间参考系统和分类标准进行数据整合,形成可满足共享、动态交换以及业务应用的政务地理空间信息资源服务体系,实现对多源数据的集成管理。

② 业务集成。业务集成要求能够将政务信息化的办公流程和处理规则等政府业务管理与 GIS 技术、地理空间信息相结合，以核心业务数据为集成目标，发展基于地理空间信息的业务分析，提供政务信息处理、分析利用、协同工作和基于 GIS 的决策支持等服务，完成政府办公过程的自动化、数字化和业务处理的可视化，实现空间分析和业务应用的无缝集成、融合。

③ 控制集成。控制集成要求电子政务应用将应用功能的组织和控制统一到政府业务管理工作流上，同各部门的规范化业务运作流程相融合，方便用户的业务建模和工作流建模，并对其业务调整和流程调整有较强的适应性，可灵活地进行事务型业务化审批与管理流程定制，满足对工作流的审批流转需要，从而实现工作流技术与 GIS 技术间的无缝衔接，以解决政府部门办公流程管理与政务地理空间数据应用相脱节的问题，满足政务信息化的日常性业务需要。

④ 视图集成。视图集成的最终目的是实现 GIS 系统"隐形"，完全以普通业务系统的方式向用户提供信息服务，也就是将电子政务空间业务系统的政务信息业务视图与 GIS 空间显示视图统一为具有多功能、多窗口、多文档的可视化集成视图。这一用户视图方式要求风格统一、功能简捷高效、自然直观、易学易用，且符合政府部门工作人员的日常业务习惯和心理认知特点，以此来满足电子政务应用集成视图的使用要求。

通过上述电子政务与 GIS 的深度集成方式，可以为电子政务提供完整的政务地理空间信息资源应用解决方案，克服传统单纯 GIS 技术和地理空间数据应用于电子政务的局限性，从而使政务地理空间信息资源成为电子政务建设的重要支撑力量。

3. 政务地理空间信息资源目录体系

（1）概念模型

政务地理空间信息资源目录体系的概念模型由政务地理空间信息资源元数据库、信息资源目录以及一套标准规范三部分构成（图6-10）。

① 政务地理空间信息资源元数据库。政务地理空间信息资源数据库中存储着所有政务部门地理空间信息资源数据集，必须要进行集成管理才能有效共享、利用，因此，政务地理空间信息资源元数据库将这一数据库中的资源按照统一的标准规范，根据实际应用的需求，提取政务地理空间信息资源数据库中各项信息资源的特征，形成描述信息资源本身特点的数据库。

其中，核心元数据库是在政务地理空间信息资源元数据库基础上，提炼出描述政务地理空间信息资源所必需的核心特征要素形成的数据库。它主要由数据资源核心元数据库和

图 6-10　政务地理空间信息资源目录体系的概念模型

服务资源核心元数据库两部分构成。数据资源核心元数据库存放描述文本、图片、数据库等数据资源所必需的核心特征要素；服务资源核心元数据库存放描述应用系统、业务系统等服务资源所必需的核心特征要素。

② 标准规范。标准规范是指由政务地理空间信息资源元数据标准、分类标准、编码标准、信息安全标准及其他相关标准组成的一系列标准，它是建立信息资源目录体系的重要基础和保障。

政务地理空间信息资源元数据标准定义了描述地理空间信息资源所必需的特征要素，如资源名称、资源摘要、资源提供方、资源分类等内容，为用户发现资源，了解资源的适用度，使用资源提供信息；资源分类标准定义了政务地理空间信息资源分类的原则和方法，便于建立统一的多种分类体系，为政务地理空间信息资源的组织、查找和管理提供多种途径；信息安全标准包括网络安全标准、系统安全标准和信息安全保密标准等；其他标准是指建设地理空间信息资源目录体系需要参考的，如电子政务信息资源交换和目录国家标准、地理空间信息相关国家标准等。

③ 政务地理空间信息资源目录。政务地理空间信息资源目录是以政务地理空间信息资源核心元数据为基础，对政务地理空间信息资源进行分级分类和格式标准化，形成政务

地理空间信息资源的有序组织。它主要由数据资源目录和服务资源目录两部分构成。

数据资源目录基于数据资源核心元数据库，对数据资源形成有序组织，便于数据资源的查询、控制和管理；服务资源目录基于服务资源核心元数据库，对服务资源形成有序组织，便于服务资源的查询、控制和管理。鉴于政务地理空间信息资源的特殊性，仅仅是信息资源描述还是远远不够的，信息检索的目的还包括空间信息的可视化展示、地理要素的查询、缓冲区分析等，这一系列的功能操作都需要提供相应的服务才能满足要求。

（2）技术模型

政务地理空间信息资源目录体系的技术模型包括资源管理层、核心服务层、门户层、标准规范和管理体系、信息安全体系这几部分，如图 6-11 所示。

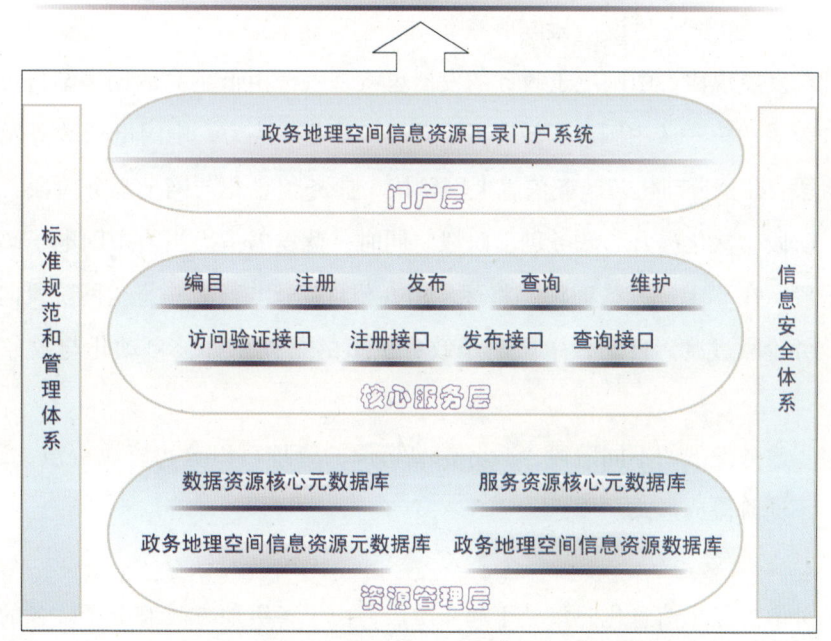

图 6-11　政务地理空间信息资源目录体系技术模型

其中，资源管理层为核心服务层提供集成后的信息资源，主要包括政务地理空间信息资源元数据库、政务地理空间信息资源数据库、数据资源核心元数据库和服务资源核心元数据库。

核心服务层在整个技术模型中起着承上启下的关键作用，对下为资源管理层提供实现各项服务的接口，包括访问验证接口、注册接口、发布接口、查询接口，对上为门户层提供元数据和编目、注册、发布、查询和维护等服务。

门户层提供整个目录体系面向用户的交互界面，是用户获取服务、进行目录管理、目录浏览及元数据浏览的入口。各级政府部门可按照不同的权限，通过政务地理空间信息资源目录门户系统访问目录体系的相关资源。

标准规范和管理体系包括支撑政务地理空间信息资源目录体系建设的相关标准规范与配套的管理制度。

信息安全体系包括国家关于信息安全的相关标准及政务地理空间信息资源的安全体系，贯穿于目录体系的各个层面，用以保护信息与网络系统的安全，提供授权管理、身份认证、数据保密等功能。

6.1.4　政务地理空间信息资源的管理模式

6.1.4.1　政务信息资源建设阶段与管理模式

按照社会发展规律，中国电子政务的发展也将是一个由低到高的循序渐进过程。2006年电子政务蓝皮书——《中国电子政务发展报告 NO.3》认为，中国电子政务发展进程可分为四个阶段：办公自动化与政务信息上网阶段、业务信息化与网上政务阶段、流程优化与全面普及阶段、深化提升与政务创新阶段。同时，蓝皮书指出当前中国电子政务发展仍处于初级阶段，在"十一五"时期，将逐步由办公自动化与政务信息上网阶段向业务信息化与网上政务阶段过渡。目前，中国电子政务更多的是处于办公自动化与政务信息上网阶段。

针对电子政务发展的不同阶段，政务信息资源的管理可以分为资源分散、逻辑集中、物理集中等不同阶段或形式。

1. 资源分散阶段

在资源分散阶段，信息化建设处于起步阶段，由于各级地方政府电子政务的建设缺乏明确的发展目标和统一的发展规划，再加之政府部门条块分割的管理体制，导致了各部门在进行电子政务建设时各自为政，形成了众多相互分散、异构、封闭的信息孤岛，因此，该阶段也可以称之为"信息孤岛"阶段，各部门更多的是开展办公自动化与政务信息上网工作，属于电子政务的最初级阶段——启蒙阶段。该阶段中，各部门的信息与业务系统分别组织建设，即使是各个政府内部信息资源的建设与管理也缺乏标准，沟通较为不畅。

资源分散是信息资源建设与管理的一个必经阶段，通过该阶段政府部门积累了大量相互分散、异构、互不共享的数据资源，实现了信息资源从无到有的过程，这是电子政务发展历程中关键的一步，是今后信息资源开发利用的基石所在。离开了信息资源，整个电子政务工作将陷入"巧妇难为无米之炊"之窘境。但是该阶段各部门数据之间缺乏关联，无法发挥资源整合、集中分析的优势，这自然为迈向下一个阶段——实现跨部门共享埋下了伏笔。

2. 逻辑集中阶段

资源分散阶段更多的是体现了主机时代的思维模式，但随着分布式技术和宽带网络性能的日趋提升，随着各部门资源共享意识和需求的提高，政务信息资源的建设与管理也逐渐出现了"数据物理分布、逻辑集中"的模式，即数据不是存储在一个集中场地上，而是按实际需要实现基于网络的分布存储和管理，逻辑上形成一个整体，通过网络可以为用户共享所用，用户无需关心数据存储物理位置的分布。

该阶段，各政府部门内部自身的信息资源建设与管理日趋规范和完善，部门内部的业务信息化成效显著，随着协同工作的需要，跨部门之间的信息资源共享已成为一种上升趋势。在逻辑集中模式的应用推进过程中，将先后出现点对点、基于数据共享交换中心1对N两种数据共享交换模式，前者是一种逻辑集中模式发展的初级阶段，后者则是相对成熟的阶段。

（1）点对点数据共享交换模式

点对点数据共享交换模式出现的原因往往是：在推进电子政务过程中，由于缺乏政务信息资源共享交换的机制保障，一个地方或一个城市往往没有设立或明确专门负责推进政务信息资源共享交换的主管部门，由于权责不清或者缺乏相应的技术支撑环境，使得政务信息资源共享交换缺乏组织而显得无序。因此，该阶段的信息资源共享更多的是一种需求和应用部门自发形成的点对点的数据共享交换模式（如图6-12所示），缺乏全局的统筹规划。

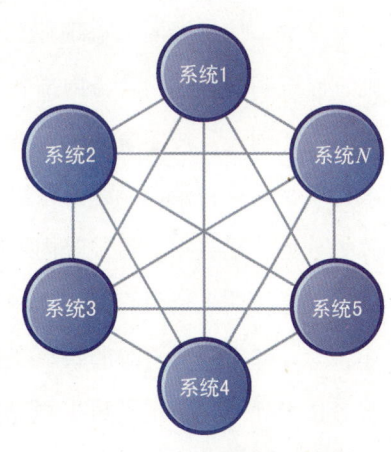

图6-12 点对点数据交换模式

在点对点信息共享交换模式下，各业务部门系统间各自独立建立连接，进行对应的数据共享交换。这种模式虽然结构简单、实施方便，但其缺点也是显而易见的：连接数随交换节点个数的增加将呈几何级数增长，维护工作量很大；信息资源共享与交换的标准可能只适合于两个参与交换的节点，并不具有普适性，甚至数据共享交换采用的网络设施自成体系，网络管理不规范，无法满足多个部门的协同工作，将来实现全局性共享时将存在不少的改造工作。[52]

(2) 基于数据共享交换中心 1 对 N 的共享交换模式

在经过前面阶段的发展之后，单一的政府机构业务系统建设已经达到了一定的水平，积累的政务信息资源已经具有相当规模，政府部门之间信息资源的共享交换开始取得了一些成效。但与实际需求相比，仍存在较大差距，如数据标准规范不统一，信息共享程度较低；各部门之间互联互通不足，业务协同困难，难以发挥整体优势；缺乏统一的政务信息管理和服务机制，等等。因此，人们开始积极探索如何解决各部门信息化水平和技术力量参差不齐，跨部门共享交换复杂且无序、缺乏统筹规划等问题。"逻辑集中，物理分布"的模式就是其中的一个解决方案，该模式的推行实施需要具备以下三个方面的条件。

首先，在管理机制方面，通过前期的发展，许多地方和政府部门在实践探索中根据自身情况逐渐形成了各自的政务信息化管理体制，设有"信息中心"、"信息管理中心"、"信息网络中心"等不同称谓的机构，这些机构承担了各自部门的信息化规划、实施、服务、运维等工作。但在整体上缺乏一个统筹全局的核心组织机构（以下称为信息资源管理主管单位），阻碍了信息资源跨部门共享推进的进程。因此，信息资源管理主管单位的设立或确定成了这一阶段的一个必然产物，由其负责承担跨部门的信息资源共享交换统筹规划、组织实施和管理工作，明确信息资源建设、更新、管理、共享交换服务等各个环节工作各部门所承担的权责关系，这为逻辑集中模式的推行提供行政机制方面的保障。

其次，信息资源的梳理业已日趋完善。各部门按照"权威数据源自权威部门"的原则，应已明确各部门自身内部各类信息资源产生、更新、维护的权责，并做到了责任到部门、责任到人；按照统一的政务信息资源分级分类体系，各部门应已基本完成信息资源需求目录、共享目录、专题目录以及信息资源的公开、共享等保密等级的梳理工作。信息资源的分类、元数据、目录等内容的梳理是信息资源共享交换的前提基础。

再者，信息资源管理主管单位完成了面向各部门的政务信息资源共享交换平台的搭建，为各部门信息资源的共享交换提供了统一的技术支撑平台，统一了数据标准，统一了服务技术规范，制定了数据更新维护与共享管理制度。依托于政务信息资源共享交换平台，各部门可以开展各自信息资源的目录注册、更新等工作，同时也为共享需求部门提供了资源查询、检索、获取的统一途径，这为逻辑中心——数据交换中心的成立奠定了基础。

基于数据交换中心 1 对 N 共享交换模式的框架如图（图 6-13）所示，充分体现了"逻辑集中，物理分散"理念。在这种模式下，政府建立统一的数据共享交换中心，各系统的数据都逻辑集中到数据共享交换中心，各系统根据需要通过数据共享交换中心这统一的数据出入口调用数据。这种方式的优点包括：连接数呈线性增长；支持分布式的数据共享交换；数据共享交换中心可做共享交换内容的公证、集中监控和管理，较好地解决了点对点数据共享交换模式存在的交换无序、维护工作量大等诸多不足。但其缺点是对数据共享交换中心过于依赖，不利于分散风险。

3. 物理集中阶段

随着电子政务工作开展的深入和发展，我国政府现行的运行机制、管理方法和技术手段已经越来越不能适应这种新局面，迫切要求政府机构加强和推动体制改革、管理创新和技术应用工作，促进政务流程优化与电子政务建设进入良性循环，提高政府信息化水

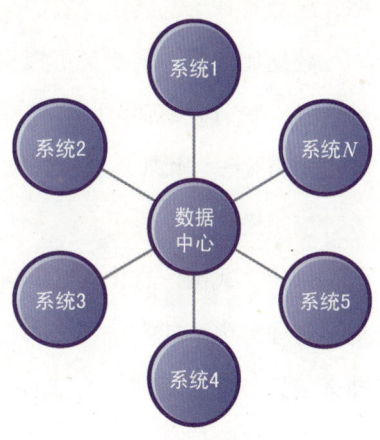

图6-13 基于数据交换中心1对N共享交换模式

平的同步协调能力，政务信息资源建设开始进入"物理集中"阶段。在"逻辑集中"阶段，更多的是一种纯粹的在数据层次的共享，随着各部门电子政务应用水平的深入，政府部门日益感受到各部门间业务流程改造和优化、机构改革或重组的必要性，原有的数据物理分散管理与共享模式日显落后。人们开始依据业务重组的要求提出了"物理集中"的一系列解决方案。"物理集中"按照不同的层次可以划分为机器设备集中、数据物理集中和应用处理集中三种模式。[53]

（1）机器设备集中

机器设备集中模式是指简单地将原来分散在多个信息处理中心的设备进行集中，实现统一管理。这种模式只是对多个部门的机房进行了统一规划，共用一个大机房，由指定的部门进行机房的统一管理。这种模式可以减少各部门机房建设的重复投资，实现统一的安全管理策略。这种模式与"逻辑集中、物理分散"模式并没有本质区别，唯一的不同之处只是两种模式的机器设备放置的方式有所区别：前者集中，后者分散。数据的存储、管理和系统的运维还是由各自部门负责。

（2）数据物理集中

数据物理集中模式是指针对数据分散情况，将原有分散在各地或各部门的业务数据通过网络方式，集中存储到同一个主机（主机群）或多台主机构成的集群系统中，实现数据的集中存储和管理。这种模式与业务应用属于松耦合关系，较之机器设备集中模式有着较大的进步，它可以较好地解决数据物理分散带来的一些共享技术障碍，提高数据访问的效

率,已经具备了开展信息资源综合分析的条件。

数据物理集中模式又可以根据集中程度分为"适度物理集中"和"物理大集中"两种形式,"适度物理集中"模式是将部分基础性、战略性信息资源进行统一集中管理的一种应用模式,"物理大集中"模式是一种完全将区域或行业信息资源集中整合起来管理的一种应用模式。

目前,我国信息化较好的区域已经向"适度物理集中"模式过渡,即部分信息资源实现了物理集中,如人口、法人等基础共享数据库。人口库的信息涉及公安户籍信息、人事档案信息、劳动就业信息、社会保险信息、医疗保险信息、养老保险信息、失业保险信息、工伤保险信息、生育保险信息、教育信息、卫生健康信息、民政信息、住房公积金信息、住房信息、税务信息、单位信息、计划生育等信息,它分别来自公安、人事、民政、卫生、劳保、计生、税务等诸多不同的部门,为了更好地对人口信息进行管理,许多地方采用了物理集中的方式进行存放管理,其中每部分信息由各自的权威来源部门进行更新维护。这种模式较之机器设备集中有着较大的进步,数据不再是由各个部门单独管理,更多的部门愿意主动拿出来(即数据落地的方式)为其他部门提供服务,这体现了政府部门信息化意识的增强,部门分割、权力部门化、利益部门化的问题得到了改善。

对于纯粹的"物理大集中"模式,它是将所有信息资源进行统一规划、建设、完全集中管理和应用,通常在金融等某些行业领域或者部分信息化应用水平较低的地方政府中较为常见,这种模式可以较为方便地对相关信息资源进行统一管理和操作,减少技术难度,有利于资源整合和共享。至于集中的程度不仅取决于技术因素,而且取决于这个行业或者地方政府的行政体制和行政意志的执行力。对于一个乡镇或街道办事处而言,它完全有可能采用物理大集中的模式,以减少在资源建设方面的过多资金投入,降低技术门槛,推动应用服务。

(3)应用处理集中

应用处理集中模式是指在部门间的业务系统体系架构中实现了一体化设计,并覆盖了涉及的所有业务。这种模式是最高层次的"集中",它打破了以往业务系统的界限,对业务、流程和管理进行了改造和优化,政务部门在开展业务过程中就自动实现了数据的生产、更新维护以及共享数据的获取、分析工作,真正实现了政务流程优化与电子政务建设相互促进、协调发展的目标,进入了良性循环的状态。

应用处理集中模式并不意味着数据实现了彻底的物理大集中,而更多的是体现了业务流程之间的无缝链接。

综合上述,我们可以发现,政务信息资源建设与共享的发展历程就是从一个个"信息孤岛"之火，逐渐发展并最终形成互联互通、汇成一片的局面，实现"星星之火"到"燎原"之势。

6.1.4.1 政务地理空间信息资源的管理模式

政务地理空间信息资源作为一类重要、特殊的政务信息资源，其资源建设与更新、运维等管理模式脱离不了政务信息资源的共性。按照前面所述，政务地理空间信息资源的建设与管理也可以分为物理分散、逻辑集中、物理集中等不同阶段或形式。

1. 资源分散阶段的管理模式

资源分散阶段是处于电子政务的初级阶段，各政府部门对地理空间信息资源的认识和了解程度比较粗浅，政务地理空间信息资源的生产和应用往往只局限于少数专业部门，如测绘、规划、国土、建设等政府部门。

该阶段的政务地理空间信息内容也相对比较匮乏，更多的是基础测绘方面的数据，如我国传统的 4D 产品：数字高程模型（DEM）、数字线划地图（DLG）、数字栅格地图（Digital Raster Graphic，DRG）、数字正射影像图（DOM）。这些数据在应用方面体现了其最重要的特征——基础性，更多地从空间上描述了地表几乎所有的地物类型，如居民地、道路、水系、地貌、植被、高程等信息，为用户提供的是一种框架性的数据，但属性及相关社会经济信息相对缺乏，无法满足用户更深层次的专业需求。同时，这些数据的生产、加工均是由每个地方或城市的测绘主管部门承担，其更新周期也是按照相关政策法规规定的固定周期进行更新。

由于该阶段的政务地理空间信息资源应用领域窄、应用水平普遍较低，同时也受制于地理空间信息分发的严格管理，政务地理空间信息的应用模式更多的是采用单机模式或者仅面向应用部门自身内部开放的业务系统模式，与其他部门相隔离，并且其应用也主要体现在信息浏览查询、辅助空间定位等方面。

2. 逻辑集中阶段的管理模式

随着各部门对地理空间信息资源认识和应用的深入，各部门尤其是一些重点应用部门（如规划、国土、建设等部门）在应用过程中，积累了大量的专题地理空间信息，业务系统的功能日趋完善，并在部门内部制定了相关的专题地理空间信息生产、加工、更新的标准规范和制度；同时，一些非传统的应用领域，如统计、审计、工商、水务、卫生、教育等部门也逐渐提出了对地理空间信息的应用需求，因此，各部门间对地理空间信息共享的需求日趋强烈，其共享交换模式由点对点逐渐发展到基于数据共享交换中心的模式，按照逻辑集中的模式来提供数据的共享交换服务，如图 6-14 所示。

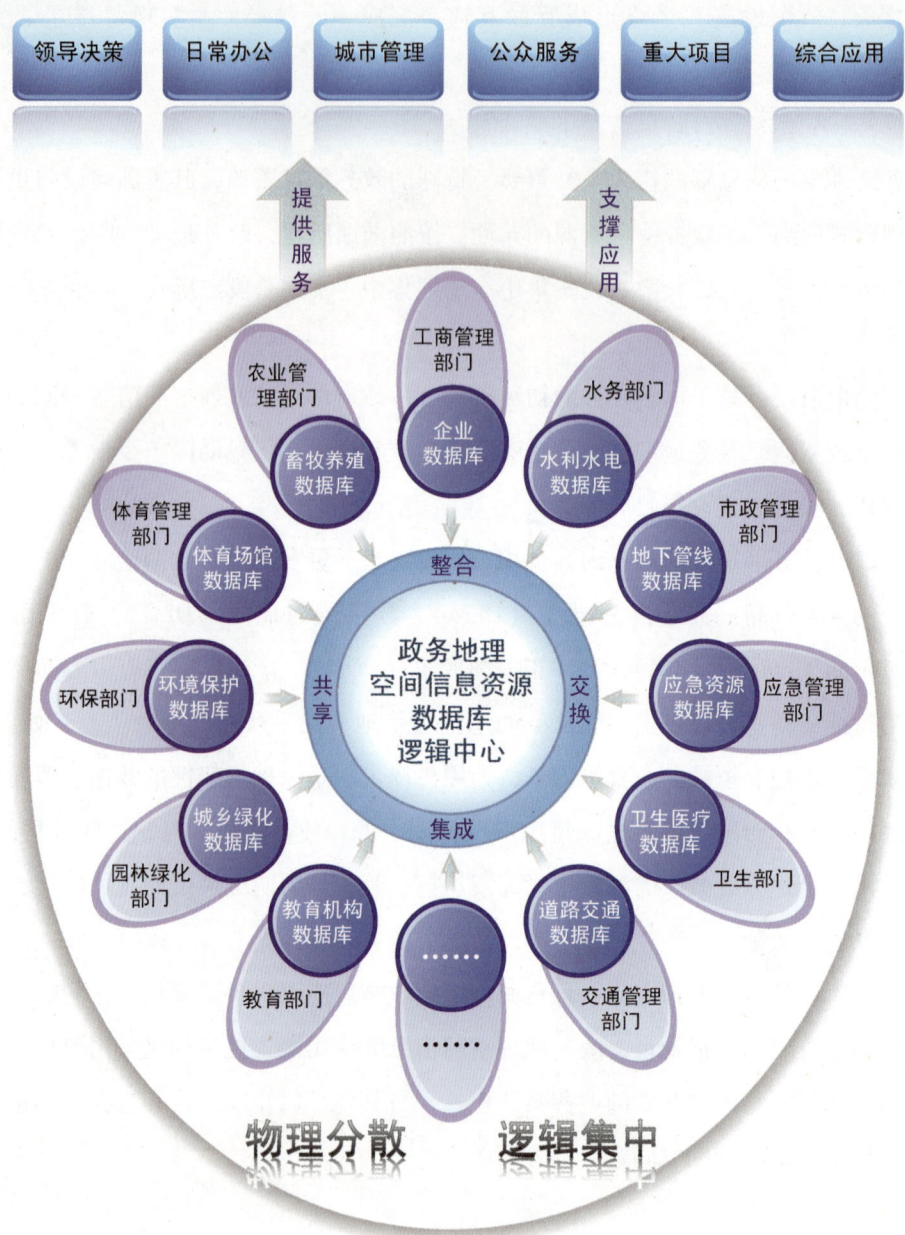

图 6-14　逻辑集中阶段的管理模式

基于数据共享交换中心的模式是按照"分工协作，联合共建；物理分散，逻辑集中"的原则，各部门分别建设其子数据库，设立政务地理空间数据库逻辑中心整合区域内各政府部门的政务地理空间信息资源，统一提供数据共享交换服务，形成多部门合作共建地理空间数据库、通过数据逻辑中心提供共享服务的机制，支撑各部门的业务应用。

以北京市石景山区为例，2005—2006 年之间，石景山区完成了区政务信息资源共享交换平台的建设，并针对区内各部门业务信息化水平的不同，提供了前置机、业务系统直接关联、Web Service 服务等与政务信息资源共享交换平台对接的多种形式，为区内各部门政务信息资源的逻辑集中提供了切实可行的解决方案。对政务地理空间信息资源而言，石景山区区属政府部门可以通过区政务信息资源共享交换平台开展政务地理空间信息资源的共享交换工作，区政务信息资源共享交换平台即是全区的数据库逻辑中心，其政务地理空间信息资源的共享交换流程如图 6-15 所示。

图 6-15　北京市石景山区政务地理空间数据库逻辑集中的共享与管理模式

（1）各部门负责各自的政务地理空间信息资源及其相关业务系统的建设、更新维护，并完成目录梳理。

（2）各部门向区政务信息资源共享交换平台注册政务地理空间信息资源及其相关业务系统、服务接口的目录信息需要进行业务系统共享访问时，区政务信息资源共享交换平台可以以单点登录方式实现访问；需要调用服务接口时，区政务信息资源共享交换平台可以通过提供接口访问的地址和参数使用的详细说明进行技术支撑。

（3）对于需要共享的部门，首先是通过区政务信息资源共享交换平台的目录检索功能，查找到自身所要共享的数据；然后，通过与资源提供部门进行协商，经由区政务信息资源共享交换平台办理开通服务授权；最后，获取共享服务，并由区政务信息资源共享交换平台完成共享交换过程的监控工作。

3. 物理集中阶段的管理模式

为了解决逻辑集中模式存在的异构空间数据整合、集成等难题，一些省市开始致力于研究"物理集中"模式的这一解决思路。在 6.1.4.1 小节中提到的"物理集中"阶段，按照不同的层次可以划分为机器设备集中、数据物理集中和应用处理集中三种管理模式。然而，在网络日趋发达的今天来讨论机器设备集中模式，则显得意义不大，因此，本书将更多地探讨数据物理集中和应用处理集中这两种模式。

在数据物理集中阶段，按照集中的程度又可以分为"适度物理集中"和"物理大集中"两种模式。目前，对于我国的政务地理空间信息资源建设与管理来说，适度集中模式是一种具有较强可行性的解决方案。

（1）适度物理集中模式

适度物理集中模式是将那些基础性、共享需求范围广、使用频繁的政务地理空间信息资源以物理集中的方式进行统一管理和提供服务，构建成面向整个区域的政务基础共享地理空间数据库，其内容应包括遥感影像、数字线划图、地理编码数据、政务电子地图、政务信息图层等基础数据；而对于那些偏向主题应用的专题信息，如地下管线、房屋与土地等，则由各自业务部门或主题应用牵头部门负责运行管理和提供服务（如图6-16所示）。

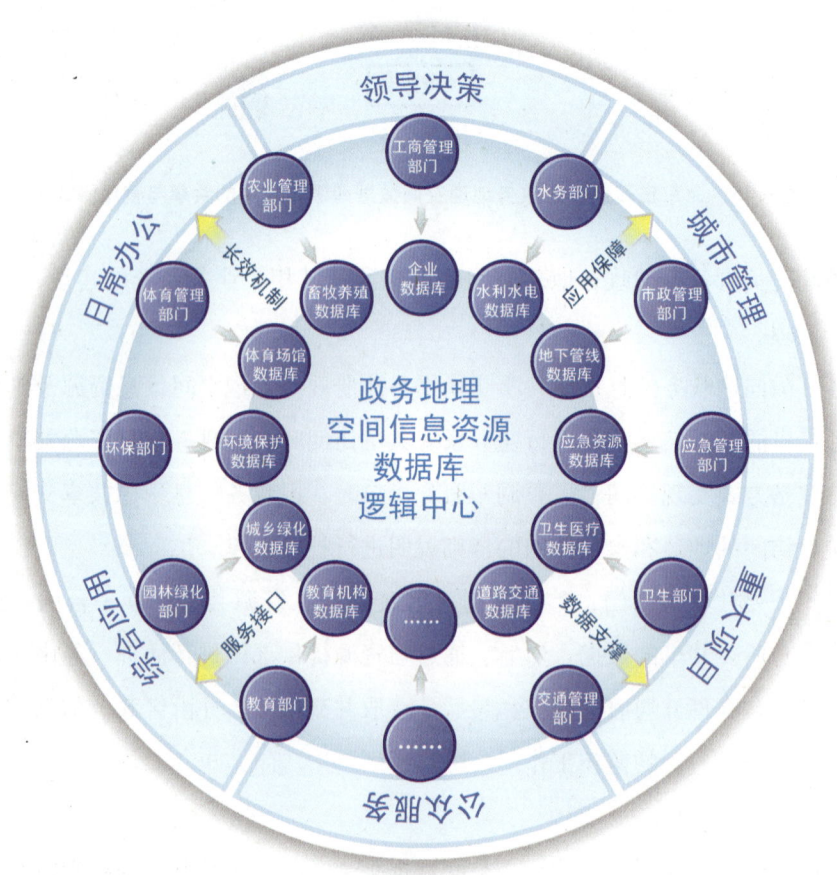

图6-16 适度物理集中模式示意图

以北京市石景山区为例，在2007年政务地理空间信息资源共享应用新的改造方案中，提出基础性政务地理空间信息资源（如遥感影像、数字线划图、政务电子地图、政务信息图层等）按照"物理集中"的方式进行管理，各部门的业务主题地理空间信息资源（如地籍数据、地下管线数据等）采用"逻辑集中，物理分散"的模式进行整合，这就是一种"适度物理集中"管理模式的现实体现（如图6-17所示）。

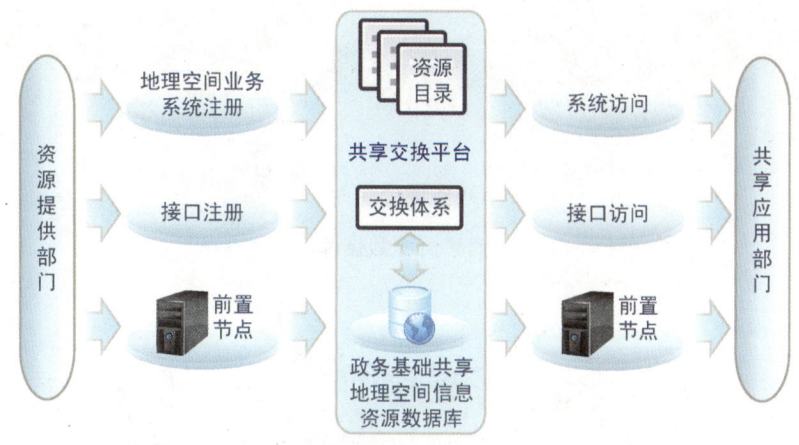

图6-17 北京市石景山区政务地理空间数据库适度物理集中的共享与管理模式

适度物理集中模式可以很好地解决基础数据库的大量重复建设和运维工作，但由于政务地理空间信息的数据量往往较其他政务信息资源要大许多，因此该模式对网络环境尤其是带宽要求较高；同时，随着用户数量的递增，数据逻辑中心的压力将与日俱增，需采用负载均衡等系列技术手段进行优化、改进。

（2）物理大集中模式

物理大集中模式是按照"完全物理集中建设，提供共享服务"的原则，整合各部门的业务需求，统一建设，这种模式是一种理想化的建设模式，在我国许多地方和城市应用的可操作性较差（如图6-18所示）。这种模式得以推行的往往取决于这个地方或城市的行政协调能力。

在我国，尤其是区（县）以下级别的政府机构，各部门人员编制有限，信息化技术力量十分薄弱，经费投入不能满足业务信息化的需求，这注定了部门信息化工作开展的水平较低，但行政协调能力相对较强，容易组织协调相关部门开展工作。在这些地方如采用"物理大集中"模式，则可以较好地避免重复建设，克服经费不足等问题，并有效解决信息化技术力量薄弱、部门信息化发展不平衡等问题。信息资源的物理集中是指信息资源存储、管理方面的物理集中，并不代表信息资源由某个部门统一建设，现阶段在我国没有一个部门能够具备这种能力。不管是逻辑集中、适度物理集中，还是物理大集中，这三种模

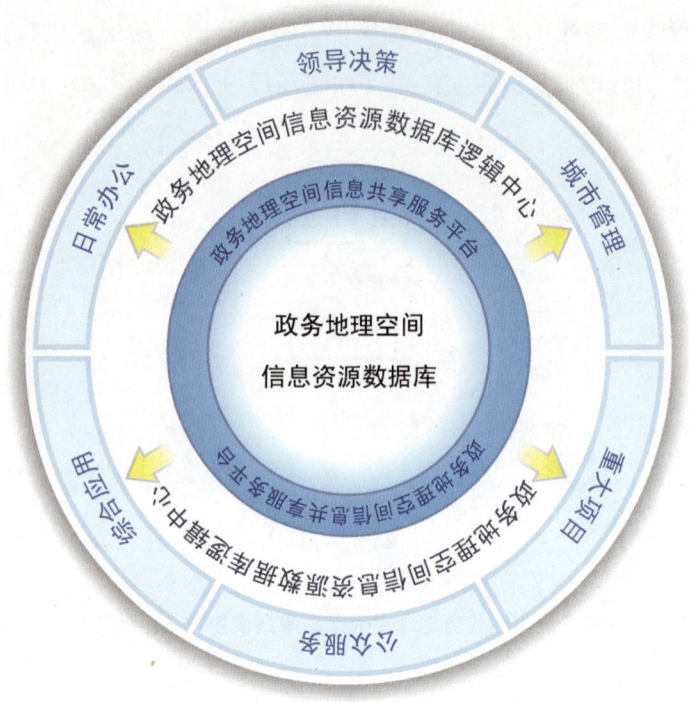

图 6-18　物理大集中模式

式的共同关键之处就在于需要设立或确定信息资源管理的主管单位,构建起逻辑中心。

（3）应用处理集中

应用处理集中模式作为最高层次的"集中",它不再需要去关心其数据的组织与存放,更多的是考虑数据在业务应用方面的问题。如若达到该阶段,就意味着以往各部门业务地理空间系统的界限被打破,实现了业务流程之间的无缝连接。它的实现前提是完成了部门间业务、流程和管理的改造和优化工作,数据更新、维护机制得以健全,数据质量得以保障。

6.2　政务地理空间信息资源共享、交换和服务

6.2.1　政务地理空间信息资源共享的含义

从广义上理解,政务地理空间信息资源共享的含义主要包括四个方面:① 政务地理空间信息用户享用非己有政务地理空间信息的资格、权利和义务;② 生产为实现政务地理

空间信息共享必需的地理空间数据；③ 为共享政务地理空间信息准备必要的设备、服务和管理条件；④ 政府对发展和协调政务地理空间信息共享的调控权。[54]

从狭义上理解，政务地理空间信息共享即为允许知晓、操作、利用自身或非自身生产或者持有的政务地理空间信息的过程，包括数据、设备、人员及服务等，是一个涉及数据发布、数据发现、数据评估、数据获取等环节的过程。[55]如同其他信息共享一样，它具有许多分类形式，如按照数据共享的范围，有国际共享、国内共享、部门内共享、跨部门共享以及个人与个人之间的共享；按经济属性分，有有偿共享和无偿共享[56]；从技术实现角度看，可按照信息载体或技术进行分类，而信息载体则一般可以分为纸质、磁盘、磁带、光盘、网络等不同方式。本节将更多地从狭义角度、技术实现角度去阐述政务地理空间信息资源的共享服务模式。

6.2.2　政务地理空间信息资源的共享服务模式

政务地理空间信息资源的共享服务模式大致可以分为物理拷贝模式、普遍共享模式、交换服务模式和系统交互模式四种。

6.2.2.1　物理拷贝模式

物理拷贝模式，就是利用传统的 CD、DVD、移动硬盘、硬盘等数据存储介质通过硬拷贝方式实现数据共享的模式。该模式与网络无关。采用该模式的现实环境主要有以下几种情况：

（1）数据用户与数据提供者或生产者之间存在着网络互联互通的障碍，导致无法通过网络实现数据共享。这可能存在两种情况：一是数据用户、数据提供者（或生产者）只有一方有网络或者双方均无网络；二是虽然双方均有网络，但两者之间的网络物理隔离，无法互联互通，例如公安部门的金盾网与覆盖其他政府部门的政务网络之间的关系。

（2）虽然数据用户与数据提供者或生产者之间的网络互联互通，但由于网络的安全防护措施等级较低，导致某些涉密或敏感信息无法基于网络进行共享，只能退而求其次利用物理拷贝的方式。

（3）现有基于网络共享模式实现的数据无法满足用户要求。例如海量遥感影像，其数据量动辄几十个或数百个 GB，甚至是 TB 级，其通过网络进行文件方式共享的成本代价较大，而且基于网络服务实现的遥感影像数据无法满足林业、国土等部门用户制作专题信息的需求，此时，往往采用物理拷贝模式。

6.2.2.2 普遍共享模式

普遍共享模式是指那种基于网络通过建立面向用户的资源共享服务应用系统，为用户提供一系列资源展示、功能分析等应用的共享方式，解决了一般用户对政务地理空间信息资源的应用需求。

该模式最主要的特点是"人机交互"，通过对用户主体"人"的服务达到实现资源共享的目的，各种政府门户地图网站就是该模式的典型案例。为确保系统的安全性，可以通过使用用户名、密码、权限设置、用户 IP 绑定、CA 证书、单点登录等安全认证措施，只允许授权的用户访问使用被授予权限范围内的数据及系统功能。例如，众所周知的 Google Earth 软件系统，它是一款全球卫星影像、地图和 3D 相集成的软件，它提供了两类服务：一类是免费服务，用户只需要一台能够访问 Internet 的电脑，就可以免费地访问使用该系统，无需用户名、密码等安全认证，该服务方式只允许用户共享使用 Google Earth 的一些基本数据和功能服务；另一类是收费服务，该类服务需要用户支付一定的费用后才被授权（一般是用户名与密码）开通服务，如 Google Earth Plus、Google Earth Pro 等产品，用户只能使用各自认购的服务内容（授予权限的不同导致服务内容的不同）。

普遍共享模式充分体现了数据提供者或生产者在数据共享服务方面的人性化、个性化特征，它突破了单纯的数据内容服务模式，将用户对资源的查询定位、统计分析等功能服务也纳入了共享服务范畴，大大拓宽了共享服务的内容，充分体现了"交钥匙工程"的服务理念。例如，北京市为广大政务工作者建设了北京市综合遥感影像数据库系统、北京市政务信息图层共享服务系统等相关系统，这种人机交互的普遍共享方式获得了较好的应用效果，对共享应用起到了非常重要的推动作用。

6.2.2.3 交换服务模式

政务地理空间信息资源的交换服务模式包括纸质介质交换模式、点对点交换模式、平台交换模式三种。其中纸质介质交换模式随着计算机技术的不断发展已经基本退出历史舞台，点对点交换模式普遍存在，但因其较低的效率和较高的成本而为大多数用户所诟病，平台交换模式已经成为当前交换服务的一个主要发展方向。

1. 纸质介质交换模式

在电子政务兴起之前，政务地理空间信息资源通常是以纸质的地图形式出现，部门之间的交换通常以纸质介质为主，这种方式信息传递效率十分低下，随着信息技术的发展，目前，这种纸质介质交换模式已基本不再使用。

2. 点对点交换模式

在电子政务初级阶段，由于缺乏统一的发展规划，标准规范建设处于起步阶段，再加之政府部门条块分割的管理体制,各部门仅从本部门角度出发建设业务应用系统,形成了众多相互分散、异构、封闭的"信息孤岛"。伴随管理型政府向服务型政府的转变,为提高办事效率和公众服务水平,多部门之间需要协同办理的业务越来越多,要求各个"信息孤岛"之间进行信息交换,而这种信息交换更多的是部门之间自发形成的,交换双方的行为较为随意,通常是任意应用节点之间的交换,故称为点对点交换模式。

政务地理空间信息资源的点对点交换模式是政务部门单独建设其自身专用的政务地理空间信息资源数据库节点,其他部门可以通过网络直接与该部门进行资源交换,以实现资源共享的目的。与纸质介质交换模式相比,该模式的效率有了较大的提高,在电子政务建设初期对共享应用起到了一定的推动作用。但随着业务信息化不断深入及政务信息资源开发利用工作的不断加强,各部门之间地理空间信息资源交换需求急剧增加,使得该模式面临了许多严峻的挑战,如接口极多,交换流程复杂,开发成本高,维护困难,交换的安全性、可靠性无法保证等问题不断出现。造成这些问题的主要原因在于,点对点交换模式是一种面向具体某个应用的信息交换,与应用系统通常是一种紧耦合的关系,随着交换内容、格式、交换数据结构等的变化,交换接口程序也将跟着修改;随着应用的不断增加,每一个应用系统都需要单独建立自己的交换接口,造成交换接口众多、交换路径纵横交错,给开发和运维带来巨大的工作量。

目前,全国许多地方省市已经基本完成了电子政务网络基础设施建设,为政务部门之间的互联互通奠定了基础。因此,点对点交换模式在政府业务应用中已较为常见,广泛应用于很多跨部门的业务协同中,但其潜在的风险也已开始凸显,并呈上升趋势。

3. 平台交换模式

近年来,随着信息技术的不断发展,平台交换模式正逐步被越来越多的政府部门采纳。这种交换模式在一定区域(如市、区(县))所统一搭建的资源共享交换平台基础上,按照事先约定的交换工作机制,利用一定技术实施手段,向各部门异构系统提供统一支撑服务。这一共享交换平台可以是区域统一组织建设的政务信息资源共享交换平台,也可以是仅仅面向政务地理空间信息资源的数据共享交换平台。

采用平台交换模式进行政务地理空间信息资源的交换,首先应在信息需求部门与信息提供部门之间建立交换工作机制,在此前提下,方可借助信息化技术手段予以实现。这种工作机制包括交换协商机制与安全保密机制两种。

(1) 交换协商机制

按照"谁产生谁负责,谁建设谁负责,谁运营谁负责,谁共享谁负责"原则,由政务地理空间信息需求部门向提供部门提出申请。共享交换的内容、范围、用途和方式以供、需双方协商结果为准，信息需求申请与协商结果报信息资源管理主管部门和政务地理空间信息共享工作相关主管部门备案。政务地理空间信息提供部门不予提供或不能按已商定协议提供信息的，必须将有关情况、理由报政务地理空间信息共享工作相关主管部门，由政务地理空间信息共享工作相关主管部门履行推进、指导、协调、监督本行政区域的政务地理空间信息共享工作的职责，协商有关部门和单位研究解决。政务地理空间信息资源共享交换后，信息需求部门应将信息资源应用绩效情况向提供部门、政务地理空间信息共享工作相关主管部门进行反馈。

（2）安全保密机制

各部门、各单位在政务地理空间信息资源交换过程中应当加强管理，统筹考虑信息安全。涉及保密要求的，信息需求部门和提供部门应签定政务地理空间信息安全保密协议，并报相关保密工作部门备案。信息需求部门通过交换取得的政务地理空间信息资源，只能用于安全保密协议指定的用途和范围，未经允许不得向其他任何单位和个人提供。

共享交换平台可以支撑横向多个部门业务应用系统的运行，其建设、运维和管理通常由信息化主管部门统筹规划，区域交换中心由信息化主管部门统一管理及运行维护，交换节点可由信息化主管部门协助各部门建设，交换节点的管理及运行维护应由各部门负责。在共享交换平台的技术实现方面，为保证部门业务信息库和业务应用系统的独立性，可采用前置机模式，即在各部门部署一台专用计算机，作为部门与共享交换平台之间进行共享交换的公共出口，信息提供部门将可供交换的信息从业务信息库中提取出来，暂存到前置机上的交换信息库中，而信息需求部门则将其所需的信息从前置机的交换信息库中进行提取，导入到自己的业务信息库中。例如，北京市政务信息图层的更新、维护就是依托于北京市政务信息资源共享交换平台的前置机模式而进行的，并且实现了数据的增量更新。

6.2.2.4 系统交互模式

系统交互模式也可称为中间件模式或二次开发接口方式，它是通过系统与系统（机器与机器）之间的交互模式来实现资源的共享与服务，在数据共享过程中对数据的访问都是依托中间件进行，应用部门需要针对中间件提供的接口进行二次开发来建设自身的业务应用系统。这种模式对中间件的要求相对较高，中间件需完成的工作包括：一是对数据查询、检索、获取协议的转换工作，这往往由数据生产方或提供方与用户系统所使用的计算机语言存在差别所导致的，如HTTP、XML、GML等不同协议之间的转换，转换不仅涉及标准协议间的转换，还涉及对数据内容相互映射的管理；二是对元数据及其他相关信息查询检索的协议转换,这些信息的获取和了解是数据共享应用的前提;三是提供坐标转换、叠置分析、缓冲区分析、区域统计、专题图制作等特定空间信息处理功能的服务。

系统交互模式是属于一种较高层次的共享模式,它在数据共享获取到最终业务系统应用这条道路上进一步缩短了与用户最终目标之间的距离。该模式真正实现了"一次投入、多方使用"的目标,使用户无需再去关注所要共享信息的建库、更新、维护等繁杂工作,只需要关注用户自身业务数据及其业务系统的建设与维护工作,并能同时获得来自其他部门的最新共享数据,节约了大量的人力、物力、财力。同时,基于该模式,不仅大大降低了地理空间信息业务系统开发的技术难度,大幅度缩短了业务系统的开发周期,并可以有效缓解了现阶段我国大多数政府部门由于地理空间信息技术人才短缺而导致政务地理空间信息应用水平低下的局面,这无论对财政预算部门、业务部门还是开发企业而言,都是一件令人振奋的事情。不仅降低了政府部门的预算和开发企业人力、时间投入成本,促进城市各部门之间数据的共享共用,同时也有利于培育地理空间数据挖掘和知识发现的市场。

北京市政务地理空间信息资源共享服务系统提供的二次开发接口模式、Google 公司的 Google Earth Server 产品和 Google Maps API(Google 地图接口)、北京灵图软件技术有限公司"我要地图"网站(www.51ditu.com)提供的应用接口服务模式等都是系统交互模式的典型应用案例。

6.2.3　不同共享服务模式间的比较分析

物理拷贝模式、普遍共享模式、交换服务模式和系统交互模式这四种共享服务模式,体现了从人与人、人与机器再到机器与机器(系统与系统)之间交互模式的逐级升华,清楚地勾勒出了一条政务地理空间信息资源共享服务模式的发展趋势。从最初传统的数据离线物理拷贝共享方式到基于网络的系统普遍共享模式、平台交换服务模式以及系统交互共享服务模式,资源共享、服务的水平不断提高,效率显著提高,共享所需的成本却在不断减低,数据用户与数据提供者或生产者之间的距离无限缩短,用户了解和获取各种政务地理空间信息资源的渠道更为通畅、便捷(如表 6-2 所示)。

采用哪种共享服务模式,主要取决于不同的应用需求。不同模式之间是一个相互补充的关系,我国现阶段的国情决定了我国地理空间信息的共享将是一个多种共享模式长期并存的过程。例如,在北京市开展政务地理空间信息资源共享服务实践中,上述四种共享模式都得到了应用。

表 6-2 政务地理空间信息资源各种共享服务模式的比较分析

	物理拷贝模式	普遍共享模式	交换服务模式	系统交互模式
交互模式	人与人	人与机器（系统）	机器与机器（系统与系统）	机器与机器（系统与系统）
网络需求	不需要	需要	需要	需要
数据落地与否	落地	不落地	不落地	不落地
共享水平层次	初级	中级	较高	高
共享技术需求	低	中	较高	高
数据共享成本	高	较高	较低	低
应用现状	普遍	较为普遍	较少	少
发展趋势	→→→→→→→→→→→→→→→→→→→→→→→→→→→→→→→→→			

6.3 政务地理空间信息资源公共服务模式

信息社会的到来，信息是人们的第一需要，将成为最为宝贵的资源。据调查，约80%的社会信息掌握在政府手中，公共服务作为政府部门的一项主要职能，政府部门有义务为社会公众提供充分的信息获取机会和渠道。同时，做好公共服务工作是推动政府职能转变、建设服务型政府的必然要求。自党的"十六大"以来，我国政府在推动信息资源公开、提供公众服务方面做了一系列有意义的探索，国家和有关地方省市先后颁布了有关政务信息资源公开的法律法规，如《中华人民共和国政府信息公开条例》、《北京市信息化促进条例》、《上海市政府信息公开规定》、《广州市政府信息公开规定》、《深圳市政府信息公开规定》等，这为我国信息资源公开及开发利用提供了实施指南和法律保障，使我国的政务信息公开逐渐步入有法可依的时代。

包括遥感影像、电子地图在内的地理空间信息作为一类重要的政务信息资源，具有其他信息资源所无法比拟的直观、可视化特点，同时，随着网络技术的日益普及和人民生活水平的提高，导致社会公众对地理空间信息的需求日趋强烈，其应用需求涉及普通百姓衣、食、住、行等各个日常生活领域。正是如此，Google Earth 一经推出就风靡全球，吸引了广大用户。本节将从地理空间信息公共服务需求、应用现状、服务模式等方面对我国的地理空间信息公共服务情况作进一步阐述。

6.3.1 公共服务需求

政务地理空间信息资源公共服务的需求按照应用对象的不同可以分为两大类：一类是面向居民个人（百姓），另一类是面向社会企业。

1. 面向居民个人的应用需求

面向居民个人的应用需求主要是指面向老百姓衣、食、住、行的有关位置服务的应用，具体可以细分以下几类：

（1）旅游（行、游、住、吃、购、娱）服务：涉及宾馆饭店选择、交通车载导航、公交查询、当地天气预报信息获取、美食指引、娱乐黄页等各种服务。

（2）普通地图服务：通过地理空间信息可以清楚地查询并定位学校、派出所、企业、生活服务网点等信息。

（3）购房指南：基于交通、商业、环境、教育等多种因素分析住房购置地点，了解楼盘的预售信息。

（4）就医指南：通过地图服务，可以就近选择合适的医院、诊疗机构、药店等。

（5）公厕、加油站点、汽车维修点、停车场地图服务：这对用车一族而言需求强烈。

（6）紧急救援服务：需要紧急救援服务时，利用移动设备的基于位置的服务进行自动定位，可以快速地向求助机构或对象发送用户目前所处的准确位置。

（7）老少人员或宠物看管：在老少人员或宠物身上安装定位设备，可以帮助用户随时定位他们的位置，防止走失。丹麦、瑞典等国家已出现了面向宠物的"GPS项圈"等产品。

（8）信息娱乐：基于地理空间信息的游戏、聊天、交友、聚会、博客等，老百姓将享受更加丰富的信息娱乐服务内容。

（9）其他形式：如减肥服务，澳大利亚墨尔本大学所开发的一项新技术中，将GPS技术、手机通信技术以及3D音效模拟技术这三者有机地结合起来，当远在两个不同城市的朋友都戴上特制的耳机之后，他们相互之间就建立了联系。当二者走路或者跑步的速度一致时，耳机会正常播放立体声音乐，而当其中一方速度加快之后，另一方的耳机内便会传出尖叫声，直到另一方也加快步伐，追上了前者的速度之后，音乐才会恢复正常播放。当两个减肥者之间建立了这种联系之后，就可以互相督促对方的跑步速度，偷懒者就得忍受尖叫。这项技术对于恋人尤其浪漫，它可以让分居两地的恋人感觉到对方的步伐。[57]

2. 面向社会企业的应用需求

社会企业对地理空间信息的需求大致可以分为两类：一类是社会企业利用地理空间信息进行增值开发利用，为社会提供增值服务；另一类则是社会企业直接购买或使用地理空间信息服务。

（1）对于开展增值服务的社会企业，其需求主要包括：

① 地图印刷、出版。

② LBS（Location Based Service，基于位置服务）：LBS 已经在欧美、韩日等地区和国家形成了成熟的商业应用模式，随着具有更高水平移动定位能力的新一代移动网络的日趋成熟，LBS 将成为未来移动增值业务的发展重点之一，因此，各内容提供商迫切需要获取权威、准确、高现势性的电子地图数据、POI（Point of Interest，兴趣点）信息数据。

③ 导航服务：利用导航电子地图、POI、影像等信息数据，结合 GPS 等定位技术为社会提供各类位置导航服务，如车载导航、人员监控等。

④ 工程项目：社会企业在承担交通、水利、通信、电网及城市基础设施等重大工程时，如"西气东输"、"西电东送"、"南水北调"等，需要利用有关地理空间信息开展工程选址、工程规划设计等工作。

⑤ 基于位置的广告服务：是指通过网络或移动设备基于地理空间信息提供虚拟环境下的广告服务，该广告模式区别于以往各种实体广告，它是属于网络虚拟广告，是信息化社会的具体表征。例如，搜房网、饭统网均是专注于某一行业领域的、提供基于位置广告服务的应用案例代表。

（2）对于直接购买或使用地理空间信息服务的社会企业，其具体需求大致包括：

① 物流、货运、金融（运钞车）等车辆导航。

② 投递服务：如邮件、包裹的投递服务以及快餐、网上购物、家电超市的上门送货服务。

③ 定位服务：为电话安装、水电费收缴、物业维修等企业人员的上门服务提供定位和出行指南服务。

④ 商业选址分析：如银行网点、商业连锁网点的选址分析。

⑤ 产品级服务购买：如汽车厂商购买导航产品，集成到各自生产的车辆当中。

3. 其他

对于一些重大活动，如重大国际体育赛事（奥运会）、重大国际会议均需要为参加活动的人员提供定制的地理空间信息公共服务；此外，还有政府部门开展招商引资工作时，往往需要向投资商提供基于地理空间的区域综合分析信息。

6.3.2 公共服务现状

地理空间信息公共服务水平的高低,很大程度制约于用户需求、技术支撑环境、标准规范、数据质量等诸多因素。在用户需求方面,随着物质生活水平的提升,越来越多的人已经能够享受得起有关地理空间信息公共服务的产品,如车载导航已开始在出租车、物流货运等一些特殊行业领域应用,正逐渐向家庭用车市场进军;网络及各种移动终端用户的数量规模庞大并保持稳定增长,这为网络地理空间信息服务、LBS 的发展提供了潜在的巨大市场。同样,在技术支撑环境方面,随着科技的不断发展和进步,网络、无线网络、移动设备的传输能力日益强大,3G 通信网络也将呼之欲出;同时,从事地理空间信息产业的单位如雨后春笋般蓬勃壮大,据抽样调查,目前就北京市专门从事地理空间信息产业的单位就达 320 家,其他涉及地理空间信息产业的非专业单位有数百家之多,专门从事地理空间信息产业的单位中,具有测绘资质的单位有 140 家,所占比重为 44%。因此,可以说市场需求、技术支撑环境将不再是制约地理空间信息公共服务的瓶颈所在,而制约我国地理空间信息公共服务发展的瓶颈更多的是体现在国家对信息资源开发利用的政策法规以及所提供服务的数据质量水平。

1. 政策法律法规及标准规范体系不健全

在地理公共服务数据和技术标准建设方面,我国尚需进一步的健全和完善,提高标准的科学性、协调性和适用性。我国政府可以借鉴一下欧美、韩日等地区和国家的成功经验。为推动各类政务信息资源的开发利用,美国陆续制定了《电子信息自由法案》、《消费者与投资者获取信息法》、《2002 电子政务法》、《个人隐私保护法》、《电子隐私条例法案》、《国家信息基础设施行动议程》等一系列政策法规;韩国政府为了向公众提供精确的地理空间信息服务,确保对土地、资源、地下物质的合理开发,于本世纪初就制定颁布了《数字内容管理条例》、《建立与运用国家地理信息系统条例》、《关于建立信息系统安全与保护个人信息隐私的条例》等法律法规。可以说,成熟的法律法规体系是信息资源开发利用健康发展的前提条件。[58]

目前,我国政府已开始着手解决上述问题。最近,针对我国存在的地理空间信息资源短缺、公共服务水平较低、成果开发利用不足和统一监管薄弱等问题,国务院颁布了《国务院关于加强测绘工作的意见》,在公共服务方面,明确指出要积极稳妥地推出公众版地形图,加快公益性地图网站建设;加强对农村公益性测绘服务,为新农村建设开发适用的测绘产品；引导社会资金投入，推动地理信息的社会化利用，提高测绘对经济增长的贡献率；通过政府采购和项目带动等方式，引导和鼓励企业开展地理信息开发利用和增值服务，促进智能交通、现代物流、车载导航、手机定位等新兴服务业的发展。这无疑增添了我们对我国地理空间信息公共服务事业发展的美好憧憬。

2. 数据质量有待提高

面向公共服务的政务地理空间信息按照来源的不同可以分为两类：一类是来自政府部门，即可以公开的政务地理空间信息资源，主要是指一些基础性的、框架性的地理空间信息，以及由政府管理的权威 POI 数据，这些信息往往是由于我国地理空间信息采集、生产、加工所采取的严格准入制度导致社会企业无法生产或获取，因此，只能由政府部门予以提供；而另一类则由社会企业自行采集、加工、更新的数据，如导航电子地图、一些自行采集的 POI 数据。这两类数据是一个相互补充的关系，如交通道路、植被、居民地等基础信息以及各城市的各类宾馆饭店、医疗卫生机构、学校、停车场等权威 POI 信息由政府部门提供，而诸如酒店住宿的动态信息（住宿客满率）、停车场的动态信息（开放时间、空闲、收费等情况）则需要社会企业自行采集和获取。但不管是哪一类数据，其数据质量的优劣直接影响着公共服务水平的高低。对于地理空间数据，数据质量主要体现在数据的完备性、丰富性、现势性、准确性等几个方面。

（1）数据的完备性

数据的完备性主要是指专题信息的完整性，即能否全面采集、表达某类专题空间实体及其拓扑关系的所有相关数据。如某一类专题信息的要素记录总数为 1 万条，而在实际提供服务时，只采集发布了其中的一部分（不足 1 万条）；在遥感影像理应覆盖整个区域而实际只是提供了其中的部分区域，这些现象都是数据完备性存在不足的表现形式。

目前，在我国现有的地理空间信息公共服务当中，数据完备性并不令人乐观，这是由许多原因导致的。政府部门都是严格按照现有的管理制度和保密政策，对数据进行筛选过滤等保密处理后再予以公开；现行的制图综合理念本身就是对地理要素信息进行取舍的过程；此外，社会企业自身采集、更新数据时由于受到经费、人力条件的制约，无法完成数据的全面采集、更新，这些因素都将对数据的完备性产生较大影响。

（2）数据的丰富性

数据的丰富性一般包括两个方面：一是指专题信息的丰富性，二是专题信息属性数据的丰富性。其中，地理空间专题信息内容的详细程度与地图的比例尺密切相关，比例尺越大，则表达的信息内容越丰富。我国现有面向公众的地理空间信息在这两个方面都存在着不足，不仅是专题信息不够丰富，而且即使在提供的专题信息中也存在着属性信息匮乏等问题，这直接影响了我国公众地理空间信息的服务水平。究其主要原因，是我国整体信息化水平不高，对政务信息资源的管理尚处于摸索和学习阶段，政府部门对信息资源的采集、更新、发布的流程以及权责尚未梳理清楚，导致了信息资源管理的混乱和无序。如缺乏规范的采集、更新、管理流程和机制，则数据的丰富性无从谈起。

（3）数据的现势性

数据的现势性，即时效性，它是数据生命力的一个重要体现。针对公共服务的不同需求，其对数据更新周期的要求也大相径庭，有的需要动态实时更新，有的则数月、一年、几年更新一次即可。例如，基于位置开展的酒店住宿、饭店就餐、影院娱乐等服务，则需要动态实时地获取酒店、饭店、影院营业服务的信息；导航电子地图对数据的更新周期要求也较为严格；而学校、旅游景点等POI信息对数据的更新周期则相对较为宽松。

在我国，传统的基础地理空间信息主要采用阶段性更新方法，一般都是按照法律规定的固定更新周期进行更新，进行大面积的修测和补测，其更新周期往往较长，少则一年，多则数年。如《北京市测绘条例》规定北京市基础电子地图按照"2348"进行更新，1:500比例尺地形图至少每2年更新一次；1:2000比例尺地形图至少每3年更新一次；1:10000比例尺地形图，平原地区至少每4年、山区至少每8年更新一次。面向公众服务的基础性地理空间信息正是脱胎于面向政府内部使用的信息，其现势性只能差于或等同于面向政府内部使用数据的时效性。这要求政府部门建立完善的数据更新机制，已有专家提出"打破常规、按需更新"的建议。对于由社会企业自行采集的地理空间信息，如导航电子地图，苦于采集与维护成本高昂，也不可能实现实时更新，目前只能做到一年更新数次。

（4）数据的准确性

数据的准确性，即一个记录值与它的真实值之间的接近程度，对地理空间数据而言，其准确性通常是指其位置、拓扑关系、非空间属性等内容的准确性。在我国，来自政府部门的基础地理空间信息虽然在数据丰富性、现势性等方面存在着些许不足之处，但其准确性可以说相对有保障，这得益于我国对基础地理空间信息的生产、加工有着严格的工艺流程。但现有的一些网站的地图服务，通常因为其数据准确性问题遭到用户的投诉，这主要是在社会企业自行生产数据过程中，数据准确性的检查、审核环节把关不严所导致的。对于地理空间信息来说，数据位置精确性更多的是指空间定位精度。对于遥感影像而言，其精度包括分辨率和定位精度两个方面，而对于电子地图而言则一般是指比例尺。随着人们生活水平的提高，对各种服务水平的质量要求日趋提高，在地理空间信息的公众服务方面，社会大众需要更准确、更详尽的信息，调查表明，对1:10000、1:50000的数据需求较大，而导航数据需求的比例尺更大，其中大于等于1:50000的数据是其主要组成部分。[59]

可以说，我国现阶段的地理空间信息公共服务正处于一个初期发展阶段，用户市场正处于培育阶段，虽然潜力巨大，但尚不成熟；技术支撑环境虽然日趋完善，但要使多数老百姓能够享受得起并使此公共服务得到普及仍需假以时日；数据标准规范有待进一步规范，数据质量有待进一步提高；数据开发利用政策法规滞后或缺失，社会公众和企业获取地理空间信息数据存在着较多的障碍，如数据定价高，数据的可获得性及可得数据的质量不高，自行生产的数据权威性不高；公共服务市场需要进一步规范，行业应用领域发展不均衡，需要政府部门加强监管力度，采取相关扶持政策，创造公平有序的竞争环境；公共服务盈利模式需不断创新，加强市场宣传推广以提高市场认知度，各个服务环节的厂商需加强分工协作，形成产业链，提升行业的整体竞争力。同时，不可否认的是，当前我国的地理空间信息服务产业正在蓬勃兴起，并逐渐成为现代服务业中迅速崛起的新兴产业和新的经济增长点。[60]

6.3.3　公共服务模式

政务地理空间信息的公共服务模式与数据公开的模式密切相关。在我国，国家基础地理空间信息数据作为知识产权的智力成果，受到国家知识产权法律法规的保护，对基础地理空间信息实行了使用许可制度，按照不同使用部门、单位和不同使用目的实行无偿使用或者有偿使用，有偿使用的收费标准由国务院测绘行政主管部门会同国务院物价主管部门制定，但对政务地理空间信息的采集、处理一直投入不足，政务地理空间信息产品常常是垄断经营、价格昂贵，社会公众和企业消费成本过高。同时，对于POI等其他信息的采集、更新、使用的市场运行、管理、服务机制尚未形成。因此，我国政务地理空间信息资源公开服务的模式需要各方共同努力、积极探索，在这方面，我国可以借鉴欧美、韩日等地区和国家的不同模式和经验，对此我国不少学者做了大量的调研、总结和分析工作[61]，其成果值得大家去学习与借鉴。

我国政务地理空间信息资源的公众服务模式通常由政府部门牵头组织开展，在政务公开地理空间信息资源基础上，结合社会企业的相关地理空间信息资源，利用统一的公共服务平台，通过网站等传播渠道，提供旅游、交通、教育、卫生等政务地理空间信息资源的公共服务。

1. 数据资源

面向公共服务的地理空间数据按照其来源的不同可以分为来自政府部门的、来自社会企业的两大类。对于政府部门而言，应尽量避免重复采集和建设，各省市乃至全国应建立统一的面向公共服务的地理空间信息数据库。考虑到各地区发展不平衡，可以在建立统一的数据和技术标准规范前提下，采用"先点后面"的发展思路。对于社会企业生产加工的地理空间信息，则由其按照市场机制和规范自行发展，政府更多的是完善市场机制，行使监管职能。

2. 公共服务平台

公共服务平台通过提供数据接口服务及功能接口服务，为各种公共服务应用提供数据访问入口和功能服务支撑。

公共服务平台在免费为政府部门提供服务的同时，也可以按照相应的市场机制为社会企业提供服务。基于这种模式，社会企业可以较为廉价地获取基础性的地理空间信息，把更多的财力、人力投入到各自的商业信息采集、更新与服务创新、提供方面，实现政府信息与社会信息之间的优势互补和关联整合，从而可以更好地推动地理空间信息产业的发展。

3. 应用服务

基于公共服务平台，政府部门可基于政府网站、公益性网站等途径提供地理空间信息的公共服务。为了避免"信息孤岛"、"信息荒漠"的现象，避免各部门各自为战的局面，建议各个省市在开展地理空间信息网上服务时，首先要做好同一地区政府网站的统一规划，提供一站式的地理空间信息服务。在实施方面，应确定一个组织实体，由其负责地理空间信息公共服务的统一规划，并组织协调其他部门采用集约化方式开展具体实施工作。

对于企业，依托于公共服务平台，结合自身的商业数据，则可以更好地发挥各自的积极性，挖掘更多的服务应用领域和盈利模式。

第7章 政务地理空间信息资源的应用和未来发展

促进区域社会经济发展，提高当地人民生活水平以及保障人民生活安定是政府的主要职能和服务目标之一。政务地理空间信息资源包含了人类生产、生活以及相关的各类辅助设施的信息，它的应用为政府对社会经济活动的高效管理、有效监督和科学决策提供了更好的支撑服务，为"以人为本"的地区政务建设提供了有力而可靠的基础和技术保障。它顺应了我国当前政务工作变化的潮流和趋势，将在未来的政务应用中发挥越来越大的作用，是我国政府政务工作不可或缺的基础和关键保障。

7.1 政务地理空间信息资源的应用阶段

政务地理空间信息资源为政务部门提供了区域内各类与地理位置相关的数据，是建设"数字城市"的基础性信息资源。政务地理空间信息资源的深入应用对于政府的高效管理、科学决策有着十分重要的意义。政务地理空间信息资源的应用阶段从支撑技术、业务应用深度等不同角度出发，有着各自不同的划分。

从支撑技术角度看，政务地理空间信息资源的应用阶段可以按照其发展水平，大致可以分为三个历史阶段：纸质介质阶段、单机系统阶段、网络系统阶段。在地理空间信息应用的早期，由于技术的限制，更多的是采用纸质，其最常见形式是包含一些简单线条和符号的原始地图，这种形式已被人类沿用了数千年甚至上万年，其应用也更多的只是局限于政治、军事领域。随着信息技术的出现，GIS 技术功能也在不断地变革，由最初只能实现一些具体功能、缺乏协同能力的独立模块软件，发展到将各个功能模块集成在一起但运行环境封闭难以与其他软件进行交互的集成式 GIS 单机系统，然后再发展到最近日益普遍的跨平台分布式 WebGIS，使得系统用户能够简单快速地共享全球范围内的地理空间信息资源及其服务;[62] 同时，地理空间信息的内容也随着技术的进步而得到极大丰富，已由原来简单的图纸化发展到目前的电子化、多媒体化，信息内容在界面友好、操作便捷、实时性、信息量、直观可视化等方面有了长足的进步，其应用也已从单一化走向普遍化，已进入普通老百姓的衣、食、住、行等各个生活领域。我们有理由畅想，随着科技的日益发展，地理空间信息系统的应用将更加人性化、可视化，更加普及。

从业务应用深度层次看，政务地理空间信息资源的应用阶段又可以分为初级可视化阶段、中级业务应用阶段和高级辅助决策阶段。

1. 初级可视化阶段

初级可视化阶段，顾名思义是指政务地理空间信息资源应用尚处于粗浅的"看图说话"阶段，对政务地理空间信息资源的理解仅停留在对遥感影像、电子地图等可视信息的背景浏览上，没有形成系统应用的建设思路。

据有关部门调查，现阶段我国大部分城市的政府部门对政务地理空间信息的应用都处于这一初级可视化阶段，只是简单利用了政务地理空间信息资源形象、直观的这一可视化特点，停留在简单的"画图"、"看图"的使用水平上，缺乏对信息的深层次挖掘和利用。政务地理空间信息资源的应用需要一个循序渐进的过程，这种初级阶段的形成是与目前我国政府部门对地理空间信息技术的认识水平、技术掌握能力以及信息化支撑环境等多种因素有关。

2. 中级业务应用阶段

中级业务应用阶段是政府部门对政务地理空间信息资源的一个较高层次应用，它不再只局限于"看图说话"的应用形式，而是将政务地理空间信息资源和部门的业务管理需求、业务流程进一步结合，通过资源的管理、浏览、查询和分析提高部门的业务信息化程度，对部门业务流程进行改造，进一步提高政府服务的效率和水平。

目前，我国一些城市的国土管理、规划、交通等传统的地理空间应用行业部门已经处于上述中级业务应用阶段，随着地理空间信息技术的不断发展，越来越多的政府部门开始认识到政务地理空间信息资源与自身业务紧密结合的迫切性和必要性，应急、公安、电力、林业、农业、水利、环境、工商管理、财政、税务等相关部门也正在向这一应用阶段不断迈进。

3. 高级辅助决策阶段

高级辅助决策阶段是政务地理空间信息资源应用的最高层次，它使信息资源的价值得到最大限度的提升，跨越资源简单的展示、流程化的管理等应用阶段，而迈向更深入的对数据仓库的知识挖掘、智能决策等高级应用阶段。

政务地理空间信息资源辅助决策的应用核心是利用多种空间分析方法，通过各个应用领域的辅助决策模型为用户提供可视化动态推演、趋势分析以及综合评判等智能工具，如用于传染病的监控和预警、毒气泄漏等突发事件的处置与预警，商场、企业、学校、医院的规划选址，智能交通规划，环境影响评价等。这一应用阶段的基本前提是，各类政务地理空间信息内容趋于完善，数据质量（准确性、完备性、现势性）大幅提升，资源管理和共享服务应用环境（政策法规、整体应用水平）趋于成熟。与中级业务应用阶段相比，高级辅助决策阶段对数据整合共享的需求、数据时效性的需求更加迫切，对信息技术的应用更为综合，对业务部门的信息化要求程度更高。以智能交通为例，在信息方面，它不仅需要公交线网、站点布置、换乘线路、发车间隔确定、票价等来自交通部门的静态信息，更需要现场实时的客流、天气情况、到达时刻等来自多个部门的动态信息；在技术方面，公共交通调度、运营、管理的信息化、现代化和智能化更是现代通信、信息、电子控制、计算机、网络、GPS、GIS 等高新技术的集成应用。

政务地理空间信息资源在辅助决策分析方面的应用在我国刚刚兴起，随着社会信息化程度的不断提高，政府部门的业务应用势必会朝着这一阶段发展。综合上述，这两种从不同角度进行划分的应用阶段，均与我们人类对信息资源的认识水平和技术利用水平密切关联，随着社会的发展和科技的进步，政务地理空间信息资源的应用也是一个由低级向高级不断迈进的过程。

政务地理空间信息资源在政府的电子政务建设中、在数字城市的开发中具有十分广泛而有意义的应用。以下对政务地理空间信息资源在部门日常管理、跨部门综合管理、公众服务等方面的深入应用分别展开论述，并总结了政务地理空间信息资源的应用发展趋势。

7.2 部门日常管理应用

政务地理空间信息资源在政府各部门均存在较为广泛的应用，尤其在部门的日常管理中，政务地理空间信息资源不仅产生于部门内部业务管理流程各个环节中，而且反过来应用于各个业务管理流程之中。此类应用属于政务地理空间信息资源最基础、最普遍的应用，它的统一管理和使用对于政府各部门的日常管理业务应用有着很大的帮助。

7.2.1 在国土管理部门中的应用

国土资源包括土地资源、矿产资源及海洋资源等，这些资源都是和地理位置密切相关的政务地理空间信息资源，因此，国土管理部门是最早开始进行政务地理空间信息资源开发利用的政务部门之一，地理空间信息技术也正是随着国土、规划等相关传统部门的日常业务应用而发展起来的一种可以广泛应用于政府可视化管理的关键技术，所以政务地理空间信息资源在国土管理部门的应用程度普遍较高，一些城市已经不仅仅处于普通的地图可视化的初级应用阶段，而是已经发展到应用的中级阶段，即已经和部门业务紧密结合，融入国土行业管理的业务流程之中。

地图一直以来都是国土资源管理最重要的技术手段之一，在早期的国土资源管理中，通常都是利用纸质的地籍图、宗地图、土地利用图、矿产资源分布图以及海籍图等进行空间定位、面积测算、类型调查以及权属确认，这些图件最早都是采用手工方式来绘制，操作起来费时费力，更新、维护也极不方便。随着地理空间信息技术的发展，计算机辅助制图技术被引进国土资源管理中，电子地图的出现，解决了长期以来困扰国土部门的地图数字化和地图存储管理问题，是政务地理空间信息资源初级阶段的典型应用。

随着应用的不断深入，GIS 技术的不断成熟，大量国土资源的管理和使用迫切需要采用科学、高效的信息化手段来支撑相关业务的开展。基于 GIS 技术，国土部门构建了各自的资源管理或规划业务系统，利用这些业务系统，政府部门可以十分轻松地掌握国土资源的"家底"；业务人员不用在档案室成堆的档案材料中查找土地权属，只需要在电脑中输入土地编号或者土地权利人姓名就可以轻松完成；普通百姓可以在网上看到城市基准地价和土地分等定级信息，看到招标地块的标定地价，从而让土地管理真正透明化。这些与业务紧密结合的应用，说明了国土管理部门的政务地理空间信息资源应用已处于中级业务应用阶段。

7.2.2 在规划部门中的应用

政务地理空间信息资源在城市规划部门的数据更新技术手段、提高工作效率、改变工作模式等方面发挥着重要作用。利用遥感影像数据，可以迅速进行城市地形地貌、湖泊水系、绿化植被、景观资源、交通状况、土地利用、建筑分布的现状调查、历史变迁研究等；利用叠加分析、缓冲区分析、拓扑分析等工具对相关资源进行空间分析，可以了解区域商业服务设施、中小学、医院、社区服务站的服务范围，有助于城市服务设施的规划；利用基础现状信息和规划专题信息，可以使规划设计与规划管理更紧密地结合起来，在网络上开展电子报批，提高指标核算的科学性，避免出现地区规划的前后矛盾和土地批租的"一女两嫁"现象。这些应用充分说明了城市规划部门和国土管理部门一样，一直以来也是政务地理空间信息资源应用的"大户"之一，因此，这些部门比其他部门更早地进入了政务地理空间信息资源应用的高级阶段。

目前，很多城市的规划部门已经从传统的初级可视化应用阶段进入到中级业务应用阶段，一些城市甚至已经和业务流程有机结合起来，开始了新一轮的业务再造。数字规划理念的提出，标志着一种全新城市规划工作模式的诞生。数字规划是指综合运用多项信息技术，贯穿城市规划编制与管理工作全过程，使城市规划的各个工作环节全面发展，不断适应城市发展的需要。数字规划新模式的出现，为规划编制提供了更多的政务地理空间信息资源分析手段，使规划管理获得了更直观的技术依据。武汉市规划局早在 1999 年就开始实施窗口服务制，进行业务审批的模式再造和流程再造，通过一系列信息化项目的建设和实践，对规划管理所有业务的行政许可和管理事项进行了梳理，对工作流程进行了优化，使许多原来是"串行审批"的工作改为"并行办理"，大大提高了办事效率，全面提升了规划管理的行政效能。[63]

7.2.3　在市政管理部门中的应用

市政管理部门主要负责城市的市政基础设施、公用事业、环境卫生和城市市容环境综合整治以及城市管理综合执法等相关工作，在这些主要职能和相关业务事项中，蕴含了大量的政务地理空间信息资源，而这些政务地理空间信息资源的整合、共享以及应用，能够有效地提高市政管理部门的服务水平以及管理质量，为建设"以人为本"的和谐社会提供基础保障。

市政基础设施是整个城市生命力的源泉，而基础设施的建设和管理都离不开"从哪里"、"到哪里"、"在哪里"的空间位置属性，因此，在城市基础设施建设及管理领域，政务地理空间信息资源存在着巨大的应用空间。市政基础设施可以分为网络路径（如给水管网）以及网络节点（如场站）两大部分，相应的，基础设施的管理也分为基础设施网络管理、基础设施节点管理以及网络综合管理三大部分。利用政务地理空间信息资源，可以为相关部门提供完整的基础设施网络信息，使规划人员可以根据城市实际情况，改进基础设施管网，以更经济的方式服务于更多的用户，进而最大限度地避免设计失误；管理维护人员则可以迅速进行爆管分析找到故障源，同时进行影响用户评估，确定故障级别和解决方案，并派出相关维修维护人员以最快的速度解决问题，从而最大限度地降低故障、事故给百姓生产生活带来的不便。在基础设施节点管理中，政务地理空间信息资源不仅可以将场站的运转情况、输出产品（如自来水）的质量以及数量及时地反映出来，节约了维护人员巡视以及培训的时间，而且结合管网系统输入的需求信息，决策人员可以方便地找到供求平衡点，并动态地将基础设施场站的产能调整到适合点，而无需像从前那样总是维持在最大产能生产的情况下运转。

在城市管理方面，近年来，我国在"数字城管"方面的建设开展得如火如荼，并取得了一系列可喜的建设成果。最早开展"数字城管"建设的是北京市东城区，2004年，该区利用移动通信、地理编码及网格地图等技术，创建了"网格化城市管理"新模式，实现了城市管理空间细化和管理对象的精确定位，再造了城市管理流程，确立了城市管理监督中心和指挥中心两个轴心的管理体制，从而实现了精确、敏感、高效、全时段、全方位覆盖的城市管理。"数字城管"将城市管理部件准确定位并编码，使城市管理者对管理对象了解得一清二楚，并通过城市管理监督员全天候不间断巡查，及时发现并上报各种城市管理部件和事件信息，并在很短时间内完成事件处理，为维护城市公共安全提供了可靠保障。和"数字国土"、"数字规划"一样，"数字城管"也是"数字城市"的一部分，是将政务地理空间信息资源和城市管理的业务流程密切结合，通过体制、机制创新和城市管理流程再造而产生的一种全新应用模式。

7.2.4 在交通管理部门的应用

交通是社会生活活动的纽带和动脉，越是城市化程度高、经济发达的地区，其交通流量就越大，给交通管理部门带来的挑战也越大。而政务地理空间信息资源的开发利用，可以大幅度降低交通堵塞、交通事故等各种交通问题的频率，协助交通管理部门更为高效地完成交通管理工作，保证社会经济生活的高效运转。

目前，我国交通行业已经在"数字中国"、"数字城市"框架下，开展了"数字交通"建设，目标是实现城市交通管理的数字化、网络化、一体化，即充分利用现代化的通信、定位、遥感以及地理信息系统、电子地图和其他相关技术，全面开展城市交通智能化信息系统建设，以减少交通拥挤的发生频率，提高交通的有序性和安全性，改善地面交通运输条件。在建设这一庞大的系统工程过程中，政务地理空间信息资源开发利用这一"主旋律"贯穿始终。

1. 在交通管理中的应用

在城市道路交通管理领域，智能交通系统能够将车辆、司机、道路及其相关的服务部门相互联系起来，使车辆在道路上的运行实现智能化，即出行者可实时选择交通方式和交通路线；交管部门可自动进行合理的交通疏导、控制和事故处理；运输部门可随时掌握车辆的运行情况，进行合理调度从而改善交通拥挤和阻塞问题，提高整个道路运输系统的机动性、安全性和生产效率，使路网上的交通处于最佳状况，最大限度地提高路网的通行能力，并有效地节省能源。这种智能化、一体化的交通管理方式将节省大量的人力和物力，并为整个社会、经济的发展产生重要影响。显然，这种先进的管理方式与地理空间信息技术的发展、政务地理空间信息资源的深入应用是密不可分、相互促进的。

2. 在交通规划中的应用

利用蕴含在交通管理部门中的大量政务地理空间信息资源（如公路、铁路、轨道交通等道路信息），不仅能将交通道路现状直观地、全面地呈现给交通规划部门，以便其能够进行全局掌控和合理规划布局，结合交通道路网周边的人口分布数据、居住区以及重点单位分布等数据，从而根据百姓的生活习惯掌握人流的方向（如早上上班、晚上下班、买菜、周末购物娱乐等）和强度，使相关部门可以动态地掌握交通流量分布及变化规律，进而结合相关决策模型，可科学地制定道路规划和规则，如确定新建道路等级需求、设计公交路线和地铁轻轨线路及站点、设定道路的单行时段与限速要求等。

3. 在交通预测中的应用

在交通预测方面，有些城市的政务地理空间信息资源应用程度已经达到了高级辅助决策阶段。利用多年来积累在交通部门的大量政务地理空间信息资源，设计合理的交通流量预测模型，再结合交通流量监测设施，不仅能够动态地显示整个交通道路网的交通流量和交通压力变化情况，而且能够对道路的交通情况进行预测推演，通过在互联网、交通广播媒体、交通路口显示牌上进行交通现状和预测情况发布，方便公众及时了解交通信息，并做出相应的调整，发挥及时调整、平衡交通网络负荷的作用。

综上所述，政务地理空间信息资源在智能交通领域有着广泛的应用价值，对于交通管理部门进行科学规划、科学管理，保证交通系统高效运转，让当地居民满意有着十分重要的意义和帮助。

7.2.5　在环境保护部门的应用

政务地理空间信息资源在环境监测、预警、质量评价、影响分析、自然生态分析、水环境管理等领域存在十分广泛的应用，为实现区域的可持续发展战略提供了支撑。

在环境监测、预警方面，利用遥感影像、地面站点监测信息等政务地理空间信息资源，通过对环境（水、大气及固体废气物等）进行动态、连续监测，环境保护部门不仅可以实时掌握所监测污染源的动态变化，及时发现违规超标排污情况，而且通过利用多种污染源扩散模型进行预测分析，可以对重大环境污染事故进行预测预警，并可结合其他政务地理空间信息资源，为重大污染事故应急指挥奠定基础。

在环境质量评价方面，利用区域大气、土壤、水、噪声等多种环境要素信息，结合环境质量评价模型，可以对整个区域的环境质量现状进行客观、全面的评价，以反映出区域中受污染的程度以及空间分布情况，通过叠加分析，还可以提取该区域内大气污染分布图、噪声分布图等。同样，也可利用大量政务地理空间信息资源的空间分析进行环境影响评价，对改、扩、建项目可能产生的环境影响进行预测评价。

综上所述，在环境保护部门，政务地理空间信息资源的应用已经远不止简单的可视化展示、查询等初级的应用了，结合现代化的数据实时获取技术，再加上质量评价模型、预测模型等一系列业务应用模型，政务地理空间信息资源的高级辅助决策应用阶段已经在环境保护部门初露端倪，并为区域可持续发展战略的实现作出了一定贡献。

7.2.6　在统计部门的应用

统计部门负责地区的各种社会经济数据的统计工作，为各级地方政府的科学决策提供依据。在信息社会中，传统的报表或文字公布形式已经远远不能满足信息服务的要求，统计部门需要借助于现代化的信息技术手段，将各类统计数据以图文并茂的形式展现，并可进行动态的综合分析，只有这样才能满足政府部门、科研教育机构以及社会公众对信息服务精美、直观、及时、准确的要求，找出数据中隐含的规律，进行知识挖掘。

首先，利用各种地理空间统计单元，可以有效地组织开展各自行政区域内的专业普查工作，方便统计普查工作的开展以及管理。统计部门可以按照统计单元，利用 GIS 技术与地理空间信息系统将统计工作对国家—省—市—区—街等各级统计部门进行分解、落实，而各级工作成果可以以空间专题图等形式得到直观的反映，进而使各级部门的工作开展情况、数据精度等各种绩效信息都得以直观地展现，便于管理、监督以及指导工作的开展。

其次，各种统计数据空间化后，以经济专题地图等形式进行直观展现，便于应用各种分析、挖掘方法探寻普查及综合统计数据所反映的社会经济发展状况和规律，进而拓宽了统计服务领域。这些功能既可满足地方政府统计部门以时间和地理空间框架集成、整合各专业统计数据以进行进一步综合分析的需要，又可以实现区域空间统计数据的及时发布，服务于各个部门。

最后，利用政务地理空间信息资源还可以促进数据调查方法的创新。可以通过利用地址匹配技术在统计数据中加入空间属性，开展空间分析，使很多以前难以应用的数据分析、预测方法都成为可能。通过空间关系（如自相关系数）的引入和考虑，人口统计等数据的采样和预测精度将得到大幅度的提高，从而降低统计工作的成本。例如，通过利用房管部门提供的私产房信息、交通管理部门提供的私家车信息以及税务部门提供的法人和自然人纳税信息等政务地理空间信息资源，统计部门可以估算当地的人均收入水平、人口数量，乃至产业产值等重要的统计数据。这些与家庭（社会最基本的组成单元）相关的统计数据对于基尼指数等社会差距指数的测定十分重要，可为地方政府决策者制定促进和谐社会发展的政策提供科学依据。

目前，许多发达国家已经开始尝试采用空间信息技术来进行人口社会统计调查工作。例如，新加坡政府在最近的人口普查工作中大量采用了地理空间信息技术以及政务地理空间信息资源，辅助统计部门以及相关人员完成各自的工作。最终的结果表明，采用政务地理空间信息资源及技术使得整个统计工作周期由一年缩短至半年，效率提高一倍左右，而费用却仅有原来的几分之一；此外，早在20世纪70年代，美国就开始利用地理空间技术支撑人口普查工作。总之，应用政务地理空间信息资源与技术进行人口社会统计工作，不但可以提高人口普查的工作效率，更给人口普查工作融入了先进的管理方式。

7.2.7 在财政部门的应用

财政部门的业务表面上似乎与政务空间地理信息资源无关，但实际上，由于财政部门需要审批各个部门的财政开支，而这些资金投入很多都用于与空间位置有关的项目中，因此在财政部门的预算审批管理、项目审批等环节上都需要应用政务空间地理信息资源。例如，在城市的布局调整中需要了解要调整单位的情况，如房屋面积、占地面积、周边单位情况等，以便准确计划项目资金预算。依托政务地理空间信息资源，财政部门可以建立整个地区的项目备选库，使财政部门的有关人员准确掌握项目涉及的信息，使下达的财政预算指标更加贴近实际。

首先，政务地理空间信息资源对于建设项目的财政审批以及监督有着十分重要的作用。政务地理空间信息资源可以根据工程图纸提供大量的基础数据，如桥梁长宽、水泥浇筑体积、建筑高度以及土方挖方量等各种数据，便于财政部门根据图纸进行预算核实。此外，政务地理空间信息资源还可以结合摄像头等自动监控措施，使得财政部门负责人可以及时了解工程进展，以便根据规划批文和项目进度拨付资金。

其次，政务地理空间信息资源对于小区物业以及公用事业维护等服务资金审批也有所帮助。政务地理空间信息资源的积累可以为财政部门提供历年各区基础设施故障发生率的分布、故障程度（所需资金量）以及修复时间等进行风险分析和维护拨款估算的基础数据。基于这些数据，财政部门能够对公用事业部门上报的维护预算进行较好的评估，以便在做好面向广大居民和企业的服务基础上，尽可能地节约国家经费，提高服务质量，同时提高监管效率，降低监管成本。

另外，政务地理空间信息资源可应用于服务性拨款领域。例如，政务地理空间信息可以十分准确地为财务部门提供房屋面积以及房屋合同等信息，确保拆迁款发放工作准确、及时地进行。类似的，政务地理空间信息资源也可以协助财务部门对很多部门的固定资产更新进行协助管理，如交通信号灯、垃圾桶、照明路灯、公厕等。通过地理空间信息及技术所具有的直观展现、及时跟踪、智能提醒等多种功能，可以显著提高财务部门的工作效率，确保国库资金的安全运转和合理应用。

7.2.8　在税务部门中的应用

在税务部门的税务征管、税收收入预测、税收政策制定等很多业务环节，都普遍应用了政务地理空间信息资源。

在税务征管中，每一条记录都有其空间属性，如税源空间分布、纳税人地理位置、税务机关行政分区及税务分片辖区等，这都使得税务征管与地理空间信息具有天然密切的联系。利用地址匹配服务，可以将纳税企业进行空间可视化管理，再加上相关的户籍、核定、申报、入库、欠税、发票、稽查、违纪、减免、缓退等税务属性，可以直观、方便地对区域税源情况进行掌握，以便更好地服务于纳税人。另外，税务部门还可以将这些政务地理信息资源以多种形式进行展现和查询，如以三维直方图、三维饼图或曲线图等方式进行直观的展现和比较，也可以通过网络进行对外发布，为相关领导或社会公众提供税务征收稽查情况、纳税减免等网上查询服务。在税收政策制定上，税务部门还可以利用手头上的政务地理空间信息资源，制作重点税源分布图、新增企业分布图、欠税企业分布图、违纪企业分布图、非正常户分布图、行业税户分布图、纳税人户籍归属划分图等专题图，供上级领导制定、修正区域经济政策，加快区域经济发展步伐做参考。

在税务征管的基础上，税务部门还可以利用多年积累起来的政务地理空间信息资源，结合税收收入预测模型进行税源收入的预测，为各地区税务管理部门制定符合本地区实际情况的科学税收计划提供参考依据，并可以规范政府预算，合理安排财政收支，促进各地区经济更加健康和协调的发展。

7.3 跨部门综合专题应用

跨部门综合专题应用以解决问题为核心，而不是以某个部门职能为核心，要比单纯的部门业务应用更为高级、更为复杂，经常需要多个甚至数十个部门的协作才能得以完成，对政务信息资源（尤其是政务地理空间信息资源）依赖性更强，对数据的整合、综合分析等提出了更高的要求。

政务地理空间信息资源可为政府各部门的跨部门业务协作提供便利条件。例如，在城市应急指挥中，需要用到公安、消防、市政、医疗、交通、民政等多个部门的政务地理空间信息，这些信息可为城市的跨部门应急协同管理提供重要支撑。但是，这些不同类型政务地理空间信息来源不同，获取、采集、更新流程不同，数据格式、坐标系等也可能存在不同，这给实际应用带来许多麻烦和障碍，因此，只有通过有效管理和共享交换才能满足跨部门协作的需求，提高工作效率。本节通过介绍几个典型的跨部门应用案例，来展示政务地理空间信息资源灵活的应用模式和广阔的应用空间。

1. 业务规划、辅助决策

随着各政府部门业务的不断开展，大量政务地理空间信息资源积累下来，这为很多政府部门的业务规划与辅助决策提供了科学的依据与基础。

首先，利用统计分析技术，以时间、空间为基本维度对政务地理空间信息数据进行整理、分析和挖掘，并通过回归分析模型、时间序列分析模型、生命周期模型等预测事物发展的未来趋势，可以协助业务人员进行业务规划，为决策者提供制定政策、改进管理的依据。例如，通过对某一地区历年来学龄儿童的区域统计分析，结合地区各类中小学的区域分布状况，可以很好地为教育设施的布局规划、学龄人数的预测以及师资力量的配给提供支持；同样，利用所积累的就业信息、居住信息、交通卡公交换乘记录，可以分析上班交通拥堵的原因，为就业单位的办公场所位置选择和调整、园区规划、交通设施的完善提供科学依据。

其次，通过分析政务地理空间信息资源的内在属性（如空间自相关性），可以揭示数据自身对历史的依赖程度以及不同因素间的相互依赖关系，协助决策者发现问题的本质以及影响其发展的主要因素，进而可以进行控制因素设计，最后使之成为政策管理的中心因素，达到有效管理和控制的目的。例如，有关犯罪事件的地点与城中村分布地点、建筑工地分布之间的关联关系，各类交通事故的空间分布与事发地点周边交通情况的关系等。

最后，通过积累的海量政务地理空间信息资源，建立有效的评价指标体系，进行数据挖掘，可以帮助决策者制定科学的社会经济管理政策，使社会经济运作更为合理有序的进行，保证人民物质生活水平和精神生活水平的快速提高。例如，通过对各种产业的空间布局与区域的财政收入进行统计分析和知识挖掘，可以帮助当地政府因地制宜地制定合适的产业发展、引导政策；对体育健身设施区域配备情况与区域公民的身体健康状况进行模型分析和评价，可以为政府部门规划运动场所、制定全民健身计划和政策提供依据。

2. 应急管理

城市应急管理的整个过程都需要基于多个政府部门的政务地理空间信息资源，进行统一指挥、快速响应和联合行动，这些资源主要包括：城市大比例尺地形图（1∶500，1∶1000或1∶2000）、地下综合管线、道路交通、地名、地籍及城市用地规划、地质构造、遥感影像、城市关键设施、重要防护目标、应急救援力量（包括110，119，122，120）、危险源（包括生产场所、灌区、库区、危险房屋、压力管道、压力容器、锅炉等）、城市三维模型等。通过对这些数据的浏览、分析和挖掘，可以加快对事件的了解和应急处置，实现各种应急指挥信息的可视化显示、综合查询分析，并提供高效的辅助决策功能，为城市应急管理和公共安全提供保障和支持，为市民提供相应的紧急救援服务。

应急管理的风险评估和预防、应急准备和预案、应急响应和指挥以及事后评估与重建等几个阶段，都离不开政务地理空间信息资源及其相关技术的支持。

在风险评估和预防阶段，通过对政务地理空间信息资源的获取、采集和分析，可以了解应急危险源（如危险品仓库、核电厂、地震断层、低洼地带、机场、码头、车站、桥梁、摩天大楼、输油管、炼油厂等）、应急救援物资、救援队伍等空间分布状况。这些基础性的应急资源和人口、法人、地下管线等其他资源相结合，可以科学地评估突发事件可能带来的损失，进而可以提前采取一些保护和预防措施，防止或减轻突发事件所造成的后果。

在应急准备和预案阶段，利用政务地理空间信息资源，可以进行突发事件的模拟应急指挥，确定可以调度的各种应急资源，如 5 分钟之内可以赶到的救援队、消防队、医护人员和救护车的数量与位置，人员安置的安全场所及食物和水的供应，人员撤离的路径、道路网的情况等。另外，对于一些重大活动的应急安全保障，如外国领导人访问、两会代表会议等活动，相关部门可以利用政务地理空间信息资源对重点路线、关口进行妥善的警力部署，以保障安全。

在应急响应和指挥阶段，应急突发事件的影响范围、复杂性和严重性的确定，应急指挥部署等一系列工作都离不开政务地理空间信息资源的支持。当应急突发事件发生时，相关部门可以利用政务地理空间信息资源对事发地点、影响区域、重点单位等进行快速空间定位，了解周边环境和相关情况，并可进行突发事件的资源调度、应急部署等工作。另外，借助 GPS 定位设备以及视频监控设施，还可将应急事件的实时现场情况等信息在空间上进行展示，为应急指挥人员提供信息服务。

在事后评估与重建阶段，可以利用政务地理空间信息资源对灾后损失情况做出科学评价。例如，对水、电、气、热等地下管线突发事件，利用政务地理空间信息资源，可快速评估事件影响区域的重建、恢复所需经费等。

3. 房产交易管理

房地产交易市场的服务与监督管理，需要建设、税务、规划等诸多部门进行信息共享、联合管理，才能有效地堵住各种管理漏洞，让投机者无空子可钻、无法获得超额利润，确保房地产行业健康发展。政务地理空间信息资源在房地产交易管理中的作用主要可以表现为以下几个方面：

（1）二手房交易和税收管理。当二手房交易双方向房地产管理部门申请产权变更时，房地产管理部门可以获得交易房屋的各种情况，包括户主、房产证情况等信息，以及建筑规划部门的房屋面积、户型、地段等各种信息，将这些信息与来自规划、国土、房屋管理等部门的业务数据，进行空间对照，可以准确地核对房屋交易类型，以便执行相关的政策与法律法规；同时，也可以将交易数据如每平方米单价与该区域的平均交易价格进行比对，从而对可能的假交易进行预警和监管；最后，对核实后的交易结果信息记录更新到相关的政务地理空间信息资源库，可以为统计部门统计房地产价格指数以及税务部门征税工作提供科学的依据。

（2）小户型房屋建设的监管。为了获取更高的利润，房地产开发商则尽可能地少建小户型房屋。为了加强监管，保证政府的惠民措施得到贯彻，计划审批、建设等相关部门可以将房地产开发商的建设图纸、规划方案等这些政务地理空间信息资源进行集中审批，这不仅可以有利于提升审批部门的业务管理能力，还可以通过共享的方式为相关市政、工程监理等部门提供服务，甚至为购房者提供公开查询服务，从而从多渠道对地产开发商进行监督，良好地杜绝"小户型二合一"、"小户型改跃层"等"假小户型"现象的发生。

（3）两限房建设、审批。在经济适用房、限价房的购买审批方面，政务地理空间信息资源的应用同样能为相关部门的业务监管带来帮助。经济适用房的购买主体是当地的低收入居民，目的是满足人民住房的基本需要。可见，经济适用房与限价房的建设、销售、质量都将严格地受到政府的监管，即通常是以"官督民办"的方式进行。经济适用房、限价房建设的过程中有很多的问题可以利用政务地理空间信息资源得到解决，如土地审批、建筑面积及户型、建筑质量及配套基础设施、低收入家庭资格审查（收入、已有住房情况等）、经济适用房再交易等。这些问题的解决需要国土、规划、建设、市政、户籍管理、统计和税收等多个部门的协作，只有这样，才能杜绝高收入者等不合格人员购买经济适用房、限价房等现象的发生，以维护社会的公平。

综合上述，政务地理空间信息资源对于政府加强对房地产市场的监管，控制两极分化，实现房地产的健康发展，地区社会和谐安定有着十分重要的意义和广泛的应用。

4. 农民工服务

城市化进程和地区经济的飞速发展为大量农民工进城工作创造了条件。农民工人力资源的流动为消除城乡差别，减少我国"二元经济"现象，促进社会经济发展作出了巨大贡献。然而，大量农民工涌入城市同样给城市管理带来了许多问题。其中，较为突出的有季节性交通运输高峰（如春运）、流动人口管理、社会保障的发放、农民工子女教育、公共健康体系等。这些问题涉及农民工生活的各个方面，解决农民工的生活、工作问题已成为当地政府密切关注的一项系统工程、民生工程。

政务地理空间信息资源对解决农民工管理过程中出现的一系列问题，实现和谐社会可发挥一定作用。农民工管理问题的核心是流动人口户籍的管理问题，这需要教育、社保管理、计生管理、外来人口租房与暂住证管理、房屋建设、公安治安管理等多个部门相互协作，可基于政务地理空间实现属地化、精细化管理，这将有助于了解农民工的生活区域、工作区域的分布情况，从而可以更好地为农民工提供针对性的服务。此外，结合农民工的来源地、务工职业性质等情况，可以利用政务地理空间信息资源特有的地图、图表等直观的展现形式，为交通管理部门缓解交通高峰压力、统计部门了解外来人口与本地区经济指标关系等工作提供依据。

7.4 公众服务应用

为社会、公众提供服务，是政府的终极目标。作为公众信息最大的采集者和拥有者，政府部门可以利用政务地理空间信息资源，为老百姓的衣食住行等各个方面提供便捷服务，为方便居民生活、提高生活质量作出贡献。政务地理空间信息资源在面向公众服务方面，本节将从公众信息服务、公众社会参与、培育新产品及新行业三个方面加以阐述。

7.4.1 公众信息服务

公众信息服务，即将政府拥有的、非涉密的政务地理空间信息资源进行公开发布，通过互联网、手机、广播电视等多种媒体、媒介传达给公众并尽可能地扩大受众群体，进而方便广大人民的生产、生活活动。"取之于民，用之于民"，把由政府机构采集加工的、可公开的政务地理空间信息资源及时、无偿地为社会公众提供服务是地方政府的职责之一。政府可提供多种形式、不同数据内容的服务，如：

（1）气象信息服务。气象、环保等部门可以为公众提供气象以及大气质量等信息的服务，对公众的出行、活动以及穿戴等具有很好的指导意义。随着计算机技术、气象模拟以及监测技术水平的提高，气象预报的精度大大提高。国外某些地区的天气预报甚至可以精确到街区级别（几百米范围内）。通过对这些信息开展面向区域公众的定制服务，将帮助人们更好地了解各自所关心区域是否有雨雪、大雾等天气，究竟哪里会出现雨雪雾天气，从而有助于他们做出诸如选择行车路线、是否搭乘飞机出行、是否带雨具或者增减衣物等一系列正确的决定。这些信息可以通过广播电视、报纸、网站或者短信定制的形式提供服务。

（2）交通信息服务。这也是广大人民关注的一类重要信息，对于指导车辆通行，保证交通系统高效运转有着很大的帮助。由于交通信息对于信息的时效性十分敏感，因此实时交通信息的获得显得十分重要。目前，实时的交通信息服务更多的是通过广播、电视等方式，主要是一种被动式服务，如果结合 GPS、GIS、RS 以及手机等无线传输技术，则可以为公众提供主动式、可定制性的服务，这将为公众选择最佳路径提供帮助，不仅可避免绕道行驶、减少无谓的等待时间，还可降低交警的交通管理压力，同时，也能减少车辆造成的大气污染。

（3）POI（兴趣点信息）信息，对于公众生活同样有着很大的帮助。通过 POI 信息，公众可以方便地找到周边的邮局、银行、自动提款机、饭店、公园、娱乐场所、公厕、医院以及学校等的位置以及路线，为公众的相关社会活动提供便利服务。

诸如上述的服务，只要我们联系生活就可以挖掘出许多其他类似的应用，如 LBS、选购房（依据交通便利、周边配套设施等地理空间因素）等。

7.4.2 公众社会参与

随着我国经济建设的高速发展，人民的物质生活水平在迅速提高。同时，人民对于精神文化生活的追求越来越迫切、强烈。以 2008 年奥运会、2010 年世博会在我国召开为契机，文化娱乐设施以及相关的管理服务将成为各地方政府关注的重点之一。政务地理空间信息资源为广大居民发表建议与意见、参政议政、进行民主监督提供了技术手段，这为政策制定者和监督部门有更多的机会了解民众的意愿和需求。

以文化娱乐设施的规划和服务为例，因文化娱乐设施种类繁多、耗资巨大，其使用主要受到文化因素以及个人喜好的影响。例如，同样是公园，少年儿童大多喜欢去热闹的游乐场，而老年人大多喜欢去公园晨练，因此，"众口难调"一直是文化娱乐设施建设的一大难题，利用政务空间信息资源可以用来协助解决这个问题。

首先，通过使用政务地理空间信息资源，可以对特定区域的居民进行空间分析，如年龄分布、民族文化特征、性别比例、职业等空间分布情况。这些因素均有助于规划人员确定当地居民对不同种类文化娱乐设施的偏好，进而解决其规模、选址等一系列问题。

其次，基于政务地理空间信息资源直观、形象的特点，还可以协助地方政府开展网络调查以及电子投票等活动，以便对辖区范围内的公众居民进行调查，了解当地居民对当地文化娱乐设施建设的意愿以及对政府建设方案的意见。例如，利用政务地理空间信息资源的三维立体展示形式，通过网络发布文化娱乐建筑方案、让公众参与评议，以便使文化娱乐设施能够充分体现当地的文化特色，最终使其成为当地文化符号体系中不可分割的有机整体。通过政府与百姓间的互动，可以显著提高百姓对政府工作的满意度。另外，基于政务地理空间信息资源，可以为设施的选址工作提供科学依据。

最后，政务地理空间信息资源对于文化娱乐设施的管理与维护十分有帮助，如传统设备维护的空间化管理、人流的科学控制等。

类似的，其他诸如公共厕所等环卫设施的规划，城市道路、轨道交通、公交场站的规划及交通路线的设置等城市交通规划工作均可以借助于政务地理空间信息资源，向公众征求意见，充分发挥公众参与的热情，以实现政府与公众的互动。

7.4.3 培育新产品及新行业

政务地理空间信息资源具有强大的生命力，可以为制度创新、新市场及新行业的开拓提供支撑。由于政府部门是最大的信息资源掌握者、拥有者，而企业作为市场经济的主体和技术掌握者，只有政府和企业的优势相互结合，才能充分发挥政务地理空间信息资源开发利用的价值。通过对政务地理空间信息资源开发利用，商业公司可以基于这些基础服务开发各种有特色的创新服务，使信息和内容增值，这不仅可以方便人民生活，而且可以培育新兴产业生态链，促进社会经济的发展和就业机会的增加。

例如 LBS 行业，政府部门可以为企业提供各类带有丰富属性信息的政务地理空间信息资源，如工商部门的各类工商企业、旅游部门的各类旅游场所及宾馆饭店、文化管理部门的各类文化设施机构、教育部门的各类科研院所、交通部门的道路信息等，这些信息与无线移动应用相结合，企业可以开发一系列增值服务，为公众提供个性化的、快捷的、无所不在的服务。信息内容的丰富性、完备性、权威性、准确性、时效性是市场有效性的前提，而这正是政府部门所能而企业所不能之处，这也是整个 LBS 产业链的源头和决定因素。

此外，利用政务地理空间信息资源，用电管理业务也可以形成新的增值服务点。由于不同区域电力基础设施的不同，导致其容量和负荷也不一定相同，如利用政务地理空间信息资源进行空间化管理，可以及时地向所在区域的全体电力用户发布当前的供用电负荷。基于此，电价将不再是固定价格，而可以如同股票一样随着供求关系变化进行变化波动。当某小区该时段处于用电高峰，求大于供时，则提高电价；反之，当处于用电低谷，供大于求时，则可降低电价。居民可以根据自身需求以及价格信号来决定自己的用电行为和模式。通过采用这种做法，高电价将抑制用电高峰时的抢电行为，缓解电网压力，同时刺激用电低谷时的用电行为，提高电网利用率。最终利用制度创新达到促进节能、环保的目的，为更好更有效地利用市场机制奠定良好的基础。

综合上述，随着社会对政务地理空间信息资源价值认识的加深，以及信息资源开发利用政策的完善，政务地理空间信息资源的增值服务领域将不断扩大，这也对我们传统的管理理念和制度带来更多的冲击。

7.5 政务地理空间信息资源应用的未来发展趋势

随着政务地理空间信息资源应用领域的拓展，政府部门对其应用能力的要求也越来高，应用的重心已经由最初的可视化展现阶段发展到侧重数据管理、查询检索、空间分析的中级业务应用阶段，甚至逐步向空间模拟、评价分析、预测预警、决策支持的高级辅助决策阶段转移。在政务地理空间信息资源应用的高级辅助决策阶段，不仅可以对海量数据进行有效的管理，在数据仓库中进行知识挖掘，而且还可以进行高精度的情景模拟和预测，使在"数字城市"中"生活"成为可能，最终可以在一个高度信息共享的平台上，使全民参与政府决策，政府服务公众生活，使政务地理空间信息资源成为生活的"必需品"，成为"数字城市"的空间框架和核心。

7.5.1 海量数据管理和知识挖掘

政务地理空间信息资源具有海量存储的特征，这不仅使得其管理与常规的关系型数据存储有着本质上的区别，而且使得传统的知识挖掘方法（如双因素相关分析法等）难以得到应用。全新的、自动的、更为高效的知识挖掘模型是有效利用海量政务地理空间信息资源的基础。

首先，传统的知识挖掘方式难以应对海量的政务地理空间信息发展趋势。传统的知识挖掘方式一次只能对两三个变量进行分析，难以实现对复杂、海量系统的知识深度挖掘应用。如果简单地使用这种方式分析海量政务地理空间信息中成百上千种不同的参数和变量，则需要很长的时间，难以满足政务决策对于决策和政策时效性的要求。

其次，传统的知识挖掘方式对于海量数据处理力不从心。对动辄数百 GB、甚至 TB 级的政务地理空间信息资源，利用传统的知识挖掘方法进行分析，耗时过长。例如，北京市每年的航空遥感影像数据量就达到 TB 级，然而，这些数据不仅在不断更新，而且统计指标、各种参数也经常变化，如果采用传统的知识挖掘方法，那么知识挖掘所需的时间和人员成本将非常巨大，难以估算。

最后，传统的知识挖掘方式智能化、自动化程度较低，结果的解释、数据的处理等各个关键环节都需要人工参与。尤其是，传统的知识挖掘方式对人员的经验、素质要求较高，所需的培训时间也较长，显然这也是现阶段政务管理部门很难接受的。

为进一步发展和开拓政务信息资源应用，最大限度地利用海量数据方便科学决策和政策制定，为和谐社会的建设作贡献，就要大胆探索新的知识挖掘模式，以适应新的机遇和挑战。

新的知识挖掘模式以自动化、智能化和动态化为特征。所谓自动化，就是对于海量数据的综合、整理以及分析所需的专家干预最少，计算机系统将自动地收集相关数据进行分析，并得出结果，整个过程无需大量的专家经验参与，同时也保证了分析结果的科学性和客观性；所谓智能化，即计算机的分析技术大量采用先进的人工智能算法，使数据分析具有人类思维的某些特点，能够部分替代专家经验，提高数据分析的质量和效率；所谓动态化，即系统分析具备很好的灵活性和容错性，能够根据数据、指标以及精度的变化进行自动调整，而无需人员的干预。自动化、智能化和动态化三个特征相互联系，相互促进，不可分割。

常用的智能化、自动化、动态化的知识挖掘方法有以下几大类：

（1）神经网络方法。神经网络方法源自神经科学和认知科学。神经网路方法模拟人类大脑结构，以类似人类思维、决策的方法进行数据分析。神经网络方法以计算节点模拟单个大脑细胞，以分层和节点数据交换模拟大脑皮层结构。神经网络较传统的统计方法在遥感影像分析、模式识别等方面具有更高的精确度和更快的速度。

（2）基因算法。基因算法源于进化论和生物工程领域，以数字编码的方法提取事物发展变化的基本要素，然后模拟自然界的基因重组对解决方案进行排列组合，以优胜劣汰的原则进行方案优化，最终生成最佳的解决方案。基因算法在解决方案优化、政策改进等方面具有良好的应用。

（3）模拟退火算法。模拟退火算法源自统计热力学和材料科学，首先确定效能评定函数，然后以特定的优化算法进行优化，并不断重置，以确保解决方案不会陷入局部最优的境地。模拟退火算法在解决方案优化方面具有广泛的应用。

（4）多主体模拟。多主体模拟源于经济学领域。每个主体均遵照理性人假设，依据环境以及其他人的行为而采取不同的应对策略，最终导致整体的变化。多主体模拟研究是目前经济学领域的研究热点之一。通过多主体模拟的研究，政策制定者可以清楚地了解到不同经济参数的选择（如银行准备金率）对于社会生活中各个团体以及个人行为的影响，进而实现有效评估，以优化政策的制定。

（5）多目标规划算法。多目标规划源于系统工程领域。多目标规划能够较好地对人类思维的选择进行模拟，总结出不同的选择判断标准，然后根据人们对于不同标准的重视程度区分、评估不同的解决方案，最终从中选出能够使各方利益得到最大化的解决方案。多目标规划在公共政策、基础设施建设评估等公众选择领域具有广泛的应用前景。

通过构建政务地理空间信息资源"数据仓库"，可以利用上述各种人工智能算法来进行知识挖掘，提醒决策者注意一些常识难以发现的影响因素。例如，相关分析可以通过设置相关系数阈值的方法来从众多的潜在影响因素中挖掘出可能的因素。然后，计算机再通过主成分分析法找到产生某一现象的主要参数，供决策者参考，并采取措施或制定政策对之加以控制。这使得决策者无需再仅凭经验与直觉猜测影响因素（如影响沙尘暴的主要因素），而仅需将所有的数据，甚至包括人均GDP分布数据放入计算机，计算机即可输出所有可能的潜在的影响因素，进而最大限度地减少了遗漏、忽略的可能。

通过使用政务地理空间信息资源，决策者可以利用先进的空间统计学以及人工智能的方法进行模式识别，发现突发事件的特点，进而制定相应的决策。例如，利用空间统计学中的Moran'sI指数，决策者可以通过检查传染病的案例点图来发现传染病的发病模式，确定该传染病是因空间传播导致的，还是因地理环境要素导致的，最终可以发现病源与传播机制，从而为传染病防疫政策的制定和实施提供科学依据。

7.5.2 高精度的情景模拟和预测

数字城市的建设目标之一就是使用户能够身临其境，触摸现实，感受未来，这就需要我们应用政务地理空间信息资源进行高精度的情景模拟，使系统更加智能化，能够提供科学判断，甚至能够预测未来。

要进行高精度的情景模拟，不仅需要我们将原有抽象的地图符号还原成三维立体的可视体，而且需要对数据的精度、环境的模拟进行充分考虑，以满足真正还原客观世界的具体要求。在这一发展方向上，三维GIS和虚拟现实技术的发展，为高精度情景模拟提供了技术前提。

在对海量政务地理空间信息资源进行知识挖掘的基础上，还可以利用相关业务模型对管理对象的发展进行预测。通过应用所得的各种模型，决策者可以将不同解决方案的关键因素输入计算机而得到不同解决方案对于问题以及社会的未来影响（生成不同的情景），从而评估各种解决方案的效能、优劣以及改进办法，进而掌握社会经济的发展规律，更加准确地预测未来的发展方向，最终达到优化决策的目的，为切实解决当地政务管理中的重大问题，实现当地社会经济的可持续发展作出更大的贡献。

7.5.3 高度信息共享和全民参与

当政务信息资源应用发展到一定阶段，高度的信息资源共享和全民参与将成为一种发展趋势。当政务公开成为一种政府工作常态时，高度的信息资源共享也成为一种可能，政府可以通过一个统一的共享服务平台，将各种政务地理空间信息以直观、可视、动态、及时的方式提供给每位政策的制定者以及执行者，通过良好的互动和高效的沟通，使所有参与人员的意见都能得到充分的考虑，最终形成理想的意见，确保政策的正确制定和有效执行。

例如，在旅游区规划的过程中，不同的参与者可以按照自身需求提出不同的用地规划意见，使得不同人的观点（甚至是相互冲突的观点）可以被充分考虑。例如，环境保护主义者希望供游人活动的沙滩距离生态敏感区（如珊瑚礁、海龟产卵区等）越远越好；而旅游开发商希望房地产项目距离沙滩越近越好；而当地居民（旅游业工作者）希望旅游区（工作地点）距离家越近越好；旅游者希望旅游地点的配套设施（如酒店、商场、购物区、游乐场等）距离住所以及旅游景点越近越好，等等。通过利用多目标规划模型，在统一的信息共享服务平台上，全面收集相关知识点和数据，例如，从生态学的角度，生态敏感区与人类活动区必需的隔离距离最小值、建筑物高度的最大值、海龟产卵区夜间照明的最高强度等，经过综合运算，充分沟通，即可制定出相应的解决方案，同时将解决方案的备选顺序公布给决策者以及公众，最终协助决策者利用公众参与来完成用地类型方案的确定，尽最大限度地满足当地人民的不同需求，建立和谐社会。

总之，未来政务地理空间信息资源的应用趋势必然是高效率的、高精度的、智能型的、开放性的，当前政务地理空间信息资源的应用也正是向这个目标不断前进，但我们当前的实际应用程度距离这一目标，还有很长的一段路需要走。只有遵循发展规律，不断实践，勇于创新，坚持不懈，才能真正发挥资源的最大应用价值，为社会服务，为人民造福！

下篇 应用与实践

在政务地理空间信息资源管理与共享服务应用体系相关理论的指导下,北京市开展了一系列应用与实践工作,并取得了阶段性进展。从这些建设、应用以及实践过程中,我们不难发现这些理论中所蕴含的强大生命力……

第 8 章 北京市政务地理空间信息资源建设背景

8.1 "数字北京"建设历程和现状

"数字北京"作为"数字中国"战略的重要组成部分,已经成为首都信息化的战略口号和奋斗目标,正在转化为巨大的社会生产力。在"数字北京"建设过程中,政务地理空间信息资源作为一种重要的基础性战略资源,与不断发展的地球空间信息技术一起,在政府管理、决策等各个方面得到广泛应用。

8.1.1 "数字北京"的提出

"数字地球"是继"信息高速公路"之后又一全球性的科技发展战略目标。1998年6月,江泽民总书记在两院院士大会上提出了关于中国发展"数字地球"的思路,指明了发展信息技术,加快建设国家信息基础设施,早日实现中国的"数字地球",是我国争先抢占世界科技、产业和经济的制高点,是走向21世纪知识经济的发展战略。"十五"期间,许多地区和部门相继制定了数字省区和覆盖本领域的数字工程项目发展规划,如,"数字海南"、"数字山西"、"数字福建"、"数字浙江"、"数字陕西"等

（"数字北京"也是其中工程项目之一）；国土资源部计划用12年时间实施"数字国土工程"，交通部提出实施"智能交通"，国家海洋局提出"数字海洋"，国家测绘局提出建立"数字中国"地理空间基础框架，建设部也于2001年开始积极推进城市数字化工程试点，包括数字城市空间基础设施建设、数字社区等工作，并已在北京、重庆、武汉等21个城市开展试点工作。

北京市是我国较早提出建设"数字城市"的省市之一。1999年11月29日，时任北京市市长的刘淇同志在首届"数字地球"国际会议上正式提出"数字北京"的概念及其实施计划，由此拉开了"数字北京"建设的序幕。

1999年12月，中共北京市委八届四次全会上，《中共北京市委关于加强技术创新，发展高科技，实现产业化的意见》中提出"首都248重大创新工程"，在8个高新技术产业化示范项目中，"数字北京"项目被列为首项重大工程。

2000年7月，北京市信息化工作办公室（以下简称北京市信息办）提出了《数字北京工程总体框架及发展规划（征求意见稿）》。在此基础上，北京市信息办于2000年12月制定并通过了《北京空间信息工程总体框架及发展规划》。从此，"数字北京"被正式纳入到北京市国民经济和社会发展的重要议事日程。

2001年4月通过的《北京市"十五"时期首都信息化发展规划》中指出：信息化是北京面向21世纪和信息社会重要的城市发展战略，是首都发展的新动力和新主题。首都信息化的战略口号和奋斗目标是建设"数字北京"。首都信息化"十五"发展规划确定了信息资源开发利用的两项重大工程：北京市信息资源网工程和北京市空间信息工程。2002年，北京市信息办开始组织实施北京市信息资源网工程，着力构建"数字北京"框架。

1. 北京市信息资源网工程

北京市信息资源网工程是首都信息化"十五"发展规划中确立的21项重大信息化工程之一，其目标是建成北京市信息资源网。北京市信息资源网是由广泛分布而又能够互联互通、共享和交换的信息资源群体构成的关系网，是为政府部门、企事业单位和公众服务的网络化信息资源。北京市信息资源网工程依托北京市信息资源管理中心开展实施与建设，通过对遥感影像数据库、电子地图数据库、人口数据库、法人数据库等基础共享数据的获取、更新和维护，完成政务专网信息服务平台、公众信息服务平台等的建设和管理，支撑应急指挥、地下综合管网等一批电子政务业务应用系统（图8-1）。

2. 北京市空间信息工程

北京市空间信息工程是基于"3S"技术，深度开发和利用空间信息，建设服务于北京

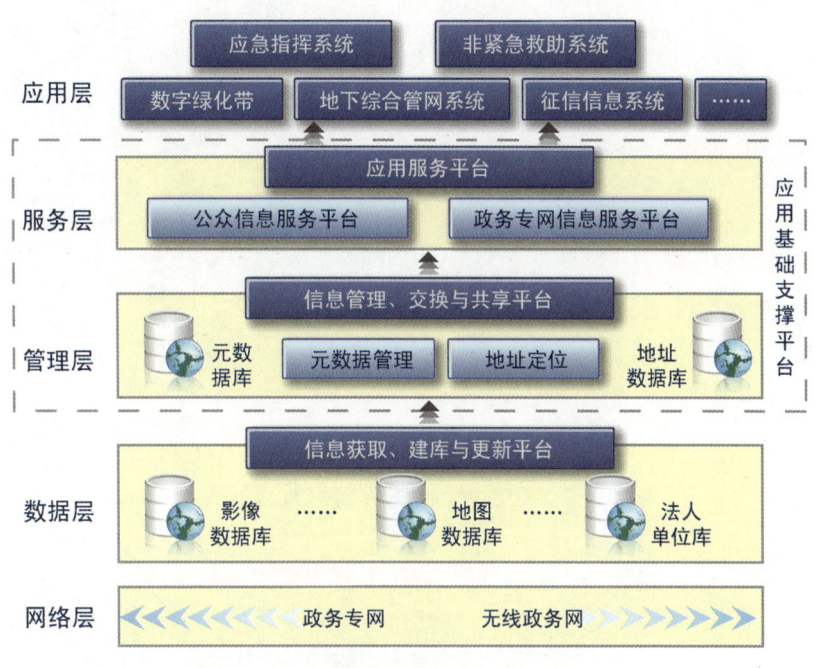

图 8-1　北京市信息资源网工程总体框架图

市规划、建设、管理,服务于政府、企业、公众,服务于人口、资源环境、经济社会的可持续化发展的信息基础设施和信息系统;其实质为北京市信息资源在统一的时空坐标上进行整合、实现共享提供准确、实时的空间数据基础设施(图 8-2)。

北京市空间信息工程的行动计划可以概括为"33440 工程",即:

三项信息基础设施建设工程:北京市空间基础信息管理服务中心、北京市信息资源管理中心、北京市全球卫星定位综合应用服务系统。

三项软环境建设工程:政策与法规工程、标准与规范工程、安全与保密工程。

四个区域示范应用工程:数字绿化带、数字中关村、数字西城区、数字奥运。

四十项重点应用工程:推动各委办局对空间信息的广泛和深度利用。

北京市开展"数字北京"建设具有其得天独厚的优越条件,首都是人才和知识的高密集区、建设规划和区域管理的高复杂区、对宏观战略决策的高敏感区以及对生态环境的高依赖区。开展"数字北京"建设,是首都可持续发展的需要,是城市建设规划的需要,是城市管理的需要,是利用首都人才优势建立科技创新体系的需要,是发展首都经济的需要,也是领导决策支持的需要。

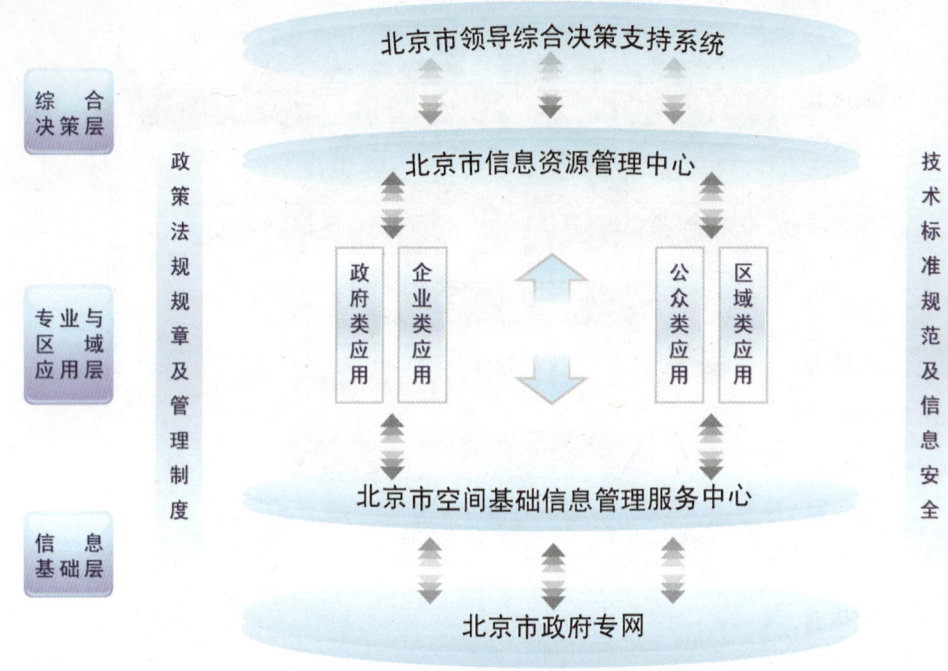

图 8-2 北京市空间信息工程总体框架示意图

8.1.2 "数字北京"的基本概念和内涵

"数字北京"的基本概念在不同领域、不同角度上有不同的定义和解释。通常意义上讲,"数字北京"可分为广义概念和狭义概念两种。

广义的"数字北京"就是指首都信息化。它既是首都信息化的总体概括,又是首都信息化的目标。《中共北京市委关于加强技术创新,发展高科技,实现产业化的意见》指出:"数字北京"工程是指通过建设宽带多媒体信息网络、地理信息系统等基础设施平台,整合首都信息资源,实现国民经济信息化,建立电子政务、电子商务;通过发展信息家电、远程教育、网上医疗,建设信息化社区。"数字北京"将通过加快和整合城市信息化建设的各个方面,最终形成一个体系完善、功能健全、组织有序的数字信息体系。

狭义的"数字北京"工程概念是指:利用"数字地球"理论,基于"3S"等关键技术,建设服务于北京市规划、建设、管理,服务于政府、企业、公众,服务于人口、资源环境、经济社会的可持续发展的信息基础设施和信息系统。其本质是建设空间信息基础设施并在此基础上深度开发和整合应用各种信息资源。根据《北京市"十五"时期首都信息化发展规划》和《北京空间信息工程规划》,狭义的"数字北京"工程实际上就是北京市空间信息工程。狭义"数字北京"概念是"数字地球"技术、"数字城市"概念在北京的具体应用和在纵深方向的延伸与扩展，也是"数字中国"的重要组成部分。它是以空间数据基础设施和信息网络为基础，对广泛的信息资源进行统一组织和有效管理，并在首都城市的规划建设、运行监控、城市管理等领域广泛应用。本书提到的"数字北京"，均指的是广义概念下的定义。

"数字北京"的核心是信息资源的开发和利用，其目的就是为了利用计算科学、大规模存储、遥感影像、宽带网络、互操作和元数据等关键技术推进北京市各部门的信息资源开发利用，实现信息资源的整合共享和交换，避免无序和低水平的重复建设。深入理解和领会"数字北京"的内涵，可以发现：

（1）"数字北京"是"数字经济"（网络经济、数字经济、信息经济或知识经济，都在表示相似系列概念中不同层次的状态，其本质都是一种服务经济）的必然产物，它是一项复杂的经济社会系统工程，其作用就是要对信息资源做出最优的配置，并以最快的速度、最直观的形式、最低的成本传送给各个层次的决策者，或传送给因特网的各个经济社会应用系统，达到对社会资源的有效控制和利用，提高首都整个地区的经济社会效益，最终实现社会的良性循环和经济的可持续发展。

（2）"数字北京"必须紧密地依托在首都信息化建设的基础之上。"数字北京"中任何一个子系统的实现都离不开信息技术和信息资源的支撑，在北京市信息资源网工程中，从网络层、数据层、管理层、服务层直到应用层的建设，实际上涵盖了北京市信息化建设中大部分重点工程和重大应用系统。广义上的"数字北京"就是首都信息化。

（3）电子政务建设是"数字北京"的核心组成部分，是数字化城市产业效益最直接的应用，并为企业、家庭乃至全社会进入数字化领域做出了引导和示范。实现"数字北京"建设目标的一个重要标志是电子政务、电子商务和社会信息化的无缝衔接，对全面推动经济发展和社会进步、率先基本实现现代化的目标发挥基础性作用。电子政务建设与城市的管理水平关系最密切，数字城市中，信息资源建设的主要目的就是通过对电子政务的应用，支撑政府决策指挥、协同办公、行政管理，提高政府公共管理和服务水平。

（4）"数字北京"建设将导致政府管理体制的重大变革。政府管理的信息化对国民经济发展和社会信息化的示范及带动作用是显著的。电子政务建设将会带来以人为本的价值观念转变、工作效率的提高、民主监督的加强。从信息化对行政管理的影响程度上分析，电子政务建设至少要经历：首先是对现行管理体制及其内容的"电子描述"阶段，即传统的管理内容以电子与网络化形式得以实现；再是利用先进信息技术对管理内容的"重新整合"阶段,即按便民、高效、廉政的需要去塑造适合社会主义市场经济的政府管理职能;最后是将电子政务真正按"系统工程"的方式进行建设和管理。目前,我国电子政务建设还处于初始阶段,在这一阶段需要从转变政府部门职能和强化政府信息体制及运行机制管理这两个方面同时入手,相辅相成,避免形成"两张皮"和"走过场",填平"信息荒岛"和"信息孤岛"等"数字鸿沟"。政务信息化为正在进行的行政管理体制改革注入了新的动力。办公自动化、网上审批工程的建设,开始让政府部门重新审视现行的管理内容及形式;现代信息技术与政府管理职能的结合,将促使政府部门之间的职能衔接,以及公务人员行为的规范化和合理化。

8.1.3 "数字北京"的建设和发展

1. "数字北京"的指导思想

"数字北京"作为首都信息化的战略口号和奋斗目标,已被全社会广泛接受,并正在转化为巨大的社会生产力。"数字北京"的整体定位是:以信息化带动工业化,以信息化推动现代化,发展以知识经济为内涵的首都经济,从而增强城市竞争力,提高人民的生活质量。因此,"数字北京"以下列指导思想为基础开展建设实施:

(1) 需求为导向。社会对信息的需求是"数字北京"建设的源动力,因此,在建设过程中的任何阶段,都应该时刻考虑政府、企业乃至公众对信息的应用需求,唯有如此,才能找到工作开展的重点。

(2) 服务是宗旨。服务宗旨体现了社会赋予"数字北京"的神圣使命。"数字北京"是新世纪信息社会服务于全民的一种新型服务方式,它把服务作为工作出发点和落脚点,强调其成果要惠及全民。

(3) 应用是关键。切实推动实际业务应用是"数字北京"建设的立足点和关键。如果"数字北京"缺乏应用支撑,则就意味着社会经济效益低下。只有成千上万的政府部门、企业、市民应用"数字北京"的成果,才能产生巨大的社会经济效益,促进国民经济的快速发展。如果说世界经济的快速发展,得益于IT产业的硬软件技术,那么今后国民经济的一个重要增长点,将有赖于信息服务业。

(4) 信息资源开发利用为核心。"数字北京"的核心定位是信息资源的开发利用,信息资源是数字城市得以正常运行的"血液"。每天在城市经济、社会等各个领域都产生大量的数据,这些数据资源只有通过不断地开发和利用才能达到增值的目的,否则被埋没在"数字的海洋"里就将只会是一堆无用的信息垃圾。加强对信息资源开发利用是城市信息化取得实效的关键,也是增强城市综合实力和竞争力、最终增强我国综合国力的必然选择,也是数字城市建设的根本目的所在。

(5) 信息技术与信息产业为支撑。"数字北京"是一项以信息技术和信息产业为支撑的社会化系统工程。"数字北京"工程的管理和运营,需要强有力的技术手段支撑和大量的经费投入,如果不引入企业行为,缺少利益驱动,那么投资获得的经济效益将无法得到充分发挥,因此,必须要依托信息技术的发展来构建统一、标准的数字城市平台,以信息产业的发展为契机,从而实现全社会信息资源有价共享。

(6) 软环境是保障。创建良好的信息化软环境是"数字北京"成功实施的保障。信息化软环境主要包括:信息化组织体系、信息化融投资环境、市场运作机制、政策体系、法规体系、标准化体系、信息安全保障体系、信息化宣传及人力资源共9个方面。

(7) 发展经济和提高生活质量为目的。"数字北京"的最终目的是发展社会经济和提高人民生活质量。信息技术造就了当代最先进的生产力,北京市在与其他发达国家的现代化都市共同发展的过程中,必须同步推进城市化、数字化,紧紧抓住"数字城市"是21世纪城市发展这一新主题、新动力,不断提高城市综合竞争力,促进城市经济发展、社会进步和人民生活水平的提高,实现跨越式发展。"数字北京"工程的实施必将给北京市的政治、经济、文化和人民生活带来新的发展机遇。

2. "数字北京"的组织建设单位

针对广义概念上的"数字北京"而言,整个"数字北京"的组织建设需要由一套完整、系统的行政协调管理体制来支撑,而不能仅依靠某一个行政部门的组织协调。因此,建立一套适应社会主义市场经济体制、分工合理、责任明确的信息化综合管理体制,加强信息化主管部门的统筹协调职能,促进市与区(县)之间、各部门之间信息化工作的协同配合,是"数字北京"健康发展的前提和保障。通过不断摸索和实践,北京市依靠决策层、行政层、业务层和实施层四个方面的组织机构,共同组织开展全市的信息化工作(如图8-3所示)。

(1) 决策层

北京市信息化工作领导小组负责对全市信息化领导工作的决策统筹,具体负责把握全市信息化发展战略方向,理清信息化发展的目标和思路,指导信息化宏观决策,动态调整信息化发展目标,以适应城市经济社会发展大局的需要,统筹解决信息化建设中出现的各种矛盾和问题。另外,凡涉及全市的信息化重大政策和事项要经市信息化工作领导小组审定。北京市信息化工作领导小组组长由市长亲自担任,小组成员由市各委办局的"一把

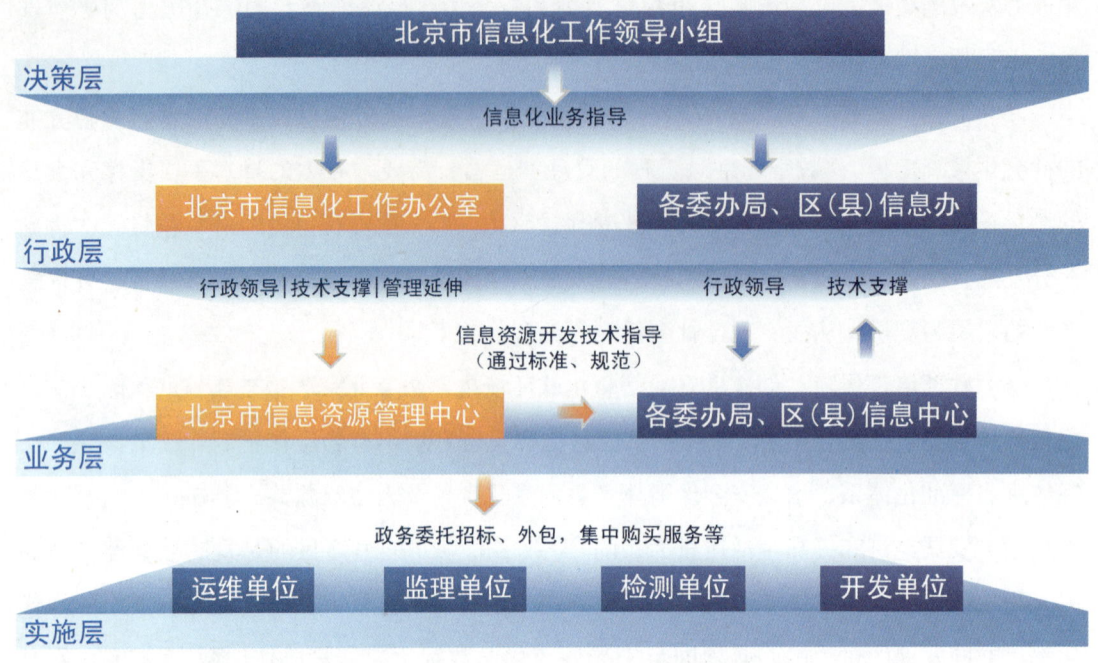

图 8-3　北京市信息化工作组织领导机构框架

手"共同组成，可有效地保证"数字北京"建设过程中的组织协调力度。

此外，为进一步加强对全市信息化工作的统筹指导，北京市于 2006 年 9 月成立了首个信息化专家咨询委员会，聘请来自信息化和社会、经济、管理等专业领域的 16 位专家担任委员，为北京市的信息化政策与战略制定出谋划策。北京市信息化专家咨询委员会是北京市信息化工作领导小组的决策咨询机构，其主要职责是：对北京市信息化发展战略、政策和规划提出意见和建议；就北京市信息化发展建设中的重大问题提出建议，并提供咨询服务；对信息社会发展、城市信息化建设等重大课题进行跟踪和前瞻性研究。这一智囊团机构的成立，能够充分吸收和运用这些高层次、高水平委员会专家的经验和智慧，在涉及全市信息化的战略性、全局性、前瞻性问题的研究方面，在重大政策制定和技术决策方面，充分发挥好委员会的把关作用，为"数字北京"建设"把脉"、"引航"。

（2）行政层

在行政层上，北京市信息办和各委办局、区（县）的信息化主管部门负责全市信息化的行政领导和管理工作。北京市信息办是北京市信息化工作领导小组的办事机构，其主要职责可以用"规划、规则、标准、监管、协调、服务"这十二个字概括。具体职责如下：

① 贯彻执行国家信息化工作的方针、政策和法律、法规，研究起草北京市信息化工作方面的地方性法规、规章草案，以及发展规划、总体规划、年度计划。

② 审核各部门、各区（县）、各行业的信息化发展规划及实施计划，并督促实施；负责审核北京市重大信息化建设工程项目，并监督实施。

③ 统筹规划北京市公用通信网、广播电视网和部门专用通信网；联系与国家通信主干网、军工部门及其他部门专用通信网方面的工作。

④ 研究提出北京市有关信息化建设技术标准的意见；负责组织北京市重大信息化建设工程技术论证、评估验收工作。

⑤ 负责北京市电子信息技术的推广应用工作，组织协调全市信息资源的开发利用；负责电子信息技术推广应用的贷款和信息化建设专项资金的管理、监督工作。

⑥ 负责北京市信息行业的执法监督；负责基于网络的信息服务行业和信息系统集成单位的资质认证；负责北京市国家机关在国际互联网上注册域名的审核工作；组织建立北京市计算机信息网络系统的安全认证体系。

⑦ 负责北京市信息化领域软课题的立项和验收；指导北京市信息化人才的教育培训和信息化宣传工作；负责北京市信息化对外交流和合作工作。

⑧ 负责北京市无线电管理工作。

⑨ 承办市政府交办的其他事项；承担北京市信息化工作领导小组的具体工作。

（3）业务层

在业务层上，北京市信息资源管理中心（以下简称资源中心）这一组织机构的设置为北京市信息资源的开发利用提供了强有力的技术支持和业务保障。资源中心成立于2001年3月，作为北京市信息办下属的事业单位，其主要职责是：

① 负责研究提出北京市信息资源开发利用的规划方案建议并具体组织实施。

② 负责北京市信息资源的共享、交换和整合工作。

③ 负责研究拟定北京市信息资源的管理规范和技术标准。

④ 负责集中管理北京市重要的信息资源，为党政机关和社会提供信息咨询服务。

多年来，资源中心始终将自身定位为信息资源管理创新中心、信息资源共享交换中心、信息资源目录管理与服务中心、基础共享信息资源管理中心以及空间信息应用技术服务中心，以实现"数字北京"为目标，致力于政务信息资源共享交换体系研究和建设，致力于人口、法人和空间等基础数据库建设及共享服务。经过多年的努力，资源中心在首都信息化规划、规则、标准、监管、协调、服务等领域发挥了重要作用，取得了诸多阶段性的重要成果：

① 支撑北京市信息办制定了《北京市电子政务总体框架》、《北京市应急指挥系统总

体方案》和《北京市综合管网信息系统总体方案》等重大规划，制定了《政务信息资源目录体系》、《北京市法人基础信息标准》和《北京市政务信息图层建设技术规范》等地方性标准规范，并正在研究制定《北京市地址数据库建设技术规范》等一系列有关信息资源管理和电子政务建设的管理办法及标准规范。

② 初步建成了北京市政务信息资源共享交换平台，为全市各政府部门的信息资源管理提供了目录服务和共享交换服务，有力地推动了首都政务信息资源的共享和应用；初步建成了北京市决策信息服务平台，整合了绝大多数委办局的现有资源和系统，为领导决策提供了强力支撑。

③ 在推进地理空间信息建设和应用方面，资源中心一直致力于首都地理空间信息的获取、处理与应用，积极探索地理空间信息与社会经济信息的整合及其在电子政务、公众服务等领域的应用。已先后完成了北京市综合遥感影像数据库系统、地址数据库管理与应用系统和政务信息图层共享服务系统等重要系统，在各个政府部门中得到了广泛应用，并基于网络共享模式支撑了应急指挥、城市管理等重大应用系统以及其他一大批部门业务系统的建设，取得了显著的社会经济效益，"数字北京"地理空间数据库框架已初步建成。其他已完成的系统还包括数字绿化隔离地区信息系统、北京SARS疫病情监控决策支持系统和北京禽流感防控GIS分析决策系统等。

④ 资源中心积极参加科研攻关，不断地加强自身的竞争力。已完成和正在参与的重大科研项目包括国家863项目"基于SIG框架的数字城市服务系统与示范"、"北京奥运移动综合信息服务系统"和"龙计划"奥运专题等。

（4）实施层

在实施层上，北京市充分利用首都企业、高校以及科研单位等的众多优势，采用产学研结合、政府委托招标、外包、集中购买服务等手段组织一批合适的合作伙伴进行信息化建设，这其中包括一批负责相关平台、系统建设的开发公司和企业，负责系统运行维护的软硬件服务厂商，负责信息化项目监理的企事业单位，负责信息化软件产品检测的单位等。这些合作工作不仅成为"数字北京"信息化产业链上的一个关键环节，而且通过北京信息产业的发展，也带动了全国信息化的进步。实践证明，市场化的运作机制保证了首都信息化项目的顺利开展和实施。

3. "数字北京"的建设成果

"数字北京"通过十多年的建设，其基本框架已经建成，正处于由基础设施建设阶段向"深化应用、惠及全民"阶段过渡的时期，其成果在推进首都经济社会发展和城市现代化建设的进程中发挥了重大作用。[64]

（1）社会信息化发展呈现新气象

城市信息网络建设实现跨越式发展，无线网络和宽带网络发展迅速，广播电视"村村通"工程推进顺利，广播、电视人口综合覆盖率水平在全国位居前列，城市信息网络已成为支撑经济社会发展的关键基础设施。"燎原行动计划"、"百万家庭上网"、"数字北京信息亭"等项目的实施，将网络和信息引向基层和大众。全社会应用信息技术的意识不断加强，能力不断提升，数字化生活方式逐步普及，手机通信、电子邮件、即时通信、网上购物、网上学习等已成为大众日常生活和工作的重要组成部分。

（2）电子政务建设取得新成效

电子政务从政府上网阶段向业务应用阶段全面过渡。一大批电子政务应用系统陆续建成并投入使用：网格化城市管理新模式全面推广，社会保障信息系统基本建立，劳动力市场信息系统全面上线，电子政务专网集约化建设初见成效。这些应用系统覆盖了从政府内部的组织、人事、财政、监察等日常业务，到面向城市的交通、城管、应急、执法等的方方面面，有效地提高了城市管理水平，加强了公共服务，为辅助领导决策奠定基础。截至2008年底，经初步统计约85%的政府业务实现了信息化，35%的政府信息共享需求能够得到满足，政府管理进入了统筹、精细、协同阶段。

（3）城市信息服务水平实现新提升

政务和公共服务信息化取得长足进步，初步构建了市、区（县）、街道（乡镇）和社区（村）的四级信息服务体系。"首都之窗"网站成为政务公开、网上服务、政民互动的主渠道，截至2008年底，网站群页面浏览量超过860万次/日；政务信息网上公开日渐深入和规范，新闻发布会、行政事业性收费项目、统计公报、执法监督结果公示、法规草案意见征集、政府采购招投标、人事任免、公务员和事业单位招考等8个重点领域实现100%公开；在网上办事服务方面，全市1920项行政办事事项中，除涉密事项外100%提供了办事指南服务，2900余张业务表格可以在网上提供下载服务，实现网上申报、状态查询、结果公示等深层次服务的办事事项1100多项，部分服务已延伸到区（县）、街道乡镇。在公用事业服务方面，发行了市政交通一卡通，轨道交通实现"一卡通、一票通"，80多个高速路口实现不停车收费，车载导航服务覆盖五环路内近75%的道路；银行卡累计发卡近7000万张；数字北京缴费通，可通过网络、电话、自助终端、服务网点四种服务方式代缴通信、宽带、有线电视等40多项费用。

（4）信息化带动产业优化升级达到新阶段

信息产业保持持续高速发展，对经济增长贡献度稳步上升。信息化催生出一大批新的产业,成为首都经济新的增长点,信息技术改造传统产业效果日渐显著。现代信息服务业发展势头良好,成为第三产业中的重要产业;电子商务发展迅猛,保持了29.1%的年均增速;计算机信息系统集成业连续几年保持快速发展势头,从2002年起,年均增长基本保持在20%以上。

(5)"数字奥运"

2008北京奥运会基本实现了奥运相关人员在任何时间、任何场所、任何设备可获信息服务的承诺,"数字奥运"在其中发挥的保障作用功不可没。

在城市运行指挥上,为支撑"2008"城市运行指挥部和"2008"城市运行监测中心工作需要,依托网格化城市管理信息系统建设奥运城市运行监测系统。通过北京市政务信息资源共享交换平台,与全市主要业务系统实现对接,实现了城市运行体征指标数据的实时或准实时获取,为奥运期间城市运行指挥提供决策依据。

在信息服务方面,奥运期间,以政府门户网站为核心,北京网、ebeijing优势互补,同时与12345、数字电视、DAB手机电视、信息亭、奥运官方网站、部分商业网站、中国移动12580等多种终端提供了不同内容和形式的对接,为市民群众、游客及外国客人提供了全方位奥运信息和城市信息服务。

在通信保障方面,有线、无线和卫星三网协同,成功地完成奥运期间安保、交通、应急等指挥调度通信保障任务,创造了奥运会保障历史上的多个第一。在赛事转播过程中,北京奥运会实现了首次高清晰电视图像转播;近3亿人首次通过IPTV、手机等观看赛事;1000万人/日通过公共场所电视终端观看赛事。

在信息安全方面,首次实施全方位安全监控与应急处置,奥运期间,发现和处置数百起SQL注入、溢出攻击、ARP欺骗、病毒木马等高危安全事件,确保奥运期间全市政务网站和政务系统的安全稳定运行。

另外,智能交通技术、无线射频识别技术等其他信息技术,在交通咨询服务、食品安全监督、场馆安全保障、高清数字电视信号制作等很多方面得到广泛应用,是一届名副其实的"IT无处不在的奥运会"。

虽然"数字北京"建设初步取得了一些成效,但实际上,"数字北京"的建设之路才刚刚步入一个新的起点,它是一个长期、复杂的系统工程,依旧需要市委市政府加强统一领导,需要专家出谋划策,需要各界人士积极参与。相信随着首都信息化建设的深入,"数字北京"将以更为具体和鲜活的形式融入人们日常工作和生活之中。[64]

8.2 北京市政务地理空间信息资源开发利用的政策背景

北京市委市政府高度重视北京市电子政务建设，大力推动全市政务信息资源共享工作，这对政务地理空间信息资源的开发利用起到了重要作用。

继《国家信息化领导小组关于我国电子政务建设指导意见》明确提出"规划和开发重要政务信息资源"、"启动人口基础信息库、法人单位基础信息库、自然资源和空间地理基础信息库等四大数据库的建设"等重要指示之后，北京市在《市委办公厅市政府办公厅关于加强数字化管理加快电子政务建设的通知》文件中明确提出要加快推进四大基础信息数据库建设。

《关于加强政务信息资源共享工作的若干意见》中指出要"规划、组织、建设并管理全市政务信息共享交换基础设施和重要政务信息资源库；研究制定基础数据库的共享办法"。

市政府第 54 期会议要求"各部门要围绕提高行政效率，加强信息化建设基础工作，并努力克服体制性障碍，实现信息网络互联互通、信息资源彼此共享，共同构建规范统一的信息平台，全面提升首都信息化水平"。

《中共北京市第九届委员会常务委员会保持共产党员先进性教育活动整改方案》和《市政府党组先进性教育活动整改方案》中都提出"积极探索加强各级政府和部门之间的协调和沟通机制，力争年内基本实现信息资源共享"。该方案要求加快人口、法人、空间和自然资源以及经济社会基础信息数据库建设，提高决策的科学化水平，要着手建设基础数据库的共享交换平台，做好政务信息资源的共享交换工作。

第 105 次市长办公会议（2006 年 1 月 24 日）要求"市政府各级部门高度重视电子政务建设，大力推动信息资源共享。加强电子政务建设是依法行政的需要，是成功举办奥运会的需要。实现信息资源共享，有利于各级行政机关科学决策，有利于提高行政效率，有利于推进政务公开"。

《市委办公厅市政府办公厅关于加快推进奥运会前电子政务重点工作的通知》（京办字〔2006〕2 号）中把人口、法人、空间和自然资源以及经济社会基础信息数据库建设放在基础信息资源建设和共享的首要位置。

2007 年 9 月 14 日北京市第十二届人民代表大会常务委员会第三十八次会议通过《北京市信息化促进条例》。该条例规定："本市统一建设人口、法人、自然资源和地理空间、宏观经济等基础数据库。本市各级国家机关应当充分利用基础数据库建设本行业、本部门的业务数据库；除涉及国家秘密或者法律、法规另有规定外，基础数据库的建设单位应当为本市国家机关提供信息共享服务。"该条例首次将地理空间信息资源共享纳入了法律法规的约束体制当中，势必对首都的政务地理空间信息资源的开发利用起到积极的推动作用。

此外，市领导针对关于推进电子政务四大基础数据库建设和加强信息共享工作，做了多次重要批示。这些相关政策法规，有力地推动了北京市政务地理空间信息资源开发利用的进程，为营造和谐共建共享的软环境提供了前提保障。

8.3 北京市政务地理空间信息资源的应用需求分析

在信息时代，从"数字地球"、"数字中国"、"数字城市"到"数字社区"，物质世界中的任何地理物质都被牢牢地打上了时空的烙印，人们的生产和生活中80%以上的信息都和地理空间位置息息相关，这无疑促使了国内各个领域几乎都不同程度地开展地理空间信息资源相关的应用系统建设、集成与管理。尤其对北京市来说，随着城市的不断发展，经济的不断发展，科技的不断进步，各政府部门对政务地理空间信息资源共享的需求日益强烈。

早在2005年，北京市信息办为摸清全市各部门资源家底而开展了信息资源调查，结果标明，北京市各区（县）、委办局政府部门对地理空间信息技术以及政务地理空间信息资源的需求十分强烈。根据2005年的不完全调查统计，北京市各政府部门中有17%的政府单位部门正在使用航空遥感数据支撑相关的27项业务，12%的单位使用卫星遥感数据支撑其21项业务，20%使用电子地形图数据支撑27项业务。另有29%单位已经使用空间信息资源支撑其业务方面的应用，有13%单位已经自行建设了政务信息图层用于满足其政务管理的需要，还有39%的单位对其他单位提供可共享的政务信息图层具有强烈需求。

通过对各部门利用政务地理空间信息资源的潜力进行分析，可以发现，除去仅有的21%政府部门暂时对政务地理空间信息无明显需求外，几乎占80%的政府部门都对政务地理空间信息资源应用有着较大的业务需求。

根据目前最新的调查统计结果，北京市政府工作部门中，包括市政府办公厅在内的几乎所有委办局都对政务地理空间信息资源的应用提出了需求。例如，北京市安全生产监督管理局需要利用彩色航空影像图和1:2000电子地图，真实、形象地展示北京市重大危险源的基本情况、周边情况以及分布情况，为该局全面、直观了解全市重大危险源信息提供详尽的信息辅助支持。北京市审计局需要利用多年份的高分辨率航空遥感影像，对北京市的环境综合整治资金管理和使用情况进行审计，利用最新的遥感影像，审查"城中村"整治等项目实施进展情况，使"城中村"改造情况（改造面积、改造进度等）一目了然。北京市财政局不仅在对财政预算单位管理过程中需要了解市级、区（县）预算单位空间分布情况，以便准确计划项目资金，而且在财政部门的预算审批管理、项目绩效评审等环节上都需要掌握与项目有关的地理空间信息，从而可以使建设项目的招标工作更具合理性，下达的财政预算指标更加贴近实际。北京市城市管理综合行政执法局为进一步提高北京城管综合行政执法的科技、装备水平，做好2008年奥运会的保障工作，在日常执法工作中需要实时了解最新的职能范围内的基础信息，如违法建筑在地图上的位置、拆除前后的比对情况；全市合法户外广告的分布情况及具体位置等；同时，可根据遥感影像的直观体现图来合理布置执法力量，保障重点区域的环境秩序。北京市民族事务委员会提出，需要利用政务地理空间信息资源，掌握全市宗教活动场所和宗教房产现状，了解全市民族乡村分布和经济发展情况，了解全市清真餐饮企业分布情况，为制定相关政策提供依据。另外，北京市气象局、环保局、农委、建委、农业局、文化局、工商局、劳动管理局、广播电视局、体育局、质监局、商务局、市政管委、统计局、科委、教委、计生委、水务局、公安局、应急办、国家安全局、疾病预防控制中心等许多部门的相关业务处室，都对政务地理空间信息资源提出了各自具体的应用需求。这些应用表明地理空间信息的应用已经远远突破了传统的应用领域，开始在城市综合管理、社会、经济等领域蔓延。通过实际应用，许多政府部门已切切实实地体会到政务地理空间信息资源给其业务上带来的巨大帮助，并纷纷在政务地理空间信息资源开发应用方面不断提出新的应用需求和应用方法，正是这种需求，极大地激发了政务地理空间信息资源在首都电子政务中的深度应用和推广。

8.4 北京市政务地理空间信息资源管理与共享服务应用体系建设的现实需求及意义

随着市、区各级政府部门对政务地理空间信息数据库共享需求的日趋强烈和应用的推进，一些棘手的问题接踵而至，如基础性、共享性政务地理空间信息资源获取、更新和维护的可持续性及机制问题；各部门数据标准不一，难以共享问题；共享交换缺乏统一平台支撑，跨部门共享成效低；社会经济信息与地理空间信息整合技术手段落后；数据共享应用缺乏科学的绩效评估体系等问题。而解决这些突出、共性问题的有效途径就是建设一个全市统一的政务地理空间信息资源管理与共享服务应用体系，从标准、机制、安全、数据内容、共享服务平台与技术支撑手段、应用等各个方面形成全市统一的规范和指导意见，使各部门的工作在同一个框架体系下有序地开展工作，从而推动全市基础性、共享性政务地理空间信息资源的整合、共享、服务和应用。

此外，建设政务地理空间信息资源管理与共享服务应用体系对首都信息化的发展具有重要的现实意义，主要体现在以下几个方面：

（1）它是打破全市"信息孤岛"和"信息荒漠"壁垒的现实需求。通过构建全市统一的政务地理空间信息资源管理与共享服务应用体系，形成一个全市统一的政务地理空间信息共享服务平台，可以有效解决数据标准不一而导致难以共享等问题。此外，通过建立"财政统一支付、全市共享使用"、"共建共享"等机制，可保证各类政务地理空间信息资源真正成为名副其实的政府公共资源与资产，真正实现"一次投资、重复使用、多方受益"的目标，最大限度地避免"信息孤岛"的产生，有效提高政府办公效率。

（2）它是实现"全市一张图"的前提条件。随着地理空间信息跨部门应用的日趋增多和深入，对"全市一张图"（即统一地理框架数据）的需求日益强烈。只有将各部门、各领域的社会经济信息置于统一的时空框架之下，才能实现信息的交互、整合，才能使各部门的数据、分析成果具有可对比性。例如，城市应急指挥要求各专项指挥部必须基于统一的"同一张图"开展指挥，犹如军事指挥中要求各作战部使用统一的军事地图，否则统一指挥无从谈起，只能是各自为战。因此，必须通过政务地理空间信息资源与共享服务应用体系建设，为首都政府部门提供政务地理空间信息资源共享、交换、服务的技术支撑平台，提供遥感影像、政务电子地图等基础性、框架性地理空间信息的共享服务，才能为全市开展各类政务地理空间信息资源的整合与共享提供统一的时空框架，即全市各部门共用同一政务地理底图，构建起"全市一张图"。

（3）它是推动政务地理空间信息资源开发利用环境形成的客观需求。通过建设政务地理空间信息资源与共享服务应用体系，可以形成完善的数据采集、更新维护、共享机制，从而推动各政府部门对政务地理空间信息资源进行梳理。如各部门政务信息图层的梳理和建设，不仅有助于各政府部门实现"职责清"、"数据准"，更重要的是为政务地理空间信息资源的开发利用、领导决策等重大应用积累了丰富的基础信息，为促进空间信息产业链的发展解决了最重要的数据源问题。

第 9 章 北京市政务地理空间信息资源管理与共享服务应用体系框架

北京市政务地理空间信息资源管理与共享服务应用体系是在北京市电子政务总体框架指导下，根据北京市自身的基础情况和实际经验摸索出来的一套技术思路。按照这一体系框架，北京市在政务地理空间信息资源开发利用方面开展了一系列的实践。

9.1 北京市电子政务总体框架

北京市电子政务建设在政务网络、信息安全、政务信息资源共享交换体系等基础设施，政府门户网站、信息公开和共享机制等方面已有良好基础，在政务信息公开和共享机制等方面已有重大突破，一批重大应用系统在保障奥运会成功举办、确保城市平稳运行、辅助领导科学决策等方面取得实效，进入了以深化应用为显著特征的发展阶段。但是，北京市电子政务建设仍面临着一些不利因素的制约和挑战，主要是：电子政务建设和管理的统筹机制还不完善，部门分割和条块分割造成的多头投资、多头管理、重复建设的现象尚未消除，部门间、条块间信息共享、业务协同水平低，服务整合困难，电子政务的服务受益面不高、服务质量有待提高，和全面支撑服务型政府建设的需要相比有较大差距。为进一步深入落实科学发展观，统筹协调推进电子政务集约化建设、均等化服务，实现可持续发展，北京市特制定了《北京市电子政务总体框架》。

9.1.1 指导思想和总体要求

1. 指导思想

深入贯彻落实科学发展观，按照实现全面建设小康社会奋斗目标的要求，坚持"数字北京"建设服务于"人文北京、科技北京、绿色北京"建设的目标，创新管理模式，进一步发挥电子政务对加强经济调节、市场监管和改善社会管理、公共服务的作用，加强统筹规划、资源整合、共享协同，加强政务信息资源开发利用，提高电子政务建设效益和应用水平，减少重复建设和投资，实现全面协调可持续发展。

2. 总体要求

全面按需实现政务部门核心业务的信息化，支撑改革行政管理体制和创建服务型政府，支撑解决人民群众关心的切身利益问题，支撑建设和谐社会首善之区和社会主义新农村，支撑促进高新技术产业发展和建设创新型城市，提高公共服务质量、社会管理能力、科学决策水平和协同办公效率，满足中央对北京做好"四个服务"的工作要求，满足首都经济社会发展和城市运行保障的需要，促进信息化与工业化融合，实现"国家首都、世界城市、文化名城、宜居城市"的城市发展目标。

9.1.2 总体框架的构成与构建目标

1. 框架构成

北京市电子政务总体框架由服务体系、业务与应用系统、信息资源、基础设施、法律法规与标准化体系、管理体制机制等要素构成。服务是宗旨，是业务和应用的体现；应用是关键，是业务的信息化实现；信息资源开发利用是主线，是开展业务活动的核心；基础设施是支撑，是应用系统运行的基本载体；法律法规、标准化体系、管理体制是保障，贯穿于基础设施、信息资源、应用与服务的各个层面。

2. 构建总体框架的目标

结合北京城市总体规划与首都功能定位，各级政府部门协同推进，形成纵横覆盖、布局合理、惠及大众的"三级管理、四级服务"的电子政务体系。未来3～5年内，基本形成惠及全民的多层次、多渠道、多方位的电子政务服务体系；改造完成一批支撑各级部门业务开展、满足服务型政府需求、适应业务变化、互联互通的应用系统；建成市、区（县）两级共享交换体系，建成全市的人口、法人、地理空间与自然资源、宏观经济等基础信息数据库和一批主题应用共享数据库,实现市、区(县)部门之间的政务信息资源共享;建成覆盖全市城乡的电子政务网络和信息安全基础设施;完善法律法规和标准化体系,使之与应用需求相适应;进一步健全和创新电子政务工作的管理体制和机制。

9.1.3 服务体系

服务是电子政务建设的出发点和落脚点。服务的实现程度、质量和效率是电子政务建设成败的关键。要坚持"以人为本",以公众、企事业单位、党政机关等的服务需求为导向,以方便百姓生活、提高企业竞争力为目的,合理规划服务内容,整合拓宽服务渠道,丰富多种服务方式,不断提高服务质量,在服务中实施管理,在管理中体现服务,促进服务型政府建设,实现服务均等化。

1. 服务内容和对象

按照城乡居民、企事业单位、党政机关、外来务工人员、外籍人士等服务对象的需求,以各级政务部门提供的政府信息公开、审批事项办理等电子政务服务为主,引导社会力量利用信息化手段开展各种公共服务。

围绕城乡居民的需求,重点在就业、食品药品安全、教育、交通出行、住房、社会保障、社会福利、户籍管理、婚姻登记、计划生育、文化、公用事业、民主参与、纳税、出入境、司法援助等方面提供便民惠民的电子政务服务。按照建设社会主义新农村的要求,为农民进一步提供涉农政策、农用地规划、乡村建设、农业科技、气象、农产品和农资市场信息、劳动力转移、优生优育、合作医疗、灾害防治等方面的电子政务服务。围绕流动人口的服务需求,重点提供有关务工、收入保障、居住、子女教育、生育、医疗、安全知识、返乡交通等方面的电子政务服务。围绕外籍人士和港澳台胞的服务需求,重点提供出入境、居住、商务活动、旅游观光、文化教育、就业、交通出行等方面的电子政务服务。要注重信息公平,满足全社会基本信息服务需求,重点加大对社会弱势群体提供信息服务的力度,进一步提供社会救助、优抚安置、法律援助、医疗、文化等服务。

面向企事业单位和社团组织开展经济社会活动的需求,在企事业单位和社团组织的设立、纳税、年检年审、质量检查、安全防护、商务活动、对外交流、科技创新、劳动保障、人力资源、资质认证、建设管理、破产登记、企业资信、市场行为监管等方面提供一系列的电子政务服务。

面向领导决策的需要,整合各级政务部门信息资源,为各级领导和中央党、政、军机关提供全面、准确、及时、可靠的决策支持信息,为城市建设、交通、环境、安全生产监督、食品药品监管、税务、经济统计、城市防灾减灾等领域的政府主管部门开展管理服务工作尤其是跨部门协同管理提供更有效的共享手段，提高政务部门间业务协同的能力。为满足政府提高管理效能的需要，进一步完善人力资源管理、财政事务管理、公文管理等服务能力。

2. 服务渠道

以服务对象为中心，以网络为主要载体，加强整合现有的政府网站、政府呼叫中心、服务大厅等多种渠道和个人电脑、数字电视、电话、信息亭等服务终端，扩展其服务功能、内容及覆盖范围，把电子政务服务延伸到街道社区和村镇，甚至进家入户，让老百姓能够以最习惯的方式，方便、快捷、低成本地获取电子政务服务。

以"首都之窗"网站群为核心，加强和各部门业务系统的整合，汇集各部门的政务信息服务资源和社会信息服务资源，提供非涉密的政务信息全部网上公开、网上办事"一口受理"、政民之间网上互动等全方位的信息和服务。逐步实现统一的用户管理、目录管理、运行监控、受理入口、状态查询、结果反馈、服务投诉、流程监督和绩效考核。

以公务员门户为统一入口，接入跨部门、跨层级的应用系统和信息服务，为公务员的协同办公、信息获取、互动交流、学习培训等提供服务；接入各部门、各区（县）的决策信息服务，创新领导决策支持模式，提高政府的服务水平和质量。通过首都之窗、公务员门户与中央机关门户互联互通实现服务整合，通过共享交换体系以及纵向业务系统，为中央国家机关提供信息共享和决策支持服务。

9.1.4 业务与应用系统

应用系统是电子政务建设的主要内容，是通过信息技术手段实现的政务业务应用。要紧紧围绕服务对象的需求，重点加强支撑业务协同，不断深化应用系统建设，为社会公众提供电子政务服务，提高政府综合服务能力。

1. 业务体系与重点支撑业务

按照党的"十七大"关于经济建设、政治建设、文化建设、社会建设的部署和行政管理体制改革的要求，依据政府职能，结合党委、人大、政协、法院、检察院的业务要求，以建设服务型政府为目标合理规划政务体系。

结合政务部门业务信息化现状和发展需要，围绕人口、社会、经济、资源和环境等政府管理对象，重点在人口、法人、土地、房屋、市政、交通、水务、环保、社会保障、医疗卫生、涉农管理、文化、财税、信用、安全生产、宏观经济、应急指挥、执法监督、司法等领域实现跨部门信息共享与业务协同。加强政务资源的统筹管理，逐步实现人财物的集中管理、绩效评估和行政监督。

进一步加强对党委、人大、政协、法院、检察院等的核心工作的信息化支撑，促进执政、立法、参政、议政、司法等能力的全面提升。继续加强对人大、政协综合业务信息的管理，推动党委跨部门信息资源共享和业务协同，并提高政府信息资源对党委、人大、政协的服务能力。以市政法委综合业务信息管理要求为核心，加强政法信息资源的共享，完善检察院、法院业务信息管理工作，进一步加强立案侦查、审查公诉、法院审判和执行跟踪等环节的信息共享和业务协同，促进法制环境建设。

2. 应用系统

未来 3~5 年内，围绕建设"人文北京、科技北京、绿色北京"和全面实现小康社会的目标，结合重点支撑业务，以政务信息资源开发利用为主线，不断深化有关领导决策、参政议政、财政管理、税收管理、土地资源管理、水资源管理、住房管理、食品药品监管、科技教育、文化体育、社会保障、医疗卫生、社会安全、法律监督、环境保护、城市管理、应急指挥等领域信息系统应用，完善城市规划、投资管理、督办监察、综合审计、信访投诉、文化执法、智能交通、安全生产、城市执法、流动人口、社会信用等领域的信息系统建设，加强业务协同，提高应用绩效。同时，加快信息化基础相对薄弱部门的业务应用系统建设，加强部门内部和部门间业务应用的信息共享和整合。

始终坚持以服务为中心，开展业务、服务和信息资源的梳理、编目和规范化等基础工作，进一步理清部门间的业务流程和信息流程，围绕应用主题优化业务流程，实现应用系统的互联互通，促进纵向系统内、横向部门间协同业务的开展，做好在线、离线服务的整合，发挥各应用系统的综合效益。

信息化主管部门统筹协调，业务主责部门牵头、相关业务部门参与，明确目标绩效，共同建设、运行维护和管理跨部门的领域应用系统，创新电子政务集约化建设和社会力量共同参与的建设和运行维护模式，降低成本，减少风险。

应用系统建设要与业务模式创新相互促进，加强适应体制和机制变革的灵活性，要有利于深化政府机构改革和优化组织结构，避免简单地在原有体制和业务流程基础上建设应用系统。应用系统建设项目立项前，各级政务部门必须考虑信息资源的共享与整合。

9.1.5 政务信息资源

政务信息资源开发利用是推进电子政务建设的主线，是深化电子政务应用取得实效的关键。要围绕业务应用的开展，统筹信息采集和更新需求，加大信息公开和共享力度，全面提高政府服务水平。

1. 信息采集和更新

根据依法行政的要求，梳理各级政务部门业务，编制政务信息采集与更新目录。制定政务信息采集与更新标准，规范政务信息采集指标及其数据格式、采集与更新的周期、流程和方式等。建立信息统筹采集与更新的核准机制，逐步形成规范的数据采集、报送、审核、共享、比对、更新的业务流程。统筹各级政务部门通过基层采集和更新数据的需求，特别是针对居民和企业的采集需求，建立并逐步规范基层数据一表式采集模式，优化、整合基层信息采集力量，避免多头采集、重复采集。各级政务部门结合政务活动的开展履行信息更新权责，通过必要的管理措施和技术措施保证信息的准确性、完整性。各级政务部门采集和更新的数据依托市、区（县）政务信息资源共享交换平台在各层级需求部门间充分共享。

2. 信息公开和共享

贯彻落实《中华人民共和国政府信息公开条例》和《北京市信息化促进条例》的规定，落实和完善政府信息公开机制，编制本部门的政府信息公开目录，明确公开信息内容、公开方式和程序、相关责任主体等，规范政府信息公开工作，提高政府对社会公众的信息服务水平，增强政府公信力。

建立政务信息资源共享长效机制，明确各部门政务信息共享的内容、方式、责任、权利和义务，编制政务信息资源共享目录。根据法律法规规定和履行职责需要，统筹兼顾各级政务部门需求，依托市、区（县）两级政务网络、政务信息资源共享交换平台和信息安全基础设施，逐步实现跨部门、跨层级的政务信息按需、按职责共享，重点围绕人文北京、科技北京、绿色北京和平安北京等主题，开展信息共享，支撑业务协同。各级政务部门应加强信息资源共享交换的协调和备案，保障信息资源共享资金。市级各部门应为区（县）政务部门履行职能提供共享信息。在政务信息公开、共享中，应采取有效的安全措施和管理手段防止政务信息丢失、泄露或者被篡改、被滥用。

3. 基础信息资源

基础信息资源来源于相关部门的业务信息，主要包括人口基础信息、法人基础信息、地理空间和自然资源基础信息等内容。市信息化主管部门统筹协调，牵头部门和基础信息提供部门协同，依托市政务信息资源共享交换平台，建设、运维和管理人口、法人、地理空间和自然资源等统一的基础信息库。通过市政务信息资源共享交换平台统一向各级政务部门提供基础信息资源共享服务，通过公务员门户依授权向各级政务部门提供基础信息资源的查询、下载、统计分析等服务。区（县）信息化主管部门负责依托基础信息库，面向应用需要，规划、建设和管理人口、法人、地理空间和自然资源等主题共享信息库。各级政务部门要在业务应用中充分共享使用基础信息资源，建设本行业、本部门的业务数据库，避免重复采集。

4. 政务信息资源管理和开发利用

建立政务信息资源采集更新、注册发布、交换共享、安全保密、运维服务、资产管理等方面的管理制度，明确各级政务信息资源的管理机构及职能，加强政务信息资源统一管理。按照公平、公正、公开的原则，各级政务部门及教育、医疗卫生、供水、供气、供热、公共交通、地铁、通信、邮政、环保等提供公共服务的企事业单位要结合业务职能和社会需求，依法主动为企业和公众提供公益性信息服务，支持重点领域信息资源的公益性开发利用。探索建立公益性信息资源的知识产权保护、合理定价等机制，支持重点领域信息资源的公益性开发利用。对信用信息、政务信息图层等具有经济和社会价值、允许加工利用的政务信息资源，遵循《中华人民共和国政府信息公开条例》和《北京市信息化促进条例》的规定，制定政策措施，规范政务信息资源使用行为和社会化增值开发利用工作，促进信息资源社会化增值开发和公益性开发利用的有序发展。

9.1.6 基础设施

基础设施包括电子政务网络和无线政务专网、政务信息资源共享交换体系、信息安全等的基础设施以及基础服务。基础设施建设要统筹规划，避免重复投资和盲目建设，提高整体使用效益。

1. 电子政务网络和无线政务专网

电子政务网络由基于本市电子政务传输网的政务内网和政务外网组成。按照《北京市信息化促进条例》和《北京市信息化工作领导小组关于推进北京市电子政务网络建设的意见》的要求，进一步加强政务网络的统筹规划、综合协调、集约建设、应用接入和监督管理。

全市统一规划政务网络的地址和域名。充分利用公共通信资源，推行市场化专业运维，逐步整合已建的部门专用网络，根据业务发展做好电子政务网络的改造、扩容和接入工作，完善网络监控和管理体系建设，提升网络质量，加强网络安全管理，形成覆盖城乡的、全市统一的、可管理的电子政务网络。各级政务部门不得新建网络，已经建成的专用网络应当按照规划和标准逐步调整，接入电子政务网络。各级政务部门的业务应用系统，凡不宜通过互联网实现的，必须依托于全市统一的电子政务网络。

统筹规划无线政务专网，提供全市应急指挥与城市管理等无线政务应用所需的集群调度、电话通信、数据通信等服务。统一实行号码资源的规划和管理，确保突发重大公共事件发生时，可实行全网统一管理、统一指挥、统一行动。网络采用集中购买服务方式，购买费用在统一考核网络运行质量和服务质量的基础上，按照市区两级财政，分级支付。入网设备及应用要符合标准要求，用户入网必须经主管部门审批，区（县）用户要经区（县）信息化主管部门审批。

2. 政务信息资源共享交换体系

政务信息资源共享交换体系是全市各政务部门电子政务系统互联互通和互操作的重要基础设施，是实现信息共享和业务协同的重要基础支撑。统筹规划建设市、区（县）两级政务信息资源共享交换平台，编制并管理本级政务信息资源目录，制定统一的标准规范和管理办法，形成全市政务信息资源共享交换体系。市、区（县）两级政务信息资源共享交换平台要实现互联互通。

市级各部门目录节点及区（县）目录中心要向市目录中心注册其地址及对外共享信息资源的核心目录信息。按照"谁产生、谁审核，谁发布、谁负责"的原则，各级政务部门负责目录的编目、注册、业务审核、发布工作，通过目录节点实现本部门信息资源管理。

就各类跨部门共享交换信息资源的目录、数据指标、数据接口、共享交换流程等信息，各部门需签署共享协议，在政务信息资源共享交换平台中注册、配置和管理，做好与政务信息资源共享交换平台的对接，并报信息化主管部门备案。信息化主管部门对共享资源的提供情况和使用绩效进行监督和绩效考核。

各级政务部门之间开展跨部门信息交换和业务协同，要依托市政务信息资源共享交换平台实现并纳入全市政务信息资源共享交换体系的统一管理和绩效考核。区（县）政务部门、街道/乡镇、社区/村通过接入所属区（县）的政务信息资源共享交换平台实现纵向和横向的信息资源共享交换。

3. 信息安全基础设施

信息安全基础设施包括网络信任、安全监控、容灾备份与灾难恢复等设施，以及风险评估、安全运维、整改加固、应急响应等基础服务。市、区（县）信息化主管部门要贯彻落实"积极防御、综合防范"的方针，按照"统筹规划、资源共享"的原则，加快建设、完善并加强管理本行政区域内的信息安全基础设施。

建设完善以密码技术为基础，以身份认证、授权管理、责任认定为主要内容的全市统一的信任体系。进一步加强政务数字证书服务中心建设，逐步整合现有各部门的身份认证系统，形成全市统一的政务数字证书认证体系，共享各个应用系统的用户基本信息，实现统一认证。加快电子签名的应用，建立和完善责任认定体系。完善电子身份认证管理制度和技术标准，推进电子身份认证和责任认定的规范化和标准化。

建设完善市、区（县）政务外网安全监控系统，加强对本行政区域重要信息系统的监测和管理，为全市网络与信息安全总体态势评估提供基础支撑。建设信息系统灾难恢复中心和数据中心，为各部门、各区（县）安全等级三级以上（含三级）的重要信息系统统一提供容灾备份和灾难恢复的基础服务。

健全全市信息安全管理机制，各部门要制定管理制度和操作规程，明确信息安全管理责任，按照"谁主管谁负责，谁运行谁负责"的原则，积极推进信息系统安全定级及相应的安全体系建设、测评、整改等工作，并定期检查落实情况。重点围绕重要政务信息系统和年度信息安全日历做好安全管理工作，落实责任机制。制定信息系统的应急预案，定期组织预案的验证、演练和培训。

建设完善信息安全应急响应体系和信息安全测评体系，依托已有专业技术队伍，协调并充分利用社会优势资源，为全市党政机关提供突发信息安全事件的应急救援服务和信息安全产品检测、信息安全服务能力评审、信息系统管理人员培训、信息系统风险评估等服务。

9.1.7 法律法规与标准化体系

1. 法律法规体系

加强电子政务的法律法规体系建设，大力贯彻落实已有的国家和本市法律法规，充分发挥法律法规在电子政务工作中的作用，不断完善首都电子政务的规则体系建设。重点贯彻落实《北京市信息化促进条例》，加快政务信息共享、个人和企业信用信息管理、信息安全管理、电子政务网络管理、政务信息资源共享交换体系建设与管理、项目全流程管理、信息资产管理、知识产权保护等方面的规章、文件的起草制定，及时修订与电子政务发展和管理不适应的规章和文件。推进信息化的法制化、制度化，保障电子政务健康有序发展。

2. 标准规范体系

推进标准化管理创新，形成政府引导、专业机构参与、企业为主的标准化工作机制，整合专家资源。加强信息化标准化的统筹，不断完善信息化标准体系，按照急用先行的原则，积极参与研制电子政务发展急需的、基础性的国家标准。强化对已有国家和地方标准的应用，以国家、行业标准为基础，结合重点应用，研制与应用和服务相关的信息资源、政务信息资源共享交换体系、政务网络使用和管理、项目全流程管理等地方标准。加强对各级政务部门的信息化试点示范成果、典型案例和成功经验的总结提炼以形成标准规范。加强对标准宣贯和标准执行的监督检查。通过实行信息化标准推动信息通信技术的自主创新以及信息产品和服务的推广应用。

9.1.8　管理体制机制

1. 领导协调与技术决策机制

完善市信息化工作领导小组的综合决策和总体统筹机制，加强对全市电子政务的组织领导及各级各部门之间的协调配合。完善信息化专家咨询委员会和信息化主管部门的技术决策机制，加强对电子政务项目的前期论证和审核。建立健全信息化主管部门会同相关部门推进重大电子政务项目的协调机制，发挥业务主管部门的作用，加强应用绩效。建立健全电子政务经验交流机制，加强市级政务部门与区（县）间的典型案例和经验成果的共享。各级部门的主要领导是电子政务工作的第一责任人，各级部门信息化主管领导统筹负责本行政区域、本部门的电子政务工作。探索建立信息主管工作机制，落实职责，明确业务，加强电子政务工作的技术管理和决策。

2. 组织管理与考核评价机制

探索将信息化行政管理和综合协调纳入政府管理职能，改革全市信息化管理体制，进一步加强统筹、优化整合信息化规划计划、技术创新、试点示范、应用推进和产业发展的管理职能，明确条块职责分工和纵横业务协调关系。

建立健全市、区（县）信息化管理机构，按职能加强和充实信息化管理队伍，重点落实政务信息资源管理职责，明确业务流程。根据行政管理体制改革的需要，按领域逐步建立和完善信息中心，推进信息化事业单位的改革，增强领域内信息化优化整合职能。本着统一规划、集约建设、资源共享、条块协同的原则，按职能分阶段、有步骤地推进电子政务工作。

进一步完善电子政务绩效考核机制，制定和完善针对项目、部门和行政区域的绩效评价制度和指标体系，加强和规范绩效考评工作，逐步将绩效考评范围扩展到全市各级政务部门以及提供公共服务的企事业单位，建立电子政务绩效考核体系。

3. 信息化人力资源开发机制

优化和加强各级信息化主管部门的人员队伍建设，改革和完善信息化管理人员和技术服务人员的管理机制，建立健全信息化人才引进、培养和激励机制。积极开展多层次的信息化培训和考核，提高领导干部、公务员和党政机关信息化工作人员的信息能力。创新市场化的信息化培训机制，发挥社会培训力量的作用，培养基层信息化推广带头人，加强城镇居民、农民和外来人员的信息化技能。

4. 电子政务项目全流程管理机制

健全电子政务项目全流程管理机制，加强项目计划的编制、实施、检查与评估等环节的管理监督，加强电子政务项目的研究与咨询、申报与审批、建设与实施、验收与审计、运行与维护、监督与评价等重要环节的统筹管理。高度重视和加强电子政务项目前期基础工作，做好项目总体方案及预算。加强项目申报的技术审查和立项审批，要通过同级信息化主管部门的审查，才能统筹安排项目资金。发挥政府采购的规模优势以及运维费测算、绩效评估等导向作用，项目未通过验收不安排运维经费，要依据年度运维绩效评价结果核定年度运维预算，统筹电子政务资金管理。统一制定项目管理办法和标准，建立规范的项目咨询、建设、监理、测评、验收、运维和管理的机制。发挥市场机制作用，通过咨询、外包、托管等方式整合社会资源。

5. 电子政务促进自主创新的机制

建立电子政务应用促进信息通信技术自主创新和产业发展的协同机制，重视发挥信息化行业组织和企业联盟的作用，加强自主创新成果在电子政务中的应用，统筹开展自主创新的信息通信技术、产品和服务的电子政务应用试点示范，促进信息化与工业化融合。提倡电子政务项目招投标和政府采购中优先选用本国软硬件产品和服务，落实自主创新产品的首购政策和订购政策，规范进口产品政府采购行为，促进信息产业发展。建立健全电子政务项目的第三方咨询、监理、外包、测评等服务机制，带动信息服务业发展。提高自主创新比重。

9.2 北京市政务地理空间信息资源管理与共享服务应用体系总体框架

在北京市电子政务总体框架的指导下，通过不断实践、总结和提炼，北京市初步搭建起了适合首都信息化发展方向的北京市政务地理空间信息资源管理与共享服务应用体系框架，在这一总体框架的指导下，支撑了一大批政府部门的业务应用，取得了较为显著的实际效果。

9.2.1 总体定位

1. 北京市电子政务技术总体框架

北京市电子政务技术总体框架参考模型从技术的角度了阐述了北京市电子政务的总体构成以及各个组成部分之间的关系。该参考模型既是北京市电子政务在技术上的总体发展方向和未来蓝图，也是北京市与电子政务建设相关的各部门规划、设计和建设电子政务应用的技术参考模型。

按照《电子政务标准化指南》以及国家电子政务总体框架的要求，北京市电子政务总体技术框架以信息安全保障体系、法规与标准体系为保障，由门户与渠道层、应用层、支撑服务层、数据层、基础设施层等组成（图 9-1 所示）。

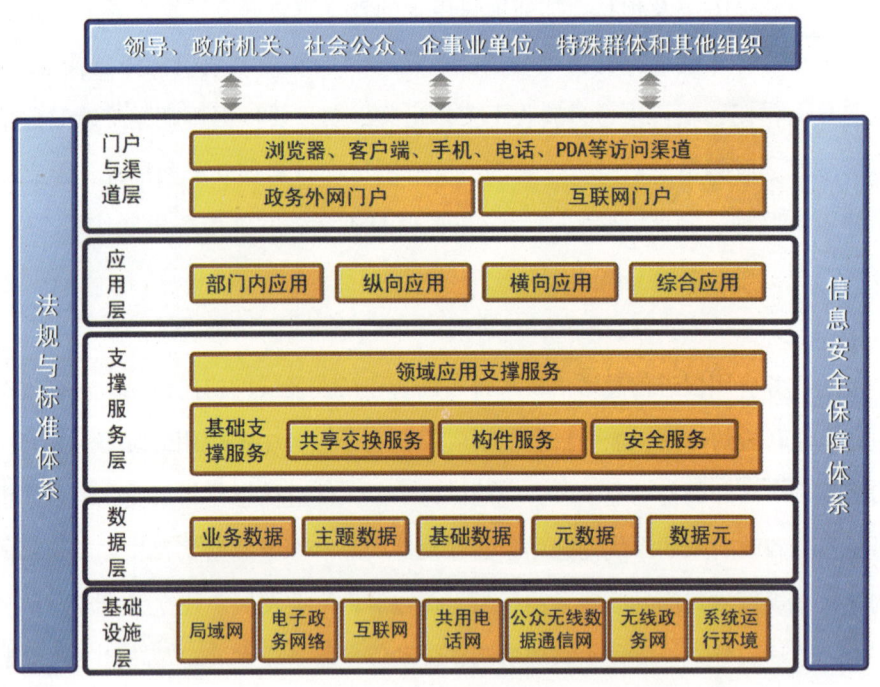

图 9-1　北京市电子政务总体技术框架模型

门户提供统一的用户界面，对信息和应用实现统一访问入口和集中展现，支持用户通过多种访问渠道获取服务。应用层提供满足政务部门依职能开展业务的需要。支撑服务层连接政务应用和各类数据资源，组织和整合各类数据、组件和服务，为上层应用系统的搭建和运行提供支撑服务。数据层通过定义数据模型，实现的数据组织、存储和管理，为支撑服务层和应用层提供数据服务。基础设施层提供各类系统的承载网络、所需的系统软件和硬件设备及其运行环境。信息安全保障体系、法规与标准规范体系提供电子政务应用系统安全稳定运行的保障。

2. 北京市政务地理空间信息资源管理与共享服务应用体系的总体定位

政务地理空间信息资源是政务信息资源一个子集，是一类特殊的、具有地理空间属性特征的专题数据集，但本质上，它和其他政务信息资源一样需要通过政务信息资源共享交换平台为其他政务应用系统提供服务和支撑。由于政务地理空间信息资源数据采集、处理、展示、使用等方面的特殊专业性，对这一类资源的共享和服务需要在电子政务技术总体框架指导下，进行延展和细化。

北京市政务地理空间信息资源管理与共享服务应用体系是在北京市电子政务技术总体框架指导下，针对政务地理空间信息资源进行特定设计的一套技术与理论体系。该体系充分考虑了政务地理空间信息资源应用的特殊性，利用市级政务信息资源共享交换平台的相关技术和共享思路，为全市政务地理空间信息资源的共享服务摸索出了一条切实可行的技术思路和实施办法。

9.2.2 建设原则

按照"加强统筹规划，促进综合利用，避免盲目发展"的指导思想，北京市政务地理空间信息资源管理与共享服务应用体系建设遵循如下八项基本原则：

（1）明晰权责，依法行政。明确数据采集、建库和更新的责任部门，以保证数据的权威性。按相应的法规、条例行使数据库建设的权利和履行相应的义务。

（2）面向需求，应用牵引。以需求为导向、应用为目标进行系统设计与建设，并在实践应用中进行不断补充和完善。

（3）统一规划，分步实施。为避免低水平盲目重复建设，数据的物理分布、备份机制、更新周期和服务能力必须符合全市统一规划，在统一领导的前提下，由政府主导进行规划、实施和推进，提高运行环境、信息资源等方面的综合利用率，建立长效机制，有序实施，突出实效。

（4）统一标准，互联互通。信息资源及其元数据的建设必须符合统一的标准和规范，在国内外已有标准、规范的基础上，兼顾各种数据格式和技术特征，建立统一的空间信息数据格式、编码、协议等标准体系，以保证各子系统之间的互联互通。

（5）政务主导，长效运维。以电子政务的实际应用需求为主导，注重长效机制建设，保证系统后期运行维护措施的顺利实行。

（6）依托专网，共享使用。在全市统一的政务专网条件下，实现不同系统间数据交换、共享，并按照各自的职责承担有关系统建设和数据更新维护工作，共同建设、共享使用。坚持政务信息资源公开是必须、不公开是特例的原则，充分挖掘、整合、利用现有资源，对各部门已有的政务信息数据进行统一整合，通过信息在线服务的方式为其他部门提供共享服务，逐步解决条块分割、各自为政、重复建设的问题。

（7）统一底图，多项应用。在各应用的建设过程中，为保证数据的一致性，需要将"全市共用同一张地理底图"的建设理念贯穿始终，在此基础上支撑各项应用系统的开发。

（8）安全保密，万无一失。北京市政务地理空间信息资源管理与共享服务应用体系在提供共享服务过程中，应当加强地理空间信息资源的管理，统筹考虑信息安全，加强内部管理，健全空间地理信息安全监管机制，以做到万无一失。

9.2.3 技术总体框架

北京市政务地理空间信息资源管理与共享服务应用体系作为首都电子政务建设的一部分，不仅继承了电子政务技术总体框架的整体构成，而且针对地理空间信息在政府行业部门需要逐步深化应用的阶段特征，在"基础共享先行，专题应用推动，综合服务促进"的原则下，逐步建设、扩展和完善该体系，按照本书上篇第四章"政务地理空间信息资源管理与共享服务应用体系总体框架"（见图9-2）的主体内容进行统筹规划，组织建设与实施。同时，针对北京市的一些地方特点，重点规划了政务基础共享地理空间信息资源数据库以及政务地理空间信息资源共享服务平台的建设，在政策法律法规与标准规范体系和信息安全体系的有力保障下，支撑各政府部门业务应用系统以及城市管理、应急指挥、地下管线、房屋管理等重大应用系统的建设，促进全市政务地理空间信息的共享、交换和应用，提升首都电子政务和信息化水平，最终服务于"数字北京"宏伟目标的实现。

1. 基础设施

北京市统一规划了网络基础设施和测绘基础设施等相关建设，集中建设全市性和跨部门的系统网络，并实现有关设备的政府统一采购和分级管理，避免重复性投资，确保网络的互联互通和安全运行。

（1）网络基础设施

网络基础设施由有线政务专网、无线政务专网和公众网络三部分共同构成。

有线政务专网分为政务内网和政务外网两部分。其中，政务内网与政务外网之间是物理隔离；有线政务专网和公众网络之间则是逻辑隔离。政务内网主要是副省级以上政务部

```
┌─────────────────────────────────────────────────────────────────┐
│        │ 门户   │   浏览器、信息亭、服务大厅、手机、PDA等访问渠道  │        │
│        │ 与     ├────────────────────────┬────────────────────────┤        │
│        │ 渠道   │      互联网门户        │      政府专网门户      │        │
│        ├────────┼────────┬────────┬──────┴─┬──────────────────────┤        │
│ 政      │ 业务   │        │        │        │                      │ 信      │
│ 策      │ 应用   │部门内应用│纵向应用│横向应用│      综合应用        │ 息      │
│ 法      │ 系统   │        │        │        │                      │ 安      │
│ 律      ├────────┼────────┼────────┼────────┼──────────────────────┤ 全      │
│ 法      │政务地理│        │        │        │                      │ 体      │
│ 规      │空间信息│目录服务│安全服务│基础服务│      交换服务        │ 系      │
│ 与      │资源共享│        │        │        │                      │        │
│ 标      │服务平台│        │        │        │                      │        │
│ 准      ├────────┼────────┼────────┼────────┼──────────────────────┤        │
│ 规      │政务地  │政务地理│政务地理│政务地理│                      │        │
│ 范      │理空间  │空间    │空间    │空间    │       用户目录       │        │
│ 体      │信息资  │数据目录│服务目录│应用目录│                      │        │
│ 系      │源目录  ├────────┴────────┴────────┴──────────────────────┤        │
│        │        │         政务地理空间信息元数据库                │        │
│        ├────────┼──────────┬──────────┬──────────┬────────────────┤        │
│        │政务地  │政务公开地│政务基础共│政务主题共│政务专用地理    │        │
│        │理空间  │理空间信息│享地理空间│享地理空间│空间信息资源    │        │
│        │信息资  │资源      │信息资源  │信息资源  │                │        │
│        │源      │          │          │          │                │        │
│        ├────────┼──────────┴──────────┬┴──────────┴────────────────┤        │
│        │基础    │   网络基础设施      │      测绘基础设施          │        │
│        │设施    │                     │                            │        │
└────────┴────────┴─────────────────────┴────────────────────────────┘
```

图 9-2　北京市政务地理空间信息资源管理与共享服务应用体系技术总体框架

门的办公网，与副省级以下政务部门的办公网物理隔离。政务外网是政府的业务专网，主要运行政务部门面向社会的专业性服务业务和不需在内网上运行的业务。[65]

无线政务专网主要承载全市无线综合指挥调度和数据通信业务，可划分为若干虚拟专网，由市级管理调度台进行统一管理。无线政务专网的建设采用集中购买服务的方式，按照无线政务需求，统筹规划、统一建设、统一考核网络运行质量和服务质量。

公众网络则是指以互联网为代表的各种社会公用网络资源，包括通过虚拟专用网（VPN）方式组建的其他专网，如医保网及社区网等，它是有线政务专网的有益补充，是政府面向公众和企业提供服务的重要途径。

（2）测绘基础设施

测绘基础设施包括 GNSS 连续运行基准站、卫星定位网、高程基准框架、重力基准框架、大地水准面精化以及测绘基准管理服务系统等内容。为给首都的城市规划、建设、管理、气象监测、智能交通、城市绿化、地震预报等提供广泛、精确的测绘基准服务，北京市统筹规划、整合测绘基础资源，实现首都地方坐标系统和国家地心坐标系统的有效衔接，组织卫星定位连续运行参考站网、平面控制网、高程控制网以及相应地面基础设施建设，形成覆盖全市行政区域的高精度、三维、动态测绘基准体系。

其中，卫星定位连续运行参考站网对整个城市的现代测绘基础设施的建设具有十分重要的意义。通过在变化着的地球表面上，建立地基稳定、分布均匀的卫星定位连续运行参考站和控制网，并赋予空间位置、水准高程和重力场等信息，形成由大地基准、高程基准、重力基准以及基准服务系统等组成的现代测绘基准体系，以满足城市规划、国土管理、城乡建设、基础测绘、灾害监测、环境监测、防灾减灾、精细农业及交通管理等多种现代化、信息化管理的需求。

2. 政务地理空间信息资源

从共享分级的角度，政务地理空间信息资源可分为政务公开、政务基础共享、政务主题共享和政务专用四大类资源，这一庞大的资源数据库的建设涉及全市政府部门，显然不能一次性全部投入开始建设，势必要有轻重缓急，并随着政务地理空间信息资源开发利用深度和广度的不断拓展，走分步发展的建设道路。北京市遵循"基础共享先行，主题应用推动，综合服务促进"的原则，延续"信息惠民、信息强政、信息兴业"实施计划的方针路线，逐级、逐层、逐步地组织全市政务地理空间信息资源建设。

在体系建设初期，北京市重点统筹、规划、建设了政务基础共享地理空间信息资源数据库，并以此为起点，不断发展、完善政务基础共享地理空间信息资源数据服务和功能服务，逐渐扩大这类基础共享资源的应用领域，从而引起政府部门对地理空间信息技术的重视，引发各部门进行业务空间可视化管理的热潮，推动领域主题和应用主题资源的整合和建设，服务公众相关领域的应用。北京市政务基础共享地理空间信息资源数据库主要包括遥感影像数据库、数字线划图数据库、政务电子地图数据库、地址数据库以及政务信息图层数据库五大部分，这些数据库按照基础数据、政务支撑以及政务应用三种服务形式进行分层建设，逐步实施。

3. 政务地理空间信息资源目录体系

在政务信息资源目录体系相关理论和实践经验的基础上，通过一系列试点研究和理论验证，北京市创新性地组织了全市政务地理空间信息资源目录体系建设，它可以有效整合、集成管理分散在各个部门的政务地理空间信息资源，并对各部门拥有的政务地理空间信息资源进行统一编目、注册、发布、共享、查询以及维护管理。通过目录体系建设，主要能够实现以下几个目标：

① 摸清全市政务地理空间信息资源开发利用的现状和特点。通过对各单位业务、数据和信息化情况的全面调查，掌握政务地理空间信息资源的拥有情况，以及政务地理空间信息资源在业务应用中的共享需求，理清它们的类型和属性，明确数量和当前状态，使信息资源目录发挥信息资源"台账"的作用。

② 明确政务地理空间信息资源采集、共享、更新、维护的责任单位。理清政务地理空间信息资源采集、共享、更新、维护的工作环节、责任界定和管理要求，明确信息资源的提供单位和需求单位。通过建立相应的管理制度，逐步实现信息资源采集、共享、更新、维护的长效机制。

③ 为政务地理空间信息资源的统一管理、发布、查询定位以及共享服务打下基础。通过目录编制，摸清基础共享、专题共享以及部门内部应用的政务地理空间信息需求，并将这种需求反映到信息资源目录中。依托市级和区级的共享交换体系，以统一规范的形式，实现政务地理空间信息资源的共享交换。

④ 支撑电子政务重大应用。通过梳理政务地理空间信息资源目录，可了解政务地理空间信息资源在政府重要业务中的开发利用需求，结合这些需求规划以政务地理空间信息为基础的电子政务建设，为进一步推进全市政务地理空间信息资源整合提供参考依据。

4. 政务地理空间信息资源共享服务平台

政务地理空间信息资源共享服务平台是为全市提供目录服务、安全服务、基础服务以及交换服务的中心枢纽。北京市在组织政务地理空间信息资源共享服务平台建设的初期，立足于政务基础共享地理空间信息资源的建设内容，为全市提供统一的政务基础共享地理空间信息资源目录服务、共享服务、监管服务，并按照用户需求不断完善平台的功能和性能，从而不断推动全市政务地理空间信息资源共享、服务和应用，为政务地理空间信息资源共享服务平台的完善奠定了基础。结合目前政务地理空间信息资源整合情况，政务地理空间信息资源共享服务平台通过对政务基础共享地理空间信息资源进行集中化管理，主要采用网络系统在线访问共享、二次接口开发服务等方式为北京市各政府部门提供政务地理空间信息共享应用服务。

随着资源建设的不断深入，专题共享以及政务专用资源也逐渐需要在平台上以"不落地"的方式传输、中转，共享服务平台的职能将进一步完善、改造，提供以交换为核心的信息服务。北京市政务地理空间信息资源共享服务平台的共享交换工作主要依托全市统一建设的政务信息资源共享交换平台，该平台作为全市政务信息资源共享交换的信息基础设施,有力地支撑了政务地理空间信息共享服务平台的资源交换工作。

5. 业务应用系统

全市统一的政务地理空间信息资源共享服务平台,可以支撑北京市众多区(县)、委办局的电子政务地理空间业务应用系统以及应急指挥、地下管线、房屋管理等重大跨部门综合应用系统,满足它们对基础政务地理空间数据和服务的共享需求。按照信息公开、共享的范围和应用程度,电子政务地理空间业务应用系统可分为部门内应用、纵向应用、横向应用以及综合应用四大类。

部门内应用的业务系统按照政务地理空间信息资源在业务中的应用方式与应用深度,又可分为核心业务支撑类、业务辅助类和业务参考类三种应用模式。其中,核心业务支撑类业务应用系统将政务地理空间信息资源作为核心业务的主要依据或工作成果;业务辅助类业务应用系统中政务地理空间信息资源可为业务提供必要的支持,并可进一步产生附加的信息资源或为业务工作提供支持;业务参考类业务应用系统中,政务地理空间信息资源不具体应用于业务工作,不产生或派生其他地理空间信息,仅作为背景资料供业务人员参考。无论是哪种业务应用类型,用户可以从自身的应用数据需求和功能需求出发,选择适合自己的政务地理空间信息资源服务类型和服务方式,做到真正意义上的政务地理空间信息资源共建、共享。在电子政务地理空间业务应用中,通过更多地将政务地理空间信息资源与人口、法人等各类社会经济信息进行深度整合,研究政务地理空间信息资源面向业务应用的模型,从而为业务辅助分析、城市管理和领导决策提供科学依据。

6. 门户与渠道

北京市提供政务地理空间信息资源服务的门户主要包括互联网门户和政务专网门户两种。其中,互联网门户包括"首都之窗"、"北京网"以及奥运官方网等网站,这些网站均提供了相关政务公开地理空间信息的服务。另外,北京市还组织了政务专网门户的统一规划和建设,北京市"公务员门户"是全市政务部门统一的内部门户网站,该门户网站也是北京市政务地理空间信息资源统一展示、共享、交换乃至应用的入口点,"北京市政务地理空间信息资源共享服务展示系统"、"北京市三维地理信息系统"、"政务图典"等相关业务系统都在该门户网站上以"单点登录"方式为全市政府部门共享使用。

北京市政务地理空间信息资源的访问渠道不仅包括信息亭、服务网站等公众服务渠道,而且包括电脑、手机、掌上电脑、移动指挥车等终端设备的电子政务服务渠道。其中,"数字北京信息亭"为公众提供了政务地理空间信息资源服务的一种较好的访问渠道。另外,随着政务部门信息化程度的不断提高,一些相关部门已经不仅仅满足于常见的电脑网络访问渠道方式,而逐渐向手机、掌上电脑、移动指挥车等终端设备发展,这些访问渠道的不断完善,有力地推动了首都信息化的发展进程。

7. 政策法律法规与标准规范体系

北京市非常重视政务地理空间信息资源相关的政策法律法规与标准规范体系研究和建设。在政务地理空间信息资源管理与共享服务应用体系规划建设的初期,就开始研究政务地理空间信息资源管理与共享服务应用相关的政策法律法规,并制定了一系列数据管理、共享以及应用相关的配套地方标准、技术规范、指导性建设意见,以及系统建设、运维和管理的相关规则,并根据技术的发展、共享模式的变化、应用服务的提高不断进行完善和改进。例如,北京市先后开展了《政务信息图层建设技术规范》、《地址数据库建设技术规范》等地方标准的研究和制定工作,指导北京市政务信息图层和地址数据库的建设。

2007年12月1日,《北京市信息化促进条例》开始施行后,为更好地贯彻条例的相关精神,北京市也开始研究与政务地理空间信息资源开发利用相关的标准规范建设。例如,为加强对政务地理空间信息资源采集工作的管理,在政务信息资源目录中提供面向地理空间行业应用的支撑服务,组织开展政务地理空间信息资源目录的建设,对市和区(县)两级行政机关采集政务地理空间信息的活动进行规范。在政务地理空间信息资源目录编制的基础上,北京市正在研究和制定《政务地理空间信息资源共享管理办法》等相关政策性文件,明确政务地理空间信息资源建设、管理、运行、维护以及共享、服务、应用的主体,建立资源建设和更新、运维的绩效考核机制,保证相关部门的责权统一。

8. 信息安全体系

信息安全已成为国家安全的重要组成部分,并深刻影响国家的政治、经济、文化和国防安全。北京市作为国家的政治中心和文化中心,集中了国家党、政、军的中央机关和金融、电信、电力、交通等诸多行业部门总部,因此对信息安全保障工作高度重视,积极推进。根据《中共中央办公厅、国务院办公厅转发〈国家信息化领导小组关于加强信息安全保障工作的意见〉的通知》,北京市制定了《中共北京市委办公厅、北京市人民政府办公厅转发〈北京市信息化工作领导小组关于加强信息安全保障工作的实施意见〉的通知》,提出了由信息安全组织管理、信息安全公共基础设施、信息安全政策法规和技术标准、信息安全技术研发与产业发展、信息安全专业人才培养教育及信息安全宣传六部分组成的北京市信息安全保障体系,围绕信息安全保障体系的建设开展了大量工作,并重点完成了初步建立信息安全保障体系的各项任务。在信息安全管理体系建设方面,北京市于2004年就在全国率先启动实行了信息安全等级保护制度,北京市各级党政机关制订了等级保护工作的具体计划，开展了风险评估、安全定级和定级备案工作。政务地理空间信息安全遵循全市的统一信息安全规划与部署，利用信息安全基础设施，开展资源管理和业务系统建设。

9.2.4 市、区（县）两级架构

北京市政务地理空间信息资源管理与共享服务应用体系是一个由市政务地理空间信息资源管理与共享服务应用中心及其信息分中心、区（县）政务地理空间信息资源管理与共享服务应用中心及其信息分中心、应用节点构成的"两级中心、三级应用"的多级架构（如图9-3所示）。

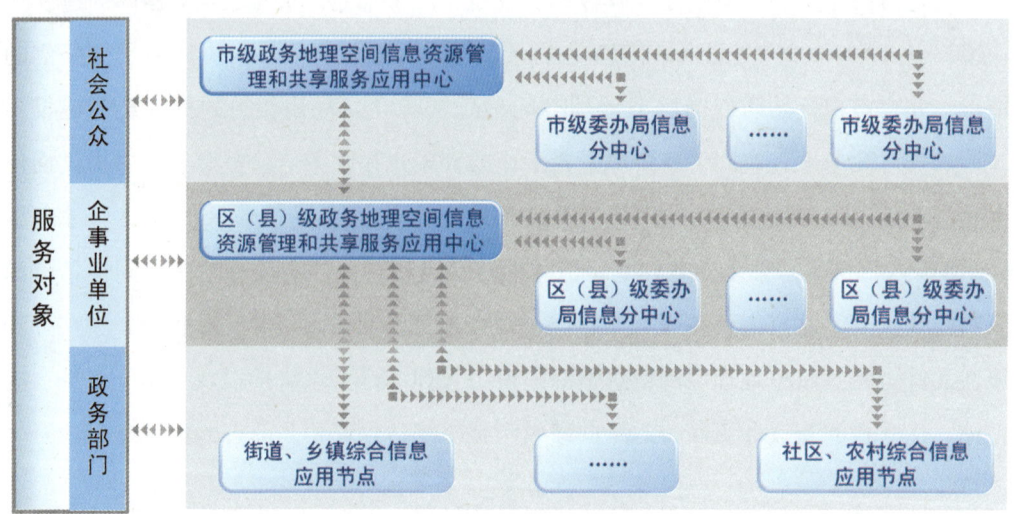

图9-3 北京市政务地理空间信息资源管理与共享服务应用体系市、区（县）两级架构

北京市级政务地理空间信息资源管理与共享服务应用中心采用"适度物理集中，基础资源共享"的管理模式统筹规划、组织建设，将各市级委办局信息分中心提供的可共享政务地理空间信息资源统一纳入全市统一的政务共享地理空间信息资源数据库中，通过共享服务平台的建设，为市级委办局信息分中心提供政务基础共享地理空间信息资源和政务主题共享地理空间信息资源的整合集成、管理、运维、共享交换等服务。另外，市级委办局信息分中心作为政务地理空间信息资源的提供者之一，为市政务地理空间信息资源管理与共享服务应用中心的资源积累提供数据支持，并反过来间接地支撑各政府部门共享这些信息资源开发其业务应用系统。

北京市区（县）级政务地理空间信息资源管理与共享服务应用中心的总体职责与市级

中心的职责较为相似，即承担了区（县）委办局政务基础共享地理空间信息资源和政务主题共享地理空间信息资源的整合集成、管理、运维、共享交换等服务工作。与市级中心不同的是，区（县）级政务地理空间信息资源管理与共享服务应用中心不仅需要支撑区（县）级委办局信息分中心的业务应用，而且要求能够支撑乡镇、街道办综合信息应用节点的业务，这种应用广度、深入程度上的不同，导致区（县）级政务地理空间信息资源管理与共享服务应用中心的建设宜采用"完全物理集中，提供共享服务"的管理模式，整合区（县）各委办局信息分中心的业务需求，协调统一建设一个完整的政务地理空间信息资源数据库，并在此基础上支撑所有区（县）级和乡镇、街道办各级政府部门的业务应用，从而避免重复建设，最大限度地节约资金，实现各种信息资源的有效利用。

第 10 章 北京市政务地理空间信息资源管理和共享服务

北京市政务地理空间信息资源的管理、共享以及服务的总体思路是按照本书第 9 章总体框架中的内容逐层开展实施。经过多年的摸索和实践，初步理清了政务地理空间信息资源数据库整体的建设思路，制定了数据获取、更新乃至整合的策略方案，创建资源共享与服务模式等，并在安全机制建设和运维保障等方面取得了一些心得体会。

10.1 政务地理空间信息资源数据库的建设思路

10.1.1 建设原则

政务地理空间信息资源数据库是政务地理空间信息资源管理与共享服务应用体系的重要基础和核心内容，其建设的成败直接关系到共享、服务乃至最终应用的结果。在数据库建设之初，必须制定相关建设原则，只有遵循这些建设原则，才能有明确的目标和要求，才能获得最终可用的大量资源财富。

北京市政务地理空间信息资源数据库建设过程中，始终遵循的原则主要包括以下四条：

（1）权威性。政务地理空间信息资源是一类特殊的地理空间信息，其数据的来源关系到数据质量和可用性，同时，这类资源具有较强的时效特征，数据能否及时更新也关系到数据库的可用性，因此，在数据建设的过程中，始终需要坚持"数据来自产生数据的地方，数据维护由产生数据的部门负责"的权威性原则，确保数据来源的可靠性和准确性。

（2）共享性。北京市政务地理空间信息资源数据库建设的根本目的是为了资源的深度开发利用，作为一个超大规模城市的海量综合政务应用数据库，应以发展的眼光来看待数据库的建设，以如何能够实现资源的可持续性应用和发展为目标。为此，就需要坚持资源建设的共享性原则，以"多赢、互赢"为战略目标，带动相关权威数据来源部门进行信息资源的共建共享。尤其需要坚持政务信息资源公开是必须、不公开是特例的这条原则，这是解决数字城市"信息孤岛"问题的一副良药。

（3）标准化。为了有效管理政务地理空间信息资源和提供优质的共享服务，所有来源的政务地理空间信息资源必须坚持标准化的建设与管理原则，数据资源及其元数据的建设必须按照统一的标准和规范进行生产和制作，这样才能有效保证后期数据集成整合的效率和满足后期应用要求。

（4）规划性。政务地理空间信息资源数据库建设是一项大型的信息化工程，具有长期性、持续性等特点，因此，数据的物理分布、备份机制、数据更新频率和服务能力必须全盘统一规划，以免为后期共享服务应用留下隐患。

10.1.2 管理模式

政务地理空间信息资源数据库的管理模式主要有三种：逻辑集中、适度物理集中和物理大集中模式，各地可以根据具体情况，选择不同的模式进行数据库建设与管理。

北京市根据目前实际应用状况，综合考虑政策、技术方面的可行性，通过一定时期的不断摸索，最终选择了适度物理集中的管理模式构建全市的政务地理空间信息资源数据库，即按照"适度物理集中，基础资源共享"的原则，由北京市信息办牵头设立的政务地理空间数据库逻辑中心统筹规划，将各部门可共享的信息资源统一纳入数据库中进行集成管理，再通过提供一系列的共享服务机制（如二次开发接口等），支撑各部门开发其业务应用系统。通过这套切实可行、可靠、长效的数据库建设、运行机制，既可满足现阶段各政府部门对信息共享的应用需求，又能最大限度地节约资金、避免浪费和重复投入。通过实践证明，适度集中的这种模式比较适合北京市当前的信息化建设发展现状，具备较强的可行性，并且已经在政务地理空间信息资源管理与共享服务应用体系建设过程中发挥了重要作用。

在构建区（县）级政务地理空间信息资源数据库时，由于现阶段资源积累、技术条件、人才队伍、资金经费等限制，通常可以采用物理大集中的模式来建设与管理各区（县）自己的数据库，由区（县）统一组织协助区（县）各委办局建设其相关的政务地理空间信息资源，统一进行资源管理和应用服务，而无需区（县）各委办局再分散精力进行数据库建设和管理，解决了区（县）委办局专业技术人才缺乏、资金紧张的难题，对推动区（县）信息化的发展起到了积极的作用。北京市东城区、海淀区、石景山区、怀柔区、密云县等多个区（县）均采用这种模式进行数据库的建设与管理，取得了显著的应用效果，获得了区（县）很多委办局的支持与好评。一些区（县）委办局直接基于本区（县）的政务地理空间信息资源数据库搭建了自己的业务应用系统，非常简单、快捷、实用，不仅节约大量建设资金，而且解决了困扰其应用的资源更新维护困难、机制体制缺乏等相关瓶颈问题。

10.1.3 建设内容

按照政务地理空间信息资源数据库共享分级和服务分类的相关理论，充分考虑数据库建设的必要性、可行性，北京市优先重点组织建设、集成和整合了政务基础共享地理空间信息资源数据库，并通过基础数据、政务支撑以及政务应用三个服务层次，满足不同委办局的应用需求（如图10-1所示）。通过积累这些基础、可共享的政务地理空间信息资源，包括基础数据层的遥感影像数据库和数字线划图数据库、政务支撑层的政务电子地图数据

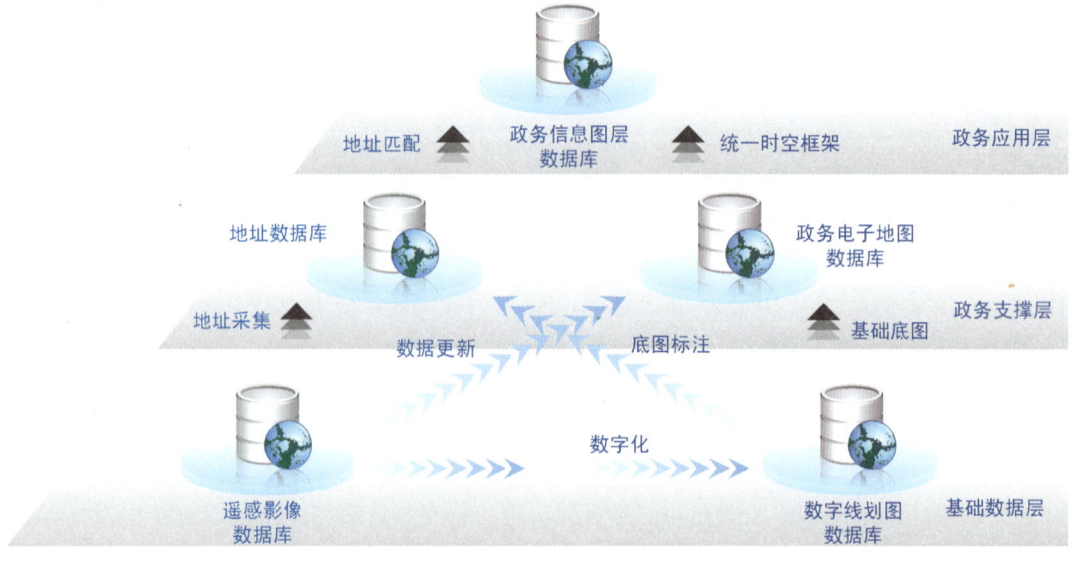

图 10-1 北京市政务基础共享地理空间信息资源数据库构成

库和地址数据库以及政务应用层的政务信息图层数据库，逐步深入，最终建成整个数字城市的政务地理空间信息资源"超市"。

需要指出的是，考虑到地址这一信息在政务部门应用的广泛性，且地理编码的范畴过于宽泛，编码方式以及模型划分方面目前还存在一定的争议，因此，北京市选择建设地址数据库来取代地理编码数据库。地址数据库建成后，可以为政务信息图层数据库的建设提供强有力的技术支撑。另外，按照北京市统筹规划建设的整体思路，政务主题共享地理空间信息资源数据库的建设也正在不断推进。

10.1.4 建设阶段

政务地理空间信息资源数据库的建设是一项长期、艰巨的任务，绝对不可能一蹴而就，必然存在一定的阶段性，因此，必须遵循相应的建设规律和建设步骤，逐步深入、细化和完善。北京市政务地理空间信息资源数据库建设同样存在着阶段性特征，在不同的阶段有着不同的任务重点。整体上来看，北京市政务地理空间信息资源数据库的建设经历了以下三个阶段：

第一阶段：标准规范、基础整合。数据整合是数据库建设的最基础、最核心的工作，这一数据集成整合过程必须要依托一系列标准规范才能顺利开展，即标准先行原则。因此，在北京市政务地理空间信息资源数据库建设的初级阶段，为了有效地进行资源整合，先后组织了一系列标准规范的建设，如《政务信息图层建设技术规范》、《地址数据库建设技术规范》等地方标准。在相关标准规范的指导下，逐步开展了基础信息资源的整合工作，并充分发挥信息化部门的协调职能，组织全市基础性、共享性的政务地理空间信息资源集成、整合工作。

第二阶段：机制体制、需求导向。机制体制建设是政务地理空间信息资源数据库建设的重要保障，以需求为导向是政务地理空间信息资源建设的根本指导方针。在政务地理空间信息资源数据库建设的第二个阶段，在数据积累达到一定规模的基础上，必须加强相关资源共享机制、体制的建设，巩固政务地理空间信息资源的建设成果，建立数据更新长效机制，保障数据库建设运行的持续深入推动。同时，在资源整合过程中，开始充分考虑用户的需求，从需求角度出发，一方面整合需求资源，另一方面为共享服务平台建设奠定基础。

第三阶段：共享服务、政务应用。提供共享服务是政务地理空间信息资源数据库的核心任务，政务应用是政务地理空间信息资源数据库建设的根本目的。在经历资源积累、机制体制保障等阶段后，政务地理空间信息资源数据库最终需要以提供共享服务作为其建设的核心任务，为各个政务部门提供业务应用支撑。如何提供共享服务、提供什么样的服务、服务效果如何、服务于哪些政务应用、能否满足政务应用的需求等一系列问题都需要在这一阶段解决。

10.2 北京市政务地理空间信息资源获取更新以及管理实践

按照上述建设思路，北京市开展了政务地理空间信息资源数据库的建设工作，从资源的获取、更新以及集成整合等多个方面积极进行探索，初步形成了具有自身特色的建设方案，尤其在资源整合的措施与应用方面。

10.2.1 资源的获取机制

政务地理空间信息资源的获取是整个政务地理空间信息资源管理与共享服务应用体系建设的起始点，它对整个框架体系中的共享、交换以及服务具有十分重要的意义。资源获取的问题涉及多项技术、多个部门、多方协调等诸多因素，因此相对资源采集技术来说，具有较大的灵活性，选择哪些资源进行分步建设，是很多城市开展数据库建设时需要首先关注的问题之一。

10.2.1.1 分步获取资源的建设思路

按照"先基础再专用、先看图再业务"的技术路线，"统筹协调、沟通双赢"的建设机制，北京市从纵向的服务分类、横向的共享分级两个角度并行进行资源内容的获取。

1. 分级共享资源获取

北京市政务地理空间信息资源的获取遵循"先基础再专用、业务驱动专题"的原则进行分级，逐步建设、完善，无任何捷径可言。

政务基础共享地理空间信息资源指那些可以为所有政务部门提供共享的资源，其应用范围最为广泛，因此成为建设的首选目标，如遥感影像、政务电子地图、地址数据、政务信息图层等。这类资源的获取往往具有一定的技术基础条件，相对而言，比较容易进行集约化建设和获取。

政务公开地理空间信息资源是指可以向社会公众公开、服务、应用的信息资源，按照《中华人民共和国测绘法》、《中华人民共和国地图编制出版管理条例》、《公开地图内容表示若干规定》、《地图审核管理规定》、《北京市信息化促进条例》等相关法律法规，这类政务地理空间信息资源的获取可以在保障成果完整和安全的基础上，按照政务公开的需求，经测绘行政主管部门审核后，向社会公开和提供使用。

政务主题共享地理空间信息资源是面向专题应用、可为有限政务部门提供共享的数据，数据的抽取、处理以及集成往往较为复杂，涉及具体应用专题，存在一定的不稳定因素，这类资源的建设可根据应用需求情况，在适当的时机，在具体业务的驱动下开展建设。

政务专用地理空间信息资源是最高应用层次上的专业数据，只服务于特定的行业或部门，这类资源的应用面较窄，但应用程度相对较深，无论在数据采集还是在数据处理等方面都较为烦琐，且成本往往很高。

2. 服务分类资源获取

按照服务分类方法，政务地理空间信息资源分为基础数据、政务支撑以及政务应用共三个层次的资源。随着服务层次的不断深入，服务方式的不断拓展，服务需求的不断提出，服务应用领域的不断增加，政务地理空间信息资源数据库也将随之不断发展。

综合考虑分级共享的获取机制，在基础数据方面，数字线划图抽象反映了地表实体的基本框架类数据；而遥感影像数据则反映地表形态最基础的、最直观的细节图片，因此，这两类数据是亟待获取的首要资源，提供了最基本的"看图说话"型的信息服务。

在政务支撑方面，政务电子地图是在数字线划图基础上，根据政务应用的普遍需求而制作出来的一类特殊资源，这类资源能够广泛支撑绝大多数政务部门的业务应用需求；而地址数据库是政务部门中广泛应用到的一类空间相对定位信息，可以为很多政务部门提供地址匹配服务，辅助相关业务的开展。这两类资源提供了"辅助工具"型的关键信息服务。

在政务应用方面，政务信息图层是涉及所有政务部门的、可共享的基础信息图层。这类资源对政务协同应用来说非常重要，而且这类信息资源可以为相关部门提供涉及核心业务的信息服务。

10.2.1.2 资源获取的机制

北京市政务地理空间信息资源的获取机制，是在北京市政务地理空间信息资源总体规划的基础上，根据政务地理空间信息资源获取责任进行分工，由各部门根据自身业务特点、技术能力，按照政务地理空间信息资源的类型、特点分别组织实施。

1. 政务基础共享地理空间信息资源的获取

（1）遥感数据资源

北京市目前使用的遥感影像主要包括航空遥感影像和卫星遥感影像两类，其中航空遥感影像数据资源的获取与更新已经形成了较为完善的机制。

北京市航空遥感影像数据的获取是按照"全市统一获取与处理，各政府部门免费共享"的原则组织实施。自 2001 年以来，北京市根据城乡社会、经济发展的速度，平原地区（六环范围内）航空摄影工作每年组织一次，航摄比例尺为 1∶10000（0.2 米分辨率），山区（远郊区（县））每两年组织一次，航摄比例尺为 1∶30000（0.5 米分辨率）。此外，随着远郊区（县）社会经济的快速发展，对郊区（县）的航拍影像的质量提出了更高的要求，根据区（县）应用需求，对延庆、密云等远郊区（县）的中心城镇航拍比例尺陆续提高到 1∶10000，并自 2009 年开始，北京市的年度航空摄影范围将覆盖全市域。为保证数据质量，缩短从数据采集到应用的周期，北京市在年度航空影像数据的获取过程中引入了市场机制，从航空摄影照片的冲洗晒印到正射影像数据的制作全过程，进行合理拆分，通过公开招标选择国内具备相应测绘与保密资质、技术实力强、支撑服务好的企业，分别承担相应的数据制作任务。同时，建立了严格的质量控制体系，引入数据质量监理制度，严格按照国家和地方相关技术标准对遥感影像数据获取全过程进行严格的质量审核，以保证各单位、各阶段工作的顺畅衔接和最终数据成果的可用性。通过航空影像数据获取过程的规范管理和高效组织实施，大幅缩短了采用传统航空摄影方式的数据处理周期，从开始航空拍摄到提供数据服务仅需半年时间，提高了数据的现势性和可用性。目前，航空遥感正射影像已经成为北京市重要的基础信息资源，为北京市各区（县）、委办局提供了广泛的共享服务。

卫星遥感数据主要通过商业采购的方式进行获取。例如，北京市统一采购了 2006—2010 年的"北京一号"小卫星数据，以及部分时间段的 IKONOS、QuickBird 等商业卫星遥感数据，初步建立了财政统一支付、按需采购、政府各部门免费使用的数据获取、更新机制，避免了多头重复采购，节约了财政资金，同时也满足了各部门业务应用需求。

（2）数字线划图

北京市已经建立了完善、成熟的数字线划图获取、更新机制。北京市数字线划图数据可分为三种基础比例尺，1∶500，1∶2000 和 1∶10000，由市测绘行政主管部门根据《北京市测绘条例》依法组织生产。

（3）政务电子地图

政务电子地图是在数字线划图的基础上，进行精简和快速更新后产生的基础地理空间信息资源。北京市政务电子地图比例尺一般为 1∶2000 或 1∶10000，1∶2000 政务电子地图覆盖 6 环以内城区及远郊区（县）重点城镇部分，1∶10000 覆盖全市域。北京市在政务电子地图的制作过程中，充分考虑了应用部门业务模式和应用需求，而依此确定数据内容和组织方式，明确需要增加的、具有普遍共享意义的社会经济属性内容。政务电子地图派生于数字线划图，由于数字线划图获取和更新周期较为固定，且周期相对较长，为满足实际应用需求，北京市基于年度航空正射影像图进行更新，并从政务信息图层中提取部分必要信息加以完善，基本上实现了一年一更新。同时，在数据的制作过程中，采取了有效的质量控制措施，以保证数据的准确性。

（4）地址数据

由于地址的使用范围十分普遍，覆盖了政府管理、企业经营乃至普通百姓居家旅行等各个领域。而作为一种基础信息资源，我国地址数据库的建设与应用进展，远远滞后于政府和社会应用的需求。经过6年的努力，在借鉴国内外地址数据库建设与应用经验的基础上，北京市率先提出并付诸实践，初步建立了一套行之有效的地址数据库建设、获取机制。

根据北京市地址管理与使用现状，通过对首都正在使用的大量地址进行研究对比和分析总结，提出北京市标准地址模型，规范了标准地址的构成形式、组成元素的分类，并总结归纳出标准地址构成元素之间的层次关系，解决了制约地址数据规范性和唯一性的地址标准化问题，为地址数据的获取和建库奠定基础。在标准地址模型的基础上，明确了地址数据获取的原则，详细制定了地址数据外业采集、内业录入和质量检验的完整流程，规范了数据获取各环节的实施方法和质量控制要求。同时，并研制开发了支撑数据获取流程的数据采集与质量检验管理系统，为地址数据获取提供保障。

此外，北京市在地址数据获取的实施过程中同样引入了市场机制，通过公开招标选择了最佳的合作单位，并建立了质量控制的监理制度，严格按照规定的作业流程和质量控制要求开展工作，以保证地址数据的质量。

（5）政务信息图层

政务信息图层是从各部门电子政务建设与应用过程中派生的，与自身业务密切相关的信息资源，因此，政务信息图层的获取必须依托于政府各部门业务的信息化。北京市政务信息图层的获取、更新职责，由该类数据对应的行业主管部门负责。

政务信息图层内容由政务管理对象的属性信息，及其对应或依附的地理空间实体（位置）两个部分组成。与一般的地理空间信息资源相比，政务信息图层中属性信息和地理位置空间信息的获取过程往往并不同步。政务管理对象属性信息的采集、使用和共享，通常是伴随政府部门管理与服务业务流程的流转而同步进行，与政府具体业务联系紧密，经过多年业务工作积累,业务对象属性信息存量较大。而由于地理空间信息技术在电子政务的建设和应用过程较短,遥感、地理信息系统等新技术的应用滞后于传统信息技术,很多政府部门的业务信息资源尚未实现相关业务对象的空间可视化表达,造成目前已实现空间化表达的业务数据与可实现地理空间可视化表达的数据极不平衡的局面。因此,政务信息图层的获取过程实际上是以政府各部门现有的业务信息资源为基础,采集、补充对应业务对象地理空间位置信息的过程。

由于历史原因,政府各部门中遥感与地理空间信息技术应用的水平参差不齐,地理空间数据的获取、管理和共享水平也差异较大。目前,各部门政务信息图层的获取方式可分为两种:遥感和地理信息系统技术应用较早、技术水平较高的部门,通常具备自主同步获取业务对象属性数据和地理空间数据的能力,能够实现属性和地理空间信息的同步采集,实现政务信息图层的自主获取;而尚未开展或刚开始使用遥感和地理信息系统技术应用的部门,通常不具备采集业务对象地理空间位置信息的能力,地理空间信息的获取只能借助外力才能得以实现。具备自主数据获取能力的部门,往往形成了较为固定的数据获取机制和更新模式,数据的准确性、完整性和现势性较好,相反,其他部门虽然积累了大量的业务信息资源,但由于缺乏技术力量,而无法实现相关信息的地理空间可视化,以及与其他信息资源的整合与空间分析。

从长期来看,政务信息图层的建设应当正式纳入政府信息资源管理的总体规划当中,也应当采取有效的手段使在业务过程中业务对象的地理空间位置属性,与属性信息同步采集,同步管理。从当前信息化发展的水平来看,则可采用属性信息获取与地理空间位置信息获取分离的方式,由各行业管理部门承担业务对象属性信息的获取和更新责任,由其他具备相应技术能力的部门承担对应地理空间属性信息获取的任务,而行业管理部门负责质量的监管和成果的审核。

2. 政务公开地理空间信息资源的获取

目前,北京市政务公开地理空间信息资源的获取机制通常是按照政务公开的需求,从政务基础共享地理空间信息资源中进行提取,去掉敏感属性信息和涉密空间信息,报送测绘主管部门进行地图审核,通过审核后,即可向公众发布。例如,为给奥运会观众提供权威、准确的旅游景点、宾馆饭店、超市、医疗卫生机构、科研院校等地理空间信息,北京市组织了市旅游局、市工商局、市卫生局、市教委等几十家政府部门开展了面向公众服务的地理空间信息梳理工作,并将其成果在奥运官方网站(http://www.beijing2008.cn/emap)和北京网(http://www.beijing.cn)上进行了发布,这两个网站是我国首次拥有国家正式颁发审图号、提供公众服务的政府网站。

3. 政务主题共享地理空间信息资源的获取

除上述政务基础共享地理空间信息资源外，北京市某些主题（行业）地理空间数据获取机制也已初步形成，并在城市地理空间信息资源的开发和政府业务应用中发挥重要作用。以应急主题共享地理空间信息资源获取为例，传统意义上应急指挥业务常涉及交通、医疗卫生、消防公安、市政管理等多个政府部门的相关资源，来自这些部门的政务地理空间信息资源获取一般存在获取成本高、更新不及时等困难，为解决这些问题，北京市充分利用全市统一的政务信息资源共享交换平台，通过这一中转枢纽进行资源的汇集和更新，并利用地址匹配引擎这一技术支撑手段，实现业务属性数据的自动空间化整合、交换、共享的全流程化机制。各部门可以将相关应急资源上传到各自的前置机中进行定期资源交换，并利用自动地址匹配工具生成图层，通过各部门的在线审核确认后，再次通过政务信息资源共享交换平台整合到应急指挥信息平台中供领导决策使用。这种获取、更新机制的建立，解决了困扰跨部门业务协同所需资源的自动更新、维护等问题，具备较强的普适性和现实意义。

4. 政务专用地理空间信息资源的获取

政务专用地理空间信息资源的获取可由政府各业务部门根据其数据的特点灵活开展。例如，北京市建委为全面掌握全市住房总量、结构、居住条件、消费特征等信息，进一步推动全市住房建设和房地产业健康有序发展，组织开展了全市国有土地产权范围内的全面房屋调查工作。该项工作需要在短短的一年时间内，完成对二十余万幢房屋建筑的十余类调查内容，其工作难度可想而知。为此，北京市建委充分应用全市现有的政务地理空间信息资源，包括航空遥感影像、地址数据库、地籍数据等，按照普查对象区域化、普查任务实体化、调查指标标准化、普查管理流程化的工作思路，组织万余名现场普查工作人员顺利完成了二十余万幢房屋信息的普查工作。

10.2.2 资源的更新机制

政务地理空间信息资源的更新机制对数据库的建设来说，至关重要。缺少了数据更新机制，政务地理空间信息资源数据库就成了"无源之水"、"无本之木"，没有资源的良性更新循环，没有更新的渠道、技术以及机制保障，任何资源都会犹如"一潭死水"，无法开发利用，创造新的价值空间。

北京市政务地理空间信息资源的更新机制建设是根据资源获取的机制、方式以及数据源的具体情况不同，区别对待，形成了一整套切实可行的解决方案。从根本上说，政务地理空间信息资源的更新维护由权威数据提供部门负责，各政府部门按照业务特点和更新周期自行制定更新机制。

对于政务公开地理空间信息资源、政务主题共享地理空间信息资源、政务专用地理空间信息资源来说，可以由相关政府部门按照需求，自行组织更新、维护。对于政务基础共享地理空间信息资源，由北京市相关部门按照资源的自身特点统筹协调，分别组织更新和维护。

1. 遥感影像数据的更新

北京市遥感影像数据是按照统一集中采购的机制进行建设的，数据更新机制已基本形成。其中，航空遥感影像数据的更新周期为一年，截至2008年，已经连续完成7年的年度数据更新，并随着远郊区（县）社会经济的快速发展，逐步调整了对郊区（县）的航摄影像更新周期，郊区（县）由原来的两年更新一次变为一年一次。自2009年开始，北京市的年度航空摄影范围将覆盖全市域。此外，卫星遥感影像也根据各委办局的需求，将进行及时的更新、维护。

2. 数字线划图的更新

北京市数字线划图数据由测绘主管部门负责更新、运维。目前，数据的更新周期按照国家和地方测绘条例中规定的"2348"生产周期有序开展，其中，1∶500至少每2年一次；1∶2000至少每3年更新一次；1∶10000平原地区至少每4年、山区至少8年更新一次，而对经济建设、社会发展和城市规划建设及重大工程急需的基础测绘成果将按需更新。

最近，按照《北京市人民政府关于进一步加强测绘工作的实施意见》，北京市拟实现基本比例尺地形图的必要覆盖，缩短更新周期。到2010年，1∶500地形图覆盖中心城、重点新城和新城区域，四环路范围内更新周期为半年；1∶2000地形图覆盖平原地区，更新周期为1年；1∶10000地形图覆盖全市行政区域，平原地区更新周期为1年，山区为4年。

3. 政务电子地图的更新

政务电子地图是可以直接应用于电子政务相关业务的基础矢量电子地图，这种资源的特殊用途决定了其更新维护的周期必须要和实际业务需求紧密相连。在城市管理中，多数政务部门对城市基础底图的更新要求是非常迫切的，尤其像北京、上海这样的超大规模的城市，其城市道路建设、市政设施改造、城乡一体化的步伐惊人，只有数据逐年更新，才能很好地支撑相关业务工作。

北京市以年度航空遥感影像为更新依据，以数字线划图为基础，进行政务电子地图制作和更新。2006年9月，北京市规划委发布第一版"政务版电子地图"，并承诺按年度更新，政务电子地图已基本形成了一套完整的数据获取、更新机制。

4. 地址数据库的更新

地址数据的及时更新是地址数据库提供可靠应用服务的基础。由于北京城市建设与发展十分迅速，旧城改造、新区建设同时在整个市域范围内开展，每天均有大量的新地址被命名或老地址被废弃使用，因此，北京市地址数据的更新不设定固定期限，而是采用随时发现、随时更新的方法，以保证地址数据的完整性、准确性和现势性。地址数据的更新，首先应当建立可靠的变化地址发现机制。变化地址的发现主要通过两种途径展开：其一，利用年度航拍成果，通过影像判读识别对比，发现城市地形、地物的变化区域，通过拆迁区域、废弃道路的圈定，确定已废弃的历史地址数据，同时通过新建或改建区域的圈定，确定新增地址的采集范围；其二，利用地址匹配服务积累下来的大量匹配日志，通过对匹配失败的地址信息进行分析、核实，从而发现潜在的更新目标。前者是一种主动式的发现机制，而后者则是被动式发现机制，通过这两种途径，能够有效地发现北京市需要更新的目标区域，然后按照完整的数据采集、录入与质量检验流程进行更新，确保了变化地址的及时更新。

5. 政务信息图层的更新机制

政务信息图层是一种涉及多行业、多部门的业务应用图层，这种资源的更新不仅涉及具体业务，而且更新手段和机制也是一个难点问题。

北京市政务信息图层的建设大部分是利用地址数据库提供的地址匹配方法进行的，这种高效、便捷的更新手段能够使数据更新周期大大的缩减。另外，北京市还建设了全市统一的政务信息资源共享交换平台，利用这一平台提供的前置机交换模式，不同部门之间可以通过该平台进行资源交换，可以帮助解决政务信息图层更新渠道的问题。

利用上述条件，北京市设计了一套完整的政务信息图层更新机制：即权威数据来源部门按照各自数据的生产周期，定期将带有地址字段的业务数据提交到各自的数据传送前置机中；再依托全市政务信息资源共享交换平台的枢纽中转职能，通过平台将数据传到市信息办的数据接收前置机上；再利用专门研制开发的地址匹配工具，对这一数据进行地址增量匹配、加工和处理，初步生成图层；最后为确保数据的准确性，更新后的政务信息图层通过在线的政务信息图层更新审核系统提交给业务部门进行逐条内容审核，审核通过后，所更新的政务信息图层才能正式在相关共享服务系统中进行发布、共享和使用（图10-2）。

通过对政务信息图层的更新、维护实行流程化运作和多环节的监督管理，有效地从技

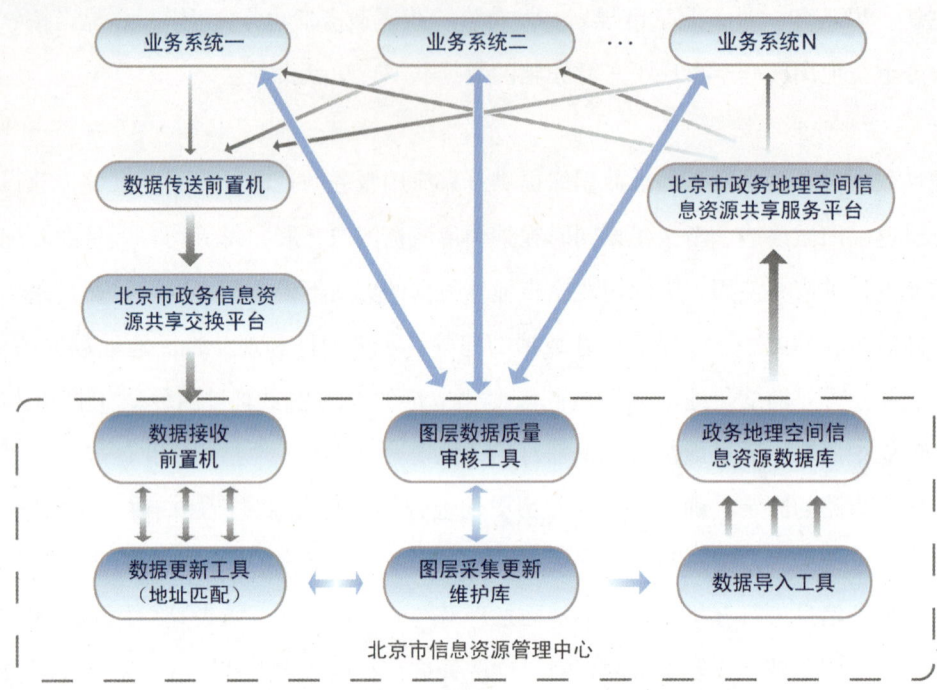

图 10-2　北京市政务信息图层的更新维护流程机制

术方面解决了政务信息图层的更新、维护这一难题，此外，还正在制定相关管理规定、规则和办法，以保证这一基础的、共享的政务地理空间信息资源能够不断加以更新和完善，得到更多的应用空间。

10.2.3　资源整合集成的重要途径——地址匹配

地理信息系统能够直观、准确地反映政府管理对象在真实地理空间的位置分布和周边环境，并可进行空间分析研究各类政府管理对象之间的相互关系，有利于提高各政府部门的管理和服务能力。政府各职能部门海量业务信息中绝大多数与地理空间位置密切相关，而目前已开发和共享的政务地理空间信息资源，仅是其中有限的一部分，可以说政务地理空间信息资源开发与利用的前景十分广阔。但由于很多政务信息资源的空间位置特征并非直接以地理坐标的方式记录，而是通过文字地址描述的方式存在，无法直接在地理信息系统中应用。利用地理编码（即地址匹配）技术，能够将这些潜在的政务地理空间信息资源快速、准确地进行空间化，实现空间和非空间信息资源的整合，从而推动政务地理空间信息资源开发利用向纵深方向发展。

地址匹配是建立给定地址与真实地理坐标一致性的过程，能够实现文字地址描述与空间地理坐标之间的双向转换。地址匹配技术的实现依赖于两个方面，即完备、准确的地址数据库与准确、高效、可靠的地址匹配引擎。它能为政务信息资源和地理社会空间信息资源的整合、开发和利用提供简便、迅捷、低成本的空间定位手段，从而为地理空间信息技术的应用和地理空间信息产业的发展奠定基础。

1. 政务地理空间信息资源的整合与共享

地理编码技术的应用能够有效地实现空间信息与非空间信息的整合。各政府部门，如工商、税务、信用、规划、建设等社会经济部门中，储存了大量带有地址描述的资料和数据，利用地理编码技术能够将地址信息转换为真实的地理坐标，实现地址名称与空间信息的整合，从而将现有的各类社会经济、资源环境、规划管理等非空间数据映射到地图、遥感影像上，在统一的时空框架内与地理空间数据进行集成与融合，整合市政府各部门分散的信息资源，为经济社会信息的空间可视化分析、统计、管理和制图奠定基础，扩展相关信息的应用领域，有效支撑政府管理与决策。

2. 支撑 LBS 服务，推动空间信息产业发展

随着我国地理空间信息产业的发展，LBS 将成为未来地理空间信息服务业的热点，据国内专家研究，我国 LBS 市场规模将超过 100 亿元。但由于缺乏有效的地理编码技术支撑，各空间信息服务商使用的数据在覆盖度、现势性、准确性方面都存在较大的问题，导致我国现阶段 LBS 服务的内容、质量、形式以及受众群体与国外相比差距甚远。研究和应用符合我国国情的地理编码技术，则是打破限制我国空间地理信息产业发展瓶颈的关键，可以为我国 LBS 市场的培育和发展奠定坚实的技术基础，有利于促进全社会地理空间信息资源的开发，从而推动我国地理空间信息产业的发展。

10.2.4 资源的目录管理

大量的政务地理空间信息资源在政府内部获取、采集以及整合集成后，只有对其进行内容梳理、分级管理、分类使用才能更有效地开发利用这些资源。在北京市政务信息资源目录体系建设的基础上，为对政务地理空间信息资源进行更有效的管理，北京市创新性地开展了政务地理空间信息资源目录体系的研究和建设工作，针对政务地理空间信息资源空间化、可视化以及对象化的特点，结合前期各部门业务职能、业务事项以及政务信息资源目录梳理成果，开展政务地理空间信息资源目录梳理方法、梳理内容、梳理工具、编目业务流程等一系列研究、探索工作，并初步取得了一些成果。

北京市政务地理空间信息资源目录体系的建设，充分利用了北京市现有的市、区

（县）两级政务信息资源目录体系相关建设成果，通过对全市政务部门的政务地理空间信息资源目录进行摸底梳理、内容分级分类，构建市、区（县）两级政务地理空间信息资源目录中心，便于市、区（县）各级政府部门了解各类政务地理空间信息资源在全市范围内的分布情况，并在各部门之间实现整合共享。在市、区（县）两级目录中心的基础上，两级政府对应的下属委办局则成为各自对应目录中心的分目录。市级分目录将分目录的核心元数据在市级主目录中注册，区（县）分目录将分目录的核心元数据在区（县）级主目录中注册，区（县）主目录将目录中心的地址在市级目录主目录中注册。

类似政务信息资源目录体系的相关业务流程，政务地理空间信息资源目录体系的业务流程同样包括资源编目、资源注册、资源发布，并提供资源访问和资源维护等功能（图10-3）。

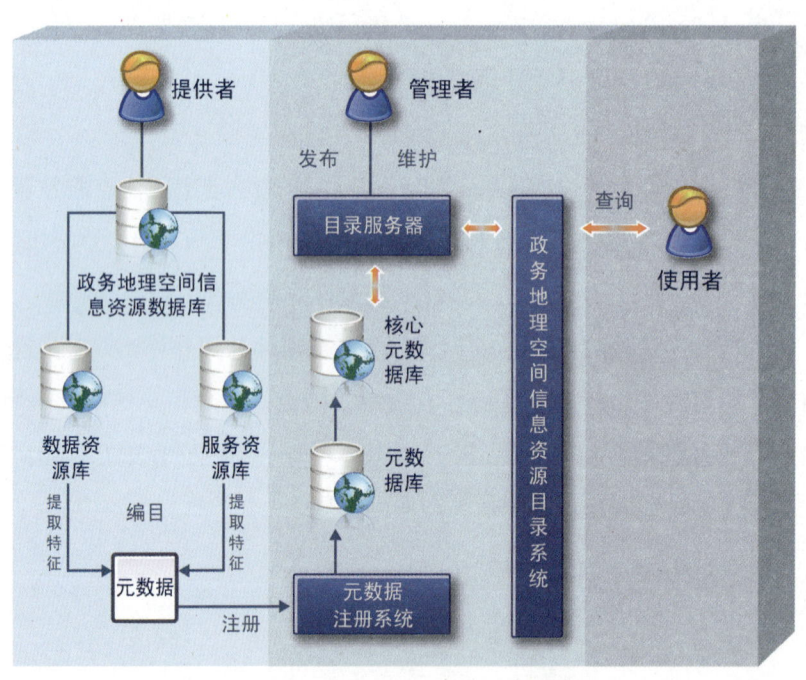

图10-3 政务地理空间信息资源目录体系的业务流程

1. 资源编目

各部门组织业务人员，按照政务地理空间信息资源目录梳理方法，根据有关政务地理空间信息资源核心元数据的标准，从政务地理空间信息资源库中对数据资源和服务资源提取特征，并在此基础上结合具体业务应用适当增加所需元数据，形成政务地理空间信息资源元数据。

2. 资源注册

将编目形成的元数据通过元数据注册系统向目录中心的管理机构注册。

(1) 提交。通过管理机构和提供者之间的网络平台，实现元数据的提交，下级目录中心将本级中心地址和核心元数据注册到上级目录中心。

(2) 审核。管理机构确认提供者提交的信息资源元数据格式及内容是否符合标准要求，未通过审查的元数据返回给提供者修改。

(3) 入库。对于通过审核的元数据，生成数据资源核心元数据和服务资源核心元数据，并放入相应的核心元数据数据库中，形成正式目录。

3. 资源发布

经过审核的元数据将存入元数据库，各级目录中心管理机构按照规定的核心元数据标准，自动或手动抽取核心元数据放入本级目录中心核心元数据库中，作为目录展现的基础。下级目录中心提取本级中心的核心元数据发布到上级目录中心的核心元数据库中，并且发布目录中心的地址信息，包括目录中心的名称和网络位置标识符URL。各级目录中心管理机构根据已注册的元数据生成、发布并维护目录内容。

4. 资源访问

用户通过政务地理空间信息资源目录系统向目录服务器发送目录查询请求，目录服务器根据查询条件和用户权限将查询结果返回给使用者。

5. 资源维护

建立政务地理空间信息资源元数据库、核心元数据库和目录，并进行定时更新、备份与恢复、入库与出库；对目录服务器、政务地理空间信息资源目录系统的运行进行监控；根据查询日志，统计访问系统的次数，统计分析不同信息资源的查询次数等。

10.3 北京市政务地理空间信息资源的共享服务

北京市结合自身的实际情况，在政务地理空间信息资源的共享、服务方面打破传统、大胆创新、勇于实践，在组织机制、共享技术平台、服务机制、应用模式等方面走出了一条适合首都发展的道路。

10.3.1 组织机制建设

组织机制建设是政府工作得以顺利开展的前提和基础保障。政务地理空间信息资源作为政务信息资源的一种特殊形式，其资源的共享、交换以及服务都是在北京市信息化工作的统一规划、部署以及指导下开展的，其基本思路是：在北京市信息化工作领导小组的统一领导下，由北京市信息化工作办公室牵头，协调、组织全市各委办局、区（县）信息化主管部门开展资源共享、服务工作；北京市信息资源管理中心具体承担政务地理空间信息资源的共享、服务和应用的推进工作，通过探索政务地理空间信息资源的集成整合方法以及在电子政务、公众服务等领域的深入应用，起草制定政务地理空间资源开发利用方面的相关标准规范，为全市各委办局、区（县）信息中心提供技术支撑和专业咨询服务；具体工程项目的实施，则由相关单位按照市场化运作机制，寻找可靠的合作伙伴，按照政府的业务需求，具体负责项目的开发和研制。

特别需要指出的，北京市信息资源管理中心的成立是政务地理空间信息资源共享、服务组织机制建设方面的一种有益尝试。1999年，时任市长的刘淇同志在第一届"数字地球"国际会议上首次提出"数字北京"概念及其实施计划后，于2000年12月，亲自指示"要成立北京市信息资源管理中心"，积极推动北京市政务地理空间信息资源管理、共享、交换和服务工作。2001年3月，北京市信息资源管理中心经北京市机构编制委员会办公室正式批准成立，经过多年的努力，该中心先后承担了北京市年度航拍、政务信息资源共享交换试点等多个项目，成为北京市政务信息资源共享服务工作的重要支撑部门，尤其在政务地理空间信息资源开发利用方面，更是成果显著，不仅在标准、规范方面为各委办局、区（县）提供了技术指导，而且通过贯彻和实施政务地理空间信息资源共享、服务理念，支持了一大批委办局、区（县）的相关业务系统建设，这一系列建设成果先后得到国家、行业领域的领导、知名专家学者的认可和好评。近年来，大连、合肥等市先后也相继成立了其各自的"信息资源管理中心"，按照北京市的这种组织机构模式进行不断深入探索，开始由以部门应用为中心的资源建设理念，逐渐向以部门协同为中心、以对外服务为中心的资源共享、服务理念转变，建立合理的组织体系架构，消除过去由于以面向部门业务服务为核心而形成的"信息孤岛"，缩小"信息鸿沟"，实现部门之间的业务协同、信息共享和电子政务一站式服务体制。

10.3.2 政务地理空间信息资源共享服务平台

北京市政务地理空间信息资源管理与共享服务应用体系中，政务地理空间信息资源共享服务平台处于整个体系的核心地位。它不仅要对海量的政务地理空间信息资源数据库进行统一的后台管理、运维与前端的资源展现，而且需要提供一套标准的政务地理空间信息资源共享服务接口，为各部门的业务应用系统建设提供技术支撑，并进行服务的安全监控。

北京市政务地理空间信息资源共享服务平台具体包括以下几部分内容：

（1）数据管理、维护工具。针对多种数据类型、格式的政务地理空间信息资源，通过建设一套完善的数据管理、维护工具，实现海量的遥感影像、电子地图、地址数据、政务信息图层、三维全景数据、图片数据、多媒体数据等地理空间信息资源的集中管理和运维。

（2）全市统一的可视化政务地理空间信息资源展示平台。建立一个可供全市政务部门共同使用的政务地理空间信息资源综合展示平台，对全市已经整合、集成的基础共享类政务地理空间信息资源，提供基于人机交互方式的普遍共享，提供通用的 GIS 查询、统计、分析功能，激发各政府部门的业务应用需求，充分展示这些资源能够在各个领域（综合决策、应急指挥和公众服务）中所能发挥的重要作用，从而推动资源共享的良性循环。

（3）提供多源政务地理空间信息的共享接口服务。开发一套遵循 OGC 标准的数据共享服务接口，实现地理空间信息基于网络的实时在线服务，满足北京市各政府部门对基础共享类政务地理空间信息资源的强烈共享应用需求，实现北京市政务地理空间数据的完全共享和互操作，以及与各委办局和区（县）业务应用系统的无缝集成。

（4）基于政务信息资源共享交换平台的数据更新、中转以及交换。充分利用市政务信息资源共享交换平台的资源交换、中转职能，提供系列数据更新工具，使各政府部门能够在这个平台上实现业务数据的更新、审核、发布以及维护工作，做到政务地理空间信息资源的及时更新、处理以及中转、交换。

（5）后台服务运营监控系统。为实现政务地理空间信息共享服务平台的高效率、高并发、稳定性、安全性、开放性等特征，搭建后台服务运营监控系统，对提供给各政府部门的多种地理空间信息服务，进行用户管理、安全认证、服务配置和管理等的监控集成，为平台能够安全、可靠、稳定的访问提供支撑。

政务地理空间信息资源共享服务平台作为资源集成、整合、应用的大型服务系统，在整个共享服务体系中承担着承上启下的重要职能，作为一项需要长期投入、不断完善的重要枢纽平台，无论从性能、功能还是安全性、稳定性等方面考虑，都需要按照业务需求不断进行升级改造和应用集成，只有这样才能使这一平台更好地服务于数字城市的建设。

10.3.3　基于共享服务平台搭建业务应用系统的新模式

政务地理空间信息资源共享服务平台可以为全市各部门提供的一个重要服务内容就是可以基于该平台的标准二次开发接口，在政务专网上搭建其各自与空间相关的业务系统。用户利用该平台提供的多种服务，仅需要利用简单的组织、开发就可以快速实现一些基本的数据浏览、展示、空间查询分析等功能，而无需关注大量数据获取、更新以及维护等过分专业、细节的问题，也无需了解空间查询接口、地址匹配定位的具体实现步骤，一个简单的 URL 请求就可轻松获得所需的信息，这不仅解决了长期以来困扰业务部门的政务地理空间信息资源获取更新困难的问题，突破了地理空间信息技术实际业务应用的瓶颈，而且对于整个业务系统的开发建设而言，也是一种全新的思路和理念。

基于共享服务平台搭建的业务应用系统可以完全按照"自由选择服务、任意组合应用"的技术思路自行设计开发，不会因为使用服务接口而制约了其业务功能的实现，相反，通过北京市政务信息资源共享、交换以及服务的整套建设理念，能够充分利用全市现有的资源和共享渠道，更好地服务于业务系统的搭建。这种基于服务的系统架构方法，和目前面向服务的架构（Service-Oriented Architecture，SOA）不谋而合，在某种程度上讲，这种系统架构方法正是 SOA 架构在政务地理空间信息资源共享服务应用中的一种具体实现。

通过总结提炼，北京市提出了一套基于共享服务平台搭建业务应用系统的技术总体框架（图10-4），很好地概括了空间业务应用系统搭建时所必需的三种核心数据的获取渠道问题，解决了相当多政府部门在空间业务应用系统建设时，面对大量资源整合问题无从下手、难以集中精力关注自身应用的尴尬局面，从而更好地发挥了各部门的业务专长，实现"术有专攻"。

1. 基础、共享的政务地理空间信息资源获取

政务地理空间信息资源共享服务平台提供了空间业务应用系统建设所必需的基础底图、来自全市其他部门可共享的政务信息图层等信息服务以及常见的 GIS 查询、分析、定位等功能服务。

利用共享服务平台提供的目录服务接口，获得接口开通服务的政务部门可以方便、快捷地获得当前全市政务地理空间信息资源数据库中管理的所有授权访问数据清单，如 2001 年以来的高分辨率航空遥感影像、最新版的政务电子地图、来自几十家政府部门的近千层政务信息图层、上千个地标性建筑的三维全景图片数据、全市几十万条地址信息等。丰富

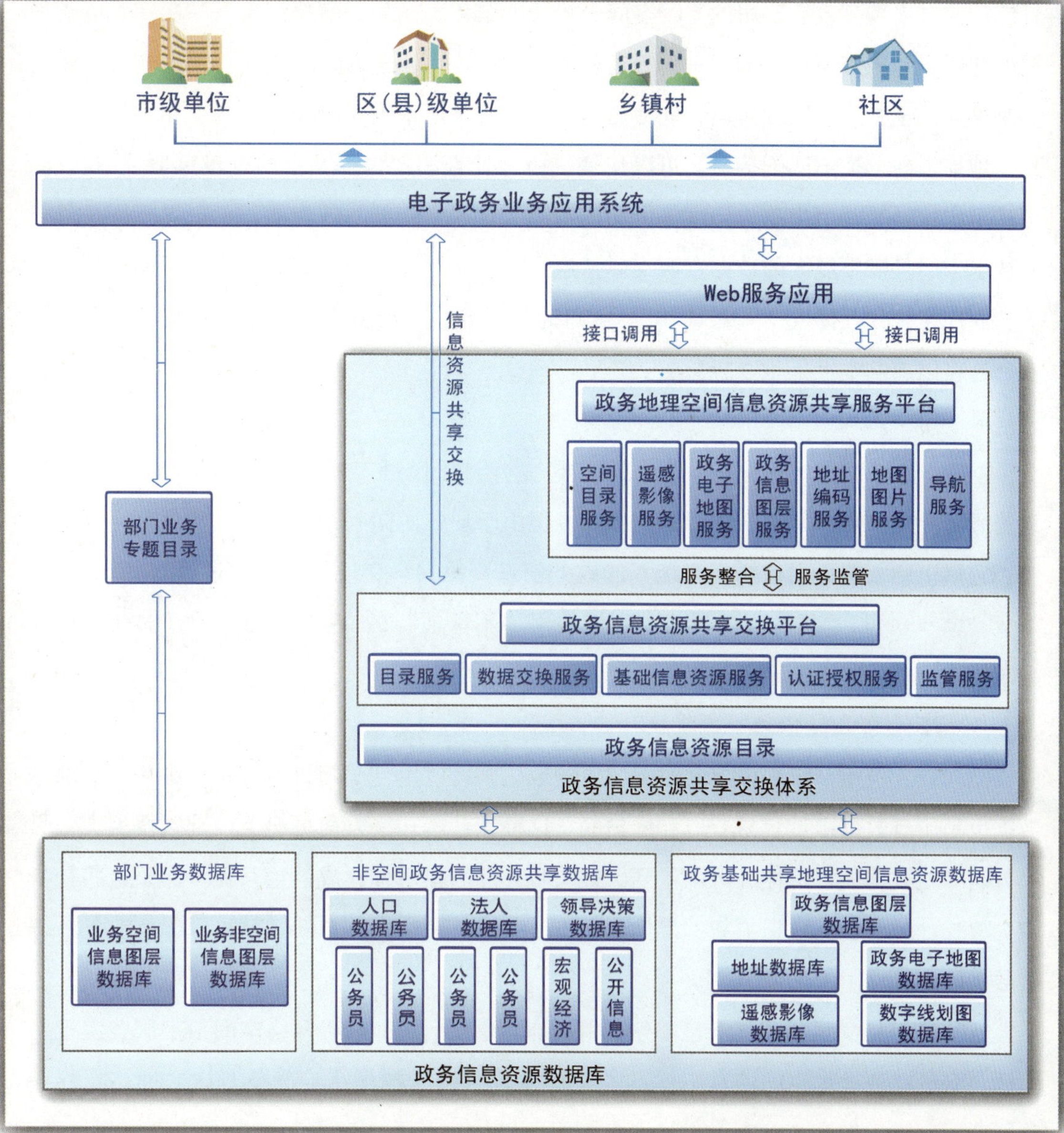

图 10-4 基于共享服务平台搭建业务应用系统的技术总体框架

的信息资源基本上可以满足大部门业务部门对空间信息的浏览查询需求，而且更为重要的是，这些信息资源不需要各政府部门自行建设、管理及运维，即可在政务专网上实时访问、使用，为其节省了大量难以估算的人力、物力资源成本，可形象地描述为"用一条语句即可撬动价值上亿元信息资源宝库中的财富"。

实际上，政务地理空间信息资源共享服务平台不仅能够提供上述海量的信息资源，而且能够提供多项高效、实用的 GIS 空间分析功能服务。例如，高速浏览遥感影像、电子地图的地图图片服务接口，基于一台普通的 PC 服务器就可满足高达 300 个用户同时在线的实时访问；全文检索服务接口，能够迅速从数百万条记录中获得和查询内容相关的所有信息；地址正向、逆向匹配接口，可以快速进行地址查询定位以及由图查最近地址的功能，可满足应急处置、卫生急救调度等方面的应用。这些专业的 GIS 功能，不仅需要依托最新的技术，而且需要庞大的数据资源支撑，这是一个非专业的业务部门几乎不可能完成的任务，而现在，仅仅需要"一条语句"，即可轻松实现，有时甚至无需借助任何 GIS 软件平台，这在以前基本上是难以想象的。

2. 跨部门、非空间的政务信息资源获取

空间业务系统建设过程中，常常还需要一些跨部门、非空间的政务信息资源，这些信息资源可能是来自其他部门的专题数据库，但由于业务协同问题，需要其他各部门及时提供、定期更新，这可以依托全市统一的政务信息资源共享交换平台，通过签署共享协议，结成"共享对子"，再利用前置机，利用数据"不落地"的交换"通路"，及时获取业务系统所需的其他非空间政务信息资源。

3. 部门业务专题信息资源获取

空间业务应用系统中最核心的部门专题数据则可以由各部门自行管理、维护，这部分数据也是所有数据中最容易获取和维护的。这种管理模式一方面可避免内部数据流失，另一方面专题数据的权威性又可以得到保证。政务部门在系统建成后，只需专注于这些自身较为擅长处理的业务数据更新、维护，而不必关注其他数据的更新，就可以保持业务系统中数据的现势性、鲜活性。

这种基于共享服务平台搭建业务应用系统的建设模式，基于网络空间信息服务实现了多源、海量政务地理空间信息资源的共享应用，可以支撑城市应急管理、农业、园林绿化、房屋普查、教育、医疗卫生等许多应用领域的业务系统建设，该模式获得了国信办、国家测绘局等相关领导的关注和认可，并在北京市相关政府部门和区（县）以及其他省市得到推广应用。

10.3.4 资源共享服务机制

资源共享服务机制建设是关系到整个政务地理空间信息资源管理与共享服务应用体系能否长期正常良性运转的关键。北京市政务地理空间信息资源共享服务机制的建设从服务

对象、服务方式以及服务流程三个方面入手，注重服务质量的不断提高、服务流程的不断完善、业务支撑能力的不断优化，形成了一套完整的共享服务工作流程。

1. 服务对象

北京市政务地理空间信息资源的共享、服务主要依托北京市电子政务专网，通过统一建设的电子政务基础支撑平台（市政务信息资源共享交换平台），面向全市各区（县）、委办局以及部分获得授权的公益性企业，提供政务地理空间信息服务。具体服务对象如下：

（1）市级委办局；

（2）区（县）、管委会、经济开发区；

（3）乡镇、街道办；

（4）有关中央部委、国家机关；

（5）经授权的部分公益性企业。

简单地说，凡接入北京市电子政务专网的各政务部门均可通过申请获取相关服务；社会公众、企业则可以通过奥运会官方网站、首都之窗、北京网等途径获得经国家测绘局审批通过的相关资源。

2. 共享服务模式

服务对象的广泛性必然导致服务模式的多样性。由于不同用户对政务地理空间信息资源的使用需求各不相同，应用层次参差不齐，使得全市政务地理空间信息资源共享服务的系统平台务必需要提供多种方式来充分满足各类的实际需求。

（1）免费数据分发、图层制作

根据服务对象和服务范畴，在基础数据方面，北京市可提供遥感影像和数字线划图等数据的共享和分发服务。其中，北京市信息办可为全市各政务部门提供遥感影像免费分发服务，测绘主管部门可为全市提供基础比例尺地形图的共享服务。这种数据硬拷贝的分发服务是最传统的一种数据共享服务模式，较为简单易行，但对业务应用部门来说，存在重复处理和重复发布等低效问题。

另外，按照"共建共享"的原则，北京市还可以通过提供三种政务信息图层建设方式，支撑各政府部门开展图层建设和运维工作，从而满足各业务部门的个性化应用需求。这三种方式分别是：

① 提供政务信息图层建设技术标准，指导各部门自行分类采集、制作；

② 提供带有北京市最新航空影像数据的通用 GIS 工具软件——光盘版影像数据库系

统，各部门可依托于此进行人工数字化制作；

③ 提供免费、高效、准确的地址匹配服务，进行批量处理，自动生成政务信息图层。目前，由于地址匹配服务在政务信息图层制作方面存在着突出的速度、效率和精度优势，使得北京市80%以上的政务信息图层都是基于这种方式进行制作更新的。这种方式极大地促进了政府部门空间信息与非空间信息准确、快速整合，为政务地理空间信息资源的业务应用奠定了坚实基础。

（2）通用共享服务系统开通

鉴于一些部门对地理空间信息技术的理解和应用不够深入，考虑大多数部门常见的一些应用需求，在整合集成的政务地理空间信息数据库基础上，通过搭建一些通用地理空间应用系统的方式，以人机交互模式实现资源普遍共享。例如，北京市综合遥感影像数据库系统、政务信息图层共享服务系统等，都是针对这类用户群体而设计建设的，这种方式适用于GIS专业需求不强烈的普通用户，他们无需通过开发、加工就可以在线获取所需的信息服务。

另外，通过建立全市政务地理空间信息资源共享服务目录，根据各部门的需求意愿和共享能力，提供全市政务地理空间信息资源目录的查询、检索和注册、交换，这也是目前较为可行的另一种共享服务模式。

上述两种共享服务模式能够初步解决一些普通部门的用户对政务地理空间信息的查询使用需求，但仍然不能满足一些部门在实际业务应用中专业功能的定制、开发。

（3）共享服务接口提供

针对一些用户提出的数据实时在线共享、系统个性化定制开发、空间分析等应用需求，北京市组织建设了政务地理空间信息共享服务平台，利用该平台提供的标准二次开发接口，北京市各政务部门均可在政务专网上实时在线地直接获取多种数据源的、支持异构平台的基础性、权威性共享数据服务。

为满足不同用户应用的个性化需要，政务地理空间信息资源共享服务平台还提供了一些空间信息服务接口。例如，开发了地图图片服务接口满足那些仅仅利用遥感影像和电子地图数据作为背景图业务系统的需求，因为该接口可以满足快速、高效浏览之需求；对于那些需要开展统计分析、空间分析的业务系统，则可以使用地图要素服务（WFS）接口等服务。

各部门利用共享服务接口进行各自业务信息系统的二次开发，不仅可以节省大量基础数据的建设费用，而且简单、实用的建设方式能够有效缩短系统建设周期，大幅提高系统建设的成功率，并能保证系统基础数据的持续更新、运维，充分体现了共享服务接口模式所带来的巨大效益。

10.4 市、区（县）两级政务地理空间信息资源共享服务平台建设

10.4.1 异构平台的互联互通

北京市政务地理空间信息资源共享服务平台作为面向全市各区（县）、委办局的共享服务平台，其首要条件就是需要解决对其他异构平台的支持能力，保证北京市政务地理空间信息资源共享服务平台与各政府部门业务应用系统所用 GIS 平台之间的互联互通。针对该问题，在北京市政务地理空间信息资源共享服务平台建设初期，就启动了异构 GIS 平台互联互通的关键技术研究。对于该项工作的开展，北京市采用了"重点解决主流 GIS 平台、同时兼顾国内外产品，遵循国际标准"的思路。根据前几年对北京市各政府部门的电子政务工作调研资料，确定了以 SuperMap、MapGIS、ArcGIS、MapInfo 这四种主流 GIS 平台（前两者为国内产品，后两者为国外产品）作为互联互通的试点平台。通过试点打通了四家平台基于 OGC WMS、WFS 标准实现 C/S 和 B/S 模式互联互通的技术路线，其原型系统在响应效率、数据套合位置精度等方面均达到了预期的规划指标，顺利通过了第三方权威机构的测试。

在原型系统走通关键技术之后，结合相关部门的应用需求，在北京市科学技术委员会科技计划项目经费的支持下开展了市、区（县）两级平台对接试点工作，选择了东城、海淀等 5 个区（县）作为试点单位，分别采用上述 4 个不同的 GIS 平台建设各个区（县）的政务地理空间信息资源共享服务平台，并与市级平台进行互联互通，对相关关键技术进行验证和示范研究，具体如表 10-1 所示。

表 10-1　市、区（县）两级政务地理空间信息资源共享服务平台对接试点 GIS 软件平台情况

序号	试点区（县）	所采用的 GIS 软件平台
1	东城区	ArcGIS
2	海淀区	ArcGIS
3	石景山区	MapInfo
4	怀柔区	SuperMap
5	密云县	MapGIS

目前，各区（县）试点工作已顺利通过验收，初步形成了市、区（县）两级同构、异构 GIS 软件平台技术对接方案，为北京市政务地理空间信息资源共享服务平台的推广扫清了技术障碍，也为其他省市解决异构 GIS 软件平台互操作问题提供了借鉴。

10.4.2 面向区（县）及中小城市的全国产化 GIS 解决方案

提高自主创新能力、建设创新型国家已经成为"十一五"时期的主要任务之一，是党中央从我国经济社会发展全局出发做出的重大决策。在信息技术领域，鼓励自主创新、扶持民族产业对保障国家信息安全意义至关重大，尤其是操作系统、数据库、GIS 平台软件等基础性软件对国家的信息安全显得尤为重要。在地理空间信息领域，尽管地理空间数据已被广泛应用于国土、林业、农业、交通、公安、环保、水务、规划和军事等领域，并且在政府部门中对政务地理空间信息有共享需求的单位所占比例超过 70%；但是，在政府部门已有的和在建的地理空间信息系统中采用的 GIS 平台，虽然国产 GIS 平台所占的比例逐渐上升，但主要还是 ArcGIS 和 MapInfo 两大国外产品占据了主导地位；同样，地理空间数据存储和管理采用的数据库和运行的操作系统环境，国外产品依旧是占据了主导地位。因此，在电子政务领域探索如何建设全国产化的政务 GIS 系统显得十分重要。同时，相对市级政务地理空间信息资源共享服务平台而言，区（县）级平台资源和用户相对较少，并且从平台效益考虑，提供轻量级的区（县）级平台解决方案逐渐成为趋势。

本着推动国产软件的应用发展，同时为区（县）及中小城市提供经济、高效解决方案的宗旨，北京市于 2006 年开展了面向区（县）及中小城市的全国产化 GIS 解决方案研究。通过多方调研、原型搭建、技术测评相结合的优选方式，选择了由中科红旗 Linux 操作系统、人大金仓 KingBaseES 数据库、东方通 TongWeb 企业版 4.0 中间件、超图公司 SuperMap IS Java 四个软件平台组成的全国产化 GIS 解决方案的软件体系框架，如图 10-5 所示。

由于上述四个不同软件之间的整合尚属首次，缺乏成功案例，因此，为了从更多的角度对方案加以检验，选择了怀柔区和平谷区开展了试点工作。通过试点工作，大大改善了四个不同软件之间的相互适应能力，并最终形成了完整、可行的面向区（县）及中小城市的全国产化 GIS 解决方案。

面向区（县）及中小城市的全国产化 GIS 解决方案不仅在技术上、同时也在建设思路上都有着自己的创新之处：

（1）在技术方面，首次实现了从操作系统、数据库、GIS 平台全国产化的 GIS 应用系统。促进了红旗 Linux、人大金仓 KingBaseES、东方通 TongWeb、超图 SuperMap IS Java 等

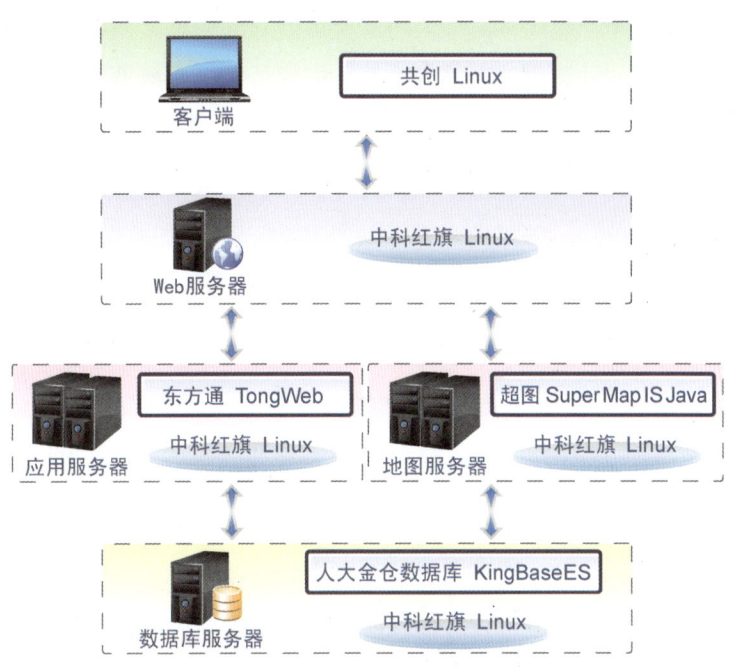

图 10-5　面向区（县）及中小城市的全国产化 GIS 解决方案的软件体系框架图

国产软件之间的衔接和磨合，实现了集成创新，达到了良好的互通性、兼容性，推动了相关国产软件质量的提升，促进了强强联合，有利于民族产业联盟的形成。

（2）该方案有效地解决了中小型城市在空间数据存储、管理和发布以及支撑相关业务系统建设等方面的问题，具有良好的普适性，从而使其在区（县）及中小城市有着普遍推广的潜力和价值。

（3）在建设思路上，提出了大集中的建设模式，实现硬件平台的集中管理、软件平台的集中部署、数据资源的集中存储、应用服务平台和专业应用系统的集中运维。即由区（县）信息化主管部门统一建设区（县）的政务地理空间信息资源共享服务平台，根据本区（县）各部门的专业应用系统建设需求，依托本区（县）的政务地理空间信息资源共享服务平台，搭建区属各部门的专业应用系统。这种模式具有良好的示范性和社会经济效益，如一次建设、可多部门共享使用，避免重复建设，节约资金；有利于系统的标准化与规范化，易于数据共享交换，实现资源的整合与集中；可以有效解决各部门 GIS 人才（各部门单独建设模式，每个部门都需要配备相应的技术人员，如数据生产、整理、入库、更新和系统管理人员）缺乏的问题；等等。

此外，相比于同类的国外软件产品解决方案，全国产化的解决方案不仅可以大幅降低软件购置成本，而且国产软件在开发、培训、运维等服务方面有着本土化优势，这得到了高新民、倪光南、廖小罕、董宝青、汪玉凯等专家的高度认可，他们认为这是"在国内首次尝试了全面集成国产软件建设地理信息系统，完成了区（县）级地理信息系统的示范建设，提炼了成本低、适用性强的国产软件解决方案，有关成果对于推动国产软件在地理信息系统方面的应用具有积极作用，推广前景良好。建议国家和地方有关部门继续深入研究和推广应用"。

在推广应用方面，北京市充分发动了长风联盟等组织进行宣传和推广，并在相关的政策方面予以支持；同时，通过试点工作，北京市逐步理清了市、区（县）两级政务地理空间信息资源共享服务平台对接的具体实施细则，并已初步形成了面向各区（县）的《北京市区（县）政务地理空间信息资源共享服务平台建设指导意见》，该意见对区（县）政务地理空间信息资源共享服务平台的建设目标、原则、建设内容、技术路线等内容进行了规范，为推广应用奠定了基础。现已完成了在大兴区等地的推广。通过全国产软件方案的实施和推广，表明国产软件完全可以胜任政府部门企业级的应用，这有利于重新树立国产软件在国人心目中的新形象，从而增强国人的民族自豪感。

10.5 安全保障机制

在政务地理空间信息资源获取、采集、管理、共享以及应用的过程中，应统筹考虑信息安全，通过加强内部管理，健全政务地理空间信息安全监管机制，妥善管理和使用政务地理空间信息资源，确保信息资源的安全共享和合理使用。

10.5.1 利用法律、法规和技术标准进行分级管理

法律、法规和技术标准是确保信息安全、保障资源应用的第一道防线，它不仅从法律法规层面对信息安全作了责权的限定，而且从技术方面进行了明确的解释和说明。

一直以来，北京市非常重视信息安全方面的法律、法规建设和技术标准规范建设。通过制定相应的法律、法规，建立政务地理空间信息资源的分级分类体系，并对政务地理空间信息资源的保密等级进行详细定义，规定各政府部门及其工作人员对政务地理空间信息资源应承担的安全保密义务，以及政务地理空间信息资源发生泄漏之后应承担的法律责任。安全技术标准为政务地理空间信息资源安全等级划分提供技术依据，规定了不同保密等级的数据、系统应采取的技术措施，以及对应的软硬件技术装备要求。

10.5.2 加强安全管理的制度建设

安全机制的实现，还需要依托于管理制度的不断健全和完善。北京市以政务地理空间信息资源的分级分类为基础，规定了各政府部门及其工作人员使用、访问相应的共享服务信息系统过程中应当遵循的工作流程和方式方法。

按照相关的管理制度，各共享应用部门在共享使用政务地理空间数据，在线访问或调用政务地理空间信息资源共享服务系统的功能时，必须得到数据所有者或系统运行、维护责任部门的授权，签定内部安全承诺书，并通过人员、网络和设备等各个方面的认证。通过共享取得的政务地理空间信息资源，只能用于共享安全承诺书中指定的用途和范围，未经允许不得向其他任何单位和个人提供。政务地理空间信息资源使用部门有义务遵守政务地理空间信息的保密要求及知识产权等相关规定。未经数据提供部门同意，不得对上述信息进行商业性复制、销售、传播和转让。

10.5.3 搭建安全保障的软硬件环境

为进一步处理好信息共享与安全保密的关系，必须采取安全、有效、可靠的后台监控保障措施，搭建一个安全的软硬件环境，以确保共享、应用工作的顺利进行。在这个方面，北京市非常重视安全运维，不仅实现了人员、网络、设备的授权管理与安全认证，而且在共享服务平台中专门搭建了一个后台运营监控系统，7×24 小时监控系统运行状况，一旦出现恶意攻击或频繁调用等非正常访问现象，后台运营监控系统就会迅速以短信的方式自动报警，从而可以及时发现和解决系统异常，以保证数据安全和系统的稳定运行。这一切在北京奥运会保障工作中接受了洗礼，经受住了考验。

第 11 章 北京市政务地理空间信息资源共享服务成果

北京市在政务地理空间信息资源管理与共享服务应用体系总体框架的指导下，经过多年建设和实践，在资源建设整合、管理、共享服务以及支撑应用等方面取得了一系列的成果。

11.1 资源建设和管理成果

11.1.1 遥感影像数据

遥感影像数据如同是一个城市的"照片"，真实记录了这座城市日新月异的社会发展和环境变迁，在这样一张张真实、庞大的"照片"上，几乎所有政府管理涉及的对象都可以在此被直观地展示、查询和分析，因此，作为一种最基础的政务地理空间信息资源，遥感影像数据的建设有力地推动了北京市的政务地理空间信息资源共享工作。

北京市自提出"数字北京"建设以来，就开始了遥感影像数据的建设，先后组织了航空遥感影像数据的年度拍摄以及卫星遥感影像的定期统一采购。

1. 航空遥感影像数据

高精度、高分辨率的航空遥感影像数据，不仅是一项众多部门共享应用需求强烈的基础性政务地理空间信息资源，是诸多部门行使核心业务所必不可少的支撑条件，而且也是推动全市政务信息资源共享、交换的重要抓手，在提高城市政务地理空间信息资源的共享、服务与应用水平的同时，可以有力地带动、促进其他政务信息资源的建设、管理、共享以及应用。

北京市在市委、市政府领导高度重视和中办、国办、总参、外交部、民航及有关委办局的大力支持下，自2001年起，北京市信息办受市政府的委托，组织实施了年度航空摄影工作，累计飞行70余架次，摄影面积约8.5万平方千米，拍摄航片3.5万余张，制作正射影像地图总覆盖面积7万余平方千米，原始数据总量超过15TB。在具体组织实施过程中，北京市通过采用招标投标制度和全程监理制度等市场化外包运作机制，在公平竞争的市场机制下，评选出最佳的项目承担单位，确保了整个项目实施的高效率，保障了项目成果的高质量，保证了数据的现势性。

年度航空遥感影像成果以形象、直观的形式真实地记录了21世纪初首都城市发展变迁的历史，其数据已经为中央机关和首都地方政府的100多个部门及相关研究机构提供了共享应用，在城市规划、城市建设、城市管理、基础测绘、资源调查、环境监测、应急指挥、安全保障等诸多领域中，在北京承办2008年奥运会、共建社会主义和谐社会首善之区工作中发挥了不可或缺的重要作用。

采用"全市统一年度航拍、各政府部门免费共享"的建设模式，这不仅很好地克服了常见的应用部门获取与共享数据困难、资金短缺、重复数据处理等弊病，而且通过创新的服务模式，很好地支撑了全市一大批部门的业务应用需求，真正实现了"一次投资、重复使用、多方受益"的目标。另外，在航空遥感影像数据的服务模式上，北京市始终将用户需求摆在第一位，以此逐步完善和改进航拍工作（如数据处理周期、郊区（县）分辨率与获取周期、系统功能等问题），勇于创新，适应需求，为全市政府部门提供了航拍数据拷贝、光盘版数据库系统、二次开发接口（即网络共享模式、系统与系统之间的共享模式）等多种不同的服务模式，以满足不同部门、不同应用层次的实际业务需求。同时，利用信息化考核等手段不断加强航拍的应用绩效管理，积极推动航拍数据在政府部门核心业务中的应用。

近些年，近30个其他省市的信息化部门、测绘部门前来调研首都地理空间库建设情况，对北京市的"全市统一年度航拍、各政府部门免费共享"的模式表示高度认可。

2. 卫星影像数据的定期采购

卫星遥感影像数据在时间分辨率、快速监测等方面有着自身的优势，它是航空遥感影像的有益补充。定期采购北京地区的各种分辨率卫星遥感数据资料的目的是为了加强对北京市卫星遥感资料使用的管理，为首都城市建设、经济发展、科学研究和社会生活提供保障，充分发挥卫星遥感资料的作用，实现信息共享，避免重复投资。

北京市先后已经采购了全市域 2001 年秋季、2002 年春季、2002 年秋季的 SPOT 卫星资料和 ETM 卫星资料，五环内的 2004 年 IKONOS 卫星影像数据和 2007 年 QuickBird 卫星影像数据，原始数据量约 2TB。此外，受市政府的委托，市信息办统一采购了 5 年（2006—2010）的"北京一号"小卫星影像数据；同时，为了避免多头采购，节约资金，北京市开始计划在全市范围内对 IKONOS、QuickBird、SPOT 和 TM 等其他常用卫星影像进行统一集中采购和预处理，目前这项工作还在不断推进。

遥感影像数据成果作为北京市共享最为广泛、应用最为深入的政务基础共享地理空间信息资源，已经成为许多政府部门履行职能、推进业务工作的重要依据。北京市已经建立了一套完善的遥感影像数据获取、处理、存储、归档、分发和共享的规范制度和机制，通过航空摄影成果的共享和应用，打破了电子政务"信息孤岛"和"信息荒漠"的障碍，在北京市形成了良好的政务地理空间信息资源开发利用环境，与地址数据库、政务信息图层等其他基础地理信息共同构建了首都的"全市统一的政务地理底图"，为"数字北京"战略构想的实现和全市电子政务的推进奠定了良好的基础。

11.1.2 数字线划图

数字线划图由北京市规划委按照国家和地方测绘条例规定，按"2348"的生产周期进行生产和更新建设，向全市各部门提供共享使用。由于数字线划图受到数据工艺标准和更新周期的限制，不能有效地满足各部门空间地理信息业务应用系统的建设需求，北京市规划委正在采取一系列措施改善这方面的工作，并于 2006 年首次制作、发布了首套北京市政务版电子地图，为全市基础测绘数据成果在政务部门的应用提供服务。

11.1.3 政务电子地图

为满足各政务部门对北京市地理空间信息的政务应用需求，使全市政府部门都能在包含各种必要政务信息的"同一张地理底图"上进行资源管理和业务应用，并可及时更新、维护，北京市组织了全市政务电子地图的建设，满足了许多非传统地理信息行业应用部门的政务应用需求，并为全市跨部门的业务协同奠定基础。

政务电子地图的建设是在数字线划图基础上，以年度航空正射影像为更新手段，再综合政务信息图层中面向共享服务的一些基础性、共享性重要信息，形成了满足各政府部门在政务工作中普遍需要的城市政务地理空间框架数据。在政务电子地图中，不仅要包含行政区划、水系、地名点、交通及辅助设施、植被、建筑物等基本信息，而且要包含宾馆饭店、学校医院、政府机关、名胜古迹、宗教设施、科学观测站等信息，可以满足大部分政务部门日常业务对城市地理空间信息的应用需求。目前，北京市已经先后完成了三次全市域政务电子地图的加工、整理和制作，2008年最新制作的政务电子地图在北京奥运会期间发挥了重要的作用，不仅为全市各政府部门的应急联动指挥提供了一张统一的协同应用地图，并在政务电子地图基础上制作了大量纸质应急指挥地图，推动了全市基础空间信息的共享应用，使全市政务部门都能基于"同一张地理底图"进行城市管理，开展业务，得到很多政府部门的肯定。

11.1.4　地址数据库

地址数据库是重要的城市基础信息资源，它存储和管理北京市历史和现状地名、地址及其空间位置信息，不仅能为政府各职能部门和社会公众提供可靠、高效、准确的地理位置定位服务，而且利用地址匹配这一空间信息与非空间信息集成与融合的重要手段，使其在城市管理中发挥着重要的桥梁和关键枢纽作用（图11-1）。

北京市自2001年开始研究、建设地址数据库，从地址模型研究到地址匹配引擎设计，从地址数据采集到地址匹配服务应用，经过多年的摸索和实践，解决了一系列关键技术和完整工艺流程难点的研究，于2005年底，基本完成了北京市全市域地址数据采集工作，采集了全市各类门牌、楼名、街道等28类近70万条地址数据（图11-2），为政务信息图层数据的建设（非空间数据与空间数据的整合）奠定了坚实的基础。

为保证地址数据库质量，北京市还设计了较为完善的地址数据获取与更新流程，制定了详尽的工作规范，建立了严格的质量控制措施，经过试点验证完善后投入全市域地址数据库建设。地址数据获取流程包括数据采集、数据录入、内部审核、质量检验与验收四个环节，以及外业获取、内业整理录入、复检入库三个阶段。各环节、各阶段均设置有质量控制措施，各阶段完成后形成工作报告，通过完整的流程工作记录，确保流程顺畅衔接，保证入库数据质量。全流程化的数据管理能够有效保证地址数据的名称、位置、层次关系、时间特征等各个属性的准确性、完备性，为后期地址数据库的应用奠定了坚实的数据基础。

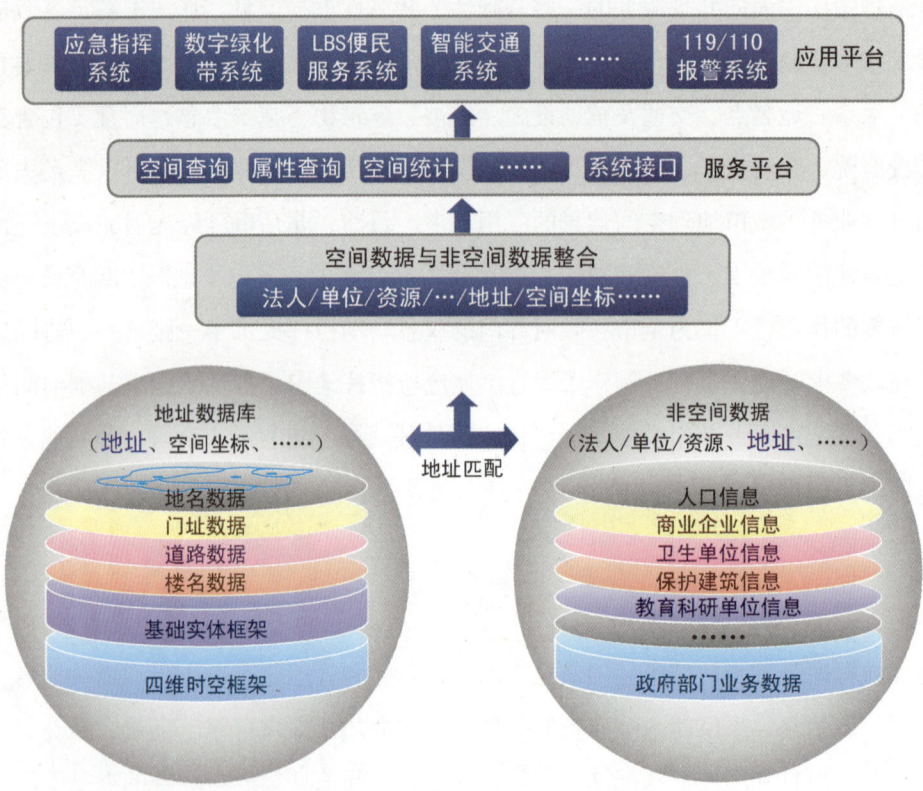

图 11-1 地址数据库在电子政务中的应用价值

图 11-2 北京市五环内的地址数据空间分布示意图

通过对北京市地址数据库建设实践的整理和总结，北京市组织编制了北京市地方标准《地址数据库建设技术规范》，并于 2007 年 9 月通过了北京市质量技术监督局的审查。

在建设地址数据库的基础上，北京市组织开发了一套全流程的地址数据库管理与应用服务系统，通过地址匹配工具，可以为全市各政务部门提供免费、高效、准确的政务信息图层制作服务。与传统人工制作政务信息图层方法相比，这种方式不仅极大地提高了图层制作效率，节约大量资金，而且解决了传统手段所根本无法企及的难题，如法人、户籍、房屋权属、工商企业等包含几十万甚至上千万条记录信息的图层制作，已成为政府部门空间信息与非空间信息准确、快速整合的重要途径。

11.1.5 政务信息图层

北京市政务信息图层数据按照"权威数据来源于权威部门、权威部门负责更新维护、资源共建共享"的原则，联合全市各政务部门共同建设。目前，北京市已拥有来自市交通委、市教委、市卫生局、市体育局、市新闻出版局、市工商局、市旅游局等 30 多个部门的 800 多个图层，涉及交通、医疗机构、科研院校、体育场馆、新闻出版、宾馆饭店、旅游景点等大量信息，记录达 300 多万条。通过这些政务信息图层的建设，有力地推动了北京市各政府部门信息资源共建共享的进程。

目前，政务信息图层数据库已成为各部门信息共享、实现政府信息资源统一开发利用和服务的关键，通过对各类政务信息图层的整合和共享，可以支撑城市应急、城中村管理、房屋普查、卫生救援、安全生产、工商企业管理等众多应用，并且已经在市应急办、市财政局、市建委、市教委、市卫生局、市安监局、市工商局等政府部门的日常管理和辅助决策中发挥了重要的信息支撑作用。另外，该数据库中的部分信息于 2007 年通过国家测绘局的正式审批，在奥组委的门户网站（http://www.beijing2008.cn/emap）、北京网（http://ditu.beijing.cn）上首次发布，为广大公众提供信息服务，充分体现了"信息惠民"的深刻意义和价值。

11.2 资源共享服务成果

为了更好地对北京市多年获取和积累的海量政务地理空间信息资源进行管理，充分发挥其蕴含的巨大应用价值，向用户提供不断完善的资源共享服务，北京市在组织建设政务基础共享地理空间信息资源数据库的同时，开始分别研究、规划和实施遥感、地址数据以及政务信息图层等相关基础性资源的管理以及应用系统，先后组织开发了北京市综合遥感影像数据库系统、北京市地址数据库管理与应用服务系统和北京市政务信息图层共享服务系统等重要系统，不仅为早期海量信息资源的整合、管理以及共享、应用起到了重要作用，而且为后期政务地理空间信息资源共享服务平台的搭建积累了经验，奠定了基础。

在政务基础共享地理空间信息资源数据库初步建成后，北京市在建成北京市综合遥感影像数据库系统、北京市地址数据库管理与应用服务系统和北京市政务信息图层共享服务系统的基础上，充分考虑安全性、可靠性、高效性等问题，重新进行规划、整合、完善，将遥感影像、地址数据、政务信息图层等资源的共享服务统一整合到政务地理空间信息资源共享服务平台当中，通过这一平台，用户不仅能够充分浏览展示、查询全市可共享的政务地理空间信息资源，而且经过审批授权的用户，还可以利用该平台所提供的多种数据服务接口直接开发其业务应用系统，而无需在本地重新构建政务基础共享地理空间信息资源数据库。这种基于共享服务平台进行业务应用系统搭建的新模式实际上是一种面向服务的架构（SOA）的软件设计思路，在北京乃至全国得到不断发展，并已经融入数字城市的主流应用中去。

在组织建设全市统一的政务地理空间信息资源共享服务平台的同时，北京市十分注重现有资源的实际应用，一方面从共享服务平台的用户入手，充分了解用户的需求，引导许多非传统 GIS 应用行业的政府部门逐渐认识、了解并学会应用政务地理空间信息资源，如先后支撑了市应急办、市财政局等部门的业务系统建设；另一方面，对一些具有广阔应用前景的技术和产品进行探索和实践，先后组织开发了"北京市三维地理信息系统"、北京市"政务图典"等应用产品，也取得了一些应用成效。

以下将从北京市综合遥感影像数据库系统、北京市地址数据库管理与应用服务系统和北京市政务信息图层共享服务系统三个系统开始介绍，重点介绍北京市政务地理空间信息资源共享服务平台的建设内容和应用成果案例，以及北京市三维地理信息系统、北京市"政务图典"、北京市全球卫星定位综合服务系统等相关内容。

11.2.1　北京市综合遥感影像数据库系统

11.2.1.1　建设背景

北京市综合遥感影像数据库系统的建设是在"数字地球"、"数字城市"背景下开始规划，并伴随着"数字北京"的推进而逐步完善的一个早期的资源管理信息系统。

北京市自 2001 年以来实施年度航摄，获取的影像数据量不断积累；各种常用卫星数据（Landsat TM、SPOT、IKONOS 等）的不断获取，也导致遥感影像数据急剧增长，这给传统的数据存储管理和发布方式带来了前所未有的挑战和困难，传统的以图幅或图像文件为单位的数据管理、分发和应用方式已远远不能满足数字城市建设的需要。从另一个角度上来看，据相关调研结果表明，北京市 80% 的委办局和区（县）对遥感影像数据有着共享需求，如奥运工程的建设规划、城市交通建设、城市环境治理和建设、危旧房改造工程、绿化带二期工程、基本农田信息和林地信息普查、小城镇建设规划、环境与资源监测、灾害预防等对遥感影响数据的需求以及各行业地理信息系统的建设等对遥感影像数据各种应用需求，传统的通过硬盘拷贝、各自建设影像数据库的手段日显落后，不仅将导致进行系统建设、数据更新和维护等的大量重复工作，致使人力、物力、资金的浪费，同时，严重阻碍了信息资源的共享和整合。因此，迫切需要利用网络、海量数据存储与发布等新技术解决上述问题。

针对上述情况，北京市于 2002 年开始启动了北京市综合遥感影像数据库系统建设，其主要目的是全面收集加工历年来北京地区的航空摄影和卫星遥感影像数据，建立多源、多尺度、多时相的北京地区遥感影像数据库，在政务网络上实现对遥感影像数据的管理和应用服务；利用最先进的图像压缩技术和海量数据存储技术，将分散的、呈几何级数急剧增长的遥感影像数据进行集中管理，实现跨部门的远程数据共享。

这项基础性建设可以大大加强影像数据的科学管理，显著提高查询使用效率，充分扩大应用对象和应用范围，为政府、企业和社会提供更好的服务；可以有力保障北京市政府的城市规划、建设、管理、决策部门对影像及电子地图现势性的需求；可以有效保存珍贵的北京城市历史影像资料，有利于城市变迁的分析以及城市的监管与规划；可避免重复建设和资源的浪费，节约大量的财力、人力和物力，推动信息资源共享机制的建设。

11.2.1.2　建设成果

北京市综合遥感影像数据库系统建设于 2002 年 12 月启动，于 2004 年 4 月正式开始上线运行，通过政务外网正式向北京市各政府部门提供共享使用，其主界面如图 11-3 所示。

北京市综合遥感影像数据库系统实现了北京全市域的多个时期（2001 年至 2007 年）的航空遥感影像数据和卫星遥感影像数据（ETM、SPOT、QuickBird、IKONOS、"北京一号"等）的入库管理和发布（原始影像数据量约 20TB，压缩后近 2TB）；并基于 Oracle9i

图 11-3　北京市综合遥感影像数据库系统主界面

数据库,采用 J2EE 体系架构和 JPEG2000 小波压缩技术,不仅实现了对多数据源、多时相、多分辨率的海量影像数据的统一管理,还实现了在 B/S 和 C/S 环境下的全市海量影像数据的管理和浏览,具有京城导航、最新影像、历史影像、在线定购等功能模块,可以对影像进行快速漫游、浏览、量测、查询检索和基本的空间分析,并可对首都 1.7 万平方千米范围内任意区域进行不同时期的对比分析,掌握其发展动态。

该系统整合并实现了影像获取与处理(遵循业界标准)、元数据组织、数据存档与入库管理、数据分发与定购的全流程服务,支持多用户大规模并发访问,在海量影像数据压缩、浏览以及接口访问响应速度等方面性能良好。单用户的访问响应时间小于 1 秒,20 用户并发访问响应时间为 2~3 秒。

北京市综合遥感影像数据库系统的另外一个技术亮点是,设计并实现遥感影像数据的二次开发接口,通过对其他应用系统提供遵循 HTTP 协议和 XML 标准的接口,可以实现远程在线的海量遥感影像数据共享服务,支持用户在此基础上进行二次开发,为遥感影像数据的深度应用以及和其他数据库的无缝集成提供支持。这种基于二次开发接口的设计理念,是整个北京市政务地理空间信息资源共享服务平台共享理念的雏形,正是在此基础上,通过后期的不断开发、设计和完善其他政务地理空间信息资源二次开发接口,并将这些接口服务统一在一个平台上进行统一管理、运营,才形成了现有的全市统一的、颇具规模的政务地理空间信息资源共享服务平台。

11.2.1.3 应用绩效

北京市综合遥感影像数据库系统对全市各类遥感影像进行了统一的存储、分发和共享，有利于打破目前国内普遍存在的"信息孤岛"、"信息荒漠"现象，推动政府部门之间的信息共享和业务协作，避免重复建设，节约大量的人力、物力和财力，提高政府部门的信息化水平。在北京市综合遥感影像数据库系统中已存储和管理了北京地区各年度的各种分辨率的航空影像和卫星影像，与地址数据库、政务电子地图数据库、政务信息图层数据库等共同形成了较为完善的空间数据库框架，有力地促进了首都电子政务四大基础数据库的建设，为"数字北京"、"数字奥运"的建设夯实了基础。

自上线以来，北京市已经先后向全市60多个委办局和区（县）在政府专网上开通了该系统，各单位普遍认为，该系统在城市规划建设与改造、城市演化历史对比、卫生、教育、公安、应急等政务资源的空间信息提取和实时更新，各类建筑和市政设施的规划和管理，小城镇的动态发展监测等方面具有较大的应用价值，尤其在公共安全、应急指挥、城市管理、重大工程管理等应用决策中发挥了重要作用。

11.2.1.4 行业评价

北京市综合遥感影像数据库系统在中国地理信息系统协会"2006年度中国地理信息系统优秀工程"评选活动荣获金奖（图11-4）。中国地理信息系统协会的专家们认为，该系统是北京市重要的信息化基础设施之一，也是北京市率先建成的、基于政府城域网实现全市范围共享和支撑业务应用的大型数据库系统，同时还是国内首个在超大城市内实现跨部门、跨行业、跨领域大范围共享的影像应用信息系统，是国内地理空间数据共享应用的

图11-4 "2006年度中国地理信息系统优秀工程"金奖奖牌

典范，具有重大的社会经济效益和推广价值。

11.2.2 北京市地址数据库管理与应用服务系统

11.2.2.1 技术体系

北京市地址数据库管理与应用服务系统是通过调查和分析北京市地址使用现状，研究符合现状并满足未来扩展需要的地名、地址理论模型，设计北京市地址数据库，设计流程完善、质量控制严格的地址数据采集流程，开发地址数据库采集、更新维护工具，并在建设覆盖北京全市域的地址数据库基础上，研究基于地址的空间相对定位技术，开发地址匹配引擎，提供地址文字与地理空间位置信息的双向检索功能，支撑社会经济信息与空间信息的整合与应用。

完整的北京市地址数据库管理与应用服务系统技术体系包括理论框架、技术支撑和应用服务三个层次（图 11-5）。

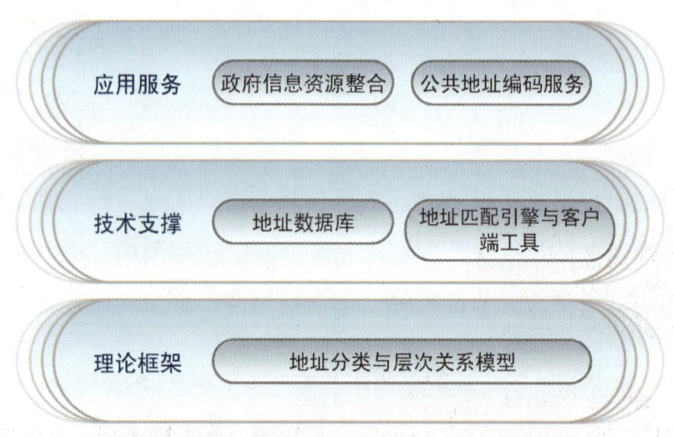

图 11-5 地址数据库管理与应用服务系统技术体系

1. 理论框架

地址数据库管理与应用服务系统理论框架是地址数据库建设和应用的理论基础，它主要包括三个方面：地名与地址分类、标准地址组成模型、地址层次关系模型。

2. 技术支撑

地址编码技术的实现依赖于两个方面：地址数据库，地址匹配引擎与客户端工具（数据采集系统、地址匹配客户端、数据库与引擎维护系统）。标准地址数据库用于存储和管理北京市标准地名、地址，地址匹配引擎与客户端工具用于支撑地址数据采集和数据库维护，并提供地址匹配服务。

3. 应用服务

地址编码的应用服务主要包括政府信息资源整合与公共地址编码服务两个方面，其服务模式可以是离线匹配、在线匹配、在线空间定位等方式。

11.2.2.2 建设成果

北京市地址数据库管理与应用服务系统经过多年的研究和建设，目前已经在标准地址模型、地址数据库结构、地址数据库采集、更新流程、地址匹配引擎等方面取得了一系列的成果，具体内容如下。

1. 标准地址模型

各类地址描述不同的空间区域或地点（或地理实体），由于地理实体之间存在包含、嵌套等关系，如海淀区隶属于北京市，使得各类地址或地名之间也存在着上下级的层次关系。北京市经过深入的前期调研，对数万条北京市正在使用的地址进行统计与分析，总结出北京市标准地址的组成结构模型，共分为 28 类地址（详见附录三：北京市地方标准《地址数据库建设技术规范》）。

2. 地址数据库建设

（1）数据库总体框架

根据标准地址模型进行设计，基于 SQL Server 和 Oracle9i 等 DBMS（DataBase Management System，数据库管理系统）部署，实现了对各类型地址数据的统一管理，采用增量存储的方式（即在数据库中不删除废弃地址），通过时间字段进行地址的时效性判断。

（2）地址数据采集流程

经过充分研究与反复测试，设计了地址数据采集—录入—建库的标准化作业流程，研发了基于 GIS 的、支撑作业流程的软件系统，建立了从数据外业调绘、资料整理录入到数据入库的全程质量控制体系，根据此流程获取的地址数据，在数据覆盖度、准确度方面均可满足提供可靠地理编码服务的要求。

（3）数据建库

为保证地址数据库中地址数据的质量，在严格遵循地址数据采集录入工作流程的基础上，还开发了支撑数据采集、录入该流程的地址数据录入系统，并于 2004 年、2005 年分别对北京市五环内城区和郊区（县）开展了大规模地址数据采集；于 2008 年，研发了基于 PDA、GPS 的外业采集工具，大大提高了地址外业采集的效率。目前，地址数据库中数据内容完整覆盖北京市建成区（含五环内市区及各远郊区（县）主要城镇、大型人口聚居区），有效覆盖了已分发门牌的农村地区。

3. 地址匹配引擎

地址匹配引擎的研发经过原型系统研发与测试阶段和运行系统研发两个阶段。地址匹配引擎采用分词、全文索引检索技术，地址匹配效率和准确率较高，单条地址匹配平均用时 60 毫秒，单条地址匹配最差用时 0.5 秒。采用别名库存储标准地址的别名或简称，在一定程度上提高了使用别名、简称地址的匹配准确率；采用预处理过程，对待匹配地址进行标准化处理（全角/半角、中文/阿拉伯数字等），可减少待匹配地址中的干扰因素，增强了引擎的抗干扰能力；通过匹配日志分析地址匹配引擎的工作情况，可为后期维护和升级提供依据。

地址匹配引擎由 4 个模块组成：地址预处理模块、地址查询模块、地址评估模块、日志模块。各子模块均遵循 HTTP 协议和 XML 标准，采用 Web Service 接口的方式定义，增强了系统的可扩充性。

4. 地址匹配工具与维护工具

利用地址匹配引擎相关接口，开发了地址匹配工具，用于对经济、文化、社会信息进行批量匹配，生成各种兴趣点图层，为北京市各政府部门提供政务信息图层制作服务。该工具在排除待匹配地址文本错误、非标准或正式地址、不在地址数据库覆盖区域内等原因导致地址匹配失败的情况外，标准地址的平均匹配准确率不小于 93%；在性能方面，该地址匹配引擎在普通 PC 服务器上即可提供 200 用户并发、平均单条匹配耗时低于 60 毫秒的强大服务能力，现有 300 万条数据可在 50 个小时内完成匹配，充分体现了地址匹配技术在信息资源整合方面的巨大优势。

另外，还开发了地址匹配引擎的维护工具，可用于对地址匹配引擎进行配置管理，以及对地址数据库的维护管理。

5. 应用

北京市地址数据库管理与应用服务系统历时 6 年的研究和建设，于 2005 年 10 月正式提供服务。自正式提供免费地址匹配服务以来，北京市信息办已经为全市 30 多个委办局、区（县）匹配了近 460 万条记录，其中包括了 30 多家政府部门 800 余个图层的生产（约 300 万条），此外，并通过政务地理空间信息资源共享交换平台向各部门提供了基于接口的共享服务。

同时，为了规范全市地址数据库的建设、使用，北京市制定了地方标准《地址数据库建设技术规范》。

11.2.2.3 推广应用前景

地址匹配技术能够将地址信息转换为真实的地理坐标，实现地址名称与空间信息的整合，从而将现有的各类社会经济、资源环境、规划管理等非空间数据映射到地图、遥感影像上，在统一的时空框架内与空间地理数据进行集成与融合，整合市政府各部门分散的信息资源，为经济社会信息的空间可视化分析、统计、管理和制图奠定基础，扩展相关信息的应用领域，有效支撑政府管理与决策。

通过建立适合北京市情的地址标准模型，可以实现地址命名和使用的规范化、科学化，避免无序而混乱的状态，节约政府的行政成本。通过地址编码服务，有利于促进信息的标准化，保证信息资源的有效管理和利用；有利于消除"信息孤岛"，避免地理空间信息数据的重复建设，节约大量的人力物力；有利于推动信息资源共享机制的建设。

基于地址匹配技术，可为公众提供基于位置的服务，如LBS、智能交通等，服务于百姓的衣食住行。利用地址匹配引擎，公众随时通过网络、手机等工具，实时查询自己的位置或感兴趣的地址的位置，结合其他空间地理信息，如道路交通网络图、医疗卫生分布图、餐饮分布图、商业网点分布图、小区分布图、学校分布图等，可对自己的行程进行合理安排，减少出行的盲目性，节约时间和费用。利用地址匹配引擎，也可为企业用户提供地理空间信息分析与咨询服务，如商业网点选址、区位分析、房地产开发布局等咨询服务。下一步将对该系统建设成果进行软件产品化开发，拟在全国范围内进行推广，以推进全国电子政务空间信息技术的发展。

11.2.2.4 行业评价

2007年9月29日，北京市信息办主持召开了"北京市地址数据库管理与应用服务系统"验收暨鉴定会。验收专家组由刘先林院士、崔俊芝院士、国家测绘局李维森副局长、国信办推广应用组赵小凡司长、国家信息化专家咨询委员会王安耕委员、建设综合勘察研究设计院王丹研究员等一批国内知名的专家学者组成（图11-6）。专家组一致认为该系统在标准建设、数据采集更新、系统服务方面成果显著，有着重大创新，它是国内首个实现地址数据采集、入库、管理、更新维护与技术服务全过程标准化的运行系统，实现了地址数据的标准化管理和共享服务，是我国信息资源共享应用实践的典范，具有重大的社会经济效益和推广应用价值。

会后，各位专家对北京市的信息化建设、应用成果深有感触，纷纷挥毫泼墨，题词留念。刘先林院士提笔写道："北京市信息资源管理中心为北京市信息共享做出了重大贡献。"崔俊芝院士题词："以一流的信息化成果服务于北京的科技进步和社会发展。"国家测绘局李维森副局长认为："科技管理创新，成效显著；地理空间信息服务，前景广阔。"国信办推广应用组赵小凡司长勉励："以满足用户需求为宗旨，以实现服务效益为目标，

图 11-6 "北京市地址数据库管理与应用服务系统"验收暨鉴定会专家留影

（左起第一排专家分别是：王丹、赵小凡、刘先林、崔俊芝、李维森、王安耕）

为国家信息化作出更大贡献！"

2008年11月10日，在首届中国地理信息产业发展论坛暨2008'中国地理信息系统协会年会上，"北京市地址数据库管理与应用服务系统"荣获了2008年度中国地理信息系统优秀工程金奖（图11-7）。

图 11-7 "2008年度中国地理信息系统优秀工程"金奖奖牌

11.2.3　北京市政务信息图层共享服务系统

11.2.3.1　建设背景

为进行全市政务信息图层的管理以及共享交换，推动政务信息资源的共享，更好地向市委、市政府提供辅助决策信息服务，北京市组织了北京市政务信息图层共享服务系统（以下简称图层系统）建设。

该系统按照统一规划、统一标准、分步实施、共建共享的原则，依据北京市地方标准《政务信息图层建设技术规范》，为全市政务部门提供了一个统一的政务信息图层共享、应用的系统平台，将各权威职能部门负责建设、共享的政务信息图层在系统中进行集中管理，提供展示以及查询等应用服务；并依托于全市统一的政务信息资源共享交换平台，建立一整套完善的图层制作、更新、维护机制，以便政务信息图层得到及时更新。利用图层系统，北京市各政府部门均可发布其负责共享的权威图层数据，以供其他部门查询使用，也可以利用该系统提供的政务信息图层服务接口，实时调用来自全市其他部门的最新政务信息图层数据，进行其业务应用系统的开发，为城市应急、城市管理等领域跨部门的业务协同提供决策依据。

11.2.3.2　建设成果

经过多年建设，图层系统于2005年11月正式在政务外网上线运行。作为全市基础性、共享性的政务信息图层统一管理、展示平台，图层系统涉及全市众多政务部门相关核心业务资源的综合展示，它与其他业务系统最大的区别之处就在于所有的政务信息图层均来自权威部门，并由权威部门负责图层的生产、审核、更新和维护，系统的承建单位仅负责数据的上传发布、系统运维等日常工作。这种建设模式在实际建设过程中可能会遇到一些数据格式混乱、共享困难、更新滞后等问题，为解决这些问题，北京市在数据标准、图层建设技术支撑、更新机制、共享服务理念等各个方面进行了不断地尝试。

在数据标准方面，北京市要求所有的政务信息图层在数据生产、更新和维护时，均遵循统一的技术标准——《政务信息图层建设技术规范》，按照标准中规定的数据技术与质量要求、数据组织与生产方式进行建设，以保证各单位生产的数据具备统一的数据基础，符合相同的位置精度标准要求，以便于系统在升级、改造中数据的平滑迁移，同时也有利于将来各单位政务信息资源的共享、交换。

在图层更新、运维方面，北京市充分利用了全市统一的政务信息资源共享交换平台，以及地址匹配更新工具和政务信息图层更新审核系统等技术支撑手段，实现了数据从各部门更新获取、匹配、审核、发布、共享的闭合循环流程，初步建立了政务信息图层的更新机制。

在共享服务方式上，图层系统运行在北京市政务外网上，各部门均可在政务外网上共享使用该系统中的各项功能，查询、浏览系统中的所有图层信息，还可以根据自身需求，应用政务信息图层二次开发接口，建设面向不同业务的电子政务应用系统。

目前，图层系统中已整合了包含政务电子地图在内的800多个图层，其中包括来自市应急办、市发改委、市教委、市科委、市民政局、市财政局、市市政管委、市交通委、市商务局、市文化局、市卫生局、市工商局、市质监局、市环保局、市水务局、市农业局、市广电局、市新闻出版局、市体育局、市统计局、市园林绿化局、市安全生产监督局、市旅游局、市信息办等30多家政府部门的图层信息。同时，该系统已向60多个委办局和区（县）提供了服务，广泛应用于教育资源规划、城市管理、应急指挥、医疗卫生管理、城中村改造、环境评估、文化创意产业规划、基础设施建设项目审计等领域，支撑了相关部门的业务管理和领导决策，各使用单位反馈该系统有力地支撑了各自相关的业务工作，推动了全市信息资源的共享和应用。

11.2.3.3 效益分析

图层系统的建设，在促进资源共享应用方面取得了十分显著的社会经济效益。通过该系统的建设，形成了北京市地方标准《政务信息图层建设技术规范》，对政务信息图层的分类与编码、数据生产、数据质量要求、数据更新和维护等内容进行了规范和约定，实现全市数据统一标准，既促进了政务地理空间信息资源的共享，又保证了各自业务系统成果之间的统一性和可用性。图层数据的统一获取、处理，避免了重复建设，有利于打破目前国内普遍存在的"信息孤岛"、"信息荒漠"现状，推动政府部门之间的信息共享和业务协作，避免重复建设，节约大量的人力、物力和财力，提高政府部门的信息化水平。

另外，图层系统的建设，有力地促进了相关部门信息资源梳理及其"职责清"、"数据准"工作的开展。通过政务信息图层的建设和共享，获得了大量涉及机关团体、文教卫生、食宿娱乐、金融保险、工商质监、环保水务和应急危险源等诸多丰富的政务信息，实现了资源的初步就绪，有力地促进了首都政务地理空间信息资源数据库的建设，为地理空间信息资源的综合开发利用（导航、LBS、奥运公共服务）奠定了坚实的基础。

11.2.3.4 行业评价

继北京市综合遥感影像数据库系统荣获中国地理信息系统协会"2006年度地理信息

系统优秀工程"金奖之后，图层系统再次被评为中国地理信息系统协会"2007年度地理信息系统优秀工程"的金奖工程（图11-8）。受中国地理信息系统协会推荐，经"计算机世界"媒体集团组织的专家评审，该系统又在2007年"中国IT两会"（中国IT财富（CEO）年会、中国信息主管（CIO）年会）上，荣获"2007年度中国信息化建设项目成就奖"（图11-9）。

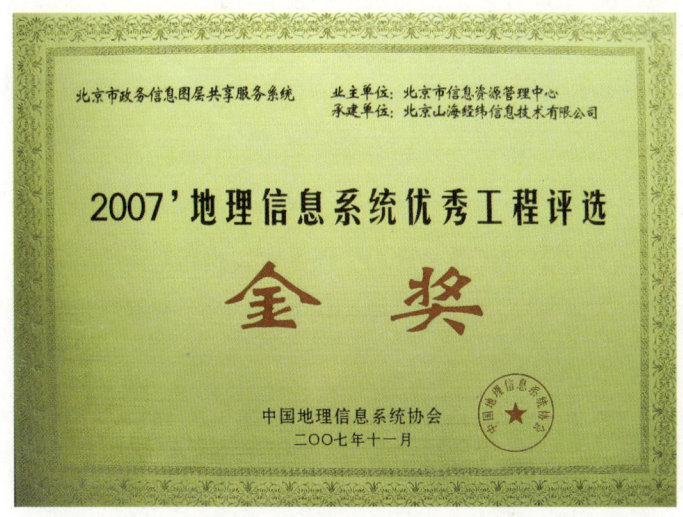

图11-8 "2007年度中国地理信息系统优秀工程"金奖奖牌

图11-9 "2007年度中国信息化建设项目成就奖"奖杯

11.2.4　北京市政务地理空间信息资源共享服务平台

11.2.4.1　总体思路

北京市政务地理空间信息资源共享服务平台是在已经建成的北京市综合遥感影像数据库系统、北京市地址数据库管理与应用服务系统和北京市政务信息图层共享服务系统基础上，从源代码级别进行重新设计、整合、集成和建设，对北京市现有的政务地理空间信息资源进行集中管理，为北京市政府各部门提供一个政府内部统一的综合政务地理空间信息服务窗口，满足各部门对地理空间信息数据的共享应用需求。

北京市政务地理空间信息资源共享服务平台建设的总体思路是，以政务地理空间信息资源的数据管理运维为基础，以政务基础共享地理空间信息资源的浏览、查询和使用为展示界面，以政务地理空间信息二次开发接口为服务手段，以后台服务运营监控为支撑，建设成为全市政务地理空间信息资源共享、服务以及应用的关键枢纽平台。

11.2.4.2　建设内容

北京市政务地理空间信息资源共享服务平台自 2005 年开始建设，并于 2007 年初正式上线运行。该平台主要由四个子系统模块构成，按照实现功能目标的不同，分别是数据管理子系统、资源展示子系统、空间信息服务子系统和运营支撑子系统（图 11-10）。

1. 数据管理子系统

数据管理子系统采用 C/S 构架，在整合已建系统的数据管理部分基础上，实现遥感影像数据、矢量数据、图片多媒体数据等数据的一体化管理。具体包括：

（1）对已建系统（综合遥感影像数据库系统、地址数据库管理与应用服务系统、政务信息图层共享服务系统）根据需要重新设计数据的库表结构。

（2）对与空间位置相关的多媒体数据（图片或视频信息），依照项目需要设计数据的库表结构，实现数据管理功能，并实现与电子地图数据某属性字段的链接调用。

（3）在北京市目前制定的元数据标准基础上，实现核心元数据与相应空间数据的同步管理。

2. 资源展示子系统

政务地理空间信息资源展示子系统采用 B/S 结构，将遥感影像、政务电子地图、政务信息图层、地址数据以及其他（与空间位置相关）多媒体数据进行有效的集成和充分展示，并提供了一些常用的功能服务，如数据查询、周边缓冲区分析、地址数据定点查询、元数据查询、专题图生成等功能。

图 11-10　北京市政务地理空间信息资源共享服务平台的主要功能模块构成

为了满足政府部门多用户并发时对地图服务的高性能需求，北京市特别组织建设了政务地理空间信息资源共享服务展示子系统的 V2.0 优化版本（图 11-11）。该版本中使用地图图片引擎服务接口，其性能经权威测试机构测试，地图一般操作（显示、放大、缩小、平移），实现了单个用户访问平均响应时间 0.2 秒左右，300 在线用户并发访问平均响应时间 1 秒左右。

3. 空间信息服务子系统

空间信息服务子系统主要是通过提供一套遵循 OGC 标准规范的多源数据共享服务接口，实现异构 GIS 平台间的地理空间信息在线共享服务，满足跨部门、跨行业的区（县）、委办局业务系统对多源、异构空间地理数据共享应用需求，实现了全市政务地理空间信息资源的开放式共享。利用这种共享服务新模式，可以将遥感影像、政务电子地图、地址数据库、政务信息图层等基础性、共享性的政务地理空间数据进行集中管理、维护，各单位只负责更新、维护自己的业务数据，而无需考虑与自己业务无关的政务基础共享信息资源的运维，有效地减少了数据运维成本，缩短了系统建设周期，降低了 GIS 应用的技术门槛。

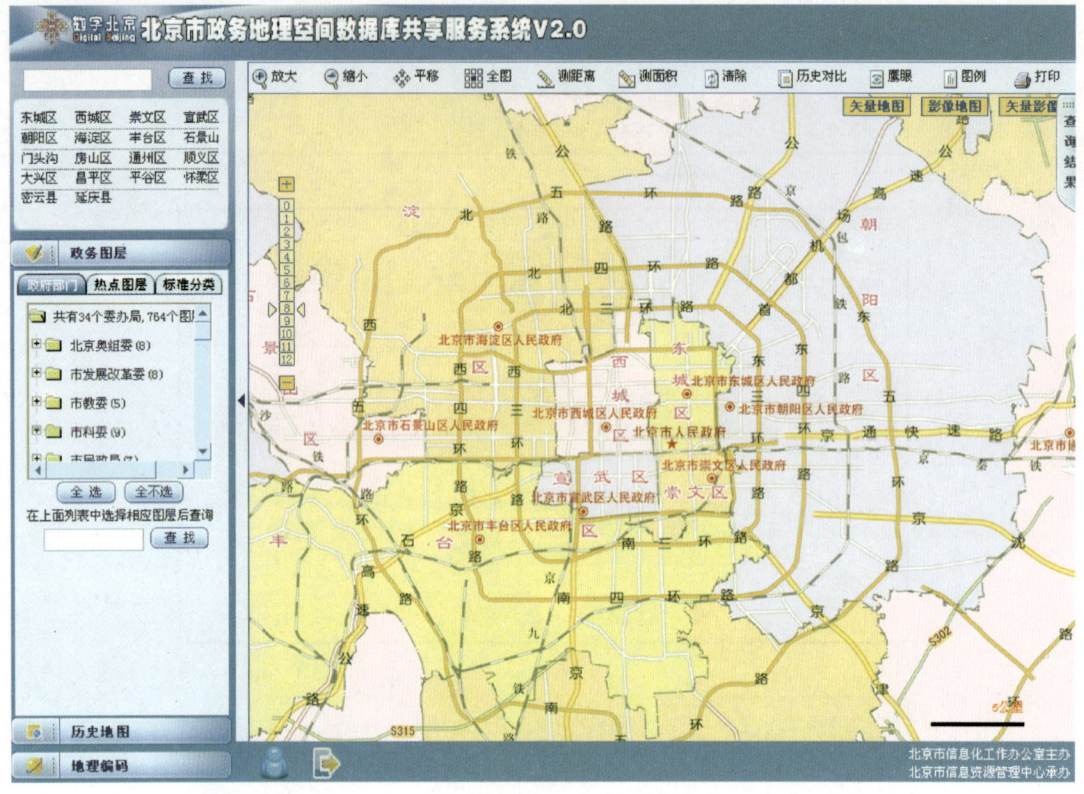

图 11-11　北京市政务地理空间信息资源展示子系统（V2.0）主界面

目前，空间信息服务系统可提供的接口如下所示（图 11-12）。

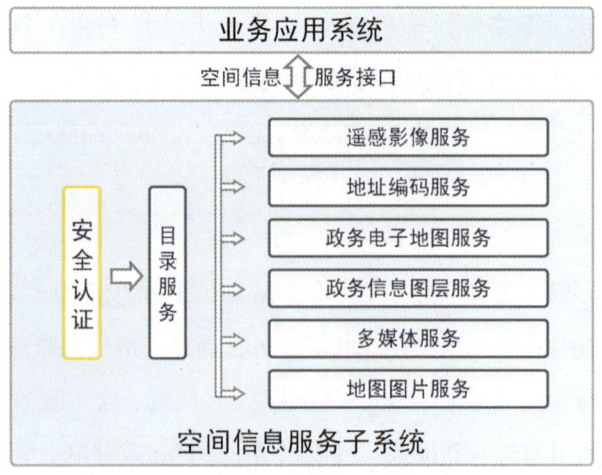

图 11-12　空间信息服务子系统的服务类型

（1）安全认证

默认的情况下，用户访问服务必须进行用户安全认证，否则将无法访问服务。用户安全验证主要有以下三种：① 用户身份验证：对用户访问服务时携带的用户名和密码进行认证；② IP 验证：对用户访问服务的服务器 IP 地址进行认证；③ 用户权限验证：根据用户身份信息登录服务系统后，系统根据用户权限判断用户是否可以访问相应的服务。

（2）目录服务

通过目录服务，用户可以得到系统提供的空间数据分类信息和数据的描述信息，并可按一定条件进行元数据查询。目录服务使用 HTTP 协议，以 XML 文件为传输的内容，可返回两种信息：一种是返回数据分类目录，另一种是返回相应的元数据属性信息。

① 元数据目录服务。元数据目录服务返回数据分类目录，包括系统中各种数据的分类目录，如遥感影像、政务信息图层、政务电子地图、全景图片、多媒体、三维图像等数据目录。用户可以调用该接口来实现对各类元数据的查询。

② 元数据属性服务。元数据属性服务根据指定的元数据目录，返回相应的元数据属性信息，并指明这些字段信息是否为关键属性。允许用户指定返回元数据的信息内容：关键属性和详细信息。返回的元数据信息以 XML 格式表示。

（3）遥感影像服务

遥感影像数据访问服务为外部系统提供指定范围、指定类型的遥感影像数据，用户可将获得的影像数据作为背景在用户当前显示窗口中进行叠加显示。这项服务提供符合 OGC WMS（网络地图服务）规范访问接口：GetMap（获取影像地图）和 GetCapabilities（获取元数据）。

（4）政务电子地图服务

政务电子地图服务为外部应用系统提供访问政务电子地图数据的接口，该服务接口提供 OGC WMS、WFS 技术规范中的相关功能操作。

其中，OGC WMS 技术规范的接口有：① GetMap（获取矢量地图）；② GetCapabilities（获取元数据）；③ Getfeatureinfo（获得点的属性信息）。

WFS 技术规范的接口有：① 模糊查询（获取详细属性信息）；② 缓冲区查询（周边查询）；③ GetCapabilities（获取元数据）；④ DescribeFeatureType（获取矢量图层结构）。

（5）政务信息图层服务

政务信息图层服务为外部应用系统提供访问政务信息图层数据的接口，该服务接口执行 OGC WMS 执行规范中的 GetMap 等操作。

政务信息图层服务接口使用方法和政务电子地图方法一致，只是数据内容不同而已。

（6）地址匹配服务

地址匹配服务利用地址数据库的地址匹配接口提供各种基于地址编码的查询、检索和定位服务。主要有以下几种功能接口：① 正向地址匹配；② 逆向地址匹配；③ 父地址查找；④ 圆形范围内地址查找；⑤ 矩形范围内地址查找。

（7）图片多媒体服务

图片多媒体服务主要通过将与空间位置相关的图片多媒体数据与信息点数据相关联的方式，实现对全景图片、多媒体数据（图片和视频）的对外接口服务。接口主要的功能有：① 圆形范围内查询；② 矩形范围内查询；③ 属性查询。

（8）地图图片服务

地图图片服务是为了满足多用户并发时对地图服务的高性能需求而组织开发的综合数据服务接口，它作为其他空间信息服务的有益补充，是一种获取地理空间信息的快速解决方案。目前，地图图片服务的内容包括：遥感影像、政务电子地图、遥感影像与政务电子地图叠加3种模式，其接口提供功能包括：① 基本操作：放大、缩小、平移、测距、测面积、鹰眼、打印等；② 图元显示：包括显示点、线、面、文本、图标等；③ 数据编辑：对图元进行增加、修改、删除。

使用二次开发接口进行共享的应用模式主要有两种，各区（县）、委办局可根据自身的建设或应用情况进行有目的地选择：

（1）利用本地的 GIS 软件平台，对本地业务专题数据与来自接口的基础数据进行融合和发布；

（2）本地无需任何 GIS 软件平台，通过接口直接调用数据和功能，在浏览器端进行叠加显示。

4. 运营支撑子系统

运营支撑系统主要是对空间信息服务系统的用户管理、服务的安全认证，各个服务配置、管理以及服务系统的监控进行集成，为空间信息服务系统能够稳定地为外部应用提供安全的访问予以支撑。

运营支撑子系统的主要功能有用户管理、安全认证、安全管理、服务管理、配置管理、日志与统计、系统监控等。运营支撑子系统在对信息服务访问的全程日志监控管理，对数据安全、服务保障以及绩效考核等方面发挥着重要的作用。

11.2.4.3 应用

北京市政务地理空间信息资源共享服务平台是北京市政务地理空间信息资源管理、共享、服务以及应用的大型综合集成信息系统，将北京市多年、海量的政务地理空间信息资源进行了集成管理和展示。通过政务地理空间信息资源的共享、展示，有效地激发了政府部门对"3S"技术应用和政务地理空间信息资源使用的强烈需求，使"3S"技术突破了传统的应用行业，在更多的非传统应用领域，如教育、统计、审计、财政、工商、质检等领域得到广泛应用。

此外，利用政务地理空间信息资源共享服务平台提供的二次开发接口，北京市应急办、市发改委、市建委、市财政局、市工商局、市安全生产监督局、市质量技术监督局等一批政府部门成功地搭建了各自的业务系统，如应急决策空间支撑系统、经济社会地理信息系统、单体地理位置标注系统、预算审批空间可视化管理系统、市场主体网格监管系统、安全生产应急指挥平台、特种设备安全监察地理信息系统等，取得了显著的应用成效（详见11.3节）。现已有38个部门的48个业务系统在此基础上完成系统建设，相信随着应用的不断深入，该平台所支撑的应用将日趋增多，绩效将日益显著。

11.2.5　北京市三维地理信息系统

11.2.5.1　建设背景

随着"数字北京"建设进程的不断推进，北京市政务地理空间信息资源数据库的基本框架已初步建成，政务基础共享地理空间信息资源的网络应用、接口服务也在不断推进，然而，随着应用的不断深入，二维地理空间信息抽象、静态、不够直观等一系列问题开始凸现，二维地理信息系统的应用已经不能满足一些部门特殊业务应用的需要。为了更好地实现真实意义上的"数字地球"、"数字北京"，使信息表达从二维到三维方向发展，使空间展示从静态向动态过渡，真实再现丰富、直观、具体的城市虚拟场景，三维地理信息系统作为未来地理信息技术发展的必然趋势，也将成为"数字北京"建设的必然选择。

北京市积累了海量的多源、多分辨率、多时相卫星遥感影像和航空遥感影像，同时拥有大量的政务信息图层信息，且能利用完整、精确的北京市地址数据库提供地址匹配服务，在数据方面已经初步具备了搭建三维虚拟城市的基本条件。基于三维地理信息系统技术，在三维虚拟地球模型上实现北京市政务地理空间信息资源的网络化及三维动态可视化，为北京市电子政务提供一个强大的三维可视化应用平台，更好地满足于各部门业务系统的实际应用和需求，是全面推进北京市信息资源共享工作、提升信息资源应用价值的有效途径之一。

北京市三维地理信息系统的基本目标是：充分利用北京市现有的航空遥感数据、数字线划图、政务信息图层等数据，构建北京全市域范围内的三维场景，在政府专网上实现任意三维场景漫游、导航、测算、相关属性信息查询等功能，并通过提供三维信息服务接口，与各部门的其他业务系统相结合，满足各委办局业务系统的实际应用和需求，提供真实、直观的多维数据支撑服务。

11.2.5.2 建设成果

北京市三维地理信息系统采用分步实施、阶段推进、结合需求、深入应用的原则开展建设，目前，一期项目已经完成验收，并于2007年12月正式上线，为全市各部门提供三维数据服务。该系统采用B/S结构，在政务外网上的浏览器环境下给用户提供三维城市场景的浏览、查询和应用服务（如图11-13所示）。

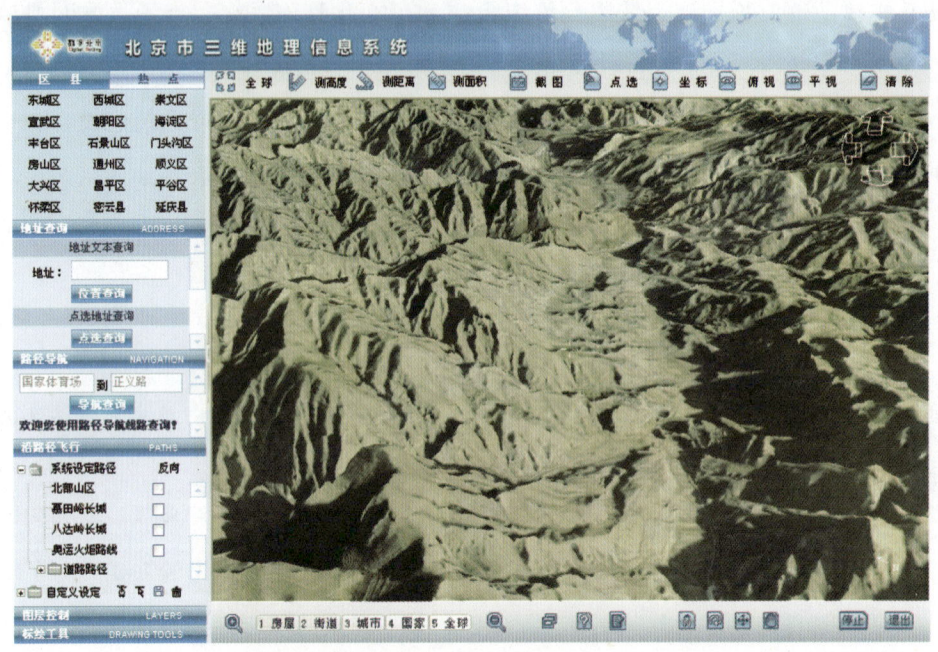

图 11-13　北京市三维地理信息系统主界面

北京市三维地理信息系统应用的总体架构可分为三个层次，分别是（图11-14）：

（1）数据整合层。利用地形数据融合软件将遥感影像数据和高程数据融合成三维的场景，以数据流的方式读取经过高效处理压缩的地形文件（MPT），空间数据以WFS、WMS提供二维数据服务。

（2）功能展示层。提供用户界面，完成三维地理信息的浏览、查询、分析以及展示等功能，并为其他功能预留了扩展接口，可以满足未来业务扩展的需要。

（3）应用服务层。通过该系统可以支撑许多部门的业务应用，如应急资源管理、森林防火指挥、城市三维规划、城市网格管理、农业辅助决策、虚拟旅游等。

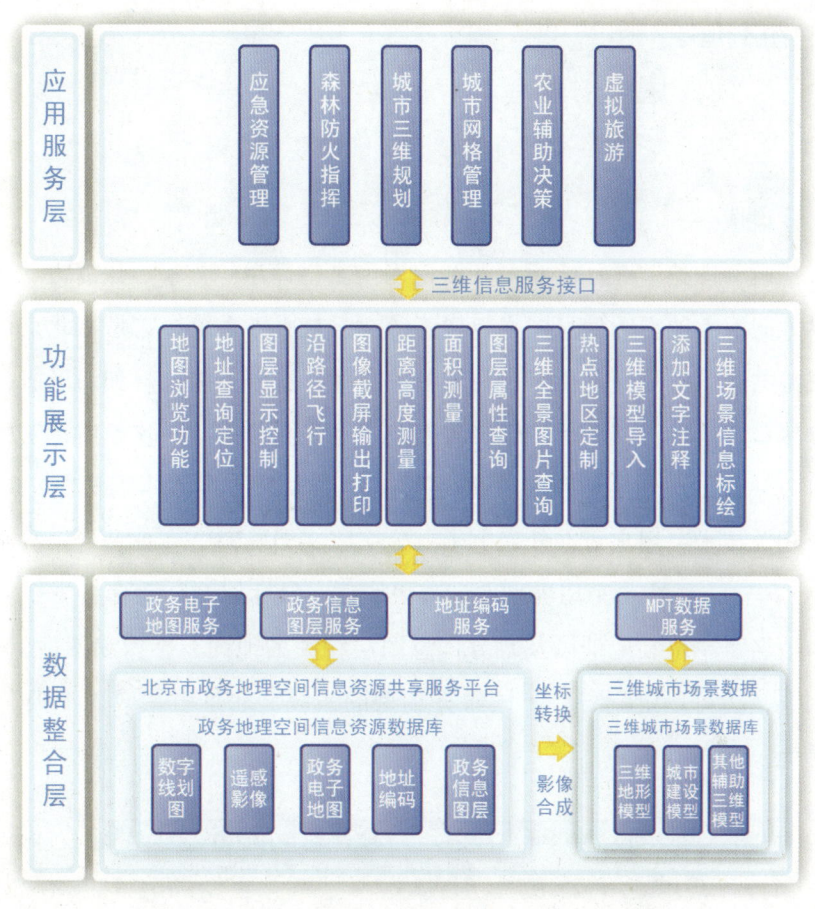

图 11-14　北京市三维地理信息系统技术总体框架

这次系统建设选择以应急决策指挥作为应用的为突破口，结合应急部门的业务需要，开展应急资源的管理、应急指挥标绘、危险源管理等一系列工作，初步实现了三维应急指挥电子沙盘的功能。

11.2.5.3　应用成效

三维地理信息系统，作为一个新技术、新产品，业务部门对它的需求还处于模糊阶段，各项技术标准尚在实践、完善的过程中。北京市三维地理信息系统（一期）的顺利完成，为多维"数字城市"的建设积累了经验。

通过在北京市政府专网上初步搭建三维"数字北京"的真实场景，弥补了二维地理空间信息抽象、不够直观的不足，实现了多源、多维、多种类型的海量地理空间数据在三维环境下的集成融合，再通过提供三维数据浏览、查询、标注等功能，不仅满足了应急决策指挥等业务的应用需求，而且激发和拓展了三维地理空间信息的应用领域，如农业、林业、城市网格化管理等。

11.2.6 北京市"政务图典"

11.2.6.1 建设成果

北京市"政务图典"是一个运行于政府专网上以简单、方便、快捷方式向北京市政府部门提供地图服务的空间信息网络智能隐形搜索与服务系统。它是在北京市政务地理空间信息资源共享服务平台基础上，利用各种空间信息服务接口（如目录服务接口、遥感影像服务接口、地址匹配服务接口、政务电子地图服务接口、政务信息图层服务接口等）进行开发建设的。利用北京市"政务图典"强大的数据库索引机制、系统终端设置功能以及相关技术，用户可在任何电子办公文字文档资料中（如 WPS、WORD、PPT、网页、EMAIL 等），通过"采用屏幕取词、快捷键、鼠标划词"等多种方式，自动从网络上获得与地名、单位、地址以及政务信息图层相关的地图、影像和属性信息等服务。对于专业用户，还可以定制各种不同服务类型的系统。北京市"政务图典"的主界面如图11-15所示。

图11-15　北京市"政务图典"的主界面

北京市"政务图典"的功能设计借鉴了翻译软件"金山词霸"的表现手法和风格，简单易用。任何安装了政务图典的用户，只要其计算机处在与北京市政府专网联网的状态，当用户将鼠标移至感兴趣的关键词处，即可进行自动取词搜索，迅速弹出与地名、地址对应的地图和遥感影像。例如，把鼠标指向网页中"国家大剧院"一词，就可以立即定位到"国家大剧院"所在位置，并可查询其周边的相关情况，并能直接将该地图作为图片粘贴到文件中（图11-16）。

图11-16 "政务图典"的网页取词功能

该系统于2007年初正式上线，并在北京市公务员门户网站上进行了发布，用户只需下载并安装只有3MB大小的客户端安装程序，就可以便利、快捷地享受空间信息服务，在政府专网上实现了由"词"到"图"的自动搜索和查询，以最简单、快捷的方式向用户提供地图服务。

11.2.6.2 建设意义

北京市"政务图典"在建设模式到服务模式上都具有显著的特点。

在建设模式上，北京市"政务图典"通过调用二次开发接口的方式，对遥感影像、政务电子地图和政务信息图层等政务地理空间信息进行基于网络的实时共享使用，开发人员和系统管理员无需再去关注这些数据日后繁杂的更新维护工作，需要做的事情就是把更多的精力投放到自身系统的功能设计和界面设计。这种方式大大降低了各部门开发空间业务系统的技术难度，并提高了系统搭建的速度，避免了在系统和数据方面不必要的重复建设，从而节约了大量的人力、物力和财力。

在服务模式上，北京市"政务图典"从根本上解决了专业地理空间信息系统与一般业务信息系统相脱节的问题，为未经专业培训的系统用户获得地理空间信息提供了简单易用的技术手段，为用户和信息资源之间搭建了良好的信息畅通桥梁。

11.2.7 北京市全球卫星定位综合服务系统

11.2.7.1 建设背景

北京市全球卫星定位综合服务系统旨在北京地区建立综合性 GPS 应用服务网，把卫星定位这一高新技术用于北京市城市规划、市政建设、交通管理、城市基础测量和工程测量、气象预报、地震及地面沉降、灾害监测等，实现一网多用。这一系统本身也是将空间技术、现代通信技术、计算机技术、测绘技术与气象学、水利学、地震学、城市规划、城市交通等多种学科相结合、相融合的实用化系统。该系统在北京市范围内建立若干个永久性连续运行 GPS 基准站，覆盖北京市全市域，各基准站的观测数据通过专用数据通信网传送至管理中心，经过处理，按不同需求实时或非实时地通过专用网络向用户发布 GPS 测量数据及遵循国际通用格式的差分数据，以满足各类不同行业、不同用户对精密定位、快速和实时定位、测速、测方位、测量位移及测量气象参数的要求，支撑城市规划、国土管理、城乡建设、基础测绘、灾害监测、环境监测、防灾减灾、精细农业及交通管理等多种现代化、信息化管理应用。

11.2.7.2 建设成果

北京市全球卫星定位综合服务系统采用模块化体系结构，利用自主开发的基准站远程监控软件、数据采集、数据处理分析、数据存储和发布软件，构成一个完整、稳定、可靠的卫星定位综合数据服务平台。它涉及各种硬件、管理控制软件、通信传输、网络系统、数据库、应用软件等，是集设计、开发、集成为一体的综合服务系统。

经过多年建设，目前北京已经建成了具有30个基准站的连续运行参考站系统（如图11-17所示），还开发了基于GPRS/CDMA技术的数据通信软件和基于PDA的GPS数据采集软件，适用于各种型号的GPS接收机，以满足各类不同行业、不同用户对精密定位、快速和实时定位、测速、测方位、测量位移及测量气象参数的要求。依托这些成果，相关应用部门建立了北京市GPS测绘分系统、北京市大气水汽监测分系统、北京市地壳形变监测分系统等应用系统。

图 11-17　昌平基准站室外天线墩

目前，北京市全球卫星定位综合服务系统可以为全市提供下列产品服务：

（1）提供北京市基准站地心动态框架及其地心三维坐标；

（2）提供标准 Radio Technical Commission for Maritime Servies（航海无线电技术委员会差分信号格式）格式导航差分数据；

（3）提供标准 RTCM 格式实时动态差分数据；

（4）提供各基准站标准 Receiver Independent Exchange Format（与接收机无关的变换格式）格式的观测值；

（5）提供北京市高程异常图，高程精度不大于0.05米；

（6）北京市东郊和东北郊地面下沉年变化趋势图；

(7) 提供北京市垂直大气水量分布日变化图；

(8) 提供北京市地壳形变年变化趋势图。

11.2.7.3 应用成效

北京市全球卫星定位综合服务系统是按照"联合共建、一网多用、信息共享"原则而建设的一个综合性、全天候、高精度的系统，不仅可以为几十个委办局用户及测量用户在众多领域提供应用服务，而且还可以为各行各业提供从毫米级到米级的多个不同精度的定位数据服务。作为"十五"时期首都信息化发展规划确定的城市信息基础设施项目之一，北京市全球卫星定位综合服务系统也是北京市城市控制网骨架网的重要基础，通过集约化建设，避免了大量的重复建设，节约了资金。

1. 免费提供基础服务

北京市全球卫星定位综合服务系统所建立的高精度三维大地测量控制网以及所组成的 Real Time Kinematic（实时动态）和 Real Time Difference（实时差分）差分网，可满足北京市各部门在城市建设、工程建设、市政管理、交通管理对高精度定位、导航的需求，并为很多领域如气象、地震、测绘、国土、水利、园林等相关部门免费提供快速、可靠的卫星定位数据和信息。

（1）北京市规划委的应用

北京市规划委建立了北京市测绘设计研究院测绘应用系统，利用 24 小时不间断的实时 GPS 原始数据，为北京市基础建设及基础测绘提供数据基础，用于城市建设规划测量，各种大中比例尺地形图测绘和更新；建立北京市动态测量坐标框架，作为测量基准；各种土建工程测量任务的设计、施工、放样、竣工、管理。

（2）北京市地震局的应用

利用北京市全球卫星综合服务系统，北京市地震局建立了地壳监测分系统，利用 24 小时间隔的 GPS 原始数据，用于地壳形变监测、地震监测、断裂带形变监测，为北京市全市域地面沉降及地壳形变监测提供服务，它也是全国地壳形变监测系统的一部分。

（3）北京市气象局的应用

北京市气象局建立了水汽监测分系统，利用 30 分钟间隔的 GPS 原始数据，反演北京地区大气水汽分布，进行城市小区域中短期突发性强降雨研究，建立短期气象预报分析体系。为北京市的城市管理及其奥运会期间提供全市域快速气象预报服务，满足奥运场馆或大型活动对天气预报的要求。

（4）北京市国土局的应用

利用北京市全球卫星综合服务系统，为北京市国土局提供 24 小时不间断的实时 GPS

原始数据，提供厘米级至亚米级定位服务，成为北京市国土局开展地籍变更调查及相关土地测量工作的定位支撑平台，大大简化了工作流程，提高了工作效率，增加了工作可靠性。为土地规划、土地调查、土地征用管理及城镇和村庄地籍调查、房产权管理、房屋测绘、房产纠纷调查等业务提供服务。

（5）北京市水利局的应用

① 水利工程建设：工程控制测量、施工放样、水工涵洞贯通测量，水利工程地形图测绘；

② 河道和水工建筑变形测量：大坝位移、堤坝测量；

③ 水土保持：土地利用、水土流失、滑坡监测；

④ 防洪抢险：堤坝监测、防洪指挥调度，其精度要求从毫米级到米级。

（6）北京市公安局公安交通管理局及北京市路政局的应用

① 公路规划、设计、勘查测量；

② 公路施工测量；

③ 公路维护测量；

④ 大桥安全性监测。

（7）北京市农业局的应用

① 基本农田规划及变更测量；

② 农业飞防导航；

③ 精准农业。

（8）北京市园林绿化局的应用

① 森林保护测量；

② 森林播种和飞防系统；

③ 提供亚米级定位服务，用于古树名木测量。

2. 其他应用需求

随着市场调研的不断深入和业务的不断开拓，北京市全球卫星定位综合服务系统为更多单位的业务应用提供了有力的支撑。例如：

（1）服务于北京市年度航空摄影像像控点的布设。北京市五环和六环之间上千个像控点的测量均基于该系统进行。

（2）服务于北京市自来水公司的信息管理系统，为市自来水集团提供 24 小时不间断的实时 GPS 原始数据，提供厘米级至亚米级定位服务，采集新建阀门井的坐标，同时在故障发生时，确保在最短时间内找到事故阀门节点，有利于减少抢修时间、降低经济损失和不良影响。

（3）为奥运场馆的燃气管线测量提供实时 GPS 原始数据，提供厘米级定位服务，提高了工作效率，保证了测量精度，确保奥运工程按期保质保量完成。

（4）为北京大学、清华大学等高校的相关院系提供实时 GPS 原始数据，用于精细农业、高精度定位等专业的科研教学。

（5）北京市 800 兆赫数字集群系统的信息管理。

（6）北京市的燃气信息系统。

（7）北京市政府专网信息管理。

（8）中国气象局的气象预报系统。

11.2.7.4 行业评价

北京市全球卫星定位综合服务系统是由北京市信息办联合多家委办局以及清华大学共建的综合服务系统，是信息化重要基础设施建设。该系统集成了先进的卫星定位技术、无线通信技术、计算机网络技术、GPS 数据处理技术、GPS 应用等多种技术成果，自主研制了一整套具有知识产权的操作简便、实用性强的系统管理软件，基准站远程监控软件，数据采集、数据处理、数据分析、数据存储和发播软件，实现了多领域、不同层次的服务功能，是我国第一个"一网多用"的综合服务实用系统。该系统通过多年的试运行，得到共建单位的认可和积极的应用，取得了显著的社会和经济效益，荣获 2007 年中国测绘学会测绘科学技术进步一等奖（图 11-18）。

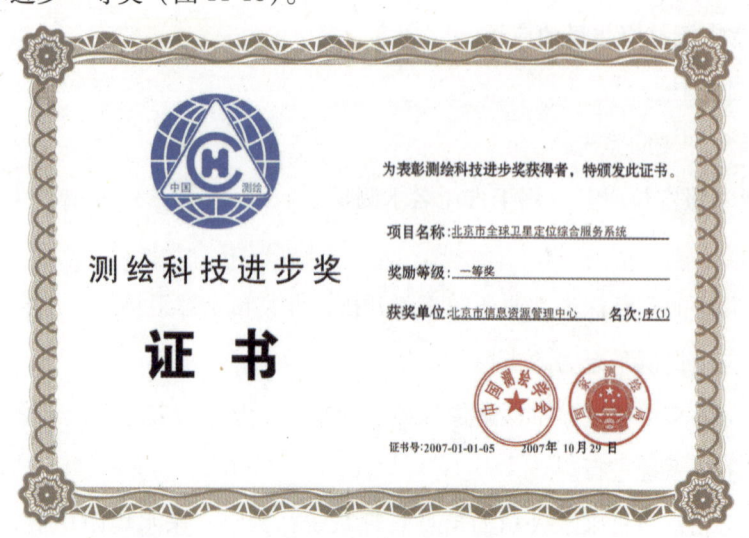

图 11-18 中国测绘学会科学技术进步一等奖证书

11.3 资源实际应用成效

北京市政务地理空间信息资源共享服务平台初步建成后，全市政务部门均可利用这些海量政务地理空间信息资源，在政府专网上建设各自的电子政务地理空间信息业务系统，从而无需关注其他基础性的政务地理空间信息获取、更新和维护等系列繁琐问题，同时节约大量在政务基础地理空间数据建设、维护及其软硬件资源的投入成本。由于这种基于共享服务平台的业务应用系统搭建新模式具有较强的易用性和适用性，因此，目前已在北京市很多政府部门得到广泛应用。

北京市已有30多个委办局、区（县）先后基于这种共享服务新模式开发其电子政务业务系统建设，取得了显著的社会效益和经济效益。一些非传统的GIS应用部门利用这种模式，创新性地在业务流程中运用地理空间信息技术，实现了基于地理空间的业务管理，全面提升了首都相关政府部门的信息化水平。这种共享服务模式获得国信办、国家测绘局等相关领导的关注和认可，也为其他省市和相关部门数字城市的建设提供了借鉴。

11.3.1 北京市绿化隔离地区信息系统

北京市绿化隔离地区信息系统由原北京市绿化总指挥办公室承建，主要是在北京市绿化隔离地区现状、规划、实施情况的空间数据库，以及其他经济、绿化、建筑状况、环境等专题数据库基础上，所建设的用于分析、评估绿化隔离地区的建设、社会经济和环境状况的工具软件。它利用"3S"等技术，分析地区建设、绿化实施、产业调整和环境整治等方面的规划、现状和实施情况，为绿化隔离地区专项建设及各级建设指挥机关的日常管理工作提供信息服务。

北京市绿化隔离地区信息系统是最早使用遥感影像二次开发接口建设的系统，通过利用多源、多时相的航空遥感、卫星遥感数据，实现了对绿化隔离地区的动态监测和历史比对。图11-19为北京市绿化隔离地区信息系统的界面，展示了从遥感影像数据库中调用遥感影像与绿化专题图层叠加的功能。

图 11-19　北京市绿化隔离地区信息系统的界面

11.3.2　北京市应急决策空间支撑系统

应急决策空间支撑系统是北京市突发公共事件应急委员会办公室（以下简称"市应急办"）搭建的"北京市城市公共安全信息平台"中的一个重要子系统，该系统利用市政务地理空间信息资源共享服务平台提供的二次开发接口服务，实现了对遥感影像、政务电子地图、地址库、政务信息图层等基础政务地理空间信息的共享，并从应急相关业务出发，重新组织整理来自全市其他部门的海量、权威政务信息图层，梳理、建设了市应急办自身的危险源、应急设施、摄像头资源等专题图层，以满足应急指挥部门跨部门业务协同的强烈需求，系统主界面如图 11-20 所示。

利用应急决策空间支撑系统，可以在处理突发应急事件时，快速定位到事发地点，对影响区域进行分析，快速查询所需的各种应急物资装备等信息，提高了政府部门的应急处

图 11-20　应急决策空间支撑系统的奥运场馆周边信息查询功能

置能力和科学决策水平。目前，应急决策空间支撑系统已经正式投入使用，并在 2008 年北京奥运会期间发挥了重要的作用。

11.3.3　北京市城市综合整治管理信息系统

为了对北京市重大财政投入项目进行管理，北京市财政局组织开发了北京市城市综合整治管理信息系统，系统涉及 2000 年以来北京市重大财政投入项目的相关基本信息，包括环境综合整治及城中村整治、粮食直补、城市交通设施、环卫设施等相关内容。

北京市城市综合整治管理信息系统于 2004 年 10 月开始进行建设，2005 年 6 月正式上线运行。该系统利用基于共享服务平台的业务应用系统搭建新模式进行设计、开发，通过使用遥感影像服务接口，分析不同时间拍摄的遥感影像数据，管理部门就可以形象、直观、动态地了解重大财政投入项目的建设推进进度及成果状况（如图 11-21 所示）。该系统很好地将政务地理空间信息资源与财政管理实际工作相结合，推动了政务地理空间信息资源在非传统领域中的应用。

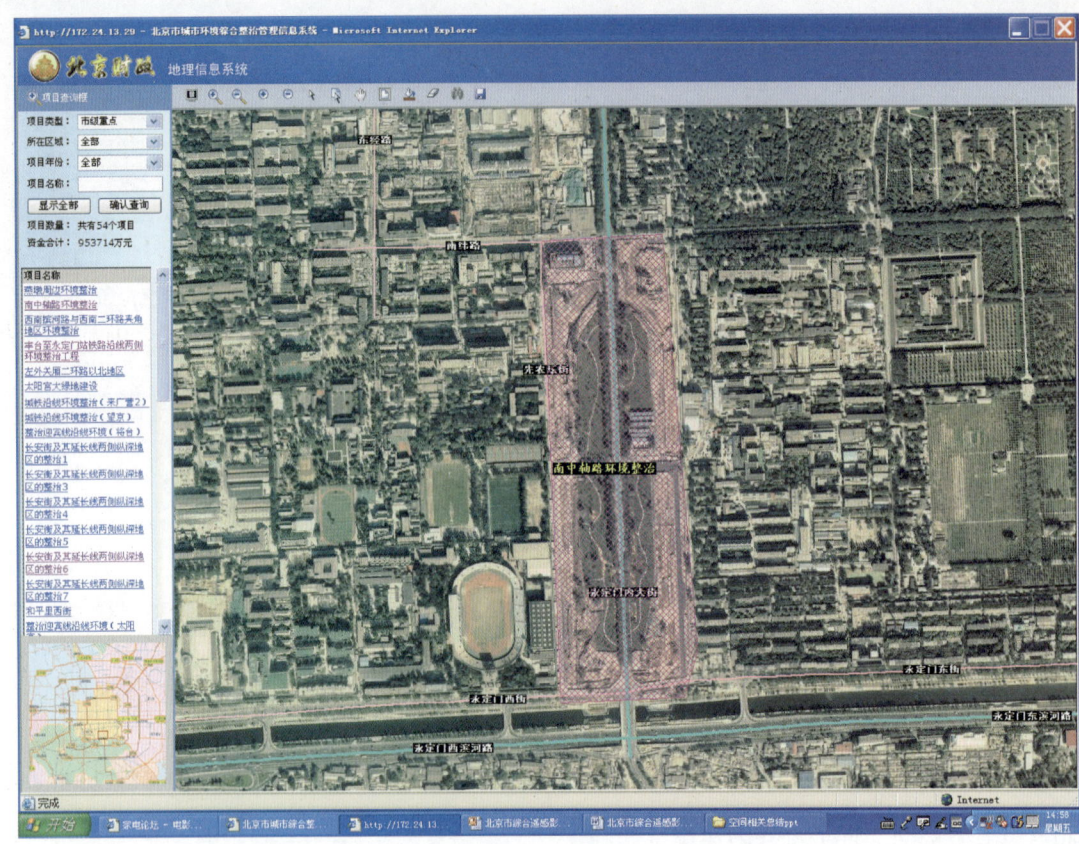

图 11-21 北京市城市综合整治管理信息系统的城中村查询功能

11.3.4　北京市财政局预算审批空间可视化管理系统

　　北京市财政局预算审批空间可视化管理系统是北京市财政局继市城市综合整治管理信息系统之后，组织建设的涉及全局业务处室的空间业务应用系统。北京市财政局是政府综合管理本市财政收支、实施财政监督、参与调控本市国民经济的职能部门。作为政府部门的财政管理机构，在预算审批管理、项目审批等环节上，将涉及许多与空间地理位置分布有关的信息，如在城市的规划建设和布局调整中，需要了解单位及项目的情况，例如，需了解单位（项目）的位置、单位（现项目）占地面积、周边单位情况等，以便准确计划项目资金预算。利用空间信息技术，可以更好地将这些信息以空间地理分布的形式进行可视化展现，对新批项目的地理位置进行查询验证，避免重复申报、错误申报，并能完成预算追加、调整、新增及财政中名目繁多的各项统计，使财政部门的有关人员能准确掌握该项目涉及的信息，使下达的财政预算指标更加贴近实际，保证预算管理部门的工作建立在科学、准确的基础上。结合知识挖掘技术，还可以更深入地对财政所有历史数据进行数据挖掘，进一步为预算投资提供决策支持服务。

北京市财政局预算审批空间可视化管理系统的总体目标紧紧围绕财政预算审批的主要环节，依托北京市政务地理空间信息资源共享服务平台、北京市财政局现有的决策支持系统以及其他相关业务系统，将项目申报、审批、预算下达、项目监督、验收评估等环节产生的数据，结合空间位置信息，在地理信息系统中直观展现，并根据空间、时间和项目管理环节、项目分类、项目内容等进行信息管理、查询、统计、汇总和分析。同时，该系统还实现了数据的即时动态更新，重点对每年市财政局下拨资金所建设、投资支持的重大工程、基础建设、危改、环境整治等项目的管理、监督与决策分析提供有效帮助，最终建成智能化的财政管理及预算编制辅助决策支持系统。具体内容主要包括：

（1）在北京市政务地理空间信息资源共享服务平台基础上，建设财政业务专题空间数据库，对具有地理空间特征的财政支出项目的信息进行采集，整理并建成财政支出项目专题空间数据库和财政业务信息数据库。

（2）实现项目的申报、审核、审批的空间可视化跟踪管理，充分利用空间可视化分析手段，提高项目审核、审批的效率和准确性，有效杜绝责任主体交叉、重复申报和错误申报等常规信息系统难于发现的问题，提高项目预算、项目审批管理水平，满足日常业务可视化管理需求。

（3）与财政局相关业务系统进行对接，整合财政业务数据，在满足日常业务可视化管理需求的基础上，实现对项目资金、进度、验收、实施效果等的空间可视化监督管理，提高项目实施、监督、管理和评估水平。

（4）充分利用北京市财政决策支持系统的开发成果，在完备的市级政务地理空间数据库和财政专题空间数据库以及业务管理数据库的支持下，运用知识挖掘和智能专家推理技术，开发出一套科学、实用、直观、高效的预算编制辅助决策支持系统，为市政府领导、局领导以及局各个业务处室对数据进行直观查询、统计分析，为综合的辅助决策提供支持。

目前，北京市财政局预算审批空间可视化管理系统已完成一期项目的建设，系统界面如图11-22所示。

图 11-22　北京市财政局预算审批空间可视化管理系统的界面

11.3.5　北京市经济社会地理信息系统

北京市经济社会地理信息系统是北京市经济信息中心组织负责建设实施的"北京市经济社会管理信息系统一期工程"项目的重要组成部分。该系统的建设目标是实现北京市发展和改革委员会（以下简称"市发展改革委"）和其他政府部门之间的信息资源共享和系统互联互通；建立市发展改革委统一的地理信息系统支撑体系，建立经济社会地理信息系统业务应用系统（又称"经济地图"）。整个经济社会地理信息系统包括GIS基础管理平台、GIS应用管理平台及在平台基础上构建的经济社会地理信息系统业务系统三大部分。其中，经济社会地理信息业务系统通过丰富的地图发布展现、空间查询与统计、空间分析等功能，为市发展改革委各部门的社会经济管理业务提供空间辅助决策支持（如图11-23所示），具体支撑的主要业务有：

（1）为市发展改革委研究拟订首都国民经济和社会发展中长期规划和年度计划提供决

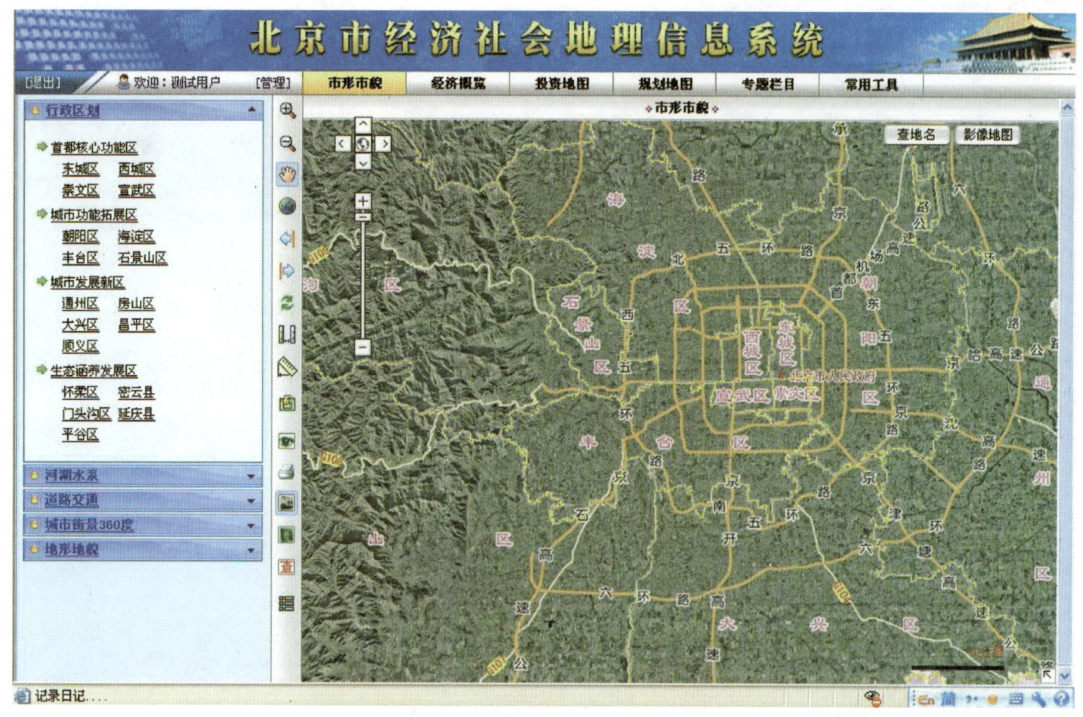

图 11-23　北京市经济社会地理信息系统主界面

策支持，如基于遥感影像等基础地理信息，为市发展改革委绘制规划地图，对规划目标进行空间查询，并分析规划执行情况。

（2）为市发展改革委进行国内外经济形势分析和预测提供决策支持，如基于区（县）图、街道乡镇图，对各类经济社会指标进行空间查询、空间展示分析。

（3）为市发展改革委投资项目计划制订以及进度分析提供决策支持，如基于数据共享接口，为市发展改革委绘制投资项目地图，对投资项目进行空间查询、统计，分析投资项目周边环境，并对重大项目进行动态监测。

（4）为市发展改革委各个业务处室提供统一的地图，包括统一的基础地图（如行政区划图、道路图）、专题地图（如学校、医院）。

11.3.6　北京市工商行政管理局市场主体网格监管系统

北京市工商行政管理局市场主体网格监管系统（图11-24）以"经济户口"为中枢，以监督管理为主干，以政务电子地图为依托，在整合现有监管数据的基础上，形成了以经济户口（工商企业、个体户等）数据库为核心、以强化企业信用监管为目的，覆盖户口管理、监督管理、统计分析、专业监管、奥运市场秩序监管等各类监管业务的综合业务平台。

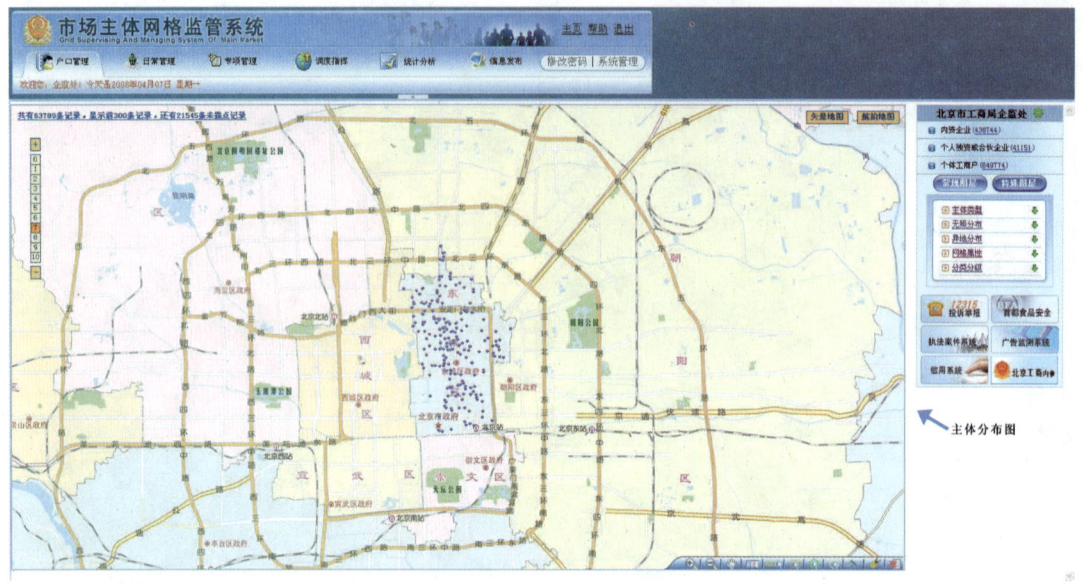

图11-24　北京市工商行政管理局市场主体网格监管系统主界面

市场主体网格监管系统的建设，充分利用了北京市政务地理空间信息资源共享服务平台提供的地址匹配、地图图片服务等接口进行二次开发，创新性地在业务流程中运用地理空间信息技术，实现了基于地理空间的网格管理、绩效考评、调度指挥和统计分析，有效地推进了工商行政管理业务管理，全面提升了首都工商部门的市场监管水平。

11.3.7　北京市质量技术监督局特种设备安全监察地理信息系统

为服务奥运保障工作，进一步提高特种设备监督管理信息化水平，利用北京市政务地理空间信息资源共享服务平台提供的多种空间信息服务接口，北京市质量技术监督局设计、开发了特种设备安全监察地理信息系统（图11-25）。

该系统与现有特种设备动态监督管理系统进行关联，实现各类基本设备、单位查询结果在电子地图上的显示，提升了查询结果的可视化程度，为安全保障、应急救援等工作提供分析、决策依据。

图 11-25　北京市质量技术监督局特种设备安全监察地理信息系统主界面

11.3.8　其他委办局业务应用系统

北京市农业局的北京市农业宏观决策支持系统主要是利用空间信息为畜牧兽医管理（如路口监控情况、动物疫病防控）、种植业管理（生产基地、企业分布、种植业结构布局）、土壤肥力监测、农业环境监测、农村能源生态（农村可再生能源建设情况）、设施农业管理等方面提供综合决策分析依据。该系统也使用了北京市政务地理空间信息资源共享服务平台中的遥感影像数据接口。

北京市村镇建设信息系统是以北京市农村工作委员会村镇处的核心业务为主，通过可视化方式从全市、区（县）、乡镇、村多个展示层面而建立的一个中心信息系统。该系统可以方便地动态跟踪和分级展示全市远郊区（县）各村镇的主要社会经济发展成就，分析存在的问题，研究发展方向；通过中心镇上报的经济动态数据，对首都 37 个中心镇经济社会发展情况进行空间统计，为本市郊区（县）的农业基础设施建设、观光休闲走廊规划、各区（县）农业资源决策管理等其他业务提供依据和决策支持。

北京市建委的单体地理位置标注系统，以单体建筑管理模式实现对建筑工程的全生命周期管理。利用北京市政务地理空间信息资源共享服务平台的空间信息服务，该系统不仅可以对单体建筑的施工地点进行地址定位，而且能够展现在建项目的地理位置分布以及查看周边环境情况，实现了单体建筑数据的实时更新。目前，该系统运行正常，共享数据库中已建立了 52000 多条单体建筑数据，涉及 8517 个施工许可证信息、5983 个规划许可证信息、6861 个在建项目的信息。

北京市建委房屋普查信息系统（出图打印工具）是为配合北京市房屋普查工作，对现有地形图数据进行出图打印，生成外业分幅调查底图，通过调用共享服务新模式的地址数据库接口，将地址数据展现在调查底图上，以方便房屋普查人员进行实地调查。基于该系统，北京市建委在 2 周内全部完成了约 66960 幅房屋普查底图的打印工作。

11.3.9　区（县）政务地理空间信息资源共享服务平台

继北京市成功建设市级政务地理空间信息资源共享服务平台之后，为满足区（县）各委办局对政务地理空间信息资源的强烈应用需求，东城、海淀、宣武、石景山、大兴、怀柔、密云等一批区（县）都相继开始区（县）级政务地理空间信息资源共享服务平台的建设工作。

1. 东城区网格化政务图层共享服务平台

东城区网格化政务图层共享服务平台是结合东城的"网格化"特色管理而建设的区（县）级政务地理空间信息资源共享服务平台，其建设的总体思路和市级政务地理空间信息资源共享服务平台完全一致，提供政府管理中涉及的城市管理、社区卫生、文化资源、公共安全、资源调查、社区服务设施等主题的政务信息图层综合查询、数据更新审核、共享交换以及接口服务等功能。作为市区两级政务地理空间信息资源平台对接试点区（县）之一，东城区的网格化政务图层共享服务平台顺利完成了与市级平台的对接工作，并与市级平台就数据的共享、更新维护等方面的问题达成共识。

东城区网格化政务图层共享服务平台（图 11-26）于 2007 年 9 月份正式上线运行，向区领导和多个区委办局提供了服务，截至目前，该平台不仅共享了来自市级政务地理空间信息资源共享服务平台的 800 多个政务信息图层，而且基于市级平台提供的地址匹配接口服务，完成了来自区建委、区统计局、区安监局、区 08 办、区建委、区发改委、区教委等 10 多个部门的政务信息图层制作，有力地促进了东城区政务空间信息资源的深层次共享应用。

目前，东城区网格化政务图层共享服务平台通过数据同步工具，不仅实现了基础数据的同步更新服务，而且已经与区网格化社区医疗卫生系统实现了对接，正在实施和网格化

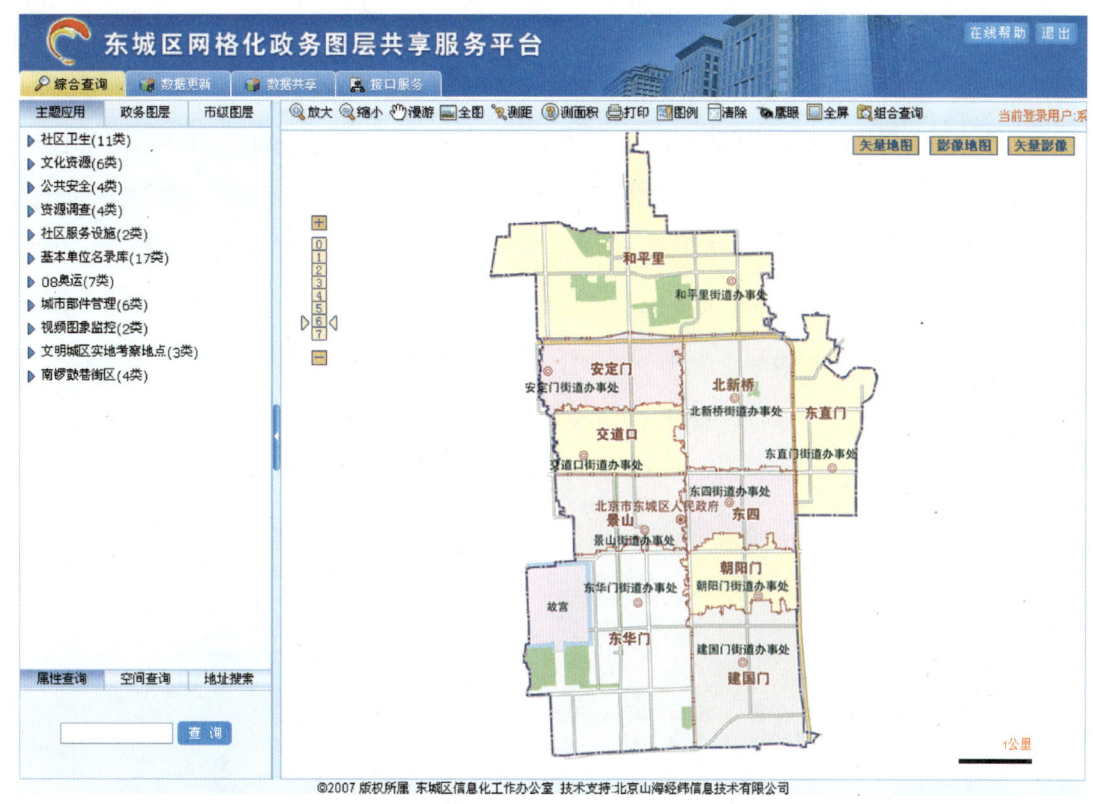

图 11-26　东城区网格化政务图层共享服务平台主界面

城市管理系统的对接。同时，通过区共享服务平台提供的二次开发接口服务模式，有力地支持了区视频监控、"平安东城"、资源调查等 GIS 项目的开发，大大降低了系统建设的成本，也大大缩短了建设周期，取得了显著的社会、经济效益。

2. 海淀区地理信息共享服务平台

海淀区地理信息共享服务平台旨在采用统一的技术体系，挖掘、整合和利用现有空间数据资源和各种空间应用系统，建立区空间数据共享中心，形成和业务紧密耦合的数据采集更新机制，建立数据共享和服务共享两大共享体系，完成以城市公共设施监管和区域法人单位服务为中心的八大主题应用，实现对空间数据的管理、在线更新提供接口服务和各个领域的专题应用。通过区级委办局横向关联业务中的数据梳理和业务梳理工作，最终实现全区的资源共享与业务协同的信息化和标准化。同时，作为全市空间信息共享的试点，实现了与市政务地理空间信息资源共享服务平台的对接，形成市、区（县）两级数据及应用服务共享的新模式。

海淀区地理信息共享服务平台（图11-27）于2008年1月30日正式上线服务，目前，该系统已整合了全市遥感影像数据、地址数据、政务信息图层等资源，并利用地址匹配服务制作了海淀区10万条法人库、区药监局监管企业、区建筑工地等图层，还以二次开发接口方式支撑了海淀区劳动与社会保障局、建设委员会、药品监督局、市政管委四个委办局业务系统的建设。例如，在药品器械监管领域，利用该平台共享服务接口开发的业务系统，能够将上万家药品器械类相关企业数据进行集中存放、分类管理，对药品、医疗器械等进行从生产、流通到使用全生命周期的管理，确保百姓用药安全有效，促进医药事业健康发展；在劳动监察领域，对管辖区域内的企业进行集中管理，对建筑业、娱乐业、餐饮业等外来务工者比较集中的行业进行重点监控，及时解决劳务纠纷；在建筑领域，将海淀区建委目前管理的1000家小区，700余家建筑工地进行集中管理；在城市基础建设领域，对市政管委管理的基础环卫设施、供气站、供暖站、加油站、绿地等繁杂多样的设备设施进行分别管理，对道路周边的加油站和汽修站进行查询，方便在出现紧急情况时应急使用。

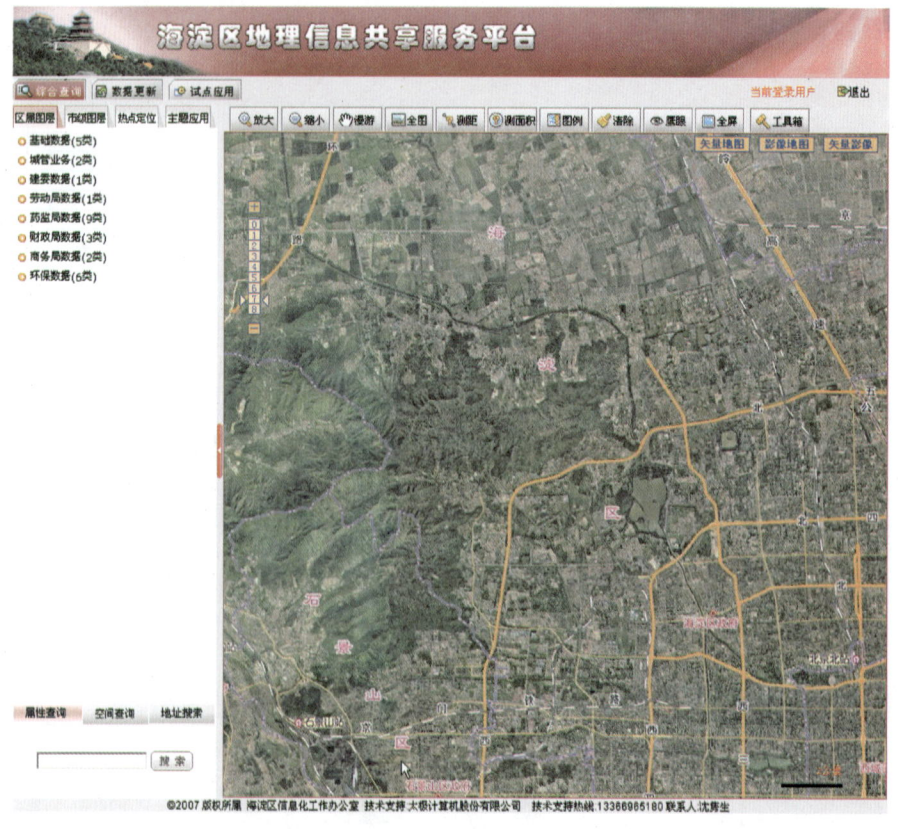

图11-27　海淀区地理信息共享服务平台主界面

平台的建成为海淀区城市管理和财政支出的精细化管理奠定了基础，有效地避免了职责交叉、推诿扯皮、多头管理等"政府失灵"现象，实现了城市管理由粗放、盲目、落后方式向高效、敏捷、精确方式的转变，既提高了城市管理运行中监督部门的监督效率和准确性，又提高了财政部门对预算支出的准确性，通过管理监督和财政监督，最终提高了各管理部门的城市管理和服务水平，提升了海淀区的区域竞争优势，为全区居民提供了整洁的生活环境。另外，空间库和法人库的有机结合，将辅助政府有关部门通过优化城市公共设施布局和管理维护水平，更好地为本地区的各种企业营造良好的外部环境，促进海淀区的招商引资工作。

3. 密云政务地理空间信息共享服务平台

密云县也是市、区（县）两级政务地理空间信息共享服务平台对接的试点区（县）之一，密云县政务地理空间信息共享服务平台采用国产 GIS 平台，在利用市政务信息共享交换服务体系基础上，构造符合密云县信息化建设要求、功能完整、方便实用的区（县）级空间共享服务平台，对来自各政府部门的政务信息数据进行统一管理维护，向密云县各委办局、乡镇、街道提供政务电子地图、政务信息图层、地图图片、目录服务等多项数据共享服务，实现政务管理和决策支持的网络化运行。同时，通过试点工作，初步实现与市级政务地理空间信息资源共享服务平台的互联互通，为后期密云县各委办局、乡镇、街道等业务应用系统开发奠定基础。

密云县政务地理空间信息共享服务平台已经向全县各委办局和乡镇、街道开放，并通过接口的方式整合了市级的遥感影像、政务电子地图以及 800 多个政务信息图层数据，通过地址匹配制作了密云县 280 多个政务信息图层，实现了密云县政务地理空间信息资源开发利用从无到有的突破，对县属各部门、单位建设各自的业务信息系统起到了一个良好的示范作用，激发了各部门、单位对建设业务信息系统建设的兴趣，对信息化业务管理、综合协同以及科学辅助决策起到了引导作用。

其他区（县），如石景山、怀柔、房山、大兴等区（县）都相继开展了类似的政务地理空间信息资源共享服务平台建设工作，充分说明了这种共享服务平台的建设思路已经在北京市的各个区（县）获得认可，并为推动区（县）资源共享、基层数据采集工作发挥了卓有成效的作用。

11.4 标准规范、规则建设成果

相关的标准规范建设是政务地理空间信息资源管理与共享服务应用体系的重要组成部

分，它涉及资源建设与管理、系统建设与共享等各个方面，它们规范了空间地理数据组织、生产、管理、发布和共享交换、应用服务的原则，有力地保障了政务地理空间信息资源管理与共享服务应用体系的成功搭建和稳固推进。

目前，北京市在政务地理空间信息资源开发利用方面的标准规范、规则等方面初步取得了一些建设性成果。早在2003年，北京市就开始了"政务地理空间信息资源数据库总体规划"的研究；2005年10月，完成了《政务地理空间数据元数据标准》初稿，用于指导全市政务地理空间信息资源数据库建设；2006年1月，完成"区（县）政务地理空间信息共享服务平台建设指导意见"，并在石景山、大兴、怀柔和平谷等区（县）得以实施。

2006年初，北京市地方标准《政务信息图层建设技术规范》颁布执行，该标准率先在国内提出"政务信息图层"的概念，并规定了政务信息图层的分类与编码、生产方式、更新周期等内容。

2007年9月，北京市地方标准《地址数据库建设技术规范》通过标准主管部门的审查，并即将于2009年正式发布。该标准规定了地址数据库核心字段的定义，规定了地址数据的质量要求，阐述了地址数据库的建设与更新维护技术要求，适用于地址数据库的建设和更新。

此外，北京市正在着手制定《政务电子地图建设技术规范》、《政务信息图层图示图例技术规范》、《政务地理空间信息资源共享管理办法》、《政务地理空间信息资源目录建设技术规范》等一系列标准、规范以及政策性文件，这些成果将对进一步推动首都政务地理空间信息的开发利用起到至关重要的作用。

11.5 地理信息公众服务

"数字北京"是首都信息化的战略口号和奋斗目标。"数字北京"建设的根本出发点就是顺应社会发展的潮流，不断提高人民的生活质量，让老百姓得到实惠。自1999年正式启动"数字北京"工程以来，通过近十年的建设与发展，北京市在电子政务方面不断取得成果，已经为信息化条件下推行政务公开、开展为民服务等工作奠定了良好的基础。在首都信息化的"十一五"计划中，明确提出了"信息惠民、信息强政、信息兴业"三大计划，推进政务公开，提高信息化条件下的城市管理和公共服务能力，推动服务型政府的建设，为群众生活和参与经济社会活动创造便利条件，将信息惠民工作放在十分重要的位置。作为信息惠民一项重要工作——构建首都城市综合信息服务平台，它也离不开地理空间信息的服务支撑。

　　北京作为2008年奥运会的举办城市，北京奥组委也明确提出了在北京奥运官方网站上提供地理信息公众服务，以便为奥运期间世界各国游客和运动员的衣食住行提供基于地图、位置的信息服务，以充分体现"绿色奥运、科技奥运、人文奥运"的理念。针对2008北京奥运会地理信息公共服务的实际需求，北京奥组委、国家测绘局和北京市政府联合建立了公众服务地理信息平台，此平台充分利用电子地图等地理信息和相关技术整合奥运专题信息，通过奥运官方网站为世界各国运动员和游客提供了方便、快捷、直观、涉及公众衣食住行娱等多方面的信息服务，如奥运场馆与宾馆查找、公交换乘、驾车路径等空间位置服务。北京奥运会官方网站是国家测绘局正式批复的我国第一个面向公众的官方地理信息服务平台（http：//www.beijing2008.cn/emap）［审图号：GS（2007）1386号］（如图11-28所示）。其中，平台所提供的地理空间信息则是由首都各相关部门按照"权威数

图11-28　北京奥运会官方网站电子地图服务页面

据来自权威部门,权威部门负责更新维护"的原则负责更新维护。在已完成的一期工作中,分别由市旅游局、市工商局、市卫生局、市教委等9个部门提供了涉及旅游景点、宾馆饭店、医疗卫生机构、科研院校等50多类地理信息。同时,相关信息也在首都城市综合信息服务平台(北京网,http://www.beijing.cn)[审图号:GS(2007)1387号](如图11-29所示)进行了发布,这不仅为公众提供了多渠道的服务,并且也保障了奥运会后公众服务的延续性。

图11-29　北京网站电子地图服务页面

目前,北京市正在组织更多的部门开展地理信息公众服务工作,以期能够提供更丰富、更完善的服务内容,服务于社会,服务于百姓。

第 12 章 社会经济效益分析

北京市政务地理空间信息资源管理与共享服务应用体系初步建成后,取得了一系列显著的经济效益和社会效益,从中我们可以真实地体会到这一体系在整个"数字北京"建设中的重要作用。它的统筹规划建设,不仅积累了海量的资源财富,节省了大量的财政资金,而且探索出了一条适合我国政务地理空间信息资源共享服务应用的新路子。

12.1 经济效益

经济效益反映了投入与产出、费用与效用的关系。信息资源开发利用所产生的经济效益主要包括两个方面:直接经济效益和间接经济效益。直接经济效益是指实施资源开发后可以直接产生的效益,这类效益可以用定量方式确定;间接经济效益指由于资源的开发利用带给本部门和其他相关部门的普遍收益,这种效益一般采用定性方法来确定。北京市政务地理空间信息资源管理与共享服务应用体系的经济效益主要体现在数据、系统、服务、推广等几个方面。

1. 数据方面

北京市通过在全市范围内实现遥感影像、数字线划图、政务电子地图等基础数据的统一采购、建设和免费共享,可以节约大量的财力、物力、人力。

对航空遥感影像数据来说,"财政统一支付、全市共享使用"的机制避免了以往由不同业务部门各自独立开展航空摄影工作所带来的弊端,真正实现了"一次投资、重复使用、多方受益"的目标,有效防止了不同部门重复投资、重复建设的现象,节约了大量行政成本。仅影像离线拷贝分发一项工作,至今已累计节约了 1.96 亿元(按照图幅单价计算:1:2000,1000 元/幅;1:10000,1500 元/幅;此处只统计了申请六环和全市域影像的用户)。此外,在卫星遥感数据获取方面,全市大约有 10 多个委办局和几乎所有的区(县)都需要采购各类卫星影像数据的,每年的影像采购和处理费用达数百万元甚至千万元,通过全市集中采购、免费共享,可以节约数千万元。

在地址数据的采集与更新维护方面,北京市许多政府部门对地址数据库的需求十分迫切,如市应急办、市建委、市工商局、市质量技术监督局等可以直接应用地址数据库提供的地址查询、匹配功能支撑其核心业务的开展。截至 2008 年底,通过地址数据库的全市共享,离线匹配了 4164567 条地址,在线地址匹配平均 2.5 万次/月,为北京市累计节约了数千万元财政资金(按市场价 10 元/条计算)。

此外,政务信息图层的共享不仅可为一些需要跨部门协同指挥的部门(如应急指挥部门、城管执法部门等)提供大量来自其他部门的基础信息资源,节约大量基础数据采集资金,而且通过利用地址匹配技术所提供的高效、快捷图层制作技术,大幅度降低了政务部门制作业务图层的数据费用。

2. 系统方面

通过政务地理空间信息资源管理与共享服务应用体系的建设,可以最大限度地避免类似相关系统的重复建设,进而推动行业领域的深入应用和发展。目前,北京市投入政务地理空间信息资源共享服务平台的基础软硬件及系统开发经费近千万元,通过二次开发接口模式可以为相关部门建设每个业务系统节约软硬件重复投资约 200 万元,据最新统计,截至 2009 年 1 月,基于政务地理空间信息资源共享服务平台进行二次开发的业务系统,包括已建、在建的共计 48 个,合计节约近亿元,如若考虑到后续系统运维所需的人力、物力成本以及后续新增的业务系统,则经济效益更加可观。

此外,基于全市统一的政务地理空间信息资源共享服务平台搭建各政府部门的业务应用系统和城市管理、应急指挥、房屋管理等重大应用系统,可以大大降低各部门业务系统的开发门槛和缩短业务系统的建设周期,提高业务系统开发的成功率,也就间接地节约了大量的人力、物力和财力。例如,基于政务地理空间信息资源共享服务平台搭建北京市图像信息共享平台,整个系统的开发周期不到两周,而且无需采购任何 GIS 平台,整个系统的软件开发费用控制在20万~30万元；如北京市城市应急空间决策支撑平台这样大型的应用系统，采用基于政务地理空间信息资源共享服务平台的二次开发模式，仅需三四个月就基本完成了系统的开发工作，整个系统的软件开发费用不到百万元，这两个例子都很好地说明二次开发模式所带来的显著经济效益，类似的例子尚有很多，在此不一一列举。

3. 服务方面

利用遥感影像可以对数字线划图和政务电子地图数据进行快速更新，利用地址匹配技术可以快速进行政务信息图层的生产和更新，通过提供这种数据更新维护方面的服务，可以节约大量的财政经费。仅以政务信息图层生产和更新为例，若按照传统的全人工手段（10元/每条记录），每年需要制作和更新近千个图层（约数百万条记录），则每年所需经费达数千万元，通过地址匹配的免费支撑服务，每年不仅可以节约数千万元，并且大大提高了工作效率。同时，地址匹配解决了传统手段所根本无法企及的难题，如可在短时间内完成法人数据、户籍数据、房屋权属、工商企业等包含几十万甚至上千万条信息的图层制作和更新。

通过政务地理空间信息资源共享服务平台及其共享机制的建立和完善，可以减少以往因资源共享所需的大量行政协调工作，大大提高了工作效率；同时，通过各部门信息资源的整合，可以提高政府和企业的决策科学性，减少决策失误，从而间接地节约大量社会成本。

4. 推广方面

北京市政务地理空间信息资源共享服务平台的建设模式和机制不仅在北京市下属的多个区（县）内进行了推广，如东城区、海淀区、石景山区、怀柔区等10多个区（县）；同时，这种模式也在国家部委及其他省市得到了推广，如国务院机关事务管理局，也利用这种建设模式开展了类似系统的建设，都取得了良好的经济效益。

此外，北京市组织开展的面向中小城市全国产化GIS系统解决方案，也陆续在怀柔、平谷、大兴等几个区（县）得到了推广应用，不仅产生了显著的经济效益，同时也提高了国产软件的自主创新能力。

12.2 社会效益

北京市通过开展政务地理空间信息资源的共享与应用服务工作，不仅取得良好的经济效益，同时也获得了良好的社会效益。

通过政务地理空间信息资源共享服务平台及其标准规范的建立和完善，不仅有利于改变目前国内普遍存在的"信息孤岛"、"信息荒漠"现状，有助于实现政府各部门之间高效的信息共享和业务协作，减少政府各部门在相关领域的重复建设，节约大量的人力、物力和财力，而且也有力地促进了部门业务流程的优化、整合，提高政府的运行效率，从而带动政府信息化水平的提高。

政务地理空间信息资源管理与共享服务应用体系的建设和完善，使北京市初步形成了较为完整、完善的政务地理空间信息资源开发利用框架，从而有力地促进首都电子政务四大基础数据库的建设和四大数据库之间的共享交换，推动政府信息的共享、公开与应用，从而进一步夯实了"数字北京"、"数字奥运"的基础。

政务地理空间信息资源广泛应用于国土、林业、农业、交通、公安、环保、水务、规划、军用、公众服务等领域，通过统一的政务地理空间信息资源共享服务平台可以有力地支撑这些领域的业务应用系统建设，目前，已支撑了奥组委、应急办、发展改革委、财政局、园林绿化局、农业局、东城区等的48个GIS业务系统建设，这些系统的逐步建设和投入应用，增强了政府的管理能力、决策能力和应急处理能力，也提高了政府的工作效率和公共服务水平，促进了首都的可持续发展和社会进步，具有良好的社会效益。

政务地理空间信息资源共享服务机制的建设和完善，有助于各部门实现"职责清"、"数据准"；同时，通过对政务地理空间信息资源的梳理、建设和共享整合，为今后信息资源的开发利用和面向公众的服务（如LBS等）奠定了基础，也为地理空间信息产业链的发展解决了信息源的问题。

在政务地理空间信息资源共享与应用工作中，通过不断地研究和创新，不仅推动了相关地理空间信息技术的进步，如异构GIS平台的互联互通、地理编码技术、共享服务新模式、全国产化GIS平台的解决方案、全球卫星定位综合服务系统等，还形成了一系列可供推广的应用模式或成果，可为其他省市的类似工作提供借鉴或参考。

我们有理由相信，随着电子政务应用的不断深入以及"数字北京"内涵的日益丰富，政务地理空间信息资源应用领域与用户也将不断地增加，其所能产生的效益及潜在效益都将日益显著。

第 13 章　总结与思考

经过多年建设和实践，北京市在政务地理空间信息资源管理与共享服务方面，取得了一些成果。通过不断实践和探索，也获得了不少信息化建设过程中的真实感悟和体会。本章的内容主要着眼于其发展历程、建设实践和应用体会，对有关规律和经验进行总结和思考。

13.1　总结与体会

13.1.1　领导重视

政府信息化是一项庞杂的系统工程，需要各方面的密切协作和统筹安排，尤其是需要得到"一把手"的重视，特别是高层领导的重视，只有这样，才能确保信息化建设中资源分配、资金投入、部门协调、人员调动、组织实施等工作的顺利开展。[66]

1. 组织机构到位

北京市信息化工作的四层组织架构模式（决策层、行政层、业务层和实施层）不仅保证了首都信息化工作能自上而下地顺利开展，而且能充分发挥各个层次组织的职能，使大家各司其职，层层把关，确保实施顺畅。北京市信息化工作小组负责总体协调和决策；北京市信息化工作办公室和各委办局、区（县）的信息化主管部门负责在行政层面上对全市信息化进行管理和指导；北京市信息资源管理中心和各委办局、区（县）信息中心具体负责承办资源管理和开发利用相关事宜；IT企事业单位按照相关规划负责具体实施工程项目。这四个层次的组织各有分工，各有侧重，能够有效地解决信息化执行过程中存在的一系列问题，如技术缺乏、管理不当、执行不力等。实践证明，只有清楚认识到信息化部门自身的角色和定位，牢牢把握住自己的目标，并将这一目标交由企事业单位负责具体实现，才能最大限度地利用有效人力和物力，做好信息化工作。因此，合理组织机构的设置对于信息化建设而言至关重要。

2. 政策和资金的大力支持

北京市自1999年刘淇同志在首届"数字地球"国际会议上正式提出"数字北京"的概念以来，紧紧围绕这一宏伟目标，在政策上给予充分的重视，在资金上也给予了大力支持，这是北京市能取得目前一系列建设成果的最直接原因。

1999年12月，中共北京市委八届四次全会上，"数字北京"项目列为首项重大工程。2000年12月，北京市信息办制定并通过了《北京空间信息工程总体框架及发展规划》。"数字北京"被正式提到了北京市国民经济和社会发展的重要议事日程。在"十五"期间首都信息化发展规划中，仅有的两个与信息资源开发与利用工程领域相关重大工程（空间信息工程和信息资源网工程），均与政务地理空间信息资源的开发、利用密切相关。

此外，在推进政务基础共享地理信息空间资源数据库建设方面，北京市市委市政府制定并发布一系列的相关文件，相关领导做了多次重要批示，如《市委办公厅市政府办公厅关于加强数字化管理加快电子政务建设的通知》、《关于加强政务信息资源共享工作的若干意见》、《市委办公厅市政府办公厅关于加快推进奥运会前电子政务重点工作的通知》等。2007年12月1日正式开始执行的《北京市信息化促进条例》更是从法的形式明确了信息化部门的权利与职责，为信息化工作的开展提供了法律依据。

3. 奥运承诺的兑现

北京作为2008年奥运会的举办城市，在申奥报告中郑重承诺"在2008北京奥运，Anytime，Anywhere，Anyone，Anydevice都能方便地获取奥运的信息，分享奥运的喜悦"，并在《北京奥运行动规划》中提出了面向奥运信息公共服务的宏伟目标："到2008年，基本实现任何人、在任何时间、任何场所都能够安全、方便、快捷、高效地获取可支付得起的、丰富的、无语言障碍的、个性化的信息服务，保证北京奥运会的出色承办，向世界充分展示中国的信息化水平和成就。"成功举办奥运会，是关系全国人民的大事，更是北京市的大事，因此，为了切实履行上述的郑重承诺，充分体现"绿色奥运、科技奥运、人文奥运"的理念，实现举办一届最出色奥运会这一宏伟目标，全市上下高度重视。这为首都信息化工作的开展提供了良好的契机。

在信息时代，奥运会离不开信息化，数字奥运的本质就是面向奥运的信息化，是数字北京的重要组成部分。在《北京数字奥运规划》中，明确提出了"数字奥运"的主要任务及其实施内容和目标，主要任务涉及通信服务、广播电视服务、赛事信息及服务、公众综合信息服务、面向奥运的电子商务、交通综合信息服务、奥运物流信息服务、多语言智能信息服务、场馆及配套设施建设与运行支持信息系统、奥运安全与应急决策指挥等领域。政务地理空间信息资源作为一项基础性信息资源，由于其在面向奥运公众信息服务、智能交通、赛事服务、安全与应急指挥等方面的强烈应用需求，北京市政务地理空间信息资源数据库建设被列为需要重点保障的奥运"折子工程"，这有力地推动了首都政务地理空间信息资源的建设与应用水平。可以说，2008年奥运会的举办敦促了首都信息化步伐的加速。

13.1.2　科学决策

科学、合理的决策是各项工作成功的重要前提。虽然领导重视是确保一个区域电子政务工作顺利开展的前提和保障，但是，领导的不当决策也会给工作带来巨大损失。目前，在我国信息化工作决策中，领导决策还存在诸多不尽如人意的地方，主要表现为：一是易于被那些勤跑多钻、善于周旋的关系人或熟人迷惑，进而为关系户所累，在选择项目承担单位时缺乏公平合理性；二是决策机制缺失或甚至流于形式，难以听取信息技术人员或专家的合理建议；三是缺乏专业技术背景，把技术理想化，认为技术"万能"，提出一些目前技术难以达到或根本无法达到的不切实际要求，从而出现不按客观规律办事的现象。

在北京市推进政务地理空间数据库建设过程中，更多的是采用了行政决策、技术决策相分离的一种模式。技术决策是指由技术团队负责项目可行性论证、方案设计、技术路线选择、目标和计划制订、预算编制、承担单位选择、项目成果考核和验收等方面的决策；而行政决策则指行政领导对项目的必要性、经费和人力资源配置、部门组织协调等方面进行决策。通过实践表明，这种模式可以充分发挥两者的长处，且两者分工明确，优势互补，可减少信息化项目不合理决策发生的概率。

因此，只有进一步规范政府部门的决策机制，提高其决策能力，才能保证信息化工作沿着健康、良性发展轨道不断前进。

13.1.3 人才队伍

人才队伍的建设是信息化成功推进的重要保障。众多成功和失败的信息化建设工程表明，不管是企业还是政府部门的信息化建设如果要取得成功，都需要一支既能熟练运用现代信息技术又懂业务管理、善经营的高水平、高素质队伍，否则再好的软硬件设备也只是摆设。

政务地理空间数据库的建设、管理与共享应用工作是一项牵涉部门多、技术难度大、建设周期长的复杂系统工程，开展该项工作首先得明确该项工作的具体组织实施单位，同时该单位必须拥有一支长期稳定、经验丰富、善于钻研和管理的技术团队，才能保障项目的有序进行。这支技术队伍必须具备如下能力：

（1）必须拥有一定的专业技术知识储备，具备与企业进行同等对话的能力。政府部门在开展政务地理空间数据库的建设时，应该注重自身技术队伍的组建和培养，不应将所有事情完全寄希望于专家团队或第三方监理去管理和解决，必须拥有自己的专业人才储备。如果缺少自己的技术队伍，那么政府部门将很难在技术路线、工作成果以及考核指标等方面与企业进行同等对话和交流，从而影响项目进度和实施质量。

（2）必须具备政务地理空间信息资源开发利用的顶层设计能力。现阶段，我国电子政务中存在信息资源共享交换困难等问题，主要是由于缺乏统一规划、各部门各自为政、自成体系所导致。同样，如果要高效、有序地开展政务地理空间数据库建设，就需要按照"统一规划、分步实施"的原则开展工作，因此，技术团队必须具备顶层设计能力，就政务地理空间数据库建设的基本问题进行总体、全面的设计，这不仅涉及政务地理空间信息资源建设、安全管理、共享应用模式、绩效管理等诸多技术方面的内容，还涉及行政管理体制、政府职能及具体业务类型之间的关系。

（3）必须具备良好的业务理解能力。只有具备良好的业务理解力，才能将政府部门业务人员提出的需求转换成企业技术人员所能理解的需求。这往往是许多企业所无法具备的能力，这也是很多外包过程中由于需求不明确而导致项目失败的原因。因此，具备这种能力的技术人员就成了政府部门业务管理人员与企业信息技术人员之间的纽带和桥梁，将从根本上改变企业信息技术人员和政务部门业务管理人员沟通不畅，信息技术和部门工作相脱离的"两张皮"的状态。这也就是所谓政府部门信息化主管（CIO）的主要职责。

（4）具备良好的项目管理能力。信息化项目具有周期长、复杂度高等特性，这决定了政府信息化项目管理人员应具备良好的项目管理能力。在政务地理空间信息资源开发利用过程中，技术团队需要对项目的预算、成本、工期、目标、范围、资源、计划等这些十分复杂的工作有着良好的驾驭能力。在项目管理中，首先需要明确的是项目的目标，严格地控制项目的范围；其次，必须要有项目计划的制订和执行能力，对各项任务的时间要求、质量要求、交付成果、资源配给、预算等做出科学合理的安排，确保项目利用有限的资源在有限的时间里达到既定的目标。可以说，只有具备这样能力的技术队伍才能够保证项目各个阶段建设的连续性。

（5）具备一定的创新能力。信息化本身也是一件新鲜事物，需要在实践中不断摸索和总结，是一项需要不断创新的工作，政务地理空间信息资源管理与共享服务应用体系的建设也不例外。因此，承担政务地理空间信息资源开发利用任务的技术团队必须具备不断创新和学习的能力，才能去思考和解决政务地理空间数据库体系框架构成、标准规范、建设与共享应用模式、运行维护机制等一系列新问题，才能为企业提供详细的需求。

作为北京市政务地理空间信息资源管理与共享服务应用体系建设的主要承担单位，北京市信息资源管理中心有着一支精炼能干的技术团队，各有专攻，在系统总体设计、标准规范制定、软硬件集成、数据库建设、系统开发、数据生产与管理等各个方面均配有相应的技术人员。上述章节提到的诸多项目的成功，都是团队集体智慧的结晶，从先期的业务需求、数据标准制定、数据获取与更新、系统开发、测试到日常运行维护，每个环节都离不开中心技术团队的努力。

鉴于物色和培养一名信息化人才并不是一件简单的事情，因此，在目前IT人才流动十分频繁的环境下，应充分考虑如何保持自身信息化队伍的稳定性，尤其是核心人员，这需要有关部门建立相关的配套政策和激励机制。对此，在开展实际工作时，还可采用岗位互备机制，即每个岗位除了安排正常的一名技术人员之外，还需附带培养另一岗位的一名技术人员，作为其备份，以减少人员流动、人员休假等因素给项目所带来的影响。

综上所述，拥有一支具有专业素质的核心技术团队是政务地理空间信息资源管理与共享服务应用体系建设成功和可持续良性发展的必要条件。

13.1.4　市场机制

引进市场机制可以为政府部门取得提高效率、精简机构、减少开支、优化服务等一系列成果。

在信息化建设过程中，首先我们必须区分哪些是"别人擅长的"、哪些是"自己擅长的"。对于政府部门来说，一些与政府业务结合紧密、需要大量沟通和协调的"创造性工作"（如信息化建设规划、规则、标准规范、业务沟通协调、项目预算、绩效考核、长效机制等），应由政务部门的内部人员直接完成；而那些可重复的、流程化的、具有明确工作边界和目标、但需要有较长时间业务积累和技术积累才能完成的"事务性工作"（如系统开发、部署、实施、测试、集成、项目监理、系统日常运行维护等），可以采用服务外包的方式进行市场化运作，这样就可以物尽其用、人尽其才，促使有效分工、协同工作。

在北京市建设政务地理空间信息资源管理与共享服务应用体系过程中，一开始就引入了市场机制，将"事务性工作"尽可能地交由外部单位承担。例如，在数据方面，自2001年以来，首都的年度航空摄影工作一直就采用市场招投标的方式，选择由国内设备最先进、技术最雄厚、经验最丰富的单位承担，而对于航空摄影项目的部门需求调研、经费预算及申请、空间飞行许可申请办理、数据成果归档、分发及应用绩效评估等工作则由北京市信息办内部人员承担。通过外包机制，可以大大促进机构的精简，目前，负责北京市整个年度航空摄影工作的技术人员尚不到2人。此外，对于地址数据的更新采集、入库，政务信息图层的制作、审核与入库发布等工作均是采用市场外包的工作机制。

另外，北京市在相关系统建设研发过程中也采用了市场化运作机制，由自身的技术团队全面负责系统顶层架构设计，进行项目管理，由IT企业承担系统的开发，由权威的软件测试机构承担系统的测试，充分发挥了市场的技术优势；同时，结合政府管理的需求，指导企业完成符合政府服务职能的系统建设。在系统集成运行维护方面，北京市也采用了市场外包的模式，由外部企业承担相关系统软硬件、网络等运行环境的日常运行维护工作。

虽然市场化运作机制在管理、服务等方面具有其突出的优势和特点，但也要清醒地认识到这一机制存在着的风险。因此，在进行市场化运作的时候，一方面需要做好风险控制，另一方面还应掌握一定的合作技巧，才能驾驭自如。

（1）做好风险控制

政府和企业所追求的目标各不相同，企业的目标是追求利润最大化，而政府的目标则是不断提高公共服务的水平，因此，政府部门最担心的是，企业出现风险后将给政府带来连带风险，甚至给社会带来问题。为了规避风险，在选择外包企业时，应慎重考虑几个重要因素：外包企业是否有能力胜任工作；外包企业的人员配置以及流动性；外包企业的长期发展战略与自身提供的"可管理的服务"外包内容是否吻合；是否具有多家外包企业可供选择；等等。如果要与外包企业建立长期合作关系，则宜采取统筹规划、分阶段建设、小步快跑的策略。

（2）讲究合作技巧

政府部门在和企业进行合作的过程中，应当讲究一定的方法和技巧。首先，要在追求"双赢"原则的基础上，采用激励机制充分调动企业的积极性。政府与企业之间是一种唇齿相依的关系，因此，政府部门要学会与企业平等相处，而不是一味的管理，应在相关共识的前提下，给企业提供良好的施展空间，充分调动其主观能动性，追求一种平等、合作、双赢的策略机制，关心企业自身的健康发展和良性运作，不能"杀鸡取卵"。其次，应当注意从长远角度出发进行合作伙伴的选择，从源头开始减少潜在的风险。在选择过程中，政府部门应注意几个原则：一是将企业能力放在第一位，以现场调研的方式实际感受企业文化和技术专长；二是重点考察企业的诚信和服务意识；三是从人力资源等角度了解企业的项目承担能力。最后，要通过合同方式对企业行为进行严格约束和把关。通过制定详细的工作计划、关键节点、项目提交成果、考核指标、分期付款、人员变更及违约条款等内容，对企业严格按照合同进行管理。

综上所述，市场机制的推行不仅培育了良好的 IT 市场，为企业提供了广阔的用武之地，同时，也极大地推动了电子政务工作的开展。但是，在具体操作环节中，一定要慎重处理政府和企业的关系，针对自身不同的情况选择不同的外包模式；在选择外包企业时，应从技术与服务能力、以往业绩、诚信等多个角度加以综合考虑，讲究策略，使其各司其职，各尽其才。

13.1.5　应用导向

应用是电子政务建设的真正原动力，没有应用服务就没有电子政务。电子政务为政府提供了一个发展、改善和提升业务管理和服务的机会，可以使政府服务能力发生本质性变化，缺乏应用的电子政务建设将是"无源之水、无本之木"，这就要求我们在实际工作中，必须从应用出发，以应用为中心，不断地发展和深化应用。

在北京市政务地理空间信息资源管理与共享服务应用体系建设过程中，始终坚持"以需求为导向，以应用促发展"的指导原则，紧紧围绕以应用为驱动、为主线、为目的的思路，积极稳妥地推进相关工作。

1. 数据应用导向

在数据应用方面，充分考虑政府部门对基础性、共享性政务地理空间信息资源的强烈需求，优先建设最基础的高清晰航空遥感影像，提供基础的数据服务；在此空间基础框架之上，建设能够广泛支撑相关政务应用的政务电子地图和地址数据库，提供初步的政务支撑服务；同时，利用地址匹配技术，协助政务部门建设了其急需的政务信息图层，为各类业务应用的开展奠定了基础。

随着应用的深入，用户对数据质量（现势性、完备性、权威性、精度等）的要求越来越高，这也为我们后续工作的开展指明了方向。例如，在组织航空摄影工作中，早期考虑到远郊区（县）的城市化进程相对较为缓慢，对数据更新周期要求相对较弱，提供 0.5 ~ 1.0 米的空间分辨率的遥感影像，并两年更新一次；然而在实际应用过程中，一些远郊区（县）提出这已无法满足其城市管理、城市规划等相关业务的开展，为此，2007 年航空摄影工作中，调整了数据获取要求，对远郊区（县）的重点城镇区域按照 0.2 米的分辨率进行数据获取，并于 2009 年开始实现全市域的年度更新，以满足相关区（县）的应用需求。

对地址数据库而言，目前用户最大的需求就是如何保证数据的完备性和现势性，数据更新问题成为首先需要解决的关键。对此，北京市信息办已经组织相关部门从行政、技术等不同角度，共同研究如何解决地址数据的新增数据发现、快速更新等问题，并初步取得了一些可喜的进展。同样，在政务信息图层方面，用户也提出了数据更新、定位精度、数据内容方面存在的问题，为此，北京市也制定了涉及政务信息图层制作、审核、动态在线更新、共享的有关管理办法和实施机制，初步形成了一套完整的应用模式。

随着政务地理空间信息资源的不断深入应用和发展，很多政府部门不再局限于仅仅对基础数据的需求，对跨部门专题数据的共享需求日趋强烈，如地下管线、地籍、房屋等，如何推动这些数据的共享应用则是首都政务地理空间信息资源开发利用的下一步重点工作之一。

2. 系统应用导向

北京市政务地理空间信息资源的相关系统开发也是紧紧围绕"应用"这一主题进行组织建设。为了满足不同层次的用户需求，北京市由单机到网络、由人机交互到系统交互、由二维到三维，先后开发了一批共享、应用服务系统。例如，从早期的单机版遥感影像数据库系统、综合遥感数据库系统（网络版）、政务信息图层共享服务系统、地址数据库管理与应用服务系统等单一数据源的展示系统，到最新的高效、统一、多源的政务地理空间信息资源共享服务平台，再到面向普通公务员用户群体的"政务图典"、北京市三维地理信息系统等，都是根据用户的需求逐步向前发展，并不断对系统的性能、功能、安全性、稳定性等相关方面进行优化和完善，使之更好地服务于越来越庞大的政府用户群体。

3. 应用绩效考核

为了更好地推动政务地理空间信息的共享应用，应当加强应用绩效管理与考核工作，确立目标明确、可量化的绩效评估制度，对数据、业务系统使用情况包括服务对象、支撑业务（尤其核心业务）、效率、投入产出效益等方面进行评估，从而保障应用的效果和水平。目前，北京市在推进政务地理空间信息的共享应用方面，以应用水平作为检验项目建设成败的根本指标，在项目建设之前首先就是规划应用，在做好数据与系统服务质量的基础上，开始更多地考虑如何去支撑各部门的业务，将对各部门核心业务的支撑程度作为一个重要的评估指标。忽视应用，离开应用，所有的信息化工作都将成为空中楼阁，这也是当今众多信息化项目建设失败的主要原因。

总之，在政务地理空间信息资源开发利用过程中，面对不断变化的用户应用需求，唯有坚持"以需求为导向，以应用促发展"的原则，才能使政务地理空间信息资源管理与共享服务应用体系永葆生命力，蓬勃健康发展。

13.1.6 遵循规律

任何事物的发展都有着自身的客观规律。信息化的建设发展也有其自身的基本规律，只有按规律行事，才能掌握信息化建设的主动权。北京市在多年的应用实践中，总结出了一些信息化建设发展的基本规律。

1. 阶段发展规律

信息化发展不可能一蹴而就，是一个认识—实践—再认识—再实践的循环往复、螺旋式上升的过程，任何拔苗助长、急功近利的行为都将不利于信息化的健康发展，必须遵循阶段发展的客观规律，做好统一规划、分步实施，由低级到高级不断循序渐进，不能指望毕其功于一役，需要持续投入、持续建设和运维，做好打持久战的心理准备。

北京市在推进政务地理空间信息资源共享服务应用过程中，本着统一规划的原则，划分为资源建设、信息管理、共享服务、应用推广四个阶段，每一阶段都有着不同的工作重点，如资源建设阶段的重点是航空摄影、地址数据采集等基础资源的获取工作，信息管理阶段的重点则是在资源管理机制、系统建设等方面，而目前，正处于信息管理向共享服务、应用推广过渡的阶段，不仅要重视共享服务效果，而且要用业务应用反过来驱动共享服务质量和水平的提升，虽然取得了一些成绩，但道路依然曲折漫长。

2. 统筹建设规律

为实现构建精简、高效、廉洁、公平、公开的政府服务模式这一最终目标，务必要遵循统筹建设的基本规律，做好"统一思想、统一规划、统一设计、统一实施"，从而有效地满足信息资源跨部门、跨区域的共享和交换，以及系统之间无缝对接和互联互通的要求。

　　北京市正是按照这种建设思路不断推进政务地理空间信息资源开发利用工作。从一开始就十分注重顶层设计和标准制定工作，"规划带路，标准先行"；同时，紧紧围绕"资源建设、管理、共享、应用"这一主线，按照统一的标准开展数据采集和资源梳理，统筹规划建设了政务地理空间信息资源共享服务平台，从资源、技术等不同角度解决全市资源共享困难、难以互联互通等问题。目前，继《北京市信息化促进条例》颁布施行以后，北京市正在加紧制定一些和政务地理空间信息资源开发利用相关的法律法规和标准规范，以期规范全市各部门的政务地理空间信息资源开发利用。

3. 均衡发展规律

　　信息化的建设与发展不仅涉及各个部门，同时也涉及技术、网络、标准与法规、安全、业务流程改造等诸多方面，它是一项复杂的技术与管理工程，要发挥各种因素综合作用的最佳效果，就必须保障各方面的均衡发展。政府作为一个整体，在电子政务建设初期，各个部门和区域的发展水平有先有后，有强有弱，整体发展水平参差不齐，于无形之中构筑了政府内部"数字鸿沟"。这种现象好比用一个木制的"水桶"盛水，各个政府部门就代表着木桶周边的木桶板，各自的信息化发展水平代表着每块木桶板的高度，从实际上看，一只木桶能装多少水并不仅仅取决于"短板"，而是更取决于"水桶"是否严密，如果板与板之间有缝隙或漏洞，那么这只木桶就永远盛不满水甚至根本就盛不了水，只有箍紧木桶、补严漏洞才能以最大限度地发挥木桶的整体效应，这就是"水桶"理论。因此，只有均衡发展，对网络、标准与法规、安全、数据权属、业务流程改造等这些"板与板之间的缝隙或漏洞"加以补修，才能提升信息化的整体发展水平，获得整体的可持续发展。

　　在首都政务地理空间信息资源开发利用工作中，同样存在着类似的问题。为此，北京市采取了"巩固优势、重点扶持"策略，允许优势部门和区域在统一框架下稳步推进，重点扶持则是从财政和技术上去支持和帮助相对较为落后的部门和区域，以获得全市各部门、区域的和谐、均衡发展。此外，也采取了强调统筹规划、避免重复建设，加强资源整合、统一提供服务，着手建立一套行之有效的管理措施和服务机制、明确权责等措施，旨在发挥政务地理空间信息资源开发利用的整体效益。只有同时解决好"短板"问题和"缝隙"问题，政务地理空间信息资源开发利用才能走上健康、和谐的良性发展之路。

　　关于信息化建设发展的基本规律，除了上述三个外，还可以从不同的角度总结归纳出更多的一些规律，如效益最大化、以人为本等，本书不再一一赘述。总之，随着社会的发展和信息化的深入应用，我们对其发展规律的认识将越发深入和清晰，认识和了解这些规律将使我们能够更好地开展工作。

13.2 创新

信息化作为一项新鲜事物，政府部门在开展电子政务过程中，需要不断探索、不断创新。北京市在政务地理空间信息资源的管理、共享和服务方面之所以能够取得一些成果，离不开体制、管理、机制、技术等方面的创新。

13.2.1 体制创新

北京市在信息资源开发利用过程中，首先从体制上进行突破、创新。其中，在体制方面的最大创新，就是在全国首创了专门负责信息资源共享交换与管理的组织管理机构——北京市信息资源管理中心。2000年，在北京市高层领导高瞻远瞩的思想指导下，率先在全国指示成立该单位，并明确规定了其在信息资源管理中的具体职责，这项创举可谓开全国信息资源开发利用工作之"先河"，亦可称之为"破冰"之举。该中心的具体职责如下：

（1）负责研究提出北京市全市信息资源开发利用的规划方案建议并具体组织实施；

（2）负责北京市信息资源的共享、交换和整合工作；

（3）负责研究拟定信息资源的管理规范和技术标准；

（4）负责集中管理北京市重要的信息资源，为党政机关和社会提供信息咨询服务。

北京市信息资源管理中心的成立，很好地解决了以往北京市电子政务信息资源组织管理体系中存在的一系列问题：管理主体不明确，缺乏专业的信息资源管理机构；职能设定不完善；管理授权不到位，缺乏必要的行政授权和立法支持，致使规划和标准难以推行，使信息资源的管理"管"而不"理"等[67]，从而建设健全了北京市的信息资源管理、共享交换体制，也从根本上保障了政务地理空间信息资源开发利用工作的有序推进和蓬勃发展。目前，北京市信息资源管理中心已初步组织完成了北京市政务信息资源共享交换平台、公务员门户、领导决策系统、政务地理空间信息资源共享服务平台等建设工作，为推进跨部门信息资源的开发、共享和应用，实现"数字奥运"、"数字北京"的宏伟目标奠定了坚实基础。

在政务地理空间信息资源开发应用领域，北京市信息资源管理中心取得了一系列可喜的成绩。由其负责承办的北京市综合遥感影像数据库系统、北京市政务信息图层共享服务系统和北京市地址数据库管理与应用服务系统分别连续三年（2006，2007，2008）蝉联年度"中国地理信息系统协会优秀工程金奖"。鉴于北京市在"数字城市"建设方面所取得的成绩，2008年11月，中国地理信息系统协会授予了北京市信息资源管理中心"数字城市GIS工程示范单位"称号（图13-1）。在2008年北京举行的史无前例、举世瞩目、国人振奋的第29届奥运会期间，北京市信息资源管理中心充分发挥GIS技术优势为奥运赛事、交通管理和决策指挥等做了大量卓有成效的奥运保障服务工作，被中国地理信息系统协会授予"29届奥运会GIS服务特殊贡献单位"称号（图13-2）。

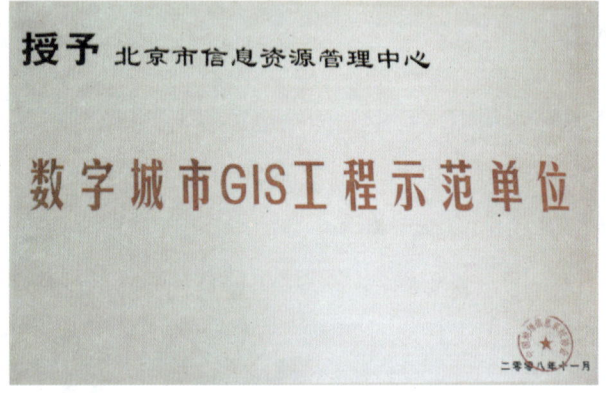

图13-1 "数字城市GIS工程示范单位"奖牌

图13-2 "29届奥运会GIS服务特殊贡献单位"奖牌

13.2.2 管理创新

管理创新是关系信息化项目成败的关键。多年来，北京市在政务地理空间信息资源开发利用工作中，对项目的管理方法和规范规则进行积极的探索，引入市场机制，如企业外包和第三方监理等，调动了企业等团体参与信息化建设的积极性，最大限度地发挥他们的特长。同时，为预防风险，有效管理，北京市还研究制定了一系列的规则、管理办法和制度。

1. 总体规划类政策法规

为指导全市信息化建设工作，北京市组织研究了一系列涉及电子政务总体规划、体系框架类的相关管理规定，如《北京市信息化促进条例》、电子政务总体框架、电子政务技术总体框架、政务地理空间信息资源管理与共享服务应用体系框架等内容。

2. 项目管理规则

项目管理规则按照生命周期又细分为年度计划管理规则、项目经费管理规则、立项审查规则、项目招投标与政府采购规则、项目建设规则、项目验收规则、项目运行维护规则、项目外包规则、项目资产（成果）管理规则等。这些项目管理规定，可以很好地确保信息化项目的建设质量。例如，在项目验收规定中明确，系统建设类项目只有在通过第三方单位（具有系统测试资质的）测试考评的，才能进入验收流程。

3. 信息资源管理规则

信息资源管理规则涉及政务信息采集规则、政务信息资源共享规则、政务信息资源共享交换平台管理规则、政务基础共享地理空间信息资源数据库建设管理规则、航拍数据管理规则、政务地理空间信息资源共享管理办法等。

4. 信息安全管理规则

信息安全管理规则方面，北京市主要研究制定信息系统安全管理规则、信息安全等级保护规则、信息系统安全保密规则、容灾备份规则等相关内容。

5. 监督管理规则

监督管理规则是保证信息化项目长期稳定运行的保证。北京市为促进信息化建设，在全国范围内率先将电子政务情况列入政府年度绩效考核评价内容之一，采用自查和实地检查相结合的方法，促进各单位电子政务工作，为市领导决策提供第一手材料。

13.2.3 技术创新

技术创新是电子政务建设的一个重要组成部分，北京市在政务地理空间信息资源开发利用过程中，一直就特别重视技术创新工作。

1. 航空遥感影像的管理技术创新

针对不同用户对航空遥感影像数据的需求，为便于共享使用，北京市通过不断的技术创新，从最初的数据离线拷贝分发逐渐发展到综合遥感影像数据库单机版、网络版人机交互系统以及到目前的系统交互模式，不断尝试采用多种途径，进行免费共享，逐步突破了海量数据存储、管理与处理等方面存在的技术瓶颈，降低了遥感影像资源利用的技术门槛，避免了"信息荒漠"的产生，获得了显著的应用绩效。

2. 地址数据库全流程建设和软件开发技术

北京市通过了解国内外的发展情况，深刻认识到地址数据库在社会经济信息与地理空间信息整合中的关键作用，针对北京市的地址情况，对地址数据库所涉及的地址模型、标准地址规范、地址采集、匹配技术、服务模式进行了全流程的研究，并已于 2005 年底正式向北京市各政府部门提供服务，建成了我国首个具有较大应用规模、较为完备的地址数据库，产生了良好的社会经济效益。

3. 全国产化 GIS 解决方案

为了打破长期以来地理空间信息系统领域国外产品占据主导地位的局面，解决国家信息安全等问题，提高国产软件的自主创新能力，促进强强合作，北京市充分发挥了政府的主导作用，开展面向区（县）、中小城市的全国产化 GIS 解决方案研究，通过怀柔区和平谷区的试点形成了操作系统、数据库、GIS 平台软件、中间件全国产化的解决方案，目前，已在多个区（县）和地方进行了推广。

4. 异构 GIS 平台之间的互联互通

为了解决全市政务地理空间信息资源共享服务平台的跨平台服务的技术难题，北京市开展了 GIS 异构平台之间互联互通的关键技术研究，自 2006 年开始组织了 SuperMap、MapGIS、ArcGIS、MapInfo 这四家国内外主流 GIS 平台厂商，遵循 OGC 标准开展了异构平台互操作的技术研究，目前，已走通了关键技术难点，并以不同 GIS 平台完成了市、区（县）两级政务地理空间信息资源互联互通对接的试点研究。异构平台之间互操作能力的解决为全市政务地理空间信息资源共享服务平台的推广应用扫清了技术障碍。

5. 个性化的二次开发接口服务模式

北京市利用政务地理空间信息资源共享服务平台，为全市各政务部门提供多种数据源的服务接口，以方便其搭建空间业务系统，这种服务模式已在全市各委办局、区（县）中获得广泛认可和肯定。随着各部门二次开发业务系统和并发用户的增加，政务地理空间信息资源共享服务平台的服务能力受到了严峻的挑战，为了解决该问题，北京市根据不同的应用需求，提供了个性化的解决方案，如图片引擎服务方式可以用于那些利用影像和电子地图数据仅仅作为背景资料的业务系统，而对于那些需要开展统计分析、空间分析的业务系统，则可以使用 WFS 接口的解决方案。这种个性化服务的提供，充分展现了技术创新所带给用户的方便和实惠。

6. 政务信息图层动态更新技术

在政务信息图层动态更新方面，北京市创新性地提出利用全市统一的政务信息资源共享交换平台，进行图层的及时制作和更新维护。这种更新技术充分利用了北京市政务信息资源共享交换平台的前置机方式，实现了政务信息图层利用地址匹配进行在线审核、自动入库发布等，取得了突破性的进展。目前，市地震局、市新闻出版局、市药监局等一些委办局的政务信息图层就是利用该方式进行更新、审核和发布的。

7. 单点登录解决方案

为了更好地为系统的用户提供服务，北京市将与政务地理空间信息资源相关的共享服务、应用系统的访问模式进行了改造，在北京市领导决策系统、应急门户、公务员门户等多个门户网站采用了单点登录的解决方案，对各个系统的用户进行了统一的管理和认证授权，"一次登录、全网通达"，大大便利了用户的访问和使用。

8. 系统运行管理

由于政务地理空间信息资源多为敏感资料，为了解决数据安全问题，北京市政务地理空间信息资源共享服务平台提供了强大的后台用户管理机制，提供了根据用户角色、权限、IP 等多种机制的授权方式以及强大的、完备的日志管理功能，可以对任何用户任何时间访问的任何内容均进行追溯。此外，针对系统的健壮性和高效性，提供了基于集群的动态负载均衡、服务报警及自动重启的解决方案。目前，正在研究在政务外网多个核心节点布设政务地理空间信息资源共享服务平台的解决方案，以期解决网络单点部署潜在的风险，如带宽、断网等方面的风险。

另外，考虑到北京市政务地理空间信息资源的应用现状，即正在由资源建设向业务应用方向逐步迈进，北京市正在开展政务地理空间信息资源在社会经济领域的应用模型研究,为下一步业务应用的深入发展奠定基础。

13.2.4 机制创新

在机制创新方面,北京市主要在航空影像数据的获取、更新与服务机制,政务信息图层共建共享模式,地址数据库建设更新机制,促进资源共享机制,组织技术培训和交流服务机制等方面取得了突破性进展。

1. 航空影像数据的获取、更新与服务机制

北京市建立了航空遥感影像数据"财政统一支付、统一获取、全市政府部门免费共享"的机制,使这一资源成为名副其实的政府公共资源与资产,使各政府部门均能充分共享,打破了以往因部门利益导致的共享障碍,避免了"信息孤岛"的产生。这项机制的建立有力地推动了全市政务地理空间信息资源共享、应用的进程;其创新的服务模式、良好的市场运作机制、完善的绩效管理、显著的应用成效使其得到了北京市领导、行业主管部门以及各个用户的高度认可和肯定。

2. 政务信息图层共建共享模式

北京市在国内率先采用"共建共享"的模式,按照"权威数据来自权威部门,权威部门负责更新维护"的原则,利用地址匹配这一关键技术开展了政务信息图层建设,在短时间内取得了大量的成果。同时,依托于北京市政务信息资源共享交换平台的前置机方式,形成了政务信息图层从部门业务系统到地址匹配、在线审核、自动入库发布、业务系统共享调用的闭环流程机制,初步建成了数据动态更新维护的长效机制。

3. 地址数据库建设更新机制

在地址数据库建设方面,北京市也已初步建立了类似航空遥感影像数据的获取、更新机制。全市只建一个地址库,由北京市信息办组织运行维护,为全市各区(县)、委办局提供在线地址匹配服务。在更新方面更是充分发挥各区(县)、委办局的地址发现机制,真正实现"取之于应用部门、服务于应用部门"的目标。

4. 促进资源共享机制

北京市信息办具有电子政务项目立项评审的业务职能,这可以督促各部门在建业务系统时,尽可能地利用和共享全市已有的资源,这为首都开展政务地理空间信息资源的共享应用创造了良好的政策环境。

5. 组织技术培训和交流服务机制

此外,北京市在推进政务地理空间信息资源共享服务应用工作中,定期或不定期地组

织开展面向全市各应用部门的相关技术培训、交流会，不断地普及和推广政务地理空间信息资源知识及成果，并积极主动地为各应用部门提供技术、标准、项目管理等各个方面的支撑服务。

13.2.5 知识创新

近年来，我国的"数字城市"建设开展得轰轰烈烈、朝气蓬勃，但从国际范围上来看，始终缺乏完整的、经实践检验符合中国国情的并可付诸实施的理论和知识体系，来指导全国各个省市进行"数字城市"、"数字区域"筹建工作，甚至出现概念不清、职责不明、共享不够、应用不深等尴尬的局面。为此，北京市在开展"数字北京"、"数字奥运"实际工作中，对政务地理空间信息资源建设、共享与应用的理论和知识体系进行了系统研究和总结，取得了一系列可喜的建设成果。

1. 政务地理空间信息资源的全新概念

北京市在电子政务实际工作中切实感觉到，政务地理空间信息资源作为一类特殊的政务信息资源，是非常需要进行明确定义和分类建设、管理的。这一概念的提出，不仅可以解决实际工作中基础地理空间数据"获取容易应用困难"的尴尬和困惑，明确了电子政务中地理空间信息资源共享分级、服务分类的资源建设和管理机制，而且通过解释地理空间信息和政务地理空间信息之间的区别、联系，阐述了政务地理空间信息资源的内容和特点，展示了政务地理空间信息资源在电子政务中的广泛应用空间和深刻建设意义。

另外，通过结合电子政务的实际应用工作，北京市创新性地提出了政务信息图层、政务电子地图等全新概念和理论，这些新事物的提出不仅有利于实际工作的顺利开展，而且也逐渐获得了专家和同行的认可和接受。这些概念和理论的付诸实施产生了显著的应用效果。

2. 政务地理空间信息资源管理和共享服务应用体系理论

在政务地理空间信息资源的概念基础上，北京市经过提炼、总结，在国内率先提出了完整的政务地理空间信息资源管理和共享服务应用体系理论，从总体定位、技术框架、关键理论和技术、管理模式、共享服务模式、未来应用和发展趋势等方面进行了全面的阐述，重点探讨了政务地理空间信息资源的规划、获取更新与组织方式、管理模式、共享服务模式等内容。该理论在北京市级及多个区（县）的政务地理空间信息资源共享服务平台建设中得到了实践验证，为我国其他省市的"数字城市"建设提供了的理论参考和借鉴。

13.2.6 应用创新

在政务地理空间信息资源应用创新方面,主要体现为服务方式和应用领域两个方面。

1. 服务方式创新

北京市针对政府不同用户群体的需求,提供个性化的信息服务。例如,从二维到三维,从影像、电子地图到多媒体,从离线地址匹配服务到在线地址匹配服务,从单机系统到人机交互、系统交互等,都是在不断的应用创新中发展起来的相关服务内容。还有,目前已在北京市"公务员门户"上开通服务的"政务图典",就是借助了"金山词霸"的风格,实现了由文字到地图的快速"翻译",这为缺乏了解地理空间知识的用户提供了简单易用的技术手段,为地理信息的应用普及和推广起到了良好的作用。

2. 应用领域创新

在应用领域方面,北京市除了继续推进政务地理空间信息资源在国土、建设、市政、交通、园林绿化、农业等传统 GIS 应用部门应用的同时,也积极挖掘和推动财政、工商、教育、卫生、旅游、新闻出版、质检、安全监督、应急、审计等非传统 GIS 应用部门对政务地理空间信息资源的关注和使用,充分发挥了资源潜在的价值。在公众服务方面,北京市在国家测绘局的大力支持下,紧紧围绕奥运及公众需求,组织各相关政府部门开展了面向奥运的公众地理信息服务,取得了阶段性成果。奥运门户网站(http://www.beijing2008.cn/emap)和北京网(http://www.beijing.cn/)是我国首次拥有国家正式颁发审图号、提供面向公众地理信息服务的官方网站,两个网站的审图号分别是"GS(2007)1386号"、"GS(2007)1387号"。

创新是民族进步的灵魂,是国家兴旺发达的不竭动力。创新永远是信息化工作的一个重要组成部分,尤其是我国现阶段的电子政务工作依旧面临着体制、机制、技术等方面存在的诸多难点,这更加需要我们信息化工作的从事者们与时俱进,不断地去学习、研究、创新和总结,才能使我们的工作不断取得进步,永葆生命力。

13.3 结束语

政务地理空间信息资源是在北京市多年摸索、实践基础上提炼出来的一个全新概念,政务地理空间信息资源管理与共享服务应用体系是在对该资源进行管理、共享、应用过程中总结出来的一套完整理论框架,这些概念和理论都正在不断发展、变化之中,虽然在体制、机制、应用模式等方面都具有一些地域特色，但通过其在城市规划、城市建设、城市管理、应急指挥、基础测绘、资源调查、环境监测、安全保障等几十个领域的深入应用，在奥运会保障、建设社会主义首善之区工作中发挥着的重要作用，都体现出这一新生事物强大的生命力和广泛的适用性。相信随着地理空间信息技术的不断发展，电子政务应用的不断深化，以及"数字城市"的不断推进，政务地理空间信息资源管理与共享服务应用体系也将会得到进一步的创新和完善，也将更为深入地应用于城市管理、日常办公、领导决策以及公众服务的方方面面。

附　录

附录一：北京市信息资源管理中心大事记

● 2000年12月6日，时任北京市市长的刘淇同志指示要成立北京市信息资源管理中心。

● 2001年3月16日，北京市信息资源管理中心经北京市机构编制委员会办公室正式批准成立。

● 2001年6月，开始承担北京市年度航拍任务，并向全市共享。

● 2002年10月，成为国家遥感中心北京分部。

● 2002年12月，数字北京位置服务网站正式上线。

● 2003年4月，承担北京SARS疫情病情监控决策支持系统和报送系统建设工作，并圆满完成任务。

● 2004年3月，北京市综合遥感影像数据库系统正式上线。

● 2005年6月，完成区（县）政务信息资源共享交换平台试点，并正式上线。

● 2005年10月，北京市地址数据库管理与应用系统正式建成，并开始提供批量匹配服务。

● 2005年11月，北京市政务信息图层共享服务系统正式上线。

● 2005年11月，作为第三方机构加入长风开放标准平台软件联盟。

● 2006年4月，北京市政务信息资源共享交换平台上线试运行。

● 2006年7月，完成全国产化政务GIS系统解决方案区县试点工作验收。

● 2006年8月，北京市综合遥感影像数据库系统荣获"2006年度中国地理信息系统协会优秀工程"金奖。

● 2006年12月，北京市政务信息图层共享服务系统圆满完成600层上线任务。

● 2007年1月，北京市政务地理空间信息资源数据库基本框架已经建成，实现基于政务信息资源共享交换平台的实时动态数据更新，进行委办局、区（县）异构GIS平台对接，并开始进入实际应用阶段。

● 2007年9月，北京市政务信息图层共享服务系统荣获"2007年度中国地理信息系统协会优秀工程"金奖。

● 2007年11月，整合集成来自市旅游局、市卫生局、市教委、市交通委等9个部门的52类政务地理空间信息，正式向奥运官方网站观众服务地理信息系统和北京网提供权威政务信息。

● 2007年11月，在"计算机世界"传媒集团主办的2007年"中国IT两会"上，北京市政务信息图层共享服务系统荣获"2007年度中国信息化建设项目成就奖"。

● 2008年1月，北京市政务地理空间信息资源共享服务系统、北京市三维地理信息系统、北京市政务图典正式上线发布。

● 2008年3月，北京市政务地理空间信息资源的共享、服务和应用初具规模，北京市政务地理空间信息资源共享服务系统支撑了25个委办局的30多个业务系统，并成为全市50个重要政务信息系统之一。

● 2008年11月，北京市地址数据库管理与应用服务系统荣获"2008年度中国地理信息系统协会优秀工程"金奖。

● 2008年11月，北京市信息资源管理中心被中国地理信息系统协会授予"数字城市GIS工程示范单位"、"奥运保障GIS服务特殊贡献单位"称号。

政务地理空间信息资源管理与共享服务应用

附录二：北京市地方标准《政务信息图层建设技术规范》

DB

北 京 市 标 准 化 指 导 性 技 术 文 件

DB11/Z 360—2006

政务信息图层建设
技术规范

Specification for Constructing General Geographic Datasets of Government Administration

2006-06-14 发布

北京市质量技术监督局　发布

目　次

目次 ………………………………………………………………………………………	347
前言 ………………………………………………………………………………………	348
引言 ………………………………………………………………………………………	349
1　范围 ……………………………………………………………………………………	350
2　规范性引用文件 ………………………………………………………………………	350
3　术语和定义 ……………………………………………………………………………	350
4　政务公用地理信息分类与编码 ………………………………………………………	354
4.1　分类方法 ……………………………………………………………………………	354
4.2　代码结构 ……………………………………………………………………………	354
4.3　编码原则 ……………………………………………………………………………	354
5　图层技术、数据组织和质量要求 ……………………………………………………	355
5.1　基本技术要求 ………………………………………………………………………	355
5.2　图层数据组织要求 …………………………………………………………………	355
5.3　图层数据质量要求 …………………………………………………………………	356
附录 A（规范性附录）政务公用地理信息分类大类码表 ……………………………	358
附录 B（资料性附录）政务信息扩充分类示例 ………………………………………	362

前 言

　　政务信息图层是在统一的地理空间参照体系中，由北京市各政府部门按照统一的分类编码规则和统一的技术要求，共建、共享的信息资源。政务信息图层建设在国内尚无先例，在参考有关现行国家、行业和地方标准和国外先进标准，并在广泛征求意见的基础上，制定本指导性技术文件。今后将根据政务信息图层的建设实践经验，对本指导性技术文件进行补充和完善，在相关技术成熟后修订为北京市地方标准。

　　本指导性技术文件附录 A 为规范性附录。

　　本指导性技术文件附录 B 为资料性附录。

　　本指导性技术文件由北京市信息化工作办公室提出并归口。

　　本指导性技术文件起草单位：北京市信息资源管理中心、建设综合勘察研究设计院、国家测绘局测绘标准化研究所。

　　本指导性技术文件主要起草人：李军、毛东军、张宁、王丹、黄坚、陈桂红、陈梅、肖学年、张坤、王新、张正军。

引 言

根据北京市质量技术监督局《关于 2004 年北京市地方标准制定、修订项目计划的函》（京质监标发〔2004〕221 号）文件的要求，依据北京市电子政务建设和"数字北京"、"数字奥运"建设的需求，为规范首都政务信息图层的建设、开发和利用，实现科学、统一规划，避免重复建设，节约资金，推动全市政府部门的信息化建设，在广泛调查研究，认真总结实践经验，参考有关现行国家、行业和地方标准和国外先进标准，并在广泛征求意见的基础上，特制定本标准化指导性技术文件。

政务信息图层建设技术规范

1 范围

本指导性技术文件规定了政务公用地理信息的分类与编码、政务信息图层建设的技术与质量要求。

本指导性技术文件适用于北京市政务信息图层的组织和更新,其他地区及其他相关的地理信息应用可参照执行。

2 规范性引用文件

下列文件中的条款通过本指导性技术文件的引用而成为本指导性技术文件的条款。凡是注日期的引用文件,其随后所有的修改单(不包括勘误的内容)或修订版均不适用于本指导性技术文件。凡是不注日期的引用文件,其最新版本适用于本指导性技术文件。

GB/T 4754　国民经济行业分类

3 术语和定义

下列术语和定义适用于本指导性技术文件。

3.1

地理信息 geographic information

关于那些直接或间接涉及相对于地球的某个地点的现象的信息。

3.2

要素 feature

真实世界现象的抽象。同义词：特征。

本指导性技术文件中，要素是指可以用矢量数据模型表达的、独立的政务公用地理信息对象。

3.3

政务公用地理信息 general geographic information of government administration

市政府管理部门规划、管理、决策和服务中所需要的可公用的地理信息。它是与电子政务业务有密切联系、有明确空间定位的、多个部门均需使用且使用频率较高的地理信息。

3.4

政务公用地理信息图层 general geographic datasets of government administration

按照矢量数据模型及相应的属性数据分层组织的政务公用地理信息数据集，如医疗服务机构图层、预防保健机构图层等。简称为政务信息图层。

3.5

矢量数据模型 vector data model

地理信息系统中用来表达地理要素及其之间关系的一种方法，它以坐标或坐标串的形式来表示地理实体位置和形状，并建立与相关属性数据之间的连接。点、线、面为基本的矢量数据模型。

3.6

点 point

由一对坐标定义的地理要素的位置信息，如医疗服务机构、交通设施等。

3.7

线 line

通过坐标串定义的地理要素的位置信息，如街道中心线等。

3.8

面 polygon

通过边界定义，表示一个封闭的多边形。它可以是法律定义的边界，如行政区划；也可以是自然存在的分界线或地物轮廓线，如绿地、建筑等。

3.9

拓扑 topology

对相连或相邻的点、线、面之间关系的科学阐述。特指那种在连续映射变换下保持不变的对象性质。

3.10

拓扑关系 topology relationship

描述两个要素之间边界拓扑和点集拓扑的要素关系。

3.11

属性 attribute

一个目标或实体的某种特性。

本指导性技术文件中指描述空间地理实体数量或质量特征的信息，由一系列属性项及相应的属性值构成。其中，属性项为某一类属性名称，属性值则是对应的一个具体地理实体的属性取值。本标准将属性分为基本属性和专业属性两种类型。

示例：属性项：道路名称；属性值：东长安街。

3.12

数字线划图 digital line graphic （DLG）

按一定比例尺来表示地物、地貌要素平面位置和高程的矢量数据集。其中保存着要素间的空间关系和相关的属性信息，能较全面地描述地表目标。其内容是按现行国家标准和地方补充规范来表示的。本标准中特指大比例尺系列基础测绘地形图的矢量数据集。

3.13

数字正射影像图 digital orthophoto map （DOM）

利用数字高程模型（DEM）对航空影像数据、卫星遥感数据进行几何和辐射纠正而生成的同时具有地形图的几何特征和像片的辐射特征的影像数据，具有精度高、信息丰富、直观真实等特点。

3.14

地址 address

描述确定地点的文字。本指导性技术文件中指由地名和地址主管部门命名、认可并发放正式地址标牌的地点。其他用于描述某个地点的信息，如约定俗成的叫法、别名、简称或公司、企业名称等，不在本指导性技术文件规定范围内。

3.15

地址匹配 address matching

建立地址文字描述与对应坐标一致性的过程，通常包括正向匹配和逆向匹配两种过程。正向匹配指已知地址文字描述查找坐标的过程，逆向匹配则是指已知坐标查找对应地址文字描述的过程，正向匹配是最为常见的地址匹配过程。

3.16

元数据 metadata

关于数据的内容、质量、状况和其他特征的描述性数据。

3.17

位置准确度 positional accuracy

空间点位获取坐标值与其真实坐标值之间的接近程度。同义词：位置精度。

4 政务公用地理信息分类与编码

4.1 分类方法

1. 政务公用地理信息的分类采用线分类法，分为大类，中类和小类三个层次；
2. 政务公用地理信息的大类依据 GB/T 4754 中的门类和大类（二级类）划分；
3. 政务公用地理信息的中类和小类根据各大类所属行业，按共同特征及政务使用习惯进行划分。

4.2 代码结构

政务公用地理信息的分类代码为 8 位数字、字母混合码，由三个部分组成，第一部分为大类码，第二部分为中类码，第三部分为小类码。

其中大类码采用三位字母和数字组合代码（见附录 A）；中类码采用两位数字码，从 01～99 顺序编排，小类码采用三位数字码，从 001～999 顺序编排。代码结构如下：

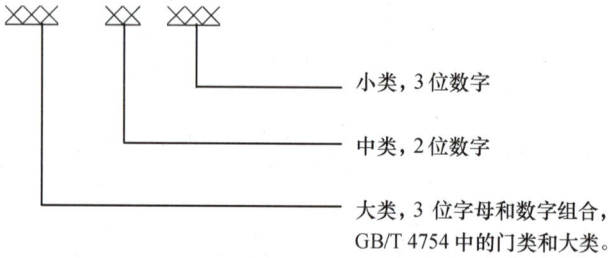

图 1　政务信息的分类代码结构示意图

4.3 编码原则

1. 政务公用地理信息的大类码使用 GB/T 4754 的门类和大类共三位代码（见附录 A）；
2. 政务公用地理信息的中类和小类码在大类码的基础上编排，实际应用中可进行扩充，编排和扩充的代码均应在本指导性技术文件归口部门备案。中类和小类代码示例见附录 B。

5 图层技术、数据组织和质量要求

5.1 基本技术要求

政务信息图层的平面坐标和高程系统应统一使用北京市基础测绘所使用的坐标系统和高程系统。

5.2 图层数据组织要求

5.2.1 分层

1. 政务信息图层宜按政务公用地理信息小类分层，如果小类下同时存在点、线或面状数据，可进一步划分为点、线或面状图层。

2. 政务信息图层的名称命名采用组合法，由以下三部分组成：第一部分由图层中文名称每个汉字拼音的第一个字母（大写）组合而成；第二部分由政务信息分类代码组成；第三部分为几何特征英文缩写（大写字母），见表1所示。三部分之间用下划线连接。

表1 几何特征命名对照表

几何特征	英文全称	英文缩写
点	Point	PT
线	Polyline	PL
面	Polygon	PY

示例： 卫生局的图层名称为 WSJ_Q8501001_PT，一级医院的图层名称为 YJYY_Q8502003_PT。

5.2.2 属性要求

属性数据宜分为基本属性数据和专业属性数据。

1. 基本属性数据是描述政务信息图层中相关对象通用特征的数据，应包含政务信息分类代码、标识码、专业分类代码（行业管理部门使用的分类代码），以及同一类地理要素所共有的和经常使用的属性数据。专业分类代码宜优先使用相关的国家标准或行业标准，也可使用自行规定的分类标准。

示例： 对于医疗服务机构如"一级医院"，其基本属性为：政务信息分类代码、标识码、专业分类代码、名称、法定代表人、地址、联系电话、联系人、邮编等。

2. 专业属性数据是描述政务信息图层中相关对象的专业特征数据，属性项的选取宜遵循以下原则：

1）属性项应体现政务公用信息特征，且符合具体业务需求；
2）属性项的命名应该简单、明确、无歧义；
3）属性项的选择应保证满足最大范围内应用的要求；
4）属性项的排列顺序应按其重要程度和使用频率的高低进行排列。

示例： 大学院校的属性信息很多，如学校代码、办学类型、学校类别、学校举办者代码、毕业生数、招生数、在校生数、教职工数、专任教师数、正高级、副高级、中级、初级、无职称、占地面积等。

5.2.3 位置信息采集要求

应以两种方式进行采集：

1. 以数字线划图、数字正射影像图为底图进行采集；
2. 以带有标准地址信息以及完整基本属性的电子表格数据，通过地址匹配的方式生成。

5.3 图层数据质量要求

政务信息图层数据应符合下列质量要求，并经过检验和确认：

5.3.1 完整性

数据内容的选取应覆盖各信息图层的责任部门中所有的政务管理对象，图形数据和属性数据不应出现多余或遗漏。

5.3.2 逻辑一致性

数据的逻辑一致性应满足以下要求：

1. 数据结构包括分层、属性项、命名、格式等符合本标准的规定；
2. 政务信息代码和属性的值域范围正确；
3. 对象几何表示、空间拓扑关系应正确。

5.3.3 位置准确度

对于线状及面状的对象，应有较好的几何保真度，点状对象应与相邻对象的相对位置关系正确。

对于规划地区和其他地区应分别符合以下规定：

1. 规划地区：与1∶2000或1∶500比例尺地形图相应对象的位置准确度相匹配；

2. 其他地区：与 1∶10000 比例尺地形图相应对象的位置准确度相匹配。

5.3.4 属性准确度

对象的所有属性项的值均应正确、有效。

5.3.5 时间准确度（或现势性）

应记录数据的时间属性，政务信息图层的更新周期最长不超过一年。

5.3.6 数据说明

应有详细的数据说明，内容包括数据来源、加工与审验方法、质量评估和元数据，元数据应符合相关国家和地方标准的规定。

附 录 A
（规范性附录）
政务公用地理信息分类大类码表

表 A.1 政务信息分类大类码表

代码	行业名称	描述和说明
A	农、林、牧、渔业	
A01	农业	谷物及其他作物的种植，蔬菜、园艺作物的种植，水果、坚果、饮料和香料作物的种植
A02	林业	林木的培育和种植，木材和竹材的采运，林产品的采集
A03	畜牧业	
A04	渔业	
A05	农、林、牧、渔服务业	
B	采矿业	
B06	煤炭开采和洗选业	
B07	石油和天然气开采业	
B08	黑色金属矿采选业	
B09	有色金属矿采选业	常用有色金属矿采选、贵金属矿采选、稀有稀土金属矿采选
B10	非金属矿采选业	土砂石开采，化学矿采选，采盐，石棉及其他非金属矿采选
B11	其他采矿业	
C	制造业	
C13	农副食品加工业	
C14	食品制造业	
C15	饮料制造业	酒精制造，酒的制造，软饮料制造，精制茶加工
C16	烟草制品业	
C17	纺织业	
C18	纺织服装、鞋、帽制造业	
C19	皮革、毛皮、羽毛（绒）及其制品业	

续表

代码	行业名称	描述和说明
C20	木材加工及木、竹、藤、棕、草制品业	锯材、木片加工，人造板制造，木制品制造，竹、藤、棕、草制品制造
C21	家具制造业	
C22	造纸及纸制品业	
C23	印刷业和记录媒介的复制	印刷，装订及其他印刷服务活动，记录媒介的复制
C24	文教体育用品制造业	
C25	石油加工、炼焦及核燃料加工业	
C26	化学原料及化学制品制造业	
C27	医药制造业	
C28	化学纤维制造业	
C29	橡胶制品业	
C30	塑料制品业	
C31	非金属矿物制品业	
C32	黑色金属冶炼及压延加工业	
C33	有色金属冶炼及压延加工业	
C34	金属制品业	
C35	通用设备制造业	锅炉及原动机制造，金属加工机械制造，起重运输设备制造，泵、阀门、压缩机及类似机械的制造，轴承、齿轮、传动和驱动部件的制造，烘炉、熔炉及电炉制造，风机、衡器、包装设备等通用设备制造，通用零部件制造及机械修理，金属铸、锻加工
C36	专用设备制造业	
C37	交通运输设备制造业	
C39	电气机械及器材制造业	
C40	通信设备、计算机及其他电子设备制造业	
C41	仪器仪表及文化、办公用机械制造业	
C42	工艺品及其他制造业	工艺美术品制造，日用杂品制造，煤制品制造，核辐射加工
C43	废弃资源和废旧材料回收加工业	
D	电力、燃气及水的生产和供应业	
D44	电力、热力的生产和供应业	
D45	燃气生产和供应业	
D46	水的生产和供应业	
E	建筑业	
E47	房屋和土木工程建筑业	
E48	建筑安装业	
E49	建筑装饰业	

续表

代码	行业名称	描述和说明
E50	其他建筑业	
F	交通运输、仓储和邮政业	
F51	铁路运输业	
F52	道路运输业	
F53	城市公共交通业	
F54	水上运输业	
F55	航空运输业	
F56	管道运输业	
F57	装卸搬运和其他运输服务业	
F58	仓储业	
F59	邮政业	
G	信息传输、计算机服务和软件业	
G60	电信和其他信息传输服务业	
G61	计算机服务业	
G62	软件业	
H	批发和零售业	
H63	批发业	
H65	零售业	
I	住宿和餐饮业	
I66	住宿业	
I67	餐饮业	
J	金融业	
J68	银行业	
J69	证券业	
J70	保险业	
J71	其他金融活动	
K	房地产业	
K72	房地产业	房地产开发经营，物业管理，房地产中介服务，其他房地产活动
L	租赁和商务服务业	
L73	租赁业	
L74	商务服务业	
M	科学研究、技术服务和地质勘查业	
M75	研究与试验发展	
M76	专业技术服务业	

续表

代码	行业名称	描述和说明
M77	科技交流和推广服务业	
M78	地质勘查业	
N	水利、环境和公共设施管理业	
N79	水利管理业	
N80	环境管理业	
N81	公共设施管理业	包括市政公共设施管理，城市绿化管理
O	居民服务和其他服务业	
O82	居民服务业	
O83	其他服务业	
P	教育	
P84	教育	
Q	卫生、社会保障和社会福利业	
Q85	卫生	
Q86	社会保障业	
Q87	社会福利业	
R	文化、体育和娱乐业	
R88	新闻出版业	
R89	广播、电视、电影和音像业	
R90	文化艺术业	文艺创作与表演，艺术表演场馆，图书馆与档案馆，文物及文化保护，博物馆，烈士陵园、纪念馆，群众文化活动，文化艺术经纪代理，其他文化艺术
R91	体育	
R92	娱乐业	
S	公共管理和社会组织	
S93	中国共产党机关	
S94	国家机构	
S95	人民政协和民主党派	
S96	群众团体、社会团体和宗教组织	
S97	基层群众自治组织	社区自治组织，村民自治组织
T	国际组织	
T98	国际组织	
Z99	其他	所有其他未包括于上述分类的行业

附 录 B
（资料性附录）
政务信息扩充分类示例

表 B.1　政务信息扩充分类示例

序号	大类码	中类码	小类码	大类	中类	小类	说明	几何表示	基本属性
1.	Q85	00	000	医疗卫生机构				点	名称、法定代表人或负责人、地址、联系电话、联系人、邮编、网址
2.	Q85	01	000		卫生机构		医疗卫生行业的管理监督机构类	点	名称、法定代表人、地址、联系电话、联系人、邮编、网址
3.	Q85	01	001			卫生局	市、区县级	点	名称、法定代表人、地址、联系电话、联系人、邮编、网址
4.	Q85	01	002			疾病预防控制机构	市、区	点	名称、法定代表人、地址、联系电话、联系人、邮编、网址
5.	Q85	01	003			卫生监督机构	市所、区所、区属站	点	名称、法定代表人、地址、联系电话、联系人、邮编、网址
6.	Q85	01	004			卫生研究机构	研究所、研究中心	点	名称、法定代表人、地址、联系电话、联系人、邮编、网址
7.	Q85	01	005			卫生教育机构	卫生院校等	点	名称、法定代表人、地址、联系电话、联系人、邮编、网址
8.	Q85	01	999			其他卫生机构		点	名称、法定代表人、地址、联系电话、联系人、邮编、网址

续表

序号	大类码	中类码	小类码	大类	中类	小类	说明	几何表示	基本属性
9.	Q85	02	000		医疗服务机构			点	名称、法定代表人、地址、联系电话、联系人、邮编、网址
10.	Q85	02	001			三级医院		点	名称、法定代表人、地址、联系电话、联系人、邮编、网址
11.	Q85	02	002			二级医院		点	名称、法定代表人、地址、联系电话、联系人、邮编、网址
12.	Q85	02	003			一级医院		点	名称、法定代表人、地址、联系电话、联系人、邮编、网址
13.	Q85	02	004			急救机构	医院、急救中心、分中心（120、999等）	点	名称、法定代表人、地址、联系电话、联系人、邮编、网址
14.	Q85	02	005			妇幼保健机构	单位类型：医院，所，站，中心	点	名称、法定代表人、地址、联系电话、联系人、邮编、网址
15.	Q85	02	006			社区卫生服务机构	有部分医院也属于这类	点	名称、法定代表人、地址、联系电话、联系人、邮编、网址
16.	Q85	02	007			农村卫生服务机构	乡镇卫生院、卫生站、门诊室	点	名称、法定代表人、地址、联系电话、联系人、邮编、网址
17.	Q85	02	008			专业防治机构		点	名称、法定代表人、地址、联系电话、联系人、邮编、网址
18.	Q85	02	999			其他医疗服务机构		点	名称、法定代表人、地址、联系电话、联系人、邮编、网址
19.	Q85	03	000		医疗辅助机构		对医疗救助服务起辅助作用机构类	点	名称、法定代表人、地址、联系电话、联系人、邮编、网址
20.	Q85	03	001			血站		点	名称、法定代表人、地址、联系电话、联系人、邮编、网址
21.	Q85	03	002			药品经销机构	批发、零售	点	名称、法定代表人、地址、联系电话、联系人、邮编、网址
22.	Q85	03	003			卫生材料供应机构		点	名称、法定代表人、地址、联系电话、联系人、邮编、网址

续表

序号	大类码	中类码	小类码	大类	中类	小类	说明	几何表示	基本属性
23.	Q85	03	004			医疗器械及设备供应机构		点	名称、法定代表人、地址、联系电话、联系人、邮编、网址
24.	Q85	03	005			急救车辆		点	名称、所属机构、地址、联系电话、联系人、邮编、网址
25.	Q85	03	999			其他医疗辅助机构		点	名称、法定代表人、地址、联系电话、联系人、邮编、网址
26.	Q85	04	000		医疗危险源			点	名称、法定代表人、地址、联系电话、联系人、邮编、网址
27.	Q85	04	001			实验室	病毒、细菌、生物……	点	名称、所属机构、地址、联系电话、联系人、邮编、网址
28.	Q85	04	002			放射源	医院放射源、放射实验室	点	名称、所属机构、地址、联系电话、联系人、邮编、网址
29.	Q85	04	003			医疗垃圾处理点	凡是传染病医院，医院有传染科的都可看做存在医疗垃圾处理点。	点	名称、所属机构、地址、联系电话、联系人、邮编、网址
30.	Q85	04	999			其他危险源		点	名称、所属机构、地址、联系电话、联系人、邮编、网址

附录三：北京市地方标准《地址数据库建设技术规范》

DB

北 京 市 地 方 标 准

DB11/T XXX—XXXX

地址数据库建设技术规范

Specification for address database construction

（报批稿）

××××-××-××发布　　　　　　　　　　××××-××-××实施

北京市质量技术监督局　发布

目　次

目次 ……………………………………………………………………………………… 366

前言 ……………………………………………………………………………………… 368

引言 ……………………………………………………………………………………… 369

1　范围 …………………………………………………………………………………… 370

2　规范性引用文件 ……………………………………………………………………… 370

3　术语、约定 …………………………………………………………………………… 370

3.1　术语 ………………………………………………………………………………… 370

3.2　约定 ………………………………………………………………………………… 372

4　地址数据库设计 ……………………………………………………………………… 373

4.1　地址数据库的设计 ………………………………………………………………… 373

4.2　数据字段定义的描述符 …………………………………………………………… 374

5　地址数据库核心字段 ………………………………………………………………… 376

5.1　标准地址数据表核心字段 ………………………………………………………… 376

5.2　地址别名核心字段 ………………………………………………………………… 379

6　地址数据的质量要求 ………………………………………………………………… 380

6.1　逻辑一致性要求 …………………………………………………………………… 380

6.2　数据完整性 ………………………………………………………………………… 381

6.3　资料完整性 ………………………………………………………………………… 381

6.4　时间属性要求 ……………………………………………………………………… 381

6.5　地理位置要求 ……………………………………………………………………… 382

附录

7 地址数据库的建设与更新维护 ·· 382
7.1 地址数据获取 ··· 382
7.2 地址数据入库 ··· 383
7.3 地址数据库更新与维护 ·· 384
附录A（规范性附录）地址元素的分类 ··· 385
附录B（资料性附录）标准地址的组成结构 ·· 388
附录C（资料性附录）地址元素的层次关系 ·· 389

前　言

本标准的附录 A 为规范性附录，附录 B、附录 C 为资料性附录。

本标准由北京市信息化工作办公室提出并归口。

本标准起草单位：北京市信息资源管理中心、建设综合勘察研究设计院、国家测绘局测绘标准化研究所。

本标准主要起草人：张宁、李军、毛东军、王丹、黄坚、刘振萍、陈桂红、刘彦、汪民主、田飞、付哲、肖学年、张坤。

附录

引　言

为满足北京市电子政务建设和信息资源整合需求，在充分调查研究，认真总结实践经验，参考有关现行国家、行业和地方标准和国外先进标准，并在广泛征求意见的基础上，为规范全市及各区县地址数据库的建设，特制定本标准。

1　范围

本标准规定了地址数据库设计，地址数据库核心字段定义，地址数据质量要求，以及地址数据库的建设与更新维护技术要求。

本标准适用于地址数据库的建设和更新。

2　规范性引用文件

下列文件中的条款通过本标准的引用而成为本标准的条款。凡是注日期的引用文件，其随后所有的修改单（不包括勘误的内容）或修订版均不适用于本标准，然而，鼓励根据本标准达成协议的各方研究是否可使用这些文件的最新版本。凡是不注日期的引用文件，其最新版本适用于本标准。

GB/T 5271.5 数据处理词汇 05 部分 数据的表示法

GB/T 7408 数据元交换格式 信息交换日期和时间表示法

GB 17733.1 地名标牌 城乡

GB 18030 信息技术 信息交换用汉字编码字符集 基本集的扩充

GB/T 18521 地名分类与类别代码编制规则

GB/T 18316 数字测绘产品检查验收规定和质量评定

3　术语、约定

3.1　术语

下列术语适用于本标准。

3.1.1

地名 geographical name

人们对各个地理实体赋予的专有名称。

附录

3.1.2

标准地名 standard geographical name

使用规范的语言文字书写,并经过主管部门认可的地名全称。

3.1.3

地址 address

使用规范的语言文字书写,并由主管部门确定的地理实体的位置。

3.1.4

地址信息 address information

反映地址及其属性的文字、数字、图像、声音等的总称。

3.1.5

历史地址 former address

过去曾经使用,现在不再使用的地址。

3.1.6

现今地址 under using address

目前正在使用的地址。

3.1.7

历史地址 former address

过去曾经使用,目前已不再使用的地址。

3.1.8

地址别名 address alias

对地址的简称或约定俗成的其他名称。

3.1.9

地址元素 address element

构成地址的最小语义单元,地址元素通常是某个地理实体的名称。

如"幸福大街1号"由"幸福大街"和"1号"两个地址元素组成。

3.1.10

地址层次关系 address hierarchical relationship

地址中各地址元素之间,存在的包含或隶属的逻辑组合关系与模式。

3.1.11

标准地址全称 standard address

符合标准命名规则包含完整层次关系的地址完整名称。

3.1.12

地址元素类型 address element type

地址元素对应的地名类型。

3.1.13

地址数据库 address database

存储和管理历史地址和现今地址及相关信息的数据库。

3.2 约定

3.2.1 表示法

本标准内所使用的语法表示法是巴科斯范式（BNF）：

1）在双引号中的字（"word"）代表着这些字符本身。而double_quote用来代表双引号。

2）在双引号外的字（有可能有下划线）代表着语法部分。

3）尖括号（〈〉）内包含的为必选项。

4）方括号（[ ]）内包含的为可选项。

5）花括号（{ }）内包含的为可重复0至无数次的项。

6）竖线（|）表示在其左右两边任选一项，相当于"OR"的意思。

7）::= 是"被定义为"的意思。

3.2.2 〈字符串〉

〈字符串〉::= {字符}

〈字符〉::=〈字母〉|〈数字〉|〈汉字〉

〈字母〉::=〈大写字母〉|〈小写字母〉

〈大写字母〉::= A | B | C | D | E | F | G | H | I | J | K | L | M | N | O | P | Q | R | S | T | U | V | W | X | Y | Z

〈小写字母〉::= a | b | c | d | e | f | g | h | I | j | k | l | m | n | o | p | q | r | s | t | u | v | w | x | y | z

〈数字〉::= 0 | 1 | 2 | 3 | 4 | 5 | 6 | 7 | 8 | 9

〈汉字〉::= GB 18030 8.2 双字节区中定义的任意单个字符

4 地址数据库设计

4.1 地址数据库的设计

4.1.1 总体要求

地址数据库的设计应包括逻辑模型设计，物理结构设计，数据库安全设计等方面。

4.1.2 地址数据库实例

地址数据库实例应设计独立的存储模式和访问策略。

4.1.3 数据库字段设计

4.1.3.1 核心数据字段

核心数据字段是完整保存地址的文字名称，时间特征，地理空间位置和层次关系的必备的最小字段集合。

4.1.3.2 数据字段的扩展

地址数据库数据表必须包括本标准5.1和5.2规定的核心字段。

数据库开发、管理和应用过程中如果需要扩展地址数据库存储和管理内容，可根据需要自行扩展。

4.1.4 数据库结构逻辑模型设计

地址数据库结构逻辑模型见图1：

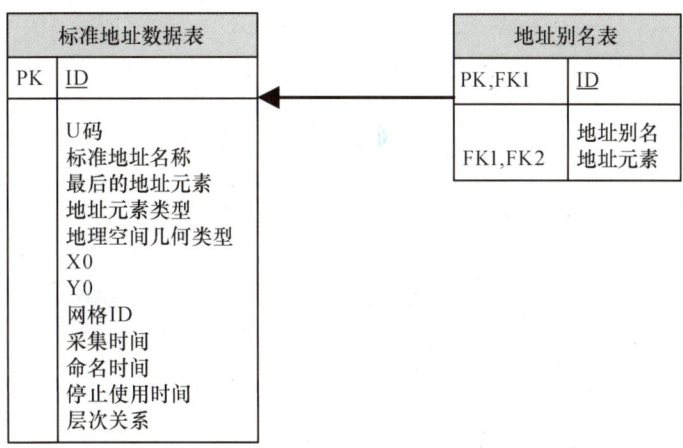

图1 地址数据库结构逻辑模型

4.1.4.1 标准地址数据表

满足现今地址和历史地址数据的统一存储和管理要求。

4.1.4.2 别名数据表

作为标准地址数据集的补充，建立别名与标准地址关联，实现从别名到标准地址的快速检索。

4.1.5 地址数据库物理结构设计

1）地址数据库物理结构设计对象包括数据文件、日志文件设计；

2）设计内容包括各类文件的数量、存储位置、容量和限制指标；

3）根据数据库服务器操作系统对文件系统的限制和要求进行物理结构设计；

4）根据逻辑数据库划分、存储器容量限制、数据安全、数据访问速度和索引机制等因素进行设计。

4.1.6 数据库安全设计

4.1.6.1 安全设计内容

应包括用户管理安全和数据库备份与恢复设计，其他数据库安全设计遵循相关规定。

4.1.6.2 用户管理与数据访问安全设计

1）用户名称和口令；

2）用户授权机制；

3）用户对数据库实体，包括表、表空间、过程的存取执行权；

4）数据库实体存取审计机制；

5）地址数据的分类与分级。

4.1.6.3 备份与恢复设计

1）数据备份必须包括地址数据库所有在线数据；

2）设计备份种类，备份周期，备份保留时间，备份管理制度；

3）可采用双机热备或备份文件拷贝等方式；

4）可采用完全备份和差别备份方式；

5）规定数据恢复响应时间，设计恢复操作方法和恢复管理制度。

6）设计离线备份和离线数据恢复制度。

4.2 数据字段定义的描述符

本标准中地址数据字段通过以下描述符进行定义，在进行地址数据库设计或相关系统开发时，可采用数据库管理系统（DBMS）中最接近的数据类型进行数据库结构的设计。

4.2.1 字段名称

字段的标记。字段名称字段名称应当唯一，并且应当以字母、数字或汉字的字符串形式表示。

必选。

4.2.2 字段含义

字段所代表的意义。

必选。

4.2.3 数据类型

字段值的类型，包括数值，字符型，字符串，日期等。

必选。

4.2.4 字段长度

字段占据的存储空间大小，以字节为单位。

必选。

4.2.5 小数位数

十进制数字小数点后的有效位数。

可选。

4.2.6 约束

字段的填写要求，分必填、条件选填和选填三种情况。

必选。

4.2.7 值域范围

给定数据类型的值的汇集，给定数据类型的值域范围空间可以下列方式之一进行定义：

1) 枚举；

2) 由基本概念定义；

3) 定义为某些已定义的具有给定性质的值空间的子集；

4) 定义为某些由构造过程所规定的已定义的值空间的任意值的组合。

可选。

4.2.8 备注

字段定义其他需要说明的内容。

可选。

4.2.9 格式

字段值必须满足的表现形式。

可选。

5 地址数据库核心字段

5.1 标准地址数据表核心字段

5.1.1 ID

字段名称：ID

字段含义：标识符，用来唯一标识一条地址记录的数字序号。

数据类型：数值

字段长度：4

小数位数：0

约束：必填

值域范围：大于 0 的整数，任意两条标准地址记录的 ID 字段值不可重复

备注：本字段可作为地址数据表主索引

5.1.2 U 码

字段名称：U 码

字段含义：用于唯一标识一条地址记录的无意义字符串。

数据类型：字符串

字段长度：36

约束：必填

值域范围：由数字，大写字母和连接符"-"组成的无意义字符串；在一个地址数据库中不能有两条地址记录具有相同的 U 码

格式：********-****-****-****-************

（注：〈"*"〉∷=〈大写字母〉|〈数字〉）

备注：U 码是在输入地址数据时由计算机自动生成的 GUID 码，在一条地址记录的整个存续周期内不得修改。

5.1.3 标准地址名称

字段名称：标准地址名称

字段含义：标准地址的完整文字信息

数据类型：字符串

字段长度：200

约束：必填

值域范围：具有地名意义的汉字、字母和数字的组合，汉字字符集遵循 GB 18030 规定。

5.1.4 最低一级地址元素

字段名称：最后的地址元素

字段含义：标准地址的最低一级地址元素的完整名称。

数据类型：字符串

字段长度：200

约束：必填

值域范围：具有地名意义的汉字、字母和数字的组合，汉字字符集遵循 GB 18030 规定。

5.1.5 地址元素类型

字段名称：地址元素类型

字段含义：最低一级地址元素的类型，地址元素类型的划分见附录B。

数据类型：字符串

字段长度：8

约束：必填

值域范围：枚举，附录A规定的30个地址元素类型之一。

5.1.6 几何类型

字段名称：地理空间几何类型

字段含义：最低一级地址元素的对应地理实体的空间几何类型，分面状、线状和点状三种。

数据类型：字符串

字段长度：4

约束：必填

值域范围：枚举，〈点状〉｜〈线状〉｜〈面状〉

5.1.7 中心点横坐标

字段名称：X0

字段含义：中心点横坐标，标准地址对应地理空间实体或具体地点的中心点地理空间位置横坐标。

数据类型：数值型

字段长度：8

小数位数：6

约束：必填

5.1.8 中心点纵坐标

字段名称：Y0

字段含义：中心点纵坐标，标准地址对应地理空间实体或具体地点的中心点地理空间位置纵坐标。

数据类型：数值型

字段长度：8

小数位数：6

约束：必填

5.1.9 网格 ID

字段名称：网格 ID

字段含义：标准地址地理空间位置中心点所处的 1∶500 标准分幅图幅编号。

数据类型：字符串

字段长度：8

约束：必填

5.1.10 采集时间

字段名称：采集时间

字段含义：外业调查收集该地址的日期。

数据类型：日期

字段长度：8

约束：必填

格式：满足 GB/T 7408 5.2.1.1 规定

5.1.11 命名时间

字段名称：命名时间

字段含义：主管部门正式建立标准地址标牌的日期。

数据类型：日期

字段长度：8

约束：选填

格式：满足 GB/T 7408 5.2.1.1 规定

值域范围：小于或等于采集时间

备注：当无法确定命名时间时，可将采集时间值赋予本字段

5.1.12 停止使用时间

字段名称：停止使用时间

字段含义：主管部门正式拆除对应地址标牌或废止该标准地址使用的日期

数据类型：日期

字段长度：8

约束：选填

格式：满足 GB/T 7408 5.2.1.1 规定

值域范围：现今地址的停止使用时间为空；当无法确定停止使用时间时，将外业调查发现该地址已经被废弃的日期作为本字段的值，此外停止使用时间不能早于命名时间。

5.1.13 层次关系

字段名称：层次关系

字段含义：该地址的上一级地址的 U 码

数据类型：字符型

字段长度：36

约束：必填

格式：与 5.1.2 的格式相同

5.2 地址别名核心字段

存储和管理地址元素别名和简称的数据表。

5.2.1 ID

字段名称：ID

字段含义：标识符，用来唯一标识地址别名的数字

数据类型：数值

字段长度：4

小数位数：0

约束：必填

值域范围：大于 0 的整数，任意两条地址别名记录的 ID 字段值不可重复。

备注：本字段可作为地址数据表主索引

5.2.2 地址别名

字段名称：地址别名

字段含义：地址别名的完整文字信息

数据类型：字符串

字段长度：200

约束：必填

值域范围：汉字、字母和数字的组合，汉字字符集遵循 GB 18030 规定。

5.2.3 地址元素

字段名称：地址元素

字段含义：地址别名所对应的地址元素的完整名称

数据类型：字符串

字段长度：200

约束：必填

值域范围：等于标准地址数据表中任意一条记录的最低一级地址元素字段；汉字、字母和数字的组合，汉字字符集遵循 GB 18030 规定。

6 地址数据的质量要求

6.1 逻辑一致性要求

6.1.1 地址名称的一致性

在一条地址记录中：

1）标准地址名称和最低一级地址元素字段值，应该与主管部门确立的地址标牌标示

的文字吻合；

2）最低一级地址元素和标准地址名称的对应部分应当一致。

在一个地址数据库中：

同一名称的标准地址当地址元素类型不同时，同一类型的同一标准地址只能有一条记录。

6.1.2 地址层次关系正确

1）标准地址名称和上一级地址的标准地址名称的对应部分一致。

如：标准地址"北京市海淀区中关村大街1号"与其上一级地址"北京市海淀区中关村大街"对应部分一致；

2）层次关系字段值，应当与上一级地址对应记录的 U 码字段值一致。

6.1.3 时间特征的一致性

在一条地址中：

1）命名时间不能晚于采集时间；

2）停止使用时间不能早于命名时间。

上一级地址与下一级地址：

1）上一级地址命名时间不能晚于下一级地址命名时间；

2）下一级地址停止使用时间不能早于上一级地址停止使用时间。

6.2 数据完整性

地址数据集合应完整覆盖指定区域内所有有效地址标牌的地理实体。

6.3 资料完整性

地址采集到入库全过程中原始资料以及与数据质量密切相关的其他资料应齐备，包括但不限于与数据获取及质量检验过程相关的人员资料、图纸资料、采集入库资料、质量检验资料、验收资料等。

6.4 时间属性要求

地址的时间属性满足 5.1.10 到 5.1.12 的要求。

地址的时间属性字段应及时反映地址的变化。

6.5 地理位置要求

地址数据地理位置坐标采用北京市地方坐标系。

邻近地址的地理空间位置，其方位和距离的逻辑关系，应与地址对应地理实体之间的方位和距离的逻辑关系一致。

7 地址数据库的建设与更新维护

7.1 地址数据获取

7.1.1 地址数据获取过程

包括地址数据的获取，内业数据的整理，地址数据输入和检验与验收四个过程。

7.1.2 地址数据获取

7.1.2.1 文字数据的获取

通过外业调查，根据主管部门建立的正式地名或地址标牌，收集地址原始文字信息。

7.1.2.2 地理位置数据的获取

通过外业调查，利用纸质或电子影像地图、地形图，收集（或标注）地址的地理空间位置。

7.1.2.3 地址时间数据的获取

通过外业实地调查或走访询问，收集现今地址命名或标牌确立的时间，以及历史地址标牌的废弃或撤销时间。

7.1.3 地址数据整理

7.1.3.1 地址数据整理内容

对外业调查获得的地址文字数据、地址的地理位置、时间，整理变换为满足地址数据库数据输入要求的数据。

7.1.3.2 地址文字数据标准化

对外业调查获得的地址文字数据，变换为标准地址。标准地址的形式参见附录B。

7.1.3.3 地址元素拆分

把组成标准地址的各个地址元素变换为标准地址，并确定最后的地址元素的文字内容。

7.1.3.4 地址层次关系的建立

根据地址元素拆分结果，获取上一级地址的标准名称，并确定上一级地址的 U 码。

7.1.3.5 地址类型的确定

根据对应地理实体的名称和类别，确定标准地址类型。

7.1.3.6 地理空间位置信息的整理

从外业调查使用的纸质或电子影像地图、地形图标注信息中，整理地址的中心点横坐标和纵坐标，并根据坐标值计算地址所处的网格索引。

7.1.3.7 时间数据的整理

根据外业调查获得的时间，整理采集时间、命名时间和停止使用时间属性。

采集时间为获得该条地址原始文字信息的外业调查日期。

当外业调查无法确定地址标牌的建立时间时，地址的命名时间可用采集时间值替代。

当外业调查无法确定地址标牌的撤销时间时，地址的停止使用时间可用采集时间值替代。

7.1.4 地址数据输入

7.1.4.1 标准地址数据的输入

将标准地址的名称、类型等数据通过计算机系统输入到地址数据库。

7.1.4.2 地理位置数据的输入

将标准地址的地理位置属性，即地址的中心点横坐标、纵坐标及网格索引，输入地址数据库。

7.1.4.3 时间数据的输入

分别经过整理的地址的采集时间、命名时间和停止使用时间输入地址数据库。时间属性符合 7.1.3.7 的规定。

7.1.5 地址数据的检查验收

地址数据的检查验收，应按照 GB/T 18316 第 4 章、第 5 章的规定执行。

7.2 地址数据入库

验收合格且修正已发现错误的地址数据，由专人导入地址数据库中，并备份导入后的地址数据库。

7.3 地址数据库更新与维护

7.3.1 地址数据的更新

地址数据库的更新,包括新增地址的获取、错误地址的修改和现今地址的废弃三个过程。

地址数据更新要求:

地址数据库的更新维护,应及时对建立或撤销地址标牌的事件做出响应,按照6.1规定的地址数据获取方式,获取最新的地址数据,或更正地址数据存在的错误,保证地址数据库的准确性、完备性和现势性。

地址数据更新应符合7.3.2的规定。

新增地址数据的获取:

按5.1规定执行。

地址数据的修改:

1)错误地址数据的修改

当发现地址数据存在错误时,应通过外业调查进行确认,并按照5.1的规定,通过完整的外业调查、内业整理、数据输入和检查验收过程,确认地址数据的错误情况属实,并获取正确的数据,备案后修改数据。

2)标准地址名称的变更

地理实体自身没有发生变化,但由主管部门重新建立地址标牌,且地址文字或名称发生变化的,新命名的标准地址按新地址入库的方式处理,原有数据应由专职人员或部门修改其"停止使用时间",作为历史数据存储于地址数据库中。

地址数据的废止:

当地理实体消失导致地址不再使用时,不删除地址数据库中的对应地址数据,按7.1.3.7的规定确定其停止使用时间后,修改停止使用时间数据项的值,作为历史地址继续存储于地址数据库中。

7.3.2 地址数据库的维护

新地址数据入库,错误数据的更正,以及废弃地址的时间字段修改等数据库的操作,应及时对地址数据库进行备份,并通过日志记录数据的修改过程。

附 录 A
（规范性附录）
地址元素的分类

A.1 地址元素的类别

地址元素是构成地址的最小语义单元，地址元素通常是某个地理实体的名称，本标准中不对地址元素类别的等级进行划分。

北京市现行使用的地址中地址元素的类别共30类，分别是：

河流、湖泊、泉、山峰、山脉、洞、政区、开发区、地片、规划、自然村、公路、环岛、交通站场、桥梁、水库、水渠、隧道、铁路、纪念地、建筑物、公园、名胜古迹、街巷、门址、住宅区、楼名、广场、体育设施、单位。

A.2 地址元素类别与现行国家标准的对比

其中26类地址元素类别与GB/T 18521-2001名分类的对应关系，见表A.1；地址元素中的楼名、门址两个类别与GB 17733.1的楼牌、门牌对应。

表A.1 北京市地名类别对照表

地址元素类别	GB/T 18521-2001 分类代码				GB/T 18521-2001 分类名称	说明
河流	1	2	1	0	河流	
湖泊	1	2	2	0	湖泊	
泉	1	2	6	0	泉	
山峰	1	3	4	4	山峰	
山体	1	3	4	6	山体	
洞	1	3	9	1	洞穴	

续表

地址元素类别	GB/T 18521-2001 分类代码			GB/T 18521-2001 分类名称	说明
政区，参考行政区划代码分类方式	2	1	2	2	城市型一级行政区划	例如我国的直辖市
	2	1	3	2	城市型二级行政区划	例如我国的地级市，区
	2	1	4	1	普通型三级行政区划	例如我国的县
	2	1	5	1	普通型四级行政区划	例如我国的乡
	2	1	5	2	城市型四级行政区划	街道、镇
开发区	2	1	7	3	工业区、开发区	由国务院和省级人民政府确定设立的实行国家特定优惠政策的各类开发建设地区的统称
地片	2	1	7	6	地片	指有地名意义的地理区域
住宅区	2	1	7	7	区片	指城镇居民点内部的区域，包括居民小区
规划	2	1	7	9	其他	城市市区、近郊区以及城市行政区域内其他因城市建设和发展需要实行规划控制的区域
自然村	2	2	3	0	农村居民点	自然形态的一个或多个家族聚居的农村居民点
公路	2	3	2	1	公路	包括高速公路、等级公路、等外公路以及高架公路等
铁路	2	3	3	1	铁路	包括一般铁路、电气化铁路以及城市有轨交通等
交通场站	2	3	1	3	河港	
	2	3	1	5	渡口	
	2	3	2	2	长途汽车站	
	2	3	2	3	收费站	
	2	3	3	2	火车站	
	2	3	4	1	航空港	包括一般铁路、电气化铁路以及城市有轨交通等
	2	3	5	3	公共交通车站	包括电车、汽车、地铁等各类交通场站
	2	3	5	4	停车场	
街巷	2	3	5	1	道路、街巷	包括街道、巷道、胡同
	2	3	5	2	有轨交通线路	
桥梁	2	3	5	0	桥梁	供铁路、道路、渠道、管线等跨越河流、山谷或其他交通线使用的建筑物的专有名称。包括立交桥、过街天桥等
隧道	2	3	6	0	隧道	在山中或地下凿成的通道的专有名称。包括交通用涵洞，也包括城镇内部的地下通道等
环岛	2	3	7	0	环岛、路口	建于道路交叉口用来分流车辆和行人，提高道路的通行使用率的专有名称。如北关环岛

续表

地址元素类别	GB/T 18521-2001 分类代码			GB/T 18521-2001 分类名称	说明
水库	2	4	1	0	水库	具有地名指示意义的水电站的专有名称。包括人工湖
水渠	2	4	2	0	灌溉渠	用于灌溉作用的输水管道
纪念地	2	5	1	0	纪念地	为纪念有卓越贡献的人或重大历史事件而建立的特定的场所。如毛泽东纪念堂、鲁迅故居等
公园	2	5	2	0	公园	城市中具有一定的用地范围和良好的绿化及一定配套设施供群众游憩的公共设施。包括植物园、动物园、小游园、盆景园及一般性公园或景点等
名胜古迹	2	5	3	0	风景名胜区（点）	指风景优美或古代遗迹的著名地方。如香山、故宫等
建筑物	2	6	2	0	亭、台、碑、塔	
	2	6	4	0	城堡、墙	
广场	2	6	3	1	广场	
体育设施	2	6	3	2	体育场	
单位	2	7	0	0	具有地名意义的单位	

附 录 B
（资料性附录）
标准地址的组成结构

B.1 标准地址的组成模式

〈标准地址〉∷=〈行政辖区〉[基本区域限定物][局部点位置描述]

B.2 行政辖区

"行政辖区"为政区类地名，如"北京市"、"海淀区"等。

B.3 基本区域限定物

"基本区域限定物"可以是街巷、住宅区等层次低于政区地名，但可包含其他地址元素的地名，其层次关系和地址表示应满足附录 C 的要求，其形式如下：

〈基本区域限定物〉∷=〈地片〉|〈住宅区〉|〈自然村〉|〈地片〉|〈公路〉|〈街巷〉|〈交通站场〉|〈水库〉|〈水渠〉|〈铁路〉|〈纪念地〉|〈公园〉|〈名胜古迹〉|〈体育设施〉|〈开发区〉|〈街巷〉|〈门址〉|〈住宅区〉|〈楼名〉|〈规划〉

B.4 局部点位置描述

〈局部点位置描述〉是地址的最后的地址元素，可以用"点"表示的基本地址元素，如楼名等。其层次关系和地址表示应满足附录 C，其形式如下：

〈局部点位置描述〉∷=〈门址〉|〈楼名〉|〈洞〉|〈河流〉|〈湖泊〉|〈泉〉|〈山峰〉|〈山脉〉|〈环岛〉|〈桥梁〉|〈隧道〉|〈建筑物〉

附 录 C
（资料性附录）
地址元素的层次关系

标准地址是一个或多个地址元素组成的集合，各类型的地址元素之间存在复杂的层次关系，现行使用的地址的地址元素层次关系包含但不限于表C.1中列举的层次关系结构：

表 C.1 地址层次关系

序号	地址层次关系的表现结构
1	政区 + 地片
2	政区 + 地片 + 门址
3	政区 + 地片 + 门址 + 公园
4	政区 + 地片 + 门址 + 公园 + 楼名
5	政区 + 地片 + 门址 + 建筑物
6	政区 + 地片 + 门址 + 楼名
7	政区 + 地片 + 门址 + 体育设施
8	政区 + 地片 + 门址 + 体育设施 + 楼名
9	政区 + 地片 + 门址 + 住宅区
10	政区 + 地片 + 门址 + 住宅区 + 楼名
11	政区 + 地片 + 住宅区
12	政区 + 地片 + 住宅区 + 楼名
13	政区 + 洞
14	政区 + 公路
15	政区 + 公园
16	政区 + 公园 + 楼名
17	政区 + 规划区
18	政区 + 河流
19	政区 + 湖/潭
20	政区 + 环岛
21	政区 + 交通站场
22	政区 + 街巷

续表

序号	地址层次关系的表现结构
23	政区 + 街巷 + 门址
24	政区 + 街巷 + 门址 + 公园
25	政区 + 街巷 + 门址 + 公园 + 楼名
26	政区 + 街巷 + 门址 + 建筑物
27	政区 + 街巷 + 门址 + 楼名
28	政区 + 街巷 + 门址 + 体育设施
29	政区 + 街巷 + 门址 + 体育设施 + 楼名
30	政区 + 街巷 + 门址 + 住宅区
31	政区 + 街巷 + 门址 + 住宅区 + 楼名
32	政区 + 开发区
33	政区 + 开发区 + 街巷
34	政区 + 开发区 + 街巷 + 门址
35	政区 + 开发区 + 街巷 + 门址 + 公园
36	政区 + 开发区 + 街巷 + 门址 + 公园 + 楼名
37	政区 + 开发区 + 街巷 + 门址 + 建筑物
38	政区 + 开发区 + 街巷 + 门址 + 楼名
39	政区 + 开发区 + 街巷 + 门址 + 体育设施
40	政区 + 开发区 + 街巷 + 门址 + 体育设施 + 楼名
41	政区 + 开发区 + 街巷 + 门址 + 住宅区
42	政区 + 开发区 + 街巷 + 门址 + 住宅区 + 楼名
43	政区 + 开发区 + 住宅区
44	政区 + 开发区 + 住宅区 + 楼名
45	政区 + 名胜古迹
46	政区 + 名胜古迹 + 楼名
47	政区 + 桥梁
48	政区 + 泉
49	政区 + 山峰
50	政区 + 水库
51	政区 + 水渠
52	政区 + 隧道
53	政区 + 自然村
54	政区 + 自然村 + 楼名
55	政区 + 自然村 + 门址
56	政区 + 自然村 + 门址 + 公园
57	政区 + 自然村 + 门址 + 公园 + 楼名
58	政区 + 自然村 + 门址 + 建筑物
59	政区 + 自然村 + 门址 + 楼名
60	政区 + 自然村 + 门址 + 体育设施
61	政区 + 自然村 + 门址 + 体育设施 + 楼名
62	政区 + 自然村 + 门址 + 住宅区
63	政区 + 自然村 + 门址 + 住宅区 + 楼名

参 考 文 献

[1] Baowen Jiao. 政府 CIO 战略管理与技术实施［M］．北京：清华大学出版社，2004：32－33．

[2] 佚名．数字广州框架已形成 电子商务发展居全国前列［EB/OL］．中国电子政务资讯网，［2008-04-11］．http：//www.cegov.cn/article/2008/0411/article_ 8784.html．

[3] 佚名．第三届中国国际数字城市大会开幕新闻发布会通稿［EB/OL］．第三届中国国际数字城市大会新闻中心网站，［2007-09-20］．http：//www.szplan.gov.cn/sbhxwzx/zxfb/200709200211865.html．

[4] 王家耀．关于我国电子政务与数字城市建设的思考［J］．测绘科学，2005，30（1）：3－5．

[5] 代根兴，周晓燕．信息资源概念研究［J］．情报理论与实践，1999，22（6）：397－400．

[6] 金江军．与电子政务相关的几个概念［EB/OL］．电子政务工程服务网，［2003-11-28］．http：//www.yn.gov.cn/yunnan，china/72633746720817152/20031128/2110.html．

[7] 李磊．电子政务概述［EB/OL］．中国电子政务研究中心网站．［2008-11-28］．http：//www.cegov.org/viewpoints/thesis/200706paperlilei4.htm．

[8] 民政部外事司，美国政府信息化的基本情况［EB/OL］．中华人民共和国民政部网站，http：//wss.mca.gov.cn/article/hwsj/200801/20080100010174.shtml．

[9] 日本电子政务最新政策解析［EB/OL］．支点网，http：//www.topoint.com.cn/Html/e/xzsy/hyfx/05285.html．

[10] 兰科研究中心，2008 及未来几年世界电子政务发展趋势预测［EB/OL］．《信息化建设》杂志社网站，http：//www.chinaeg.gov.cn/2008/10/3302.aspx．

[11] 马少武．我国电子政务发展综述及网络体系建设［EB/OL］．中国通信网，http：//market.c114.net/220/a326979.html．

[12] 邓洁霖．政务信息资源目录体系的总体架构［EB/OL］．http：//www.360doc.com/showWeb/0/0/44073.aspx．

[13] 国家电子政务总体框架，国信［2006］2 号文件，中国电子政务资讯网，［2006-3-19］．http：//

www.cegov.cn/article/2007/0419/article_ 2995.html.

[14] 靖继鹏等. 信息经济学 [M]. 北京：清华大学出版社，2004.

[15] 何源. 数字城市走出理想国 [J]. 计算机世界报，2008，(6)：16-17.

[16] 刘永，邓胜利. 论信息资源管理的本质 [J]. 档案管理，2005 (153).

[17] 钟守真，李月琳. 信息资源管理含义研究综述 [J]. 情报科学，2000，18 (1)：75-79.

[18] 赖茂生，杨秀丹，胡晓峰，徐波. 信息资源开发利用基本理论研究 [J]. 理论与探索，2004，27 (3)：229-235.

[19] 中办发 [2004] 34 号文. 关于加强信息资源开发利用工作的若干意见. 中共中央办公厅 国务院办公厅，2004.

[20] Paul A. Longley, Michael F. Goodchild, David J. Maguire, David W. Rhind, 地理信息系统——原理与技术 [M]. 北京：电子工业出版社，2004.

[21] 孙敏. 空间信息可视化技术：给数据以形象 [EB/OL]，中国计算机用户-赛迪网，[2005-02-23]. http：//www.gisforum.net/show.aspx? id =939&cid =31.

[22] 王丹. 我国城市空间数据和 GIS 应用的现状与前景 [J]. 工程勘察，2001 (5)：12-15.

[23] 毕力格. 创新体制 完善政务信息资源共享机制 [EB/OL]. 电子政务工程服务网，[2006-2-16]. http：//www.echinagov.com/echinagov/yanjiu/2006-2-16/4194.shtml.

[24] 谢阳群. 美国联邦政府的信息资源管理 [J]. 国外社会科学，2001，(5)：58-65.

[25] 李小林. GIS 标准化综述 [J]. 地理信息世界，2004，2 (5)：11-15.

[26] 《首席信息官》ICXO.COM，我国信息立法建设现状及对策 [EB/OL]. 世界经理人网站，[2006-07-27]. http：//cio.icxo.com/htmlnews/2006/07/27/886687.htm.

[27] 中国法制出版社. 2006—2020 年国家信息化发展战略 [M]. 北京：中国法制出版社，2006.

[28] 陈拂晓. 深度解析《国家电子政务总体框架》[EB/OL]. 计算机世界报 技术与应用，2007，(5)：[2007-2-3]. http：//qkzz.net/magazine/CN11-0132C/2007/05/846047.htm.

[29] 佚名. 国家现代测绘基准体系基础设施建设项目建议书通过评审 [EB/OL]. 国家基础地理信息中心，[2007-8-7]. http：//ngcc.sbsm.gov.cn/Counseling/View.aspx? ID =510.

[30] 王斌君，景乾元，吉增瑞等. 信息安全体系 [M]，北京：高等教育出版社，2008.

[31] 杨梁栋. 浅谈公众空间信息共享服务平台安全保障体系的建设 [J]. 电子政务，2008，(3)：73-75.

[32] 冰霞轩. 构建完善的电子政务系统安全体系 [EB/OL]. 计世网．[2004-09-10]. http：//cio.ccw.com.cn/research/htm2004/20040910_ 093MC.asp.

[33] 秦天保. 电子政务信息安全体系结构研究 [J]. 计算机系统应用，2006，(1)：6-9.

[34] 深圳市规划局. 打造空间基础平台、夯实"数字深圳"基础 [EB/OL]. 第三届中国国际数字城市大会新闻中心，[2007-9-14]. http：//www.szplan.gov.cn/sbhxwzx/bjzl/200709140211773.html.

[35] 刘基余. 关于 GNSS 的译名 [EB/OL]. 中国测绘新闻网，[2007-11-27]. http：//www.zgchb.com.

cn/article/2007/1127/article_ 3405. html.

[36] 木村小一著. 杨守仁，等译. 卫星航法 [M]. 北京：人民交通出版社，1980.

[37] 佚名. GNSS 时代：一家独大？四分天下?! [EB/0L]. GPS 之家，[2008-03-17]. http：//www. 55gps. com/html/1/2/20080317/5632. html.

[38] 曹来发. 卫星导航定位系统（三十）[J]. 科技情报开发与经济，2007，17（7）：147－148.

[39] 曹来发. 卫星导航定位系统（二十八）[J]. 科技情报开发与经济，2007，17（5）：157－158.

[40] 杨洪海. "北斗"卫星导航系统在中国民航的应用探索 [EB/OL]. 中国民航培训网，http：// www. airlinks. net/Article/ShowArticle. asp? ArticleID ＝5825.

[41] 赵静，李加洪. 欧洲伽利略（GALILEO）计划——一个民用的全球卫星导航定位系统 [J]. 遥感信息，2003，（3）：95.

[42] 黄爱民. 伽利略（GAL ILEO）系统对美国 GPS 的冲击 [J]. 测绘与空间地理信息，2007，30（3）：41－44.

[43] 佚名. 伽利略卫星定位系统简介. 卫星与网络，2008，（11），http：//tech. sina. com. cn/t/2008-12-29/15182701522. shtml.

[44] 彭木根，程煜，王文博. 欧洲伽利略卫星导航系统和定位技术 [J]. 数据通信，2006，（3）：18－21.

[45] 龚健雅. 空间信息资源共享与互操作技术 [J]. 国土资源信息化. 2003，(5)：15－21.

[46] 叶国华. 空间数据格式与信息共享 [J]. 地矿测绘，2008，24（2）：4－6.

[47] 赵建华，张海涛，张书亮，闾国年. 基于 OGC Web 服务模型的城市异构 GIS 互操作 [J]. 2006，29（1）：6－9.

[48] 张书亮，戚海峰，张亦鸣，等. 空间互操作框架集成模式分析 [J]. 地球信息科学，2006，8（4）：88－95.

[49] 陈爱军，李琦，徐光祐. GeoML—基于 XML 的地理空间信息共享与互操作语言 [J]. 北京大学学报（自然科学版），2002，38（4）：550－555.

[50] 国家空间信息基础设施建设与应用 [EB/OL]. 国家地理空间信息协调委员会，[2008-2-14]. http：//www. ngicc. gov. cn/guojia/guojia_ 080303_ 5. htm.

[51] 李军，曾澜. 地理空间信息及技术在电子政务中的应用 [M]. 北京：电子工业出版社，2005.

[52] 王宁，王延. 政府数据中心的信息共享之道 [EB/OL]. 中国计算机报，[2008-09-15]. http：// media. ccidnet. com/art/2615/20070727/1158685_ 1. html.

[53] 佚名. ERP：集中与分布的较量 [J/OL]. 中国计算机用户，2004，597（5），[2004-2-16]. http：//media. ccidnet. com/media/ccu/597/04201. htm.

[54] 何建邦，蒋景瞳，池天河. 地理信息共享环境的研究与实践 [C]. 中国地理信息系统协会 2001 年年会论文集（"地理信息系统共享"专辑），2001.

[55] 中华人民共和国科学技术部基础研究司. SDS/T 2241-2004 数据分发服务指南与规范（征求意见稿）[S]. 科学数据共享工程技术标准, 2005.

[56] 刘争齐, 陈继山. 城市地理信息的共享服务[J]. 江苏建设, 2004, (11).

[57] 佚名. GPS 带来些什么？近期 GPS 奇闻轶事回顾[EB/OL]. GPS 之家网站, [2008-03-07]. http://www.55gps.com/html/7/1/20080307/5169.html.

[58] 彭云. 比较与借鉴：电子政务法律制定和实施的模式、经验[EB/OL]. 中国凉都·六盘水门户网站, [2007-04-11]. http://www.gzlps.gov.cn/art/2008/9/6/art_4626_52212.html.

[59] 喻永昌. 中国地理信息产业政策研究[M]. 测绘出版社, 2007: 134: 144.

[60] 佚名. 2005—2006 年中国电子地图（eMAP）市场研究报告（更新版）[EB/OL]. [2006-7]. http://www.zikoo.com/payreport/article/18288.html.

[61] 李成名. 保障国家安全、促进地理空间信息社会化应用[EB/OL]. 国家测绘局测绘发展研究中心网站, http://218.244.250.72/luntan/09_A.htm.

[62] 王丹, 陈倬, 李根洪. 数字城市地理空间基础框架建设的初步研究[C]//地理空间信息技术与应用（中国科协 2002 年学术年会测绘论文集）. 成都: 成都地图出版社, 2002.

[63] 张文彤. 数字规划 创新江城[EB/OL]. 数字武汉-规划国土在线. [2007-6-15]. http://www.szwh.gov.cn/articleshow.asp?News_Id=9565.

[64] 北京市"十一五"时期国民经济和社会信息化发展规划[EB/OL]. [2006-11-22]. http://www.beijing.gov.cn/zfzx/ghxx/sywgh/t698874.htm.

[65] 国家信息化领导小组关于我国电子政务建设指导意见[EB/OL]. 中国计算机世界网, [2003-07-30]. http://www.ccw.com.cn/applic/news/htm2003/20030730_14QZ5.htm.

[66] 丁伟龙. 政府信息化理念与"一把手"工程探索[EB/OL]. 福建信息主管分会, [2006-11-7]. http://www.fjcio.org/article/Article/ShowArticle.asp?ArticleID=2922.

[67] 杨伟晔. 我国电子政务组织管理体系的构想[EB/OL]. 信息化建设, [2006-07-21]. http://soft.chinabyte.com/82/2497582.shtml.

后　记

　　政务地理空间信息资源是应用于"数字城市"、电子政务等领域的一个全新概念，它的管理、共享、服务以及应用等相关内容的研究无疑也是一项较为前瞻性的工作。北京市经过多年建设和实践，在政务地理空间信息资源管理与共享服务应用等方面，取得了一些建设成果，积累了一定的实际经验和体会。经众多行业专家的提议，诚应全国从事"数字城市"建设同行之约，北京市信息化工作办公室自 2006 年底，开始组织策划本书的撰写工作，以理论总结和实践介绍的形式，将政务地理空间信息资源管理与共享服务应用体系建设过程中的相关理论和建设实践进行了系统介绍，并集结成册，希望能为全国的同行抛砖引玉，共同探索我国政务地理空间信息资源开发利用之路。

　　历时两年多的策划、撰写、修改和完善，《政务地理空间信息资源管理与共享服务应用》一书终于在建国 60 周年之际，作为献给共和国的生日礼物，正式出版。本书凝结着众多"数字北京"探索者、设计者以及建设者们的汗水和智慧，在此，向长期以来始终关注、参与"数字北京"建设和政务地理空间信息资源管理、共享、服务以及应用工作的领导、专家、合作伙伴表示衷心的感谢！

　　北京市政务地理空间信息资源管理与共享服务应用体系得以顺利实施、初步建成以及发展完善，也离不开全市各区（县）、委办局的大力支持和积极配合。特别是北京市突发公共事件应急委员会办公室、北京市发展和改革委员会、北京市财政局、北京市建设委员会、北京市交通委员会、北京市农村工作委员会、北京市工商行政管理局、北京市质量技术监督局、北京市农业局、北京市园林绿化局、北京市安全生产监督管理局等相关单位，始终坚持"共建共享"思路，结合自身业务实际，充分利用全市共享资源，建设了一批高水平的电子政务地理空间业务应用系统，为本书的编写提供了大量宝贵的应用案例和实践基础。东城、西城、崇文、宣武、海淀、石景山、房山、大兴、怀柔、平谷、密云等大部分区（县），也按照全市的统一规划，积极着手开展区（县）级政务地理空间信息资源管理与共享服务工作，为市、区两级的政务地理空间信息资源管理与共享服务应用体系构建积累了大量经验，贡献了丰硕的实践成果。

中国工程院院士、中国测绘科学研究院研究员刘先林院士，国家发展与改革委员会宏观研究院曾澜研究员，建设综合勘察研究设计院王丹研究员等专家，在百忙之中通读全文，为本书提出宝贵的修改意见和建议，在此，向他们致以崇高的敬意！

最后，再次衷心感谢参与本书内容著写和书稿出版的所有领导、专家和工作人员！

作者

2009年3月于北京